国际教育
法律法规政策
文件汇编

GUOJI JIAOYU FALÜ FAGUI ZHENGCE

WENJIAN HUIBIAN

中国教育发展战略学会教育法治专业委员会
中国教育发展战略学会国际教育专业委员会 编

法律出版社
LAW PRESS · CHINA
北京

图书在版编目(CIP)数据

国际教育法律法规政策文件汇编 / 中国教育发展战略学会教育法治专业委员会，中国教育发展战略学会国际教育专业委员会编. -- 北京 : 法律出版社，2022(2022.8 重印)
ISBN 978-7-5197-6652-8

Ⅰ. ①国… Ⅱ. ①中… ②中… Ⅲ. ①国际教育-教育法-汇编-中国 Ⅳ. ①D922.169

中国版本图书馆 CIP 数据核字(2022)第 065257 号

国际教育法律法规政策文件汇编
GUOJI JIAOYU FALÜ FAGUI ZHENGCE WENJIAN HUIBIAN

中国教育发展战略学会教育法治专业委员会
中国教育发展战略学会国际教育专业委员会
编

责任编辑 张红蕊
装帧设计 汪奇峰

出版发行 法律出版社
编辑统筹 法规出版分社
责任校对 李争春
责任印制 耿润瑜
经　　销 新华书店

开本 787 毫米×1092 毫米 1/16
印张 28.75 **字数** 560 千
版本 2022 年 6 月第 1 版
印次 2022 年 8 月第 2 次印刷
印刷 北京建宏印刷有限公司

地址:北京市丰台区莲花池西里 7 号(100073)
网址:www.lawpress.com.cn
投稿邮箱:info@lawpress.com.cn
举报盗版邮箱:jbwq@lawpress.com.cn
销售电话:010-83938349
客服电话:010-83938350
咨询电话:010-63939796

书号:ISBN 978-7-5197-6652-8
定价:98.00 元
凡购买本社图书,如有印装错误,我社负责退换。电话:010-83938349

《国际教育法律法规政策文件汇编》编辑委员会

编写说明

党的十八大以来，以习近平总书记为核心的党中央高度重视教育法治和教育对外开放工作。在教育法治方面，习近平总书记在党的十八届四中全会上提出“建设中国特色社会主义法治体系，建设社会主义法治国家”的总目标。教育领域作为全面依法治国系统工程的重要组成部分，对于推进全面依法治国具有重要的基础性作用。在教育对外开放方面，习近平总书记在“一带一路”国际合作高峰论坛、中国国际进口博览会、博鳌亚洲论坛、中国国际服务贸易交易会等一系列重大场合多次对外宣示要扩大教育对外开放，继续加强教育国际交流合作。近年来，在党中央、国务院的坚强领导下，我国教育法治和教育对外开放工作在新时代中奋进、在大变局中前行，我国教育法治化和教育国际化水平迈上了新的台阶。为此，在中国共产党成立100周年之际，适逢贯彻全面依法治国的新时代，我们对现行我国教育对外开放方面的法律法规政策文件进行梳理汇编，以期阅读此书的教育研究者和教育工作者对我国当下的国际教育相关法律法规文件有更清晰的认识和把握。

本书在编写上兼具完整性、系统性、实用性、实效性等特色。

完整性方面，本书在内容上涵盖我国国际教育领域影响较大的教育基本法律法规，我国重要教育规划文件中涉及的国际教育的内容条款以及20世纪90年代至今由教育相关部门颁布的有关国际教育各个方面的管理办法、规定及意见，我国批准签署的联合国组织机构关于教育文化方面的重要公约，我国2001年加入世界贸易组织后签订的有关教育服务贸易的文件和承诺，截至2020年我国签订的国家和地区间相互承认学位、学历和文凭的双边协议。在当前有关国际教育的法律法规汇编丛书中，本书涵盖内容较为完整。

系统性方面，本书在结构上共分为五大部分。第一部分为“中国教育法律法规规章”，第二部分为“教育规范性文件”，第三部分为“联合国组织有关文件”，第四部分为“世界贸易组织有关条约”，第五部分为“中外学历学位互认协议”。全书条理分明，查考方便。

实用性方面，本书在读者定位上面向所有从事国际教育与教育法治的相关人员。

既可为国际教育各司局机关单位教育行政人员提供办事的依据，也可以为国际学校校长、教师依法治教提供参考，更可以作为研究国际教育和教育法治人员的参考资料。

实效性方面，本书在各项教育法律法规政策文件选取上，均以目前最新及主要的法律法规政策文件为主，甚具实效性。

最后，为适应国际教育和教育法治发展的需要，我们将根据教育法律法规政策文件内容的修改、调整，对本书的内容及时予以修订。

编　者

二〇二一年十月

目　　录

第一部分　中国教育法律法规规章

第二部分　教育规范性文件

第三部分 联合国组织有关文件

第四部分 世界贸易组织有关条约

第五部分 中外学历学位互认协议

第一部分

中国教育法律法规规章

中华人民共和国教育法

（1995年3月18日第八届全国人民代表大会第三次会议通过　根据2009年8月27日第十一届全国人民代表大会常务委员会第十次会议《关于修改部分法律的决定》第一次修正　根据2015年12月27日第十二届全国人民代表大会常务委员会第十八次会议《关于修改〈中华人民共和国教育法〉的决定》第二次修正　根据2021年4月29日第十三届全国人民代表大会常务委员会第二十八次会议《关于修改〈中华人民共和国教育法〉的决定》第三次修正）

目　　录

第一章　总　　则

第一条　为了发展教育事业，提高全民族的素质，促进社会主义物质文明和精神文明建设，根据宪法，制定本法。

第二条　在中华人民共和国境内的各级各类教育，适用本法。

第三条　国家坚持中国共产党的领导，坚持以马克思列宁主义、毛泽东思想、邓小平理论、“三个代表”重要思想、科学发展观、习近平新时代中国特色社会主义思想为指导，遵循宪法确定的基本原则，发展社会主义的教育事业。

第四条 教育是社会主义现代化建设的基础，对提高人民综合素质、促进人的全面发展、增强中华民族创新创造活力、实现中华民族伟大复兴具有决定性意义，国家保障教育事业优先发展。

全社会应当关心和支持教育事业的发展。

全社会应当尊重教师。

第五条 教育必须为社会主义现代化建设服务、为人民服务，必须与生产劳动和社会实践相结合，培养德智体美劳全面发展的社会主义建设者和接班人。

第六条 教育应当坚持立德树人，对受教育者加强社会主义核心价值观教育，增强受教育者的社会责任感、创新精神和实践能力。

国家在受教育者中进行爱国主义、集体主义、中国特色社会主义的教育，进行理想、道德、纪律、法治、国防和民族团结的教育。

第七条 教育应当继承和弘扬中华优秀传统文化、革命文化、社会主义先进文化，吸收人类文明发展的一切优秀成果。

第八条 教育活动必须符合国家和社会公共利益。

国家实行教育与宗教相分离。任何组织和个人不得利用宗教进行妨碍国家教育制度的活动。

第九条 中华人民共和国公民有受教育的权利和义务。

公民不分民族、种族、性别、职业、财产状况、宗教信仰等，依法享有平等的受教育机会。

第十条 国家根据各少数民族的特点和需要，帮助各少数民族地区发展教育事业。

国家扶持边远贫困地区发展教育事业。

国家扶持和发展残疾人教育事业。

第十一条 国家适应社会主义市场经济发展和社会进步的需要，推进教育改革，推动各级各类教育协调发展、衔接融通，完善现代国民教育体系，健全终身教育体系，提高教育现代化水平。

国家采取措施促进教育公平，推动教育均衡发展。

国家支持、鼓励和组织教育科学研究，推广教育科学研究成果，促进教育质量提高。

第十二条 国家通用语言文字为学校及其他教育机构的基本教育教学语言文字，学校及其他教育机构应当使用国家通用语言文字进行教育教学。

民族自治地方以少数民族学生为主的学校及其他教育机构，从实际出发，使用国家通用语言文字和本民族或者当地民族通用的语言文字实施双语教育。

国家采取措施，为少数民族学生为主的学校及其他教育机构实施双语教育提供条件和支持。

第十三条　国家对发展教育事业做出突出贡献的组织和个人，给予奖励。

第十四条　国务院和地方各级人民政府根据分级管理、分工负责的原则，领导和管理教育工作。

中等及中等以下教育在国务院领导下，由地方人民政府管理。

高等教育由国务院和省、自治区、直辖市人民政府管理。

第十五条　国务院教育行政部门主管全国教育工作，统筹规划、协调管理全国的教育事业。

县级以上地方各级人民政府教育行政部门主管本行政区域内的教育工作。

县级以上各级人民政府其他有关部门在各自的职责范围内，负责有关的教育工作。

第十六条　国务院和县级以上地方各级人民政府应当向本级人民代表大会或者其常务委员会报告教育工作和教育经费预算、决算情况，接受监督。

第二章　教育基本制度

第十七条　国家实行学前教育、初等教育、中等教育、高等教育的学校教育制度。

国家建立科学的学制系统。学制系统内的学校和其他教育机构的设置、教育形式、修业年限、招生对象、培养目标等，由国务院或者由国务院授权教育行政部门规定。

第十八条　国家制定学前教育标准，加快普及学前教育，构建覆盖城乡，特别是农村的学前教育公共服务体系。

各级人民政府应当采取措施，为适龄儿童接受学前教育提供条件和支持。

第十九条　国家实行九年制义务教育制度。

各级人民政府采取各种措施保障适龄儿童、少年就学。

适龄儿童、少年的父母或者其他监护人以及有关社会组织和个人有义务使适龄儿童、少年接受并完成规定年限的义务教育。

第二十条　国家实行职业教育制度和继续教育制度。

各级人民政府、有关行政部门和行业组织以及企业事业组织应当采取措施，发展并保障公民接受职业学校教育或者各种形式的职业培训。

国家鼓励发展多种形式的继续教育，使公民接受适当形式的政治、经济、文化、科学、技术、业务等方面的教育，促进不同类型学习成果的互认和衔接，推动全民终身学习。

第二十一条 国家实行国家教育考试制度。

国家教育考试由国务院教育行政部门确定种类，并由国家批准的实施教育考试的机构承办。

第二十二条 国家实行学业证书制度。

经国家批准设立或者认可的学校及其他教育机构按照国家有关规定，颁发学历证书或者其他学业证书。

第二十三条 国家实行学位制度。

学位授予单位依法对达到一定学术水平或者专业技术水平的人员授予相应的学位，颁发学位证书。

第二十四条 各级人民政府、基层群众性自治组织和企业事业组织应当采取各种措施，开展扫除文盲的教育工作。

按照国家规定具有接受扫除文盲教育能力的公民，应当接受扫除文盲的教育。

第二十五条 国家实行教育督导制度和学校及其他教育机构教育评估制度。

第三章 学校及其他教育机构

第二十六条 国家制定教育发展规划，并举办学校及其他教育机构。

国家鼓励企业事业组织、社会团体、其他社会组织及公民个人依法举办学校及其他教育机构。

国家举办学校及其他教育机构，应当坚持勤俭节约的原则。

以财政性经费、捐赠资产举办或者参与举办的学校及其他教育机构不得设立为营利性组织。

第二十七条 设立学校及其他教育机构，必须具备下列基本条件：

（一）有组织机构和章程；

（二）有合格的教师；

（三）有符合规定标准的教学场所及设施、设备等；

（四）有必备的办学资金和稳定的经费来源。

第二十八条 学校及其他教育机构的设立、变更和终止，应当按照国家有关规定办理审核、批准、注册或者备案手续。

第二十九条 学校及其他教育机构行使下列权利：

（一）按照章程自主管理；

（二）组织实施教育教学活动；

（三）招收学生或者其他受教育者；

（四）对受教育者进行学籍管理，实施奖励或者处分；

（五）对受教育者颁发相应的学业证书；

（六）聘任教师及其他职工，实施奖励或者处分；

（七）管理、使用本单位的设施和经费；

（八）拒绝任何组织和个人对教育教学活动的非法干涉；

（九）法律、法规规定的其他权利。

国家保护学校及其他教育机构的合法权益不受侵犯。

第三十条　学校及其他教育机构应当履行下列义务：

（一）遵守法律、法规；

（二）贯彻国家的教育方针，执行国家教育教学标准，保证教育教学质量；

（三）维护受教育者、教师及其他职工的合法权益；

（四）以适当方式为受教育者及其监护人了解受教育者的学业成绩及其他有关情况提供便利；

（五）遵照国家有关规定收取费用并公开收费项目；

（六）依法接受监督。

第三十一条　学校及其他教育机构的举办者按照国家有关规定，确定其所举办的学校或者其他教育机构的管理体制。

学校及其他教育机构的校长或者主要行政负责人必须由具有中华人民共和国国籍、在中国境内定居、并具备国家规定任职条件的公民担任，其任免按照国家有关规定办理。学校的教学及其他行政管理，由校长负责。

学校及其他教育机构应当按照国家有关规定，通过以教师为主体的教职工代表大会等组织形式，保障教职工参与民主管理和监督。

第三十二条　学校及其他教育机构具备法人条件的，自批准设立或者登记注册之日起取得法人资格。

学校及其他教育机构在民事活动中依法享有民事权利，承担民事责任。

学校及其他教育机构中的国有资产属于国家所有。

学校及其他教育机构兴办的校办产业独立承担民事责任。

第四章　教师和其他教育工作者

第三十三条　教师享有法律规定的权利，履行法律规定的义务，忠诚于人民的教育事业。

第三十四条　国家保护教师的合法权益，改善教师的工作条件和生活条件，提高教师的社会地位。

教师的工资报酬、福利待遇，依照法律、法规的规定办理。

第三十五条 国家实行教师资格、职务、聘任制度，通过考核、奖励、培养和培训，提高教师素质，加强教师队伍建设。

第三十六条 学校及其他教育机构中的管理人员，实行教育职员制度。

学校及其他教育机构中的教学辅助人员和其他专业技术人员，实行专业技术职务聘任制度。

第五章 受 教 育 者

第三十七条 受教育者在入学、升学、就业等方面依法享有平等权利。

学校和有关行政部门应当按照国家有关规定，保障女子在入学、升学、就业、授予学位、派出留学等方面享有同男子平等的权利。

第三十八条 国家、社会对符合入学条件、家庭经济困难的儿童、少年、青年，提供各种形式的资助。

第三十九条 国家、社会、学校及其他教育机构应当根据残疾人身心特性和需要实施教育，并为其提供帮助和便利。

第四十条 国家、社会、家庭、学校及其他教育机构应当为有违法犯罪行为的未成年人接受教育创造条件。

第四十一条 从业人员有依法接受职业培训和继续教育的权利和义务。

国家机关、企业事业组织和其他社会组织，应当为本单位职工的学习和培训提供条件和便利。

第四十二条 国家鼓励学校及其他教育机构、社会组织采取措施，为公民接受终身教育创造条件。

第四十三条 受教育者享有下列权利：

（一）参加教育教学计划安排的各种活动，使用教育教学设施、设备、图书资料；

（二）按照国家有关规定获得奖学金、贷学金、助学金；

（三）在学业成绩和品行上获得公正评价，完成规定的学业后获得相应的学业证书、学位证书；

（四）对学校给予的处分不服向有关部门提出申诉，对学校、教师侵犯其人身权、财产权等合法权益，提出申诉或者依法提起诉讼；

（五）法律、法规规定的其他权利。

第四十四条 受教育者应当履行下列义务：

（一）遵守法律、法规；

（二）遵守学生行为规范，尊敬师长，养成良好的思想品德和行为习惯；

（三）努力学习，完成规定的学习任务；

（四）遵守所在学校或者其他教育机构的管理制度。

第四十五条　教育、体育、卫生行政部门和学校及其他教育机构应当完善体育、卫生保健设施，保护学生的身心健康。

第六章　教育与社会

第四十六条　国家机关、军队、企业事业组织、社会团体及其他社会组织和个人，应当依法为儿童、少年、青年学生的身心健康成长创造良好的社会环境。

第四十七条　国家鼓励企业事业组织、社会团体及其他社会组织同高等学校、中等职业学校在教学、科研、技术开发和推广等方面进行多种形式的合作。

企业事业组织、社会团体及其他社会组织和个人，可以通过适当形式，支持学校的建设，参与学校管理。

第四十八条　国家机关、军队、企业事业组织及其他社会组织应当为学校组织的学生实习、社会实践活动提供帮助和便利。

第四十九条　学校及其他教育机构在不影响正常教育教学活动的前提下，应当积极参加当地的社会公益活动。

第五十条　未成年人的父母或者其他监护人应当为其未成年子女或者其他被监护人受教育提供必要条件。

未成年人的父母或者其他监护人应当配合学校及其他教育机构，对其未成年子女或者其他被监护人进行教育。

学校、教师可以对学生家长提供家庭教育指导。

第五十一条　图书馆、博物馆、科技馆、文化馆、美术馆、体育馆（场）等社会公共文化体育设施，以及历史文化古迹和革命纪念馆（地），应当对教师、学生实行优待，为受教育者接受教育提供便利。

广播、电视台（站）应当开设教育节目，促进受教育者思想品德、文化和科学技术素质的提高。

第五十二条　国家、社会建立和发展对未成年人进行校外教育的设施。

学校及其他教育机构应当同基层群众性自治组织、企业事业组织、社会团体相互配合，加强对未成年人的校外教育工作。

第五十三条　国家鼓励社会团体、社会文化机构及其他社会组织和个人开展有益于受教育者身心健康的社会文化教育活动。

第七章　教育投入与条件保障

第五十四条　国家建立以财政拨款为主、其他多种渠道筹措教育经费为辅的体制，逐步增加对教育的投入，保证国家举办的学校教育经费的稳定来源。

企业事业组织、社会团体及其他社会组织和个人依法举办的学校及其他教育机构，办学经费由举办者负责筹措，各级人民政府可以给予适当支持。

第五十五条　国家财政性教育经费支出占国民生产总值的比例应当随着国民经济的发展和财政收入的增长逐步提高。具体比例和实施步骤由国务院规定。

全国各级财政支出总额中教育经费所占比例应当随着国民经济的发展逐步提高。

第五十六条　各级人民政府的教育经费支出，按照事权和财权相统一的原则，在财政预算中单独列项。

各级人民政府教育财政拨款的增长应当高于财政经常性收入的增长，并使按在校学生人数平均的教育费用逐步增长，保证教师工资和学生人均公用经费逐步增长。

第五十七条　国务院及县级以上地方各级人民政府应当设立教育专项资金，重点扶持边远贫困地区、少数民族地区实施义务教育。

第五十八条　税务机关依法足额征收教育费附加，由教育行政部门统筹管理，主要用于实施义务教育。

省、自治区、直辖市人民政府根据国务院的有关规定，可以决定开征用于教育的地方附加费，专款专用。

第五十九条　国家采取优惠措施，鼓励和扶持学校在不影响正常教育教学的前提下开展勤工俭学和社会服务，兴办校办产业。

第六十条　国家鼓励境内、境外社会组织和个人捐资助学。

第六十一条　国家财政性教育经费、社会组织和个人对教育的捐赠，必须用于教育，不得挪用、克扣。

第六十二条　国家鼓励运用金融、信贷手段，支持教育事业的发展。

第六十三条　各级人民政府及其教育行政部门应当加强对学校及其他教育机构教育经费的监督管理，提高教育投资效益。

第六十四条　地方各级人民政府及其有关行政部门必须把学校的基本建设纳入城乡建设规划，统筹安排学校的基本建设用地及所需物资，按照国家有关规定实行优先、优惠政策。

第六十五条　各级人民政府对教科书及教学用图书资料的出版发行，对教学仪器、设备的生产和供应，对用于学校教育教学和科学研究的图书资料、教学仪器、设备的进口，按照国家有关规定实行优先、优惠政策。

第六十六条　国家推进教育信息化，加快教育信息基础设施建设，利用信息技术促进优质教育资源普及共享，提高教育教学水平和教育管理水平。

县级以上人民政府及其有关部门应当发展教育信息技术和其他现代化教学方式，有关行政部门应当优先安排，给予扶持。

国家鼓励学校及其他教育机构推广运用现代化教学方式。

第八章　教育对外交流与合作

第六十七条　国家鼓励开展教育对外交流与合作，支持学校及其他教育机构引进优质教育资源，依法开展中外合作办学，发展国际教育服务，培养国际化人才。

教育对外交流与合作坚持独立自主、平等互利、相互尊重的原则，不得违反中国法律，不得损害国家主权、安全和社会公共利益。

第六十八条　中国境内公民出国留学、研究、进行学术交流或者任教，依照国家有关规定办理。

第六十九条　中国境外个人符合国家规定的条件并办理有关手续后，可以进入中国境内学校及其他教育机构学习、研究、进行学术交流或者任教，其合法权益受国家保护。

第七十条　中国对境外教育机构颁发的学位证书、学历证书及其他学业证书的承认，依照中华人民共和国缔结或者加入的国际条约办理，或者按照国家有关规定办理。

第九章　法 律 责 任

第七十一条　违反国家有关规定，不按照预算核拨教育经费的，由同级人民政府限期核拨；情节严重的，对直接负责的主管人员和其他直接责任人员，依法给予处分。

违反国家财政制度、财务制度，挪用、克扣教育经费的，由上级机关责令限期归还被挪用、克扣的经费，并对直接负责的主管人员和其他直接责任人员，依法给予处分；构成犯罪的，依法追究刑事责任。

第七十二条　结伙斗殴、寻衅滋事，扰乱学校及其他教育机构教育教学秩序或者破坏校舍、场地及其他财产的，由公安机关给予治安管理处罚；构成犯罪的，依法追究刑事责任。

侵占学校及其他教育机构的校舍、场地及其他财产的，依法承担民事责任。

第七十三条 明知校舍或者教育教学设施有危险，而不采取措施，造成人员伤亡或者重大财产损失的，对直接负责的主管人员和其他直接责任人员，依法追究刑事责任。

第七十四条 违反国家有关规定，向学校或者其他教育机构收取费用的，由政府责令退还所收费用；对直接负责的主管人员和其他直接责任人员，依法给予处分。

第七十五条 违反国家有关规定，举办学校或者其他教育机构的，由教育行政部门或者其他有关行政部门予以撤销；有违法所得的，没收违法所得；对直接负责的主管人员和其他直接责任人员，依法给予处分。

第七十六条 学校或者其他教育机构违反国家有关规定招收学生的，由教育行政部门或者其他有关行政部门责令退回招收的学生，退还所收费用；对学校、其他教育机构给予警告，可以处违法所得五倍以下罚款；情节严重的，责令停止相关招生资格一年以上三年以下，直至撤销招生资格、吊销办学许可证；对直接负责的主管人员和其他直接责任人员，依法给予处分；构成犯罪的，依法追究刑事责任。

第七十七条 在招收学生工作中滥用职权、玩忽职守、徇私舞弊的，由教育行政部门或者其他有关行政部门责令退回招收的不符合入学条件的人员；对直接负责的主管人员和其他直接责任人员，依法给予处分；构成犯罪的，依法追究刑事责任。

盗用、冒用他人身份，顶替他人取得的入学资格的，由教育行政部门或者其他有关行政部门责令撤销入学资格，并责令停止参加相关国家教育考试二年以上五年以下；已经取得学位证书、学历证书或者其他学业证书的，由颁发机构撤销相关证书；已经成为公职人员的，依法给予开除处分；构成违反治安管理行为的，由公安机关依法给予治安管理处罚；构成犯罪的，依法追究刑事责任。

与他人串通，允许他人冒用本人身份，顶替本人取得的入学资格的，由教育行政部门或者其他有关行政部门责令停止参加相关国家教育考试一年以上三年以下；有违法所得的，没收违法所得；已经成为公职人员的，依法给予处分；构成违反治安管理行为的，由公安机关依法给予治安管理处罚；构成犯罪的，依法追究刑事责任。

组织、指使盗用或者冒用他人身份，顶替他人取得的入学资格的，有违法所得的，没收违法所得；属于公职人员的，依法给予处分；构成违反治安管理行为的，由公安机关依法给予治安管理处罚；构成犯罪的，依法追究刑事责任。

入学资格被顶替权利受到侵害的，可以请求恢复其入学资格。

第七十八条 学校及其他教育机构违反国家有关规定向受教育者收取费用的，由教育行政部门或者其他有关行政部门责令退还所收费用；对直接负责的主管人员和其他直接责任人员，依法给予处分。

第七十九条 考生在国家教育考试中有下列行为之一的，由组织考试的教育考试机构工作人员在考试现场采取必要措施予以制止并终止其继续参加考试；组织考试的教育考试机构可以取消其相关考试资格或者考试成绩；情节严重的，由教育行政部门责令停止参加相关国家教育考试一年以上三年以下；构成违反治安管理行为的，由公安机关依法给予治安管理处罚；构成犯罪的，依法追究刑事责任：

（一）非法获取考试试题或者答案的；

（二）携带或者使用考试作弊器材、资料的；

（三）抄袭他人答案的；

（四）让他人代替自己参加考试的；

（五）其他以不正当手段获得考试成绩的作弊行为。

第八十条　任何组织或者个人在国家教育考试中有下列行为之一，有违法所得的，由公安机关没收违法所得，并处违法所得一倍以上五倍以下罚款；情节严重的，处五日以上十五日以下拘留；构成犯罪的，依法追究刑事责任；属于国家机关工作人员的，还应当依法给予处分：

（一）组织作弊的；

（二）通过提供考试作弊器材等方式为作弊提供帮助或者便利的；

（三）代替他人参加考试的；

（四）在考试结束前泄露、传播考试试题或者答案的；

（五）其他扰乱考试秩序的行为。

第八十一条　举办国家教育考试，教育行政部门、教育考试机构疏于管理，造成考场秩序混乱、作弊情况严重的，对直接负责的主管人员和其他直接责任人员，依法给予处分；构成犯罪的，依法追究刑事责任。

第八十二条　学校或者其他教育机构违反本法规定，颁发学位证书、学历证书或者其他学业证书的，由教育行政部门或者其他有关行政部门宣布证书无效，责令收回或者予以没收；有违法所得的，没收违法所得；情节严重的，责令停止相关招生资格一年以上三年以下，直至撤销招生资格、颁发证书资格；对直接负责的主管人员和其他直接责任人员，依法给予处分。

前款规定以外的任何组织或者个人制造、销售、颁发假冒学位证书、学历证书或者其他学业证书，构成违反治安管理行为的，由公安机关依法给予治安管理处罚；构成犯罪的，依法追究刑事责任。

以作弊、剽窃、抄袭等欺诈行为或者其他不正当手段获得学位证书、学历证书或者其他学业证书的，由颁发机构撤销相关证书。购买、使用假冒学位证书、学历证书或者其他学业证书，构成违反治安管理行为的，由公安机关依法给予治安管理处罚。

第八十三条　违反本法规定，侵犯教师、受教育者、学校或者其他教育机构的合法权益，造成损失、损害的，应当依法承担民事责任。

第十章　附　　则

第八十四条　军事学校教育由中央军事委员会根据本法的原则规定。

宗教学校教育由国务院另行规定。

第八十五条　境外的组织和个人在中国境内办学和合作办学的办法，由国务院规定。

第八十六条　本法自 1995 年 9 月 1 日起施行。

附：

全国人民代表大会常务委员会关于修改《中华人民共和国教育法》的决定

（2021 年 4 月 29 日第十三届全国人民代表大会常务委员会第二十八次会议通过）

第十三届全国人民代表大会常务委员会第二十八次会议决定对《中华人民共和国教育法》作如下修改：

一、将第三条修改为："国家坚持中国共产党的领导，坚持以马克思列宁主义、毛泽东思想、邓小平理论、'三个代表'重要思想、科学发展观、习近平新时代中国特色社会主义思想为指导，遵循宪法确定的基本原则，发展社会主义的教育事业。"

二、将第四条第一款修改为："教育是社会主义现代化建设的基础，对提高人民综合素质、促进人的全面发展、增强中华民族创新创造活力、实现中华民族伟大复兴具有决定性意义，国家保障教育事业优先发展。"

三、将第五条修改为："教育必须为社会主义现代化建设服务、为人民服务，必须与生产劳动和社会实践相结合，培养德智体美劳全面发展的社会主义建设者和接班人。"

四、将第七条修改为："教育应当继承和弘扬中华优秀传统文化、革命文化、社会主义先进文化，吸收人类文明发展的一切优秀成果。"

五、将第七十七条修改为："在招收学生工作中滥用职权、玩忽职守、徇私舞弊的，由教育行政部门或者其他有关行政部门责令退回招收的不符合入学条件的人员；

对直接负责的主管人员和其他直接责任人员，依法给予处分；构成犯罪的，依法追究刑事责任。

“盗用、冒用他人身份，顶替他人取得的入学资格的，由教育行政部门或者其他有关行政部门责令撤销入学资格，并责令停止参加相关国家教育考试二年以上五年以下；已经取得学位证书、学历证书或者其他学业证书的，由颁发机构撤销相关证书；已经成为公职人员的，依法给予开除处分；构成违反治安管理行为的，由公安机关依法给予治安管理处罚；构成犯罪的，依法追究刑事责任。

“与他人串通，允许他人冒用本人身份，顶替本人取得的入学资格的，由教育行政部门或者其他有关行政部门责令停止参加相关国家教育考试一年以上三年以下；有违法所得的，没收违法所得；已经成为公职人员的，依法给予处分；构成违反治安管理行为的，由公安机关依法给予治安管理处罚；构成犯罪的，依法追究刑事责任。

“组织、指使盗用或者冒用他人身份，顶替他人取得的入学资格的，有违法所得的，没收违法所得；属于公职人员的，依法给予处分；构成违反治安管理行为的，由公安机关依法给予治安管理处罚；构成犯罪的，依法追究刑事责任。

“入学资格被顶替权利受到侵害的，可以请求恢复其入学资格。”

本决定自2021年4月30日起施行。

《中华人民共和国教育法》根据本决定作相应修改，重新公布。

充分认识教育法修订重大意义　切实做好贯彻实施

——教育部办公厅印发《关于学习宣传贯彻实施新修订的教育法的通知》

教育部办公厅近日印发《关于学习宣传贯彻实施新修订的教育法的通知》，就做好新修订的教育法的学习宣传和贯彻实施工作作出部署。

《通知》要求，要充分认识教育法修订的重大意义。教育法是教育领域的基本法，是全面依法治教的法律基础。此次教育法修订，是贯彻落实党的十九大精神、全国教育大会精神的重要举措，是对教育基本法律制度的进一步完善。修订的五个条款，丰富了教育的指导思想、凸显了教育的重要地位、完善了教育方针、充实了教育内容，健全了“培养什么人、怎样培养人、为谁培养人”的法律规范和制度要求，对构建德智体美劳全面培养的教育体系、推动教育高质量发展意义重大。

《通知》强调，要认真组织学习新修订的教育法的主要内容。与党史学习教育结合起来，深入了解加强党对教育事业的领导的历史与现实意义，了解党的教育方针的历史演变，深刻领悟将习近平新时代中国特色社会主义思想作为教育指导思想是新时代教育发展的必然要求。与贯彻落实习近平总书记关于教育的重要论述结合起来，深刻领悟教育国之大计、党之大计的重要地位和对提高人民综合素质、促进人的全面发展、增强中华民族创新创造活力、实现中华民族伟大复兴的决定性意义，把习近平总书记关于教育的重要论述转化为法律的刚性约束和制度规范。与贯彻落实习近平法治思想结合起来，深刻领悟教育法修订对全面推进依法治教的重要意义，发挥法治固根本、稳预期、利长远的重要作用，在法治轨道上推进教育治理体系和治理能力现代化。与破解教育领域突出问题结合起来，深刻领悟教育公平是社会公平的重要基础，领会新修订的教育法对保障教育公平、维护人民群众教育获得感、坚持以人民为中心发展教育的重要意义。

《通知》要求，要切实做好新修订的教育法的贯彻实施工作。一是健全党对教育事业全面领导的体制机制。各地各校要进一步健全、完善党的领导的组织体系、制度体系、工作机制，形成党的领导纵到底、横到边、全覆盖的工作格局。二是全面贯彻落实党的教育方针。要按照新修订的教育法第五条“教育必须为社会主义现代化建设服务、为人民服务，必须与生产劳动和社会实践相结合，培养德智体美劳全面发展的社会主义建设者和接班人”，规范对党的教育方针的表述，使党的教育方针成为广大教育工作者耳熟能详、自觉运用的日常规范。三是依法推进教育改革发展。要将新修订的教育法对教育在中华民族伟大复兴历史进程中战略地位的最新定位，自觉转化为保障教育优先发展的体制机制和制度规范，落实到教育事业“十四五”发展规划等各项教育政策、法规规章和规范性文件中。四是着力维护教育公平公正。要坚持把促进公平作为基本教育政策，全面把握新修订的教育法对冒名顶替行为违法情形、处罚办法的规定，坚决依法打击冒名顶替入学行为，依法完善考试招生的制度规范，加大对违法违规行为的查处力度，切实维护考试招生秩序和教育公平正义。

2021年4月29日，第十三届全国人民代表大会常务委员会第二十八次会议审议通过了《全国人民代表大会常务委员会关于修改〈中华人民共和国教育法〉的决定》，2021年4月30日起施行。

中华人民共和国民办教育促进法

（2002年12月28日第九届全国人民代表大会常务委员会第三十一次会议通过　根据2013年6月29日第十二届全国人民代表大会常务委员会第三次会议《关于修改〈中华人民共和国文物保护法〉等十二部法律的决定》第一次修正　根据2016年11月7日第十二届全国人民代表大会常务委员会第二十四次会议《关于修改〈中华人民共和国民办教育促进法〉的决定》第二次修正　根据2018年12月29日第十三届全国人民代表大会常务委员会第七次会议《关于修改〈中华人民共和国劳动法〉等七部法律的决定》第三次修正）

目　　录

第一章　总　　则

第一条　为实施科教兴国战略，促进民办教育事业的健康发展，维护民办学校和受教育者的合法权益，根据宪法和教育法制定本法。

第二条　国家机构以外的社会组织或者个人，利用非国家财政性经费，面向社会举办学校及其他教育机构的活动，适用本法。本法未作规定的，依照教育法和其他有关教育法律执行。

第三条 民办教育事业属于公益性事业，是社会主义教育事业的组成部分。

国家对民办教育实行积极鼓励、大力支持、正确引导、依法管理的方针。

各级人民政府应当将民办教育事业纳入国民经济和社会发展规划。

第四条 民办学校应当遵守法律、法规，贯彻国家的教育方针，保证教育质量，致力于培养社会主义建设事业的各类人才。

民办学校应当贯彻教育与宗教相分离的原则。任何组织和个人不得利用宗教进行妨碍国家教育制度的活动。

第五条 民办学校与公办学校具有同等的法律地位，国家保障民办学校的办学自主权。

国家保障民办学校举办者、校长、教职工和受教育者的合法权益。

第六条 国家鼓励捐资办学。

国家对为发展民办教育事业做出突出贡献的组织和个人，给予奖励和表彰。

第七条 国务院教育行政部门负责全国民办教育工作的统筹规划、综合协调和宏观管理。

国务院人力资源社会保障行政部门及其他有关部门在国务院规定的职责范围内分别负责有关的民办教育工作。

第八条 县级以上地方各级人民政府教育行政部门主管本行政区域内的民办教育工作。

县级以上地方各级人民政府人力资源社会保障行政部门及其他有关部门在各自的职责范围内，分别负责有关的民办教育工作。

第九条 民办学校中的中国共产党基层组织，按照中国共产党章程的规定开展党的活动，加强党的建设。

第二章 设　　立

第十条 举办民办学校的社会组织，应当具有法人资格。

举办民办学校的个人，应当具有政治权利和完全民事行为能力。

民办学校应当具备法人条件。

第十一条 设立民办学校应当符合当地教育发展的需求，具备教育法和其他有关法律、法规规定的条件。

民办学校的设置标准参照同级同类公办学校的设置标准执行。

第十二条　举办实施学历教育、学前教育、自学考试助学及其他文化教育的民办学校，由县级以上人民政府教育行政部门按照国家规定的权限审批；举办实施以职业技能为主的职业资格培训、职业技能培训的民办学校，由县级以上人民政府人力资源社会保障行政部门按照国家规定的权限审批，并抄送同级教育行政部门备案。

第十三条　申请筹设民办学校，举办者应当向审批机关提交下列材料：

（一）申办报告，内容应当主要包括：举办者、培养目标、办学规模、办学层次、办学形式、办学条件、内部管理体制、经费筹措与管理使用等；

（二）举办者的姓名、住址或者名称、地址；

（三）资产来源、资金数额及有效证明文件，并载明产权；

（四）属捐赠性质的校产须提交捐赠协议，载明捐赠人的姓名、所捐资产的数额、用途和管理方法及相关有效证明文件。

第十四条　审批机关应当自受理筹设民办学校的申请之日起三十日内以书面形式作出是否同意的决定。

同意筹设的，发给筹设批准书。不同意筹设的，应当说明理由。

筹设期不得超过三年。超过三年的，举办者应当重新申报。

第十五条　申请正式设立民办学校的，举办者应当向审批机关提交下列材料：

（一）筹设批准书；

（二）筹设情况报告；

（三）学校章程、首届学校理事会、董事会或者其他决策机构组成人员名单；

（四）学校资产的有效证明文件；

（五）校长、教师、财会人员的资格证明文件。

第十六条　具备办学条件，达到设置标准的，可以直接申请正式设立，并应当提交本法第十三条和第十五条（三）、（四）、（五）项规定的材料。

第十七条　申请正式设立民办学校的，审批机关应当自受理之日起三个月内以书面形式作出是否批准的决定，并送达申请人；其中申请正式设立民办高等学校的，审批机关也可以自受理之日起六个月内以书面形式作出是否批准的决定，并送达申请人。

第十八条　审批机关对批准正式设立的民办学校发给办学许可证。

审批机关对不批准正式设立的，应当说明理由。

第十九条　民办学校的举办者可以自主选择设立非营利性或者营利性民办学校。但是，不得设立实施义务教育的营利性民办学校。

非营利性民办学校的举办者不得取得办学收益，学校的办学结余全部用于办学。

营利性民办学校的举办者可以取得办学收益，学校的办学结余依照公司法等有关法律、行政法规的规定处理。

民办学校取得办学许可证后，进行法人登记，登记机关应当依法予以办理。

第三章 学校的组织与活动

第二十条 民办学校应当设立学校理事会、董事会或者其他形式的决策机构并建立相应的监督机制。

民办学校的举办者根据学校章程规定的权限和程序参与学校的办学和管理。

第二十一条 学校理事会或者董事会由举办者或者其代表、校长、教职工代表等人员组成。其中三分之一以上的理事或者董事应当具有五年以上教育教学经验。

学校理事会或者董事会由五人以上组成，设理事长或者董事长一人。理事长、理事或者董事长、董事名单报审批机关备案。

第二十二条 学校理事会或者董事会行使下列职权：

（一）聘任和解聘校长；

（二）修改学校章程和制定学校的规章制度；

（三）制定发展规划，批准年度工作计划；

（四）筹集办学经费，审核预算、决算；

（五）决定教职工的编制定额和工资标准；

（六）决定学校的分立、合并、终止；

（七）决定其他重大事项。

其他形式决策机构的职权参照本条规定执行。

第二十三条 民办学校的法定代表人由理事长、董事长或者校长担任。

第二十四条 民办学校参照同级同类公办学校校长任职的条件聘任校长，年龄可以适当放宽。

第二十五条 民办学校校长负责学校的教育教学和行政管理工作，行使下列职权：

（一）执行学校理事会、董事会或者其他形式决策机构的决定；

（二）实施发展规划，拟订年度工作计划、财务预算和学校规章制度；

（三）聘任和解聘学校工作人员，实施奖惩；

（四）组织教育教学、科学研究活动，保证教育教学质量；

（五）负责学校日常管理工作；

（六）学校理事会、董事会或者其他形式决策机构的其他授权。

第二十六条 民办学校对招收的学生，根据其类别、修业年限、学业成绩，可以根据国家有关规定发给学历证书、结业证书或者培训合格证书。

对接受职业技能培训的学生，经备案的职业技能鉴定机构鉴定合格的，可以发给国家职业资格证书。

第二十七条　民办学校依法通过以教师为主体的教职工代表大会等形式，保障教职工参与民主管理和监督。

民办学校的教师和其他工作人员，有权依照工会法，建立工会组织，维护其合法权益。

第四章　教师与受教育者

第二十八条　民办学校的教师、受教育者与公办学校的教师、受教育者具有同等的法律地位。

第二十九条　民办学校聘任的教师，应当具有国家规定的任教资格。

第三十条　民办学校应当对教师进行思想品德教育和业务培训。

第三十一条　民办学校应当依法保障教职工的工资、福利待遇和其他合法权益，并为教职工缴纳社会保险费。

国家鼓励民办学校按照国家规定为教职工办理补充养老保险。

第三十二条　民办学校教职工在业务培训、职务聘任、教龄和工龄计算、表彰奖励、社会活动等方面依法享有与公办学校教职工同等权利。

第三十三条　民办学校依法保障受教育者的合法权益。

民办学校按照国家规定建立学籍管理制度，对受教育者实施奖励或者处分。

第三十四条　民办学校的受教育者在升学、就业、社会优待以及参加先进评选等方面享有与同级同类公办学校的受教育者同等权利。

第五章　学校资产与财务管理

第三十五条　民办学校应当依法建立财务、会计制度和资产管理制度，并按照国家有关规定设置会计帐簿。

第三十六条　民办学校对举办者投入民办学校的资产、国有资产、受赠的财产以及办学积累，享有法人财产权。

第三十七条　民办学校存续期间，所有资产由民办学校依法管理和使用，任何组织和个人不得侵占。

任何组织和个人都不得违反法律、法规向民办教育机构收取任何费用。

第三十八条　民办学校收取费用的项目和标准根据办学成本、市场需求等因素确定，向社会公示，并接受有关主管部门的监督。

非营利性民办学校收费的具体办法，由省、自治区、直辖市人民政府制定；营利性民办学校的收费标准，实行市场调节，由学校自主决定。

民办学校收取的费用应当主要用于教育教学活动、改善办学条件和保障教职工待遇。

第三十九条 民办学校资产的使用和财务管理受审批机关和其他有关部门的监督。

民办学校应当在每个会计年度结束时制作财务会计报告，委托会计师事务所依法进行审计，并公布审计结果。

第六章 管理与监督

第四十条 教育行政部门及有关部门应当对民办学校的教育教学工作、教师培训工作进行指导。

第四十一条 教育行政部门及有关部门依法对民办学校实行督导，建立民办学校信息公示和信用档案制度，促进提高办学质量；组织或者委托社会中介组织评估办学水平和教育质量，并将评估结果向社会公布。

第四十二条 民办学校的招生简章和广告，应当报审批机关备案。

第四十三条 民办学校侵犯受教育者的合法权益，受教育者及其亲属有权向教育行政部门和其他有关部门申诉，有关部门应当及时予以处理。

第四十四条 国家支持和鼓励社会中介组织为民办学校提供服务。

第七章 扶持与奖励

第四十五条 县级以上各级人民政府可以设立专项资金，用于资助民办学校的发展，奖励和表彰有突出贡献的集体和个人。

第四十六条 县级以上各级人民政府可以采取购买服务、助学贷款、奖助学金和出租、转让闲置的国有资产等措施对民办学校予以扶持；对非营利性民办学校还可以采取政府补贴、基金奖励、捐资激励等扶持措施。

第四十七条 民办学校享受国家规定的税收优惠政策；其中，非营利性民办学校享受与公办学校同等的税收优惠政策。

第四十八条 民办学校依照国家有关法律、法规，可以接受公民、法人或者其他组织的捐赠。

国家对向民办学校捐赠财产的公民、法人或者其他组织按照有关规定给予税收优惠，并予以表彰。

第四十九条　国家鼓励金融机构运用信贷手段，支持民办教育事业的发展。

第五十条　人民政府委托民办学校承担义务教育任务，应当按照委托协议拨付相应的教育经费。

第五十一条　新建、扩建非营利性民办学校，人民政府应当按照与公办学校同等原则，以划拨等方式给予用地优惠。新建、扩建营利性民办学校，人民政府应当按照国家规定供给土地。

教育用地不得用于其他用途。

第五十二条　国家采取措施，支持和鼓励社会组织和个人到少数民族地区、边远贫困地区举办民办学校，发展教育事业。

第八章　变更与终止

第五十三条　民办学校的分立、合并，在进行财务清算后，由学校理事会或者董事会报审批机关批准。

申请分立、合并民办学校的，审批机关应当自受理之日起三个月内以书面形式答复；其中申请分立、合并民办高等学校的，审批机关也可以自受理之日起六个月内以书面形式答复。

第五十四条　民办学校举办者的变更，须由举办者提出，在进行财务清算后，经学校理事会或者董事会同意，报审批机关核准。

第五十五条　民办学校名称、层次、类别的变更，由学校理事会或者董事会报审批机关批准。

申请变更为其他民办学校，审批机关应当自受理之日起三个月内以书面形式答复；其中申请变更为民办高等学校的，审批机关也可以自受理之日起六个月内以书面形式答复。

第五十六条　民办学校有下列情形之一的，应当终止：

（一）根据学校章程规定要求终止，并经审批机关批准的；

（二）被吊销办学许可证的；

（三）因资不抵债无法继续办学的。

第五十七条　民办学校终止时，应当妥善安置在校学生。实施义务教育的民办学校终止时，审批机关应当协助学校安排学生继续就学。

第五十八条　民办学校终止时，应当依法进行财务清算。

民办学校自己要求终止的，由民办学校组织清算；被审批机关依法撤销的，由审批机关组织清算；因资不抵债无法继续办学而被终止的，由人民法院组织清算。

第五十九条 对民办学校的财产按照下列顺序清偿：

（一）应退受教育者学费、杂费和其他费用；

（二）应发教职工的工资及应缴纳的社会保险费用；

（三）偿还其他债务。

非营利性民办学校清偿上述债务后的剩余财产继续用于其他非营利性学校办学；营利性民办学校清偿上述债务后的剩余财产，依照公司法的有关规定处理。

第六十条 终止的民办学校，由审批机关收回办学许可证和销毁印章，并注销登记。

第九章 法律责任

第六十一条 民办学校在教育活动中违反教育法、教师法规定的，依照教育法、教师法的有关规定给予处罚。

第六十二条 民办学校有下列行为之一的，由县级以上人民政府教育行政部门、人力资源社会保障行政部门或者其他有关部门责令限期改正，并予以警告；有违法所得的，退还所收费用后没收违法所得；情节严重的，责令停止招生、吊销办学许可证；构成犯罪的，依法追究刑事责任：

（一）擅自分立、合并民办学校的；

（二）擅自改变民办学校名称、层次、类别和举办者的；

（三）发布虚假招生简章或者广告，骗取钱财的；

（四）非法颁发或者伪造学历证书、结业证书、培训证书、职业资格证书的；

（五）管理混乱严重影响教育教学，产生恶劣社会影响的；

（六）提交虚假证明文件或者采取其他欺诈手段隐瞒重要事实骗取办学许可证的；

（七）伪造、变造、买卖、出租、出借办学许可证的；

（八）恶意终止办学、抽逃资金或者挪用办学经费的。

第六十三条 县级以上人民政府教育行政部门、人力资源社会保障行政部门或者其他有关部门有下列行为之一的，由上级机关责令其改正；情节严重的，对直接负责的主管人员和其他直接责任人员，依法给予处分；造成经济损失的，依法承担赔偿责任；构成犯罪的，依法追究刑事责任：

（一）已受理设立申请，逾期不予答复的；

（二）批准不符合本法规定条件申请的；

（三）疏于管理，造成严重后果的；

（四）违反国家有关规定收取费用的；

（五）侵犯民办学校合法权益的；

（六）其他滥用职权、徇私舞弊的。

第六十四条　违反国家有关规定擅自举办民办学校的，由所在地县级以上地方人民政府教育行政部门或者人力资源社会保障行政部门会同同级公安、民政或者市场监督管理等有关部门责令停止办学、退还所收费用，并对举办者处违法所得一倍以上五倍以下罚款；构成违反治安管理行为的，由公安机关依法给予治安管理处罚；构成犯罪的，依法追究刑事责任。

第十章　附　　则

第六十五条　本法所称的民办学校包括依法举办的其他民办教育机构。

本法所称的校长包括其他民办教育机构的主要行政负责人。

第六十六条　境外的组织和个人在中国境内合作办学的办法，由国务院规定。

第六十七条　本法自2003年9月1日起施行。1997年7月31日国务院颁布的《社会力量办学条例》同时废止。

附：

全国人民代表大会常务委员会关于修改《中华人民共和国民办教育促进法》的决定

（2016年11月7日第十二届全国人民代表大会常务委员会第二十四次会议通过）

第十二届全国人民代表大会常务委员会第二十四次会议决定对《中华人民共和国民办教育促进法》作如下修改：

一、第一章增加一条，作为第九条："民办学校中的中国共产党基层组织，按照中国共产党章程的规定开展党的活动，加强党的建设。"

二、将第十八条改为第十九条，修改为："民办学校的举办者可以自主选择设立非营利性或者营利性民办学校。但是，不得设立实施义务教育的营利性民办学校。

"非营利性民办学校的举办者不得取得办学收益，学校的办学结余全部用于办学。

"营利性民办学校的举办者可以取得办学收益，学校的办学结余依照公司法等有关法律、行政法规的规定处理。

“民办学校取得办学许可证后，进行法人登记，登记机关应当依法予以办理。”

三、将第十九条改为第二十条，修改为：“民办学校应当设立学校理事会、董事会或者其他形式的决策机构并建立相应的监督机制。

“民办学校的举办者根据学校章程规定的权限和程序参与学校的办学和管理。”

四、将第三十条改为第三十一条，修改为：“民办学校应当依法保障教职工的工资、福利待遇和其他合法权益，并为教职工缴纳社会保险费。

“国家鼓励民办学校按照国家规定为教职工办理补充养老保险。”

五、将第三十七条改为第三十八条，修改为：“民办学校收取费用的项目和标准根据办学成本、市场需求等因素确定，向社会公示，并接受有关主管部门的监督。

“非营利性民办学校收费的具体办法，由省、自治区、直辖市人民政府制定；营利性民办学校的收费标准，实行市场调节，由学校自主决定。

“民办学校收取的费用应当主要用于教育教学活动、改善办学条件和保障教职工待遇。”

六、将第四十条改为第四十一条，修改为：“教育行政部门及有关部门依法对民办学校实行督导，建立民办学校信息公示和信用档案制度，促进提高办学质量；组织或者委托社会中介组织评估办学水平和教育质量，并将评估结果向社会公布。”

七、将第四十五条改为第四十六条，修改为：“县级以上各级人民政府可以采取购买服务、助学贷款、奖助学金和出租、转让闲置的国有资产等措施对民办学校予以扶持；对非营利性民办学校还可以采取政府补贴、基金奖励、捐资激励等扶持措施。”

八、将第四十六条改为第四十七条，修改为：“民办学校享受国家规定的税收优惠政策；其中，非营利性民办学校享受与公办学校同等的税收优惠政策。”

九、将第五十条改为第五十一条，修改为：“新建、扩建非营利性民办学校，人民政府应当按照与公办学校同等原则，以划拨等方式给予用地优惠。新建、扩建营利性民办学校，人民政府应当按照国家规定供给土地。

“教育用地不得用于其他用途。”

十、删去第五十一条。

十一、将第五十九条第二款修改为：“非营利性民办学校清偿上述债务后的剩余财产继续用于其他非营利性学校办学；营利性民办学校清偿上述债务后的剩余财产，依照公司法的有关规定处理。”

十二、将第六十二条修改为：“民办学校有下列行为之一的，由县级以上人民政府教育行政部门、人力资源社会保障行政部门或者其他有关部门责令限期改正，并予以警告；有违法所得的，退还所收费用后没收违法所得；情节严重的，责令停止招生、吊销办学许可证；构成犯罪的，依法追究刑事责任：

“（一）擅自分立、合并民办学校的；

“（二）擅自改变民办学校名称、层次、类别和举办者的；

“（三）发布虚假招生简章或者广告，骗取钱财的；

“（四）非法颁发或者伪造学历证书、结业证书、培训证书、职业资格证书的；

“（五）管理混乱严重影响教育教学，产生恶劣社会影响的；

“（六）提交虚假证明文件或者采取其他欺诈手段隐瞒重要事实骗取办学许可证的；

“（七）伪造、变造、买卖、出租、出借办学许可证的；

“（八）恶意终止办学、抽逃资金或者挪用办学经费的。”

十三、将第六十三条修改为：“县级以上人民政府教育行政部门、人力资源社会保障行政部门或者其他有关部门有下列行为之一的，由上级机关责令其改正；情节严重的，对直接负责的主管人员和其他直接责任人员，依法给予处分；造成经济损失的，依法承担赔偿责任；构成犯罪的，依法追究刑事责任：

“（一）已受理设立申请，逾期不予答复的；

“（二）批准不符合本法规定条件申请的；

“（三）疏于管理，造成严重后果的；

“（四）违反国家有关规定收取费用的；

“（五）侵犯民办学校合法权益的；

“（六）其他滥用职权、徇私舞弊的。”

十四、将第六十四条修改为：“违反国家有关规定擅自举办民办学校的，由所在地县级以上地方人民政府教育行政部门或者人力资源社会保障行政部门会同同级公安、民政或者工商行政管理等有关部门责令停止办学、退还所收费用，并对举办者处违法所得一倍以上五倍以下罚款；构成违反治安管理行为的，由公安机关依法给予治安管理处罚；构成犯罪的，依法追究刑事责任。”

十五、删去第六十六条。

十六、将第十一条改为第十二条，将第七条、第八条、第十二条中的“劳动和社会保障行政部门”修改为“人力资源社会保障行政部门”。

本决定自2017年9月1日起施行。

本决定公布前设立的民办学校，选择登记为非营利性民办学校的，根据依照本决定修改后的学校章程继续办学，终止时，民办学校的财产依照本法规定进行清偿后有剩余的，根据出资者的申请，综合考虑在本决定施行前的出资、取得合理回报的情况以及办学效益等因素，给予出资者相应的补偿或者奖励，其余财产继续用于其他非营利性学校办学；选择登记为营利性民办学校的，应当进行财务清算，依法明确财产权属，并缴纳相关税费，重新登记，继续办学。具体办法由省、自治区、直辖市制定。

国务院及其教育行政等有关部门和各省、自治区、直辖市在依照本决定实施民办学校分类管理改革时，应当充分考虑有关历史和现实情况，保障民办学校受教育者、教职工和举办者的合法权益，确保民办学校分类管理改革平稳有序推进。

《中华人民共和国民办教育促进法》根据本决定作相应修改，重新公布。

全国人民代表大会常务委员会关于修改《中华人民共和国劳动法》等七部法律的决定（节录）

（2018 年 12 月 29 日第十三届全国人民代表大会常务委员会第七次会议通过）

第十三届全国人民代表大会常务委员会第七次会议决定：

五、对《中华人民共和国民办教育促进法》作出修改：

（一）将第二十六条第二款中的“经政府批准的职业技能鉴定机构”修改为“经备案的职业技能鉴定机构”。

（二）将第六十四条中的“工商行政管理”修改为“市场监督管理”。

中华人民共和国民办教育促进法实施条例

（2004年3月5日中华人民共和国国务院令第399号公布　2021年4月7日中华人民共和国国务院令第741号修订）

第一章　总　　则

第一条　根据《中华人民共和国民办教育促进法》（以下简称民办教育促进法），制定本条例。

第二条　国家机构以外的社会组织或者个人可以利用非国家财政性经费举办各级各类民办学校；但是，不得举办实施军事、警察、政治等特殊性质教育的民办学校。

民办教育促进法和本条例所称国家财政性经费，是指财政拨款、依法取得并应当上缴国库或者财政专户的财政性资金。

第三条　各级人民政府应当依法支持和规范社会力量举办民办教育，保障民办学校依法办学、自主管理，鼓励、引导民办学校提高质量、办出特色，满足多样化教育需求。

对于举办民办学校表现突出或者为发展民办教育事业做出突出贡献的社会组织或者个人，按照国家有关规定给予奖励和表彰。

第四条　民办学校应当坚持中国共产党的领导，坚持社会主义办学方向，坚持教育公益性，对受教育者加强社会主义核心价值观教育，落实立德树人根本任务。

民办学校中的中国共产党基层组织贯彻党的方针政策，依照法律、行政法规和国家有关规定参与学校重大决策并实施监督。

第二章　民办学校的设立

第五条　国家机构以外的社会组织或者个人可以单独或者联合举办民办学校。联合举办民办学校的，应当签订联合办学协议，明确合作方式、各方权利义务和争议解决方式等。

国家鼓励以捐资、设立基金会等方式依法举办民办学校。以捐资等方式举办民办学校，无举办者的，其办学过程中的举办者权责由发起人履行。

在中国境内设立的外商投资企业以及外方为实际控制人的社会组织不得举办、参与举办或者实际控制实施义务教育的民办学校；举办其他类型民办学校的，应当符合国家有关外商投资的规定。

第六条 举办民办学校的社会组织或者个人应当有良好的信用状况。举办民办学校可以用货币出资，也可以用实物、建设用地使用权、知识产权等可以用货币估价并可以依法转让的非货币财产作价出资；但是，法律、行政法规规定不得作为出资的财产除外。

第七条 实施义务教育的公办学校不得举办或者参与举办民办学校，也不得转为民办学校。其他公办学校不得举办或者参与举办营利性民办学校。但是，实施职业教育的公办学校可以吸引企业的资本、技术、管理等要素，举办或者参与举办实施职业教育的营利性民办学校。

公办学校举办或者参与举办民办学校，不得利用国家财政性经费，不得影响公办学校教学活动，不得仅以品牌输出方式参与办学，并应当经其主管部门批准。公办学校举办或者参与举办非营利性民办学校，不得以管理费等方式取得或者变相取得办学收益。

公办学校举办或者参与举办的民办学校应当具有独立的法人资格，具有与公办学校相分离的校园、基本教育教学设施和独立的专任教师队伍，按照国家统一的会计制度独立进行会计核算，独立招生，独立颁发学业证书。

举办或者参与举办民办学校的公办学校依法享有举办者权益，依法履行国有资产管理义务。

第八条 地方人民政府不得利用国有企业、公办教育资源举办或者参与举办实施义务教育的民办学校。

以国有资产参与举办民办学校的，应当根据国家有关国有资产监督管理的规定，聘请具有评估资格的中介机构依法进行评估，根据评估结果合理确定出资额，并报对该国有资产负有监管职责的机构备案。

第九条 国家鼓励企业以独资、合资、合作等方式依法举办或者参与举办实施职业教育的民办学校。

第十条 举办民办学校，应当按时、足额履行出资义务。民办学校存续期间，举办者不得抽逃出资，不得挪用办学经费。

举办者可以依法募集资金举办营利性民办学校，所募集资金应当主要用于办学，不得擅自改变用途，并按规定履行信息披露义务。民办学校及其举办者不得以赞助费等名目向学生、学生家长收取或者变相收取与入学关联的费用。

第十一条　举办者依法制定学校章程，负责推选民办学校首届理事会、董事会或者其他形式决策机构的组成人员。

举办者可以依据法律、法规和学校章程规定的程序和要求参加或者委派代表参加理事会、董事会或者其他形式决策机构，并依据学校章程规定的权限行使相应的决策权、管理权。

第十二条　民办学校举办者变更的，应当签订变更协议，但不得涉及学校的法人财产，也不得影响学校发展，不得损害师生权益；现有民办学校的举办者变更的，可以根据其依法享有的合法权益与继任举办者协议约定变更收益。

民办学校的举办者不再具备法定条件的，应当在6个月内向审批机关提出变更；逾期不变更的，由审批机关责令变更。

举办者为法人的，其控股股东和实际控制人应当符合法律、行政法规规定的举办民办学校的条件，控股股东和实际控制人变更的，应当报主管部门备案并公示。

举办者变更，符合法定条件的，审批机关应当在规定的期限内予以办理。

第十三条　同时举办或者实际控制多所民办学校的，举办者或者实际控制人应当具备与其所开展办学活动相适应的资金、人员、组织机构等条件与能力，并对所举办民办学校承担管理和监督职责。

同时举办或者实际控制多所民办学校的举办者或者实际控制人向所举办或者实际控制的民办学校提供教材、课程、技术支持等服务以及组织教育教学活动，应当符合国家有关规定并建立相应的质量标准和保障机制。

同时举办或者实际控制多所民办学校的，应当保障所举办或者实际控制的民办学校依法独立开展办学活动，存续期间所有资产由学校依法管理和使用；不得改变所举办或者实际控制的非营利性民办学校的性质，直接或者间接取得办学收益；也不得滥用市场支配地位，排除、限制竞争。

任何社会组织和个人不得通过兼并收购、协议控制等方式控制实施义务教育的民办学校、实施学前教育的非营利性民办学校。

第十四条　实施国家认可的教育考试、职业资格考试和职业技能等级考试等考试的机构，举办或者参与举办与其所实施的考试相关的民办学校应当符合国家有关规定。

第十五条　设立民办学校的审批权限，依照有关法律、法规的规定执行。

地方人民政府及其有关部门应当依法履行实施义务教育的职责。设立实施义务教育的民办学校，应当符合当地义务教育发展规划。

第十六条　国家鼓励民办学校利用互联网技术在线实施教育活动。

利用互联网技术在线实施教育活动应当符合国家互联网管理有关法律、行政法规的规定。利用互联网技术在线实施教育活动的民办学校应当取得相应的办学许可。

民办学校利用互联网技术在线实施教育活动，应当依法建立并落实互联网安全管理制度和安全保护技术措施，发现法律、行政法规禁止发布或者传输的信息的，应当立即停止传输，采取消除等处置措施，防止信息扩散，保存有关记录，并向有关主管部门报告。

外籍人员利用互联网技术在线实施教育活动，应当遵守教育和外国人在华工作管理等有关法律、行政法规的规定。

第十七条 民办学校的举办者在获得筹设批准书之日起 3 年内完成筹设的，可以提出正式设立申请。

民办学校在筹设期内不得招生。

第十八条 申请正式设立实施学历教育的民办学校的，审批机关受理申请后，应当组织专家委员会评议，由专家委员会提出咨询意见。

第十九条 民办学校的章程应当规定下列主要事项：

（一）学校的名称、住所、办学地址、法人属性；

（二）举办者的权利义务，举办者变更、权益转让的办法；

（三）办学宗旨、发展定位、层次、类型、规模、形式等；

（四）学校开办资金、注册资本，资产的来源、性质等；

（五）理事会、董事会或者其他形式决策机构和监督机构的产生方法、人员构成、任期、议事规则等；

（六）学校党组织负责人或者代表进入学校决策机构和监督机构的程序；

（七）学校的法定代表人；

（八）学校自行终止的事由，剩余资产处置的办法与程序；

（九）章程修改程序。

民办学校应当将章程向社会公示，修订章程应当事先公告，征求利益相关方意见。完成修订后，报主管部门备案或者核准。

第二十条 民办学校只能使用一个名称。

民办学校的名称应当符合有关法律、行政法规的规定，不得损害社会公共利益，不得含有可能引发歧义的文字或者含有可能误导公众的其他法人名称。营利性民办学校可以在学校牌匾、成绩单、毕业证书、结业证书、学位证书及相关证明、招生广告和简章上使用经审批机关批准的法人简称。

第二十一条 民办学校开办资金、注册资本应当与学校类型、层次、办学规模相适应。民办学校正式设立时，开办资金、注册资本应当缴足。

第二十二条 对批准正式设立的民办学校，审批机关应当颁发办学许可证，并向社会公告。

办学许可的期限应当与民办学校的办学层次和类型相适应。民办学校在许可期限内无违法违规行为的，有效期届满可以自动延续、换领新证。

民办学校办学许可证的管理办法由国务院教育行政部门、人力资源社会保障行政部门依据职责分工分别制定。

第二十三条 民办学校增设校区应当向审批机关申请地址变更；设立分校应当向分校所在地审批机关单独申请办学许可，并报原审批机关备案。

第二十四条 民办学校依照有关法律、行政法规的规定申请法人登记，登记机关应当依法予以办理。

第三章 民办学校的组织与活动

第二十五条 民办学校理事会、董事会或者其他形式决策机构的负责人应当具有中华人民共和国国籍，具有政治权利和完全民事行为能力，在中国境内定居，品行良好，无故意犯罪记录或者教育领域不良从业记录。

民办学校法定代表人应当由民办学校决策机构负责人或者校长担任。

第二十六条 民办学校的理事会、董事会或者其他形式决策机构应当由举办者或者其代表、校长、党组织负责人、教职工代表等共同组成。鼓励民办学校理事会、董事会或者其他形式决策机构吸收社会公众代表，根据需要设独立理事或者独立董事。实施义务教育的民办学校理事会、董事会或者其他形式决策机构组成人员应当具有中华人民共和国国籍，且应当有审批机关委派的代表。

民办学校的理事会、董事会或者其他形式决策机构每年至少召开 2 次会议。经 1/3 以上组成人员提议，可以召开理事会、董事会或者其他形式决策机构临时会议。讨论下列重大事项，应当经 2/3 以上组成人员同意方可通过：

（一）变更举办者；

（二）聘任、解聘校长；

（三）修改学校章程；

（四）制定发展规划；

（五）审核预算、决算；

（六）决定学校的分立、合并、终止；

（七）学校章程规定的其他重大事项。

第二十七条 民办学校应当设立监督机构。监督机构应当有党的基层组织代表，且教职工代表不少于 1/3。教职工人数少于 20 人的民办学校可以只设 1 至 2 名监事。

监督机构依据国家有关规定和学校章程对学校办学行为进行监督。监督机构负责人或者监事应当列席学校决策机构会议。

理事会、董事会或者其他形式决策机构组成人员及其近亲属不得兼任、担任监督机构组成人员或者监事。

第二十八条 民办学校校长依法独立行使教育教学和行政管理职权。

民办学校内部组织机构的设置方案由校长提出，报理事会、董事会或者其他形式决策机构批准。

第二十九条 民办学校依照法律、行政法规和国家有关规定，自主开展教育教学活动；使用境外教材的，应当符合国家有关规定。

实施高等教育和中等职业技术学历教育的民办学校，可以按照办学宗旨和培养目标自主设置专业、开设课程、选用教材。

实施普通高中教育、义务教育的民办学校可以基于国家课程标准自主开设有特色的课程，实施教育教学创新，自主设置的课程应当报主管教育行政部门备案。实施义务教育的民办学校不得使用境外教材。

实施学前教育的民办学校开展保育和教育活动，应当遵循儿童身心发展规律，设置、开发以游戏、活动为主要形式的课程。

实施以职业技能为主的职业资格培训、职业技能培训的民办学校可以按照与培训专业（职业、工种）相对应的国家职业标准及相关职业培训要求开展培训活动，不得教唆、组织学员规避监管，以不正当手段获取职业资格证书、成绩证明等。

第三十条 民办学校应当按照招生简章或者招生广告的承诺，开设相应课程，开展教育教学活动，保证教育教学质量。

民办学校应当提供符合标准的校舍和教育教学设施设备。

第三十一条 实施学前教育、学历教育的民办学校享有与同级同类公办学校同等的招生权，可以在审批机关核定的办学规模内，自主确定招生的标准和方式，与公办学校同期招生。

实施义务教育的民办学校应当在审批机关管辖的区域内招生，纳入审批机关所在地统一管理。实施普通高中教育的民办学校应当主要在学校所在设区的市范围内招生，符合省、自治区、直辖市人民政府教育行政部门有关规定的可以跨区域招生。招收接受高等学历教育学生的应当遵守国家有关规定。

县级以上地方人民政府教育行政部门、人力资源社会保障行政部门应当为外地的民办学校在本地招生提供平等待遇，不得设置跨区域招生障碍实行地区封锁。

民办学校招收学生应当遵守招生规则，维护招生秩序，公开公平公正录取学生。实施义务教育的民办学校不得组织或者变相组织学科知识类入学考试，不得提前招生。

民办学校招收境外学生，按照国家有关规定执行。

第三十二条　实施高等学历教育的民办学校符合学位授予条件的，依照有关法律、行政法规的规定经审批同意后，可以获得相应的学位授予资格。

第四章　教师与受教育者

第三十三条　民办学校聘任的教师或者教学人员应当具备相应的教师资格或者其他相应的专业资格、资质。

民办学校应当有一定数量的专任教师；其中，实施学前教育、学历教育的民办学校应当按照国家有关规定配备专任教师。

鼓励民办学校创新教师聘任方式，利用信息技术等手段提高教学效率和水平。

第三十四条　民办学校自主招聘教师和其他工作人员，并应当与所招聘人员依法签订劳动或者聘用合同，明确双方的权利义务等。

民办学校聘任专任教师，在合同中除依法约定必备条款外，还应当对教师岗位及其职责要求、师德和业务考核办法、福利待遇、培训和继续教育等事项作出约定。

公办学校教师未经所在学校同意不得在民办学校兼职。

民办学校聘任外籍人员，按照国家有关规定执行。

第三十五条　民办学校应当建立教师培训制度，为受聘教师接受相应的思想政治培训和业务培训提供条件。

第三十六条　民办学校应当依法保障教职工待遇，按照学校登记的法人类型，按时足额支付工资，足额缴纳社会保险费和住房公积金。国家鼓励民办学校按照有关规定为教职工建立职业年金或者企业年金等补充养老保险。

实施学前教育、学历教育的民办学校应当从学费收入中提取一定比例建立专项资金或者基金，由学校管理，用于教职工职业激励或者增加待遇保障。

第三十七条　教育行政部门应当会同有关部门建立民办幼儿园、中小学专任教师劳动、聘用合同备案制度，建立统一档案，记录教师的教龄、工龄，在培训、考核、专业技术职务评聘、表彰奖励、权利保护等方面，统筹规划、统一管理，与公办幼儿园、中小学聘任的教师平等对待。

民办职业学校、高等学校按照国家有关规定自主开展教师专业技术职务评聘。

教育行政部门应当会同有关部门完善管理制度，保证教师在公办学校和民办学校之间的合理流动；指导和监督民办学校建立健全教职工代表大会制度。

第三十八条　实施学历教育的民办学校应当依法建立学籍和教学管理制度，并报主管部门备案。

第三十九条 民办学校及其教师、职员、受教育者申请政府设立的有关科研项目、课题等，享有与同级同类公办学校及其教师、职员、受教育者同等的权利。相关项目管理部门应当按规定及时足额拨付科研项目、课题资金。

各级人民政府应当保障民办学校的受教育者在升学、就业、社会优待、参加先进评选，以及获得助学贷款、奖助学金等国家资助等方面，享有与同级同类公办学校的受教育者同等的权利。

实施学历教育的民办学校应当建立学生资助、奖励制度，并按照不低于当地同级同类公办学校的标准，从学费收入中提取相应资金用于资助、奖励学生。

第四十条 教育行政部门、人力资源社会保障行政部门和其他有关部门，组织有关的评奖评优、文艺体育活动和课题、项目招标，应当为民办学校及其教师、职员、受教育者提供同等的机会。

第五章 民办学校的资产与财务管理

第四十一条 民办学校应当依照《中华人民共和国会计法》和国家统一的会计制度进行会计核算，编制财务会计报告。

第四十二条 民办学校应当建立办学成本核算制度，基于办学成本和市场需求等因素，遵循公平、合法和诚实信用原则，考虑经济效益与社会效益，合理确定收费项目和标准。对公办学校参与举办、使用国有资产或者接受政府生均经费补助的非营利性民办学校，省、自治区、直辖市人民政府可以对其收费制定最高限价。

第四十三条 民办学校资产中的国有资产的监督、管理，按照国家有关规定执行。

民办学校依法接受的捐赠财产的使用和管理，依照有关法律、行政法规执行。

第四十四条 非营利性民办学校收取费用、开展活动的资金往来，应当使用在有关主管部门备案的账户。有关主管部门应当对该账户实施监督。

营利性民办学校收入应当全部纳入学校开设的银行结算账户，办学结余分配应当在年度财务结算后进行。

第四十五条 实施义务教育的民办学校不得与利益关联方进行交易。其他民办学校与利益关联方进行交易的，应当遵循公开、公平、公允的原则，合理定价、规范决策，不得损害国家利益、学校利益和师生权益。

民办学校应当建立利益关联方交易的信息披露制度。教育、人力资源社会保障以及财政等有关部门应当加强对非营利性民办学校与利益关联方签订协议的监管，并按年度对关联交易进行审查。

前款所称利益关联方是指民办学校的举办者、实际控制人、校长、理事、董事、监事、财务负责人等以及与上述组织或者个人之间存在互相控制和影响关系、可能导致民办学校利益被转移的组织或者个人。

第四十六条　在每个会计年度结束时，民办学校应当委托会计师事务所对年度财务报告进行审计。非营利性民办学校应当从经审计的年度非限定性净资产增加额中，营利性民办学校应当从经审计的年度净收益中，按不低于年度非限定性净资产增加额或者净收益的10%的比例提取发展基金，用于学校的发展。

第六章　管理与监督

第四十七条　县级以上地方人民政府应当建立民办教育工作联席会议制度。教育、人力资源社会保障、民政、市场监督管理等部门应当根据职责会同有关部门建立民办学校年度检查和年度报告制度，健全日常监管机制。

教育行政部门、人力资源社会保障行政部门及有关部门应当建立民办学校信用档案和举办者、校长执业信用制度，对民办学校进行执法监督的情况和处罚、处理结果应当予以记录，由执法、监督人员签字后归档，并依法依规公开执法监督结果。相关信用档案和信用记录依法纳入全国信用信息共享平台、国家企业信用信息公示系统。

第四十八条　审批机关应当及时公开民办学校举办者情况、办学条件等审批信息。

教育行政部门、人力资源社会保障行政部门应当依据职责分工，定期组织或者委托第三方机构对民办学校的办学水平和教育质量进行评估，评估结果应当向社会公开。

第四十九条　教育行政部门及有关部门应当制定实施学前教育、学历教育民办学校的信息公示清单，监督民办学校定期向社会公开办学条件、教育质量等有关信息。

营利性民办学校应当通过全国信用信息共享平台、国家企业信用信息公示系统公示相关信息。

有关部门应当支持和鼓励民办学校依法建立行业组织，研究制定相应的质量标准，建立认证体系，制定推广反映行业规律和特色要求的合同示范文本。

第五十条　民办学校终止的，应当交回办学许可证，向登记机关办理注销登记，并向社会公告。

民办学校自己要求终止的，应当提前6个月发布拟终止公告，依法依章程制定终止方案。

民办学校无实际招生、办学行为的，办学许可证到期后自然废止，由审批机关予以公告。民办学校自行组织清算后，向登记机关办理注销登记。

对于因资不抵债无法继续办学而被终止的民办学校，应当向人民法院申请破产清算。

第五十一条 国务院教育督导机构及省、自治区、直辖市人民政府负责教育督导的机构应当对县级以上地方人民政府及其有关部门落实支持和规范民办教育发展法定职责的情况进行督导、检查。

县级以上人民政府负责教育督导的机构依法对民办学校进行督导并公布督导结果，建立民办中小学、幼儿园责任督学制度。

第七章 支持与奖励

第五十二条 各级人民政府及有关部门应当依法健全对民办学校的支持政策，优先扶持办学质量高、特色明显、社会效益显著的民办学校。

县级以上地方人民政府可以参照同级同类公办学校生均经费等相关经费标准和支持政策，对非营利性民办学校给予适当补助。

地方人民政府出租、转让闲置的国有资产应当优先扶持非营利性民办学校。

第五十三条 民办学校可以依法以捐赠者的姓名、名称命名学校的校舍或者其他教育教学设施、生活设施。捐赠者对民办学校发展做出特殊贡献的，实施高等学历教育的民办学校经国务院教育行政部门按照国家规定的条件批准，其他民办学校经省、自治区、直辖市人民政府教育行政部门或者人力资源社会保障行政部门按照国家规定的条件批准，可以以捐赠者的姓名或者名称作为学校校名。

第五十四条 民办学校享受国家规定的税收优惠政策；其中，非营利性民办学校享受与公办学校同等的税收优惠政策。

第五十五条 地方人民政府在制定闲置校园综合利用方案时，应当考虑当地民办教育发展需求。

新建、扩建非营利性民办学校，地方人民政府应当按照与公办学校同等原则，以划拨等方式给予用地优惠。

实施学前教育、学历教育的民办学校使用土地，地方人民政府可以依法以协议、招标、拍卖等方式供应土地，也可以采取长期租赁、先租后让、租让结合的方式供应土地，土地出让价款和租金可以在规定期限内按合同约定分期缴纳。

第五十六条 在西部地区、边远地区和少数民族地区举办的民办学校申请贷款用于学校自身发展的，享受国家相关的信贷优惠政策。

第五十七条 县级以上地方人民政府可以根据本行政区域的具体情况，设立民办教育发展专项资金，用于支持民办学校提高教育质量和办学水平、奖励举办者等。

国家鼓励社会力量依法设立民办教育发展方面的基金会或者专项基金，用于支持民办教育发展。

第五十八条 县级人民政府根据本行政区域实施学前教育、义务教育或者其他公共教育服务的需要，可以与民办学校签订协议，以购买服务等方式，委托其承担相应教育任务。

委托民办学校承担普惠性学前教育、义务教育或者其他公共教育任务的，应当根据当地相关教育阶段的委托协议，拨付相应的教育经费。

第五十九条 县级以上地方人民政府可以采取政府补贴、以奖代补等方式鼓励、支持非营利性民办学校保障教师待遇。

第六十条 国家鼓励、支持保险机构设立适合民办学校的保险产品，探索建立行业互助保险等机制，为民办学校重大事故处理、终止善后、教职工权益保障等事项提供风险保障。

金融机构可以在风险可控前提下开发适合民办学校特点的金融产品。民办学校可以以未来经营收入、知识产权等进行融资。

第六十一条 除民办教育促进法和本条例规定的支持与奖励措施外，省、自治区、直辖市人民政府还可以根据实际情况，制定本地区促进民办教育发展的支持与奖励措施。

各级人民政府及有关部门在对现有民办学校实施分类管理改革时，应当充分考虑有关历史和现实情况，保障受教育者、教职工和举办者的合法权益，确保民办学校分类管理改革平稳有序推进。

第八章 法律责任

第六十二条 民办学校举办者及实际控制人、决策机构或者监督机构组成人员有下列情形之一的，由县级以上人民政府教育行政部门、人力资源社会保障行政部门或者其他有关部门依据职责分工责令限期改正，有违法所得的，退还所收费用后没收违法所得；情节严重的，1 至 5 年内不得新成为民办学校举办者或实际控制人、决策机构或者监督机构组成人员；情节特别严重、社会影响恶劣的，永久不得新成为民办学校举办者或实际控制人、决策机构或者监督机构组成人员；构成违反治安管理行为的，由公安机关依法给予治安管理处罚；构成犯罪的，依法追究刑事责任：

（一）利用办学非法集资，或者收取与入学关联的费用的；

（二）未按时、足额履行出资义务，或者抽逃出资、挪用办学经费的；

（三）侵占学校法人财产或者非法从学校获取利益的；

（四）与实施义务教育的民办学校进行关联交易，或者与其他民办学校进行关联交易损害国家利益、学校利益和师生权益的；

（五）伪造、变造、买卖、出租、出借办学许可证的；

（六）干扰学校办学秩序或者非法干预学校决策、管理的；

（七）擅自变更学校名称、层次、类型和举办者的；

（八）有其他危害学校稳定和安全、侵犯学校法人权利或者损害教职工、受教育者权益的行为的。

第六十三条 民办学校有下列情形之一的，依照民办教育促进法第六十二条规定给予处罚：

（一）违背国家教育方针，偏离社会主义办学方向，或者未保障学校党组织履行职责的；

（二）违反法律、行政法规和国家有关规定开展教育教学活动的；

（三）理事会、董事会或者其他形式决策机构未依法履行职责的；

（四）教学条件明显不能满足教学要求、教育教学质量低下，未及时采取措施的；

（五）校舍、其他教育教学设施设备存在重大安全隐患，未及时采取措施的；

（六）侵犯受教育者的合法权益，产生恶劣社会影响的；

（七）违反国家规定聘任、解聘教师，或者未依法保障教职工待遇的；

（八）违反规定招生，或者在招生过程中弄虚作假的；

（九）超出办学许可范围，擅自改变办学地址或者设立分校的；

（十）未依法履行公示办学条件和教育质量有关材料、财务状况等信息披露义务，或者公示的材料不真实的；

（十一）未按照国家统一的会计制度进行会计核算、编制财务会计报告，财务、资产管理混乱，或者违反法律、法规增加收费项目、提高收费标准的；

（十二）有其他管理混乱严重影响教育教学的行为的。

法律、行政法规对前款规定情形的处罚另有规定的，从其规定。

第六十四条 民办学校有民办教育促进法第六十二条或者本条例第六十三条规定的违法情形的，由县级以上人民政府教育行政部门、人力资源社会保障行政部门或者其他有关部门依据职责分工对学校决策机构负责人、校长及直接责任人予以警告；情节严重的，1 至 5 年内不得新成为民办学校决策机构负责人或者校长；情节特别严重、社会影响恶劣的，永久不得新成为民办学校决策机构负责人或者校长。

同时举办或者实际控制多所民办学校的举办者或者实际控制人违反本条例规定，对所举办或者实际控制的民办学校疏于管理，造成恶劣影响的，由县级以上教育行政部门、人力资源社会保障行政部门或者其他有关部门依据职责分工责令限期整顿；拒不整改或者整改后仍发生同类问题的，1 至 5 年内不得举办新的民办学校，情节严重的，10 年内不得举办新的民办学校。

第六十五条　违反本条例规定举办、参与举办民办学校或者在民办学校筹设期内招生的，依照民办教育促进法第六十四条规定给予处罚。

第九章　附　　则

第六十六条　本条例所称现有民办学校，是指2016年11月7日《全国人民代表大会常务委员会关于修改〈中华人民共和国民办教育促进法〉的决定》公布前设立的民办学校。

第六十七条　本条例规定的支持与奖励措施适用于中外合作办学机构。

第六十八条　本条例自2021年9月1日起施行。

中华人民共和国中外合作办学条例

（2003年3月1日中华人民共和国国务院令第372号公布　根据2013年7月18日国务院令第638号《关于废止和修改部分行政法规的决定》第一次修订　根据2019年3月2日国务院令第709号《关于修改部分行政法规的决定》第二次修订）

第一章　总　　则

第一条　为了规范中外合作办学活动，加强教育对外交流与合作，促进教育事业的发展，根据《中华人民共和国教育法》、《中华人民共和国职业教育法》和《中华人民共和国民办教育促进法》，制定本条例。

第二条　外国教育机构同中国教育机构（以下简称中外合作办学者）在中国境内合作举办以中国公民为主要招生对象的教育机构（以下简称中外合作办学机构）的活动，适用本条例。

第三条　中外合作办学属于公益性事业，是中国教育事业的组成部分。

国家对中外合作办学实行扩大开放、规范办学、依法管理、促进发展的方针。

国家鼓励引进外国优质教育资源的中外合作办学。

国家鼓励在高等教育、职业教育领域开展中外合作办学，鼓励中国高等教育机构与外国知名的高等教育机构合作办学。

第四条　中外合作办学者、中外合作办学机构的合法权益，受中国法律保护。

中外合作办学机构依法享受国家规定的优惠政策，依法自主开展教育教学活动。

第五条　中外合作办学必须遵守中国法律，贯彻中国的教育方针，符合中国的公共道德，不得损害中国的国家主权、安全和社会公共利益。

中外合作办学应当符合中国教育事业发展的需要，保证教育教学质量，致力于培养中国社会主义建设事业的各类人才。

第六条　中外合作办学者可以合作举办各级各类教育机构。但是，不得举办实施义务教育和实施军事、警察、政治等特殊性质教育的机构。

第七条　外国宗教组织、宗教机构、宗教院校和宗教教职人员不得在中国境内从事合作办学活动。

中外合作办学机构不得进行宗教教育和开展宗教活动。

第八条　国务院教育行政部门负责全国中外合作办学工作的统筹规划、综合协调和宏观管理。国务院教育行政部门、劳动行政部门和其他有关行政部门在国务院规定的职责范围内负责有关的中外合作办学工作。

省、自治区、直辖市人民政府教育行政部门负责本行政区域内中外合作办学工作的统筹规划、综合协调和宏观管理。省、自治区、直辖市人民政府教育行政部门、劳动行政部门和其他有关行政部门在其职责范围内负责本行政区域内有关的中外合作办学工作。

第二章　设　　立

第九条　申请设立中外合作办学机构的教育机构应当具有法人资格。

第十条　中外合作办学者可以用资金、实物、土地使用权、知识产权以及其他财产作为办学投入。

中外合作办学者的知识产权投入不得超过各自投入的1/3。但是，接受国务院教育行政部门、劳动行政部门或者省、自治区、直辖市人民政府邀请前来中国合作办学的外国教育机构的知识产权投入可以超过其投入的1/3。

第十一条　中外合作办学机构应当具备《中华人民共和国教育法》、《中华人民共和国职业教育法》、《中华人民共和国高等教育法》等法律和有关行政法规规定的基本条件，并具有法人资格。但是，外国教育机构同中国实施学历教育的高等学校设立的实施高等教育的中外合作办学机构，可以不具有法人资格。

设立中外合作办学机构，参照国家举办的同级同类教育机构的设置标准执行。

第十二条　申请设立实施本科以上高等学历教育的中外合作办学机构，由国务院教育行政部门审批；申请设立实施高等专科教育和非学历高等教育的中外合作办学机构，由拟设立机构所在地的省、自治区、直辖市人民政府审批。

申请设立实施中等学历教育和自学考试助学、文化补习、学前教育等的中外合作办学机构，由拟设立机构所在地的省、自治区、直辖市人民政府教育行政部门审批。

申请设立实施职业技能培训的中外合作办学机构，由拟设立机构所在地的省、自治区、直辖市人民政府劳动行政部门审批。

第十三条　设立中外合作办学机构，分为筹备设立和正式设立两个步骤。但是，具备办学条件，达到设置标准的，可以直接申请正式设立。

第十四条 申请筹备设立中外合作办学机构，应当提交下列文件：

（一）申办报告，内容应当主要包括：中外合作办学者、拟设立中外合作办学机构的名称、培养目标、办学规模、办学层次、办学形式、办学条件、内部管理体制、经费筹措与管理使用等；

（二）合作协议，内容应当包括：合作期限、争议解决办法等；

（三）资产来源、资金数额及有效证明文件，并载明产权；

（四）属捐赠性质的校产须提交捐赠协议，载明捐赠人的姓名、所捐资产的数额、用途和管理办法及相关有效证明文件；

（五）不低于中外合作办学者资金投入15%的启动资金到位证明。

第十五条 申请筹备设立中外合作办学机构的，审批机关应当自受理申请之日起45个工作日内作出是否批准的决定。批准的，发给筹备设立批准书；不批准的，应当书面说明理由。

第十六条 经批准筹备设立中外合作办学机构的，应当自批准之日起3年内提出正式设立申请；超过3年的，中外合作办学者应当重新申报。

筹备设立期内，不得招生。

第十七条 完成筹备设立申请正式设立的，应当提交下列文件：

（一）正式设立申请书；

（二）筹备设立批准书；

（三）筹备设立情况报告；

（四）中外合作办学机构的章程，首届理事会、董事会或者联合管理委员会组成人员名单；

（五）中外合作办学机构资产的有效证明文件；

（六）校长或者主要行政负责人、教师、财会人员的资格证明文件。

直接申请正式设立中外合作办学机构的，应当提交前款第（一）项、第（四）项、第（五）项、第（六）项和第十四条第（二）项、第（三）项、第（四）项所列文件。

第十八条 申请正式设立实施非学历教育的中外合作办学机构的，审批机关应当自受理申请之日起3个月内作出是否批准的决定；申请正式设立实施学历教育的中外合作办学机构的，审批机关应当自受理申请之日起6个月内作出是否批准的决定。批准的，颁发统一格式、统一编号的中外合作办学许可证；不批准的，应当书面说明理由。

中外合作办学许可证由国务院教育行政部门制定式样，由国务院教育行政部门和劳动行政部门按照职责分工分别组织印制；中外合作办学许可证由国务院教育行政部门统一编号，具体办法由国务院教育行政部门会同劳动行政部门确定。

第十九条　申请正式设立实施学历教育的中外合作办学机构的，审批机关受理申请后，应当组织专家委员会评议，由专家委员会提出咨询意见。

第二十条　中外合作办学机构取得中外合作办学许可证后，应当依照有关的法律、行政法规进行登记，登记机关应当依照有关规定即时予以办理。

第三章　组织与管理

第二十一条　具有法人资格的中外合作办学机构应当设立理事会或者董事会，不具有法人资格的中外合作办学机构应当设立联合管理委员会。理事会、董事会或者联合管理委员会的中方组成人员不得少于1/2。

理事会、董事会或者联合管理委员会由5人以上组成，设理事长、副理事长，董事长、副董事长或者主任、副主任各1人。中外合作办学者一方担任理事长、董事长或者主任的，由另一方担任副理事长、副董事长或者副主任。

具有法人资格的中外合作办学机构的法定代表人，由中外合作办学者协商，在理事长、董事长或者校长中确定。

第二十二条　中外合作办学机构的理事会、董事会或者联合管理委员会由中外合作办学者的代表、校长或者主要行政负责人、教职工代表等组成，其中1/3以上组成人员应当具有5年以上教育、教学经验。

中外合作办学机构的理事会、董事会或者联合管理委员会组成人员名单应当报审批机关备案。

第二十三条　中外合作办学机构的理事会、董事会或者联合管理委员会行使下列职权：

（一）改选或者补选理事会、董事会或者联合管理委员会组成人员；

（二）聘任、解聘校长或者主要行政负责人；

（三）修改章程，制定规章制度；

（四）制定发展规划，批准年度工作计划；

（五）筹集办学经费，审核预算、决算；

（六）决定教职工的编制定额和工资标准；

（七）决定中外合作办学机构的分立、合并、终止；

（八）章程规定的其他职权。

第二十四条　中外合作办学机构的理事会、董事会或者联合管理委员会每年至少召开一次会议。经1/3以上组成人员提议，可以召开理事会、董事会或者联合管理委员会临时会议。

中外合作办学机构的理事会、董事会或者联合管理委员会讨论下列重大事项，应当经 2/3 以上组成人员同意方可通过：

（一）聘任、解聘校长或者主要行政负责人；

（二）修改章程；

（三）制定发展规划；

（四）决定中外合作办学机构的分立、合并、终止；

（五）章程规定的其他重大事项。

第二十五条 中外合作办学机构的校长或者主要行政负责人，应当具有中华人民共和国国籍，在中国境内定居，热爱祖国，品行良好，具有教育、教学经验，并具备相应的专业水平。

第二十六条 中外合作办学机构的校长或者主要行政负责人行使下列职权：

（一）执行理事会、董事会或者联合管理委员会的决定；

（二）实施发展规划，拟订年度工作计划、财务预算和规章制度；

（三）聘任和解聘工作人员，实施奖惩；

（四）组织教育教学、科学研究活动，保证教育教学质量；

（五）负责日常管理工作；

（六）章程规定的其他职权。

第二十七条 中外合作办学机构依法对教师、学生进行管理。

中外合作办学机构聘任的外籍教师和外籍管理人员，应当具备学士以上学位和相应的职业证书，并具有 2 年以上教育、教学经验。

外方合作办学者应当从本教育机构中选派一定数量的教师到中外合作办学机构任教。

第二十八条 中外合作办学机构应当依法维护教师、学生的合法权益，保障教职工的工资、福利待遇，并为教职工缴纳社会保险费。

中外合作办学机构的教职工依法建立工会等组织，并通过教职工代表大会等形式，参与中外合作办学机构的民主管理。

第二十九条 中外合作办学机构的外籍人员应当遵守外国人在中国就业的有关规定。

第四章　教 育 教 学

第三十条 中外合作办学机构应当按照中国对同级同类教育机构的要求开设关于

宪法、法律、公民道德、国情等内容的课程。

国家鼓励中外合作办学机构引进国内急需、在国际上具有先进性的课程和教材。

中外合作办学机构应当将所开设的课程和引进的教材报审批机关备案。

第三十一条　中外合作办学机构根据需要，可以使用外国语言文字教学，但应当以普通话和规范汉字为基本教学语言文字。

第三十二条　实施高等学历教育的中外合作办学机构招收学生，纳入国家高等学校招生计划。实施其他学历教育的中外合作办学机构招收学生，按照省、自治区、直辖市人民政府教育行政部门的规定执行。

中外合作办学机构招收境外学生，按照国家有关规定执行。

第三十三条　中外合作办学机构的招生简章和广告应当报审批机关备案。

中外合作办学机构应当将办学类型和层次、专业设置、课程内容和招生规模等有关情况，定期向社会公布。

第三十四条　中外合作办学机构实施学历教育的，按照国家有关规定颁发学历证书或者其他学业证书；实施非学历教育的，按照国家有关规定颁发培训证书或者结业证书。对于接受职业技能培训的学生，经政府批准的职业技能鉴定机构鉴定合格的，可以按照国家有关规定颁发相应的国家职业资格证书。

中外合作办学机构实施高等学历教育的，可以按照国家有关规定颁发中国相应的学位证书。

中外合作办学机构颁发的外国教育机构的学历、学位证书，应当与该教育机构在其所属国颁发的学历、学位证书相同，并在该国获得承认。

中国对中外合作办学机构颁发的外国教育机构的学历、学位证书的承认，依照中华人民共和国缔结或者加入的国际条约办理，或者按照国家有关规定办理。

第三十五条　国务院教育行政部门或者省、自治区、直辖市人民政府教育行政部门及劳动行政部门等其他有关行政部门应当加强对中外合作办学机构的日常监督，组织或者委托社会中介组织对中外合作办学机构的办学水平和教育质量进行评估，并将评估结果向社会公布。

第五章　资产与财务

第三十六条　中外合作办学机构应当依法建立健全财务、会计制度和资产管理制度，并按照国家有关规定设置会计账簿。

第三十七条　中外合作办学机构存续期间，所有资产由中外合作办学机构依法享有法人财产权，任何组织和个人不得侵占。

第三十八条 中外合作办学机构的收费项目和标准，依照国家有关政府定价的规定确定并公布；未经批准，不得增加项目或者提高标准。

中外合作办学机构应当以人民币计收学费和其他费用，不得以外汇计收学费和其他费用。

第三十九条 中外合作办学机构收取的费用应当主要用于教育教学活动和改善办学条件。

第四十条 中外合作办学机构的外汇收支活动以及开设和使用外汇账户，应当遵守国家外汇管理规定。

第四十一条 中外合作办学机构应当在每个会计年度结束时制作财务会计报告，委托社会审计机构依法进行审计，向社会公布审计结果，并报审批机关备案。

第六章 变更与终止

第四十二条 中外合作办学机构的分立、合并，在进行财务清算后，由该机构理事会、董事会或者联合管理委员会报审批机关批准。

申请分立、合并实施非学历教育的中外合作办学机构的，审批机关应当自受理申请之日起 3 个月内以书面形式答复；申请分立、合并实施学历教育的中外合作办学机构的，审批机关应当自受理申请之日起 6 个月内以书面形式答复。

第四十三条 中外合作办学机构合作办学者的变更，应当由合作办学者提出，在进行财务清算后，经该机构理事会、董事会或者联合管理委员会同意，报审批机关核准，并办理相应的变更手续。

中外合作办学机构住所、法定代表人的变更，应当经审批机关核准，并办理相应的变更手续。中外合作办学机构校长或者主要行政负责人的变更，应当及时办理变更手续。

第四十四条 中外合作办学机构名称、层次、类别的变更，由该机构理事会、董事会或者联合管理委员会报审批机关批准。

申请变更为实施非学历教育的中外合作办学机构的，审批机关应当自受理申请之日起 3 个月内以书面形式答复；申请变更为实施学历教育的中外合作办学机构的，审批机关应当自受理申请之日起 6 个月内以书面形式答复。

第四十五条 中外合作办学机构有下列情形之一的，应当终止：

（一）根据章程规定要求终止，并经审批机关批准的；

（二）被吊销中外合作办学许可证的；

（三）因资不抵债无法继续办学，并经审批机关批准的。

中外合作办学机构终止，应当妥善安置在校学生；中外合作办学机构提出终止申请时，应当同时提交妥善安置在校学生的方案。

第四十六条　中外合作办学机构终止时，应当依法进行财务清算。

中外合作办学机构自己要求终止的，由中外合作办学机构组织清算；被审批机关依法撤销的，由审批机关组织清算；因资不抵债无法继续办学而被终止的，依法请求人民法院组织清算。

第四十七条　中外合作办学机构清算时，应当按照下列顺序清偿：

（一）应当退还学生的学费和其他费用；

（二）应当支付给教职工的工资和应当缴纳的社会保险费用；

（三）应当偿还的其他债务。

中外合作办学机构清偿上述债务后的剩余财产，依照有关法律、行政法规的规定处理。

第四十八条　中外合作办学机构经批准终止或者被吊销中外合作办学许可证的，应当将中外合作办学许可证和印章交回审批机关，依法办理注销登记。

第七章　法律责任

第四十九条　中外合作办学审批机关及其工作人员，利用职务上的便利收取他人财物或者获取其他利益，滥用职权、玩忽职守，对不符合本条例规定条件者颁发中外合作办学许可证，或者发现违法行为不予以查处，造成严重后果，触犯刑律的，对负有责任的主管人员和其他直接责任人员，依照刑法关于受贿罪、滥用职权罪、玩忽职守罪或者其他罪的规定，依法追究刑事责任；尚不够刑事处罚的，依法给予行政处分。

第五十条　违反本条例的规定，超越职权审批中外合作办学机构的，其批准文件无效，由上级机关责令改正；对负有责任的主管人员和其他直接责任人员，依法给予行政处分；致使公共财产、国家和人民利益遭受重大损失的，依照刑法关于滥用职权罪或者其他罪的规定，依法追究刑事责任。

第五十一条　违反本条例的规定，未经批准擅自设立中外合作办学机构，或者以不正当手段骗取中外合作办学许可证的，由教育行政部门、劳动行政部门按照职责分工予以取缔或者会同公安机关予以取缔，责令退还向学生收取的费用，并处以 10 万元以下的罚款；触犯刑律的，依照刑法关于诈骗罪或者其他罪的规定，依法追究刑事责任。

第五十二条　违反本条例的规定，在中外合作办学机构筹备设立期间招收学生的，由教育行政部门、劳动行政部门按照职责分工责令停止招生，责令退还向学生收取的费用，并处以10万元以下的罚款；情节严重，拒不停止招生的，由审批机关撤销筹备设立批准书。

第五十三条 中外合作办学者虚假出资或者在中外合作办学机构成立后抽逃出资的，由教育行政部门、劳动行政部门按照职责分工责令限期改正；逾期不改正的，由教育行政部门、劳动行政部门按照职责分工处以虚假出资金额或者抽逃出资金额2倍以下的罚款。

第五十四条 伪造、变造和买卖中外合作办学许可证的，依照刑法关于伪造、变造、买卖国家机关证件罪或者其他罪的规定，依法追究刑事责任。

第五十五条 中外合作办学机构未经批准增加收费项目或者提高收费标准的，由教育行政部门、劳动行政部门按照职责分工责令退还多收的费用，并由市场监督管理部门依照有关法律、行政法规的规定予以处罚。

第五十六条 中外合作办学机构管理混乱、教育教学质量低下，造成恶劣影响的，由教育行政部门、劳动行政部门按照职责分工责令限期整顿并予以公告；情节严重、逾期不整顿或者经整顿仍达不到要求的，由教育行政部门、劳动行政部门按照职责分工责令停止招生、吊销中外合作办学许可证。

第五十七条 违反本条例的规定，发布虚假招生简章，骗取钱财的，由教育行政部门、劳动行政部门按照职责分工，责令限期改正并予以警告；有违法所得的，退还所收费用后没收违法所得，并可处以10万元以下的罚款；情节严重的，责令停止招生、吊销中外合作办学许可证；构成犯罪的，依照刑法关于诈骗罪或者其他罪的规定，依法追究刑事责任。

中外合作办学机构发布虚假招生广告的，依照《中华人民共和国广告法》的有关规定追究其法律责任。

第五十八条 中外合作办学机构被处以吊销中外合作办学许可证行政处罚的，其理事长或者董事长、校长或者主要行政负责人自中外合作办学许可证被吊销之日起10年内不得担任任何中外合作办学机构的理事长或者董事长、校长或者主要行政负责人。

违反本条例的规定，触犯刑律被依法追究刑事责任的，自刑罚执行期满之日起10年内不得从事中外合作办学活动。

第八章 附 则

第五十九条 香港特别行政区、澳门特别行政区和台湾地区的教育机构与内地教育机构合作办学的，参照本条例的规定执行。

第六十条 在市场监督管理部门登记注册的经营性的中外合作举办的培训机构的

管理办法，由国务院另行规定。

第六十一条 外国教育机构同中国教育机构在中国境内合作举办以中国公民为主要招生对象的实施学历教育和自学考试助学、文化补习、学前教育等的合作办学项目的具体审批和管理办法，由国务院教育行政部门制定。

外国教育机构同中国教育机构在中国境内合作举办以中国公民为主要招生对象的实施职业技能培训的合作办学项目的具体审批和管理办法，由国务院劳动行政部门制定。

第六十二条 外国教育机构、其他组织或者个人不得在中国境内单独设立以中国公民为主要招生对象的学校及其他教育机构。

第六十三条 本条例施行前依法设立的中外合作办学机构，应当补办本条例规定的中外合作办学许可证。其中，不完全具备本条例所规定条件的，应当在本条例施行之日起2年内达到本条例规定的条件；逾期未达到本条例规定条件的，由审批机关予以撤销。

第六十四条 本条例自2003年9月1日起施行。

中华人民共和国
中外合作办学条例实施办法

（2004 年 6 月 2 日中华人民共和国教育部令第 20 号发布）

第一章 总 则

第一条 为实施《中华人民共和国中外合作办学条例》（以下简称《中外合作办学条例》），制定本办法。

第二条 中外合作办学机构设立、活动及管理中的具体规范，以及依据《中外合作办学条例》举办实施学历教育和自学考试助学、文化补习、学前教育等的中外合作办学项目的审批与管理，适用本办法。

本办法所称中外合作办学项目是指中国教育机构与外国教育机构以不设立教育机构的方式，在学科、专业、课程等方面，合作开展的以中国公民为主要招生对象的教育教学活动。

根据《中外合作办学条例》的规定，举办实施职业技能培训的中外合作办学项目的具体审批和管理办法，由国务院劳动行政部门另行制定。

第三条 国家鼓励中国教育机构与学术水平和教育教学质量得到普遍认可的外国教育机构合作办学；鼓励在国内新兴和急需的学科专业领域开展合作办学。

国家鼓励在中国西部地区、边远贫困地区开展中外合作办学。

第四条 中外合作办学机构根据《中华人民共和国民办教育促进法实施条例》的规定，享受国家给予民办学校的扶持与奖励措施。

教育行政部门对发展中外合作办学做出突出贡献的社会组织或者个人给予奖励和表彰。

第二章 中外合作办学机构的设立

第五条 中外合作办学者应当在平等协商的基础上签订合作协议。

合作协议应当包括拟设立的中外合作办学机构的名称、住所，中外合作办学者的名称、住所、法定代表人，办学宗旨和培养目标，合作内容和期限，各方投入数额、方式及资金缴纳期限，权利、义务，争议解决办法等内容。

合作协议应当有中文文本；有外文文本的，应当与中文文本的内容一致。

第六条　申请设立中外合作办学机构的中外合作办学者应当具有相应的办学资格和较高的办学质量。

已举办中外合作办学机构的中外合作办学者申请设立新的中外合作办学机构的，其已设立的中外合作办学机构应当通过原审批机关组织或者其委托的社会中介组织进行的评估。

第七条　中外合作办学机构不得设立分支机构，不得举办其他中外合作办学机构。

第八条　经评估，确系引进外国优质教育资源的，中外合作办学者一方可以与其他社会组织或者个人签订协议，引入办学资金。该社会组织或者个人可以作为与其签订协议的中外合作办学者一方的代表，参加拟设立的中外合作办学机构的理事会、董事会或者联合管理委员会，但不得担任理事长、董事长或者主任，不得参与中外合作办学机构的教育教学活动。

第九条　中外合作办学者投入的办学资金，应当与拟设立的中外合作办学机构的层次和规模相适应，并经依法验资。

中外合作办学者应当按照合作协议如期、足额投入办学资金。中外合作办学机构存续期间，中外合作办学者不得抽逃办学资金，不得挪用办学经费。

第十条　中外合作办学者作为办学投入的知识产权，其作价由中外合作办学者双方按照公平合理的原则协商确定或者聘请双方同意的社会中介组织依法进行评估，并依法办理有关手续。

中国教育机构以国有资产作为办学投入举办中外合作办学机构的，应当根据国家有关规定，聘请具有评估资格的社会中介组织依法进行评估，根据评估结果合理确定国有资产的数额，并依法履行国有资产的管理义务。

第十一条　中外合作办学者以知识产权作为办学投入的，应当提交该知识产权的有关资料，包括知识产权证书复印件、有效状况、实用价值、作价的计算根据、双方签订的作价协议等有关文件。

第十二条　根据与外国政府部门签订的协议或者应中国教育机构的请求，国务院教育行政部门和省、自治区、直辖市人民政府可以邀请外国教育机构与中国教育机构合作办学。

被邀请的外国教育机构应当是国际上或者所在国著名的高等教育机构或者职业教育机构。

第十三条 申请设立实施本科以上高等学历教育的中外合作办学机构，由拟设立机构所在地的省、自治区、直辖市人民政府提出意见后，报国务院教育行政部门审批。

申请举办颁发外国教育机构的学历、学位证书的中外合作办学机构的审批权限，参照《中外合作办学条例》第十二条和前款的规定执行。

第十四条 申请筹备设立或者直接申请正式设立中外合作办学机构，应当由中国教育机构提交《中外合作办学条例》规定的文件。其中，申办报告或者正式设立申请书应当按照国务院教育行政部门根据《中外合作办学条例》第十四条第（一）项和第十七条第（一）项，制定的《中外合作办学机构申请表》所规定的内容和格式填写。

第十五条 有下列情形之一的，审批机关不予批准筹备设立中外合作办学机构，并应当书面说明理由：

（一）违背社会公共利益、历史文化传统和教育的公益性质，不符合国家或者地方教育事业发展需要的；

（二）中外合作办学者有一方不符合条件的；

（三）合作协议不符合法定要求，经指出仍不改正的；

（四）申请文件有虚假内容的；

（五）法律、行政法规规定的其他不予批准情形的。

第十六条 中外合作办学机构的章程应当规定以下事项：

（一）中外合作办学机构的名称、住所；

（二）办学宗旨、规模、层次、类别等；

（三）资产数额、来源、性质以及财务制度；

（四）中外合作办学者是否要求取得合理回报；

（五）理事会、董事会或者联合管理委员会的产生方法、人员构成、权限、任期、议事规则等；

（六）法定代表人的产生和罢免程序；

（七）民主管理和监督的形式；

（八）机构终止事由、程序和清算办法；

（九）章程修改程序；

（十）其他需要由章程规定的事项。

第十七条 中外合作办学机构只能使用一个名称，其外文译名应当与中文名称相符。

中外合作办学机构的名称应当反映中外合作办学机构的性质、层次和类型，不得冠以“中国”、“中华”、“全国”等字样，不得违反中国法律、行政法规，不得损害社会公共利益。

不具有法人资格的中外合作办学机构的名称前应当冠以中国高等学校的名称。

第十八条　完成筹备，申请正式设立或者直接申请正式设立中外合作办学机构，除提交《中外合作办学条例》第十七条规定的相关材料外，还应当依据《中外合作办学条例》有关条款的规定，提交以下材料：

（一）首届理事会、董事会或者联合管理委员会组成人员名单及相关证明文件；

（二）聘任的外籍教师和外籍管理人员的相关资格证明文件。

第十九条　申请设立实施学历教育的中外合作办学机构，应当于每年 3 月或者 9 月提出申请，审批机关应当组织专家评议。

专家评议的时间不计算在审批期限内，但审批机关应当将专家评议所需时间书面告知申请人。

第二十条　完成筹备，申请正式设立中外合作办学机构，有下列情形之一的，审批机关应当不予批准，并书面说明理由：

（一）不具备相应办学条件、未达到相应设置标准的；

（二）理事会、董事会或者联合管理委员会的人员及其构成不符合法定要求，校长或者主要行政负责人、教师、财会人员不具备法定资格，经告知仍不改正的；

（三）章程不符合《中外合作办学条例》和本办法规定要求，经告知仍不修改的；

（四）在筹备设立期内有违反法律、法规行为的。

申请直接设立中外合作办学机构的，除前款规定的第（一）、（二）、（三）项外，有本办法第十五条规定情形之一的，审批机关不予批准。

第三章　中外合作办学机构的组织与活动

第二十一条　中外合作办学机构的理事会、董事会或者联合管理委员会的成员应当遵守中国法律、法规，热爱教育事业，品行良好，具有完全民事行为能力。

国家机关工作人员不得担任中外合作办学机构的理事会、董事会或者联合管理委员会的成员。

第二十二条　中外合作办学机构应当聘任专职的校长或者主要行政负责人。

中外合作办学机构的校长或者主要行政负责人依法独立行使教育教学和行政管理职权。

第二十三条　中外合作办学机构内部的组织机构设置方案由校长或者主要行政负责人提出，报理事会、董事会或者联合管理委员会批准。

第二十四条　中外合作办学机构应当建立教师培训制度，为受聘教师接受相应的业务培训提供条件。

第二十五条 中外合作办学机构应当按照招生简章或者招生广告的承诺，开设相应课程，开展教育教学活动，保证教育教学质量。

中外合作办学机构应当提供符合标准的校舍和教育教学设施、设备。

第二十六条 中外合作办学机构可以依法自主确定招生范围、标准和方式；但实施中国学历教育的，应当遵守国家有关规定。

第二十七条 实施高等学历教育的中外合作办学机构符合中国学位授予条件的，可以依照国家有关规定申请相应的学位授予资格。

第二十八条 中外合作办学机构依法自主管理和使用中外合作办学机构的资产，但不得改变按照公益事业获得的土地及校舍的用途。

中外合作办学机构不得从事营利性经营活动。

第二十九条 在每个会计年度结束时，中外合作办学者不要求取得合理回报的中外合作办学机构应当从年度净资产增加额中，中外合作办学者要求取得合理回报的中外合作办学机构应当从年度净收益中，按不低于年度净资产增加额或者净收益的25%的比例提取发展基金，用于中外合作办学机构的建设、维护和教学设备的添置、更新等。

第三十条 中外合作办学机构资产中的国有资产的监督、管理，按照国家有关规定执行。

中外合作办学机构接受的捐赠财产的使用和管理，依照《中华人民共和国公益事业捐赠法》的有关规定执行。

第三十一条 中外合作办学者要求取得合理回报的，应当按照《中华人民共和国民办教育促进法实施条例》的规定执行。

第三十二条 中外合作办学机构有下列情形之一的，中外合作办学者不得取得回报：

（一）发布虚假招生简章或者招生广告，骗取钱财的；

（二）擅自增加收费项目或者提高收费标准，情节严重的；

（三）非法颁发或者伪造学历、学位证书及其他学业证书的；

（四）骗取办学许可证或者伪造、变造、买卖、出租、出借办学许可证的；

（五）未依照《中华人民共和国会计法》和国家统一的会计制度进行会计核算、编制财务会计报告，财务、资产管理混乱的；

（六）违反国家税收征管法律、行政法规的规定，受到税务机关处罚的；

（七）校舍或者其他教育教学设施、设备存在重大安全隐患，未及时采取措施，致使发生重大伤亡事故的；

（八）教育教学质量低下，产生恶劣社会影响的。

中外合作办学者抽逃办学资金或者挪用办学经费的，不得取得回报。

第四章 中外合作办学项目的审批与活动

第三十三条 中外合作办学项目的办学层次和类别，应当与中国教育机构和外国教育机构的办学层次和类别相符合，并一般应当在中国教育机构中已有或者相近专业、课程举办。合作举办新的专业或者课程的，中国教育机构应当基本具备举办该专业或者课程的师资、设备、设施等条件。

第三十四条 中国教育机构可以采取与相应层次和类别的外国教育机构共同制定教育教学计划，颁发中国学历、学位证书或者外国学历、学位证书，在中国境外实施部分教育教学活动的方式，举办中外合作办学项目。

第三十五条 举办中外合作办学项目，中国教育机构和外国教育机构应当参照本办法第五条的规定签订合作协议。

第三十六条 申请举办实施本科以上高等学历教育的中外合作办学项目，由拟举办项目所在地的省、自治区、直辖市人民政府教育行政部门提出意见后，报国务院教育行政部门批准；申请举办实施高等专科教育、非学历高等教育和高级中等教育、自学考试助学、文化补习、学前教育的中外合作办学项目，报拟举办项目所在地的省、自治区、直辖市人民政府教育行政部门批准，并报国务院教育行政部门备案。

申请举办颁发外国教育机构的学历、学位证书以及引进外国教育机构的名称、标志或者教育服务商标的中外合作办学项目的审批，参照前款的规定执行。

第三十七条 申请举办中外合作办学项目，应当由中国教育机构提交下列文件：

（一）《中外合作办学项目申请表》；

（二）合作协议；

（三）中外合作办学者法人资格证明；

（四）验资证明（有资产、资金投入的）；

（五）捐赠资产协议及相关证明（有捐赠的）；

外国教育机构已在中国境内合作举办中外合作办学机构或者中外合作办学项目的，还应当提交原审批机关或者其委托的社会中介组织的评估报告。

第三十八条 申请设立实施学历教育的中外合作办学项目，应当于每年 3 月或者 9 月提出申请，审批机关应当组织专家评议。

专家评议的时间不计算在审批期限内，但审批机关应当将专家评议所需时间书面告知申请人。

第三十九条 申请设立中外合作办学项目的，审批机关应当按照《中华人民共和国行政许可法》规定的时限作出是否批准的决定。批准的，颁发统一格式、统一编号的中外合作办学项目批准书；不批准的，应当书面说明理由。

中外合作办学项目批准书由国务院教育行政部门制定式样并统一编号；编号办法由国务院教育行政部门参照中外合作办学许可证的编号办法确定。

第四十条 中外合作办学项目是中国教育机构教育教学活动的组成部分，应当接受中国教育机构的管理。实施中国学历教育的中外合作办学项目，中国教育机构应当对外国教育机构提供的课程和教育质量进行评估。

第四十一条 中外合作办学项目可以依法自主确定招生范围、标准和方式；但实施中国学历教育的，应当遵守国家有关规定。

第四十二条 举办中外合作办学项目的中国教育机构应当依法对中外合作办学项目的财务进行管理，并在学校财务账户内设立中外合作办学项目专项，统一办理收支业务。

第四十三条 中外合作办学项目收费项目和标准的确定，按照国家有关规定执行，并在招生简章或者招生广告中载明。

中外合作办学项目的办学结余，应当继续用于项目的教育教学活动和改善办学条件。

第五章 管理与监督

第四十四条 中外合作办学机构和举办中外合作办学项目的中国教育机构作办学机构和举办中外合作办学项目的中国教育机构应当对开设课程和引进教材的内容进行审核，并将课程和教材清单及说明及时报审批机关备案。

第四十五条 中外合作办学机构和举办中外合作办学项目的中国教育机构应当依法建立学籍管理制度，并报审批机关备案。

第四十六条 中外合作办学机构和项目教师和管理人员的聘任，应当遵循双方地位平等的原则，由中外合作办学机构和举办中外合作办学项目的中国教育机构与教师和管理人员签订聘任合同，明确规定双方的权利、义务和责任。

第四十七条 中外合作办学机构和项目的招生简章和招生广告的样本应当及时报审批机关备案。

第四十八条 举办颁发外国教育机构的学历、学位证书的中外合作办学机构和项目，中方合作办学者应当是实施相应层次和类别学历教育的中国教育机构。

中外合作办学机构和项目颁发外国教育机构的学历、学位证书的，其课程设置、教学内容应当不低于该外国教育机构在其所属国的标准和要求。

第四十九条　中外合作办学项目颁发的外国教育机构的学历、学位证书，应当与该外国教育机构在其所属国颁发的学历、学位证书相同，并在该国获得承认。

第五十条　实施学历教育的中外合作办学机构和项目应当通过网络、报刊等渠道，将该机构或者项目的办学层次和类别、专业设置、课程内容、招生规模、收费项目和标准等情况，每年向社会公布。

中外合作办学机构应当于每年 4 月 1 日前公布经社会审计机构对其年度财务会计报告的审计结果。

第五十一条　实施学历教育的中外合作办学机构和项目，应当按学年或者学期收费，不得跨学年或者学期预收。

第五十二条　中外合作办学机构和举办中外合作办学项目的中国教育机构应当于每年 3 月底前向审批机关提交办学报告，内容应当包括中外合作办学机构和项目的招收学生、课程设置、师资配备、教学质量、财务状况等基本情况。

第五十三条　审批机关应当组织或者委托社会中介组织本着公开、公正、公平的原则，对实施学历教育的中外合作办学项目进行办学质量评估，并将评估结果向社会公布。

第五十四条　中外合作办学项目审批机关及其工作人员，利用职务上的便利收取他人财物或者获取其他利益，滥用职权、玩忽职守，对不符合本办法规定条件者颁发中外合作办学项目批准书，或者发现违法行为不予以查处，造成严重后果，构成犯罪的，依法追究刑事责任；尚不构成犯罪的，依法给予行政处分。

第五十五条　违反本办法的规定，超越职权审批中外合作办学项目的，其批准文件无效，由上级机关责令改正；对负有责任的主管人员和其他直接责任人员，依法给予行政处分。

第五十六条　违反本办法的规定，未经批准擅自举办中外合作办学项目的，由教育行政部门责令限期改正，并责令退还向学生收取的费用；对负有责任的主管人员和其他直接责任人员，依法给予行政处分。

第五十七条　中外合作办学项目有下列情形之一的，由审批机关责令限期改正，并视情节轻重，处以警告或者 3 万元以下的罚款；对负有责任的主管人员和其他直接责任人员，依法给予行政处分。

（一）发布虚假招生简章或者招生广告，骗取钱财的；

（二）擅自增加收费项目或者提高收费标准的；

（三）管理混乱，教育教学质量低下的；

（四）未按照国家有关规定进行财务管理的；

（五）对办学结余进行分配的。

第五十八条 中外合作办学机构和项目违反《中华人民共和国教育法》的规定，颁发学历、学位证书或者其他学业证书的，依照《中华人民共和国教育法》的有关规定进行处罚。

第六章 附 则

第五十九条 在工商行政管理部门登记注册的经营性的中国培训机构与外国经营性的教育培训公司合作举办教育培训的活动，不适用本办法。

第六十条 中国教育机构没有实质性引进外国教育资源，仅以互认学分的方式与外国教育机构开展学生交流的活动，不适用本办法。

第六十一条 香港特别行政区、澳门特别行政区和台湾地区的教育机构与内地教育机构举办合作办学项目的，参照本办法的规定执行，国家另有规定的除外。

第六十二条 《中外合作办学条例》实施前已经批准的中外合作办学项目，应当参照《中外合作办学条例》第六十三条规定的时限和程序，补办中外合作办学项目批准书。逾期未达到《中外合作办学条例》和本办法规定条件的，审批机关不予换发项目批准书。

第六十三条 本办法自2004年7月1日起施行。原中华人民共和国国家教育委员会1995年1月26日发布的《中外合作办学暂行规定》同时废止。

第二部分

教育规范性文件

国家中长期教育改革和发展规划纲要（2010—2020年）（摘要）

（2010年7月29日国家中长期教育改革和发展规划纲要工作小组办公室印发）

第十六章　扩大教育开放

（四十八）加强国际交流与合作。坚持以开放促改革、促发展。开展多层次、宽领域的教育交流与合作，提高我国教育国际化水平。借鉴国际上先进的教育理念和教育经验，促进我国教育改革发展，提升我国教育的国际地位、影响力和竞争力。适应国家经济社会对外开放的要求，培养大批具有国际视野、通晓国际规则、能够参与国际事务和国际竞争的国际化人才。

（四十九）引进优质教育资源。吸引境外知名学校、教育和科研机构以及企业，合作设立教育教学、实训、研究机构或项目。鼓励各级各类学校开展多种形式的国际交流与合作，办好若干所示范性中外合作学校和一批中外合作办学项目。探索多种方式利用国外优质教育资源。

吸引更多世界一流的专家学者来华从事教学、科研和管理工作，有计划地引进海外高端人才和学术团队。引进境外优秀教材，提高高等学校聘任外籍教师的比例。吸引海外优秀留学人员回国服务。

（五十）提高交流合作水平。扩大政府间学历学位互认。支持中外大学间的教师互派、学生互换、学分互认和学位互授联授。加强与国外高水平大学合作，建立教学科研合作平台，联合推进高水平基础研究和高技术研究。加强中小学、职业学校对外交流与合作。加强国际理解教育，推动跨文化交流，增进学生对不同国家、不同文化的认识和理解。

推动我国高水平教育机构海外办学，加强教育国际交流，广泛开展国际合作和教育服务。支持国际汉语教育。提高孔子学院办学质量和水平。加大教育国际援助力度，为发展中国家培养培训专门人才。拓宽渠道和领域，建立高等学校毕业生海外志愿者服务机制。

创新和完善公派出国留学机制，在全国公开选拔优秀学生进入国外高水平大学和研究机构学习。加强对自费出国留学的政策引导，加大对优秀自费留学生资助和奖励力度。坚持“支持留学、鼓励回国、来去自由”的方针，提高对留学人员的服务和管理水平。

进一步扩大外国留学生规模。增加中国政府奖学金数量，重点资助发展中国家学生，优化来华留学人员结构。实施来华留学预备教育，增加高等学校外语授课的学科专业，不断提高来华留学教育质量。

加强与联合国教科文组织等国际组织的合作，积极参与双边、多边和全球性、区域性教育合作。积极参与和推动国际组织教育政策、规则、标准的研究和制定。搭建高层次国际教育交流合作与政策对话平台，加强教育研究领域和教育创新实践活动的国际交流与合作。

加强内地与港澳台地区的教育交流与合作。扩展交流内容，创新合作模式，促进教育事业共同发展。

国家教育事业发展“十三五”规划（摘要）

（2017 年 1 月 10 日　国发〔2017〕4 号）

六、统筹推动教育开放

（一）优化教育对外开放布局。

实施共建“一带一路”教育行动。积极倡议“一带一路”沿线各国构建教育共同体，开展教育互联互通、人才培养培训、丝路合作机制建设等方面重点合作，对接沿线各国意愿，互鉴先进教育经验，共享优质教育资源。设立“丝绸之路”中国政府奖学金。加强与“一带一路”沿线国家学校学历互认、师生互换，建立更加密切的教育合作交流机制。支持有条件的高校和职业学校配合企业走出去，建立办学机构、研发机构。

分类推进教育国际合作交流。加强与大国、周边国家、发展中国家教育务实合作，形成重点推进、合作共赢的教育对外开放局面。以优质资源请进来为重点，深化与发达国家教育合作交流；以教育走出去为重点，扩大与发展中国家教育合作交流。加强与东南亚、非洲国家教育合作。增进新欧亚大陆桥、中国—中亚—西亚、中巴、孟中印缅、中蒙俄等重要廊道及澜湄合作机制下的区域教育合作交流。加强与有关国家语言人才培养合作，加快培养各类非通用语种人才。

打造区域教育对外开放特色。支持东部地区整体提升教育对外开放水平，率先办出中国特色、世界水平的现代教育。加大政策倾斜力度，支持中西部地区、东北地区不断扩大教育对外开放的广度和深度。引导沿边地区利用地缘优势，推进与周边国家教育合作交流。

专栏 12　推进共建“一带一路”教育行动
在中国政府奖学金中设立“丝绸之路”项目。对接“一带一路”沿线国家和地区，遴选一批具备一定学科专业、国际交流和人才培养、国别研究基础的高校和职业学校，建设一批“一带一路”人才培养基地，专门培养高素质复合型人才，从“一带一路”沿线国家和地区高校吸引研究相关国家经济、文化、法律等领域的专家学者来华任教，开展“一带一路”国别教育、语言文字、经济、法律、文化、政策等决策咨询研究。实施“一带一路”建设外语非通用语种人才培养专项，支持具备条件的高校开设一批外语非通用语种新专业，培养外语非通用语种人才。

（二）提升教育开放层次和水平。

提高留学教育质量。优化出国留学服务工作，健全留学人员信息化管理服务机制，完善留学人员管理服务体系。加强统筹规划，完善派遣政策，充分发挥国家公派留学对高端人才培养的调控补给作用，加快培养国家战略急需人才。实施留学中国计划，打造“留学中国”品牌。建立来华留学质量标准和保障体系，提高师资和课程的国际化水平，加强来华留学管理与监督，提升来华留学服务水平，稳步扩大来华留学规模。更好发挥中国政府奖学金的引领作用，创新奖学金管理模式，加强精英人群培养。做好来华留学校友工作。

深化中外学校间交流与合作。支持有条件的中小学校与国外学校建立友好学校关系，开展多渠道对外文化教育交流，拓展国际视野。支持职业学校和应用型高校引进国（境）外高水平专家和优质课程资源，鼓励中外职业学校教师互派、学生互换。支持研究型大学与世界一流大学和学术机构开展高水平人才联合培养及科学联合攻关，依托优势学科举办高水平国际学术论坛，打造高端国际学术交流合作平台。完善高校教师和科研人员出国交流、国际会议、外事接待等管理制度，开展大中小学校长和骨干教师海外研修培训，鼓励支持教师更广泛更深入地参加国际学术交流与合作。

提升中外合作办学质量。加强中外合作办学管理，完善准入制度，简化审批程序，完善评估认证，强化退出机制，加强信息公开，健全质量保障体系。建立合作办学成功经验共享机制，突出合作办学对学校教学改革的推动作用。重点围绕国家急需的自然科学与工程科学类专业建设，引进国外优质教育资源，建设一批示范性合作办学机构和项目，鼓励和支持职业学校与国外一流职业学校开展合作办学，培养高水平技术技能人才，鼓励研究型大学与世界一流大学在优势学科领域合作举办非独立设置的二级学院，共建研究机构，建设一流学科，推动国内高校和职业学校提升办学水平。

（三）积极参与全球教育治理。

深化多边教育合作。推动与联合国教科文组织建立高层定期磋商机制，巩固提升合作水平。完善上海合作组织、亚太经合组织等多边教育部长会议机制，完善金砖国家教育合作机制，拓展亚太经合组织等平台的教育合作空间，以学分互认为重点，推动学生交流，深入参与相关多边教育行动。完善国际组织人才培养机制，有计划地培养推荐优秀人才到国际组织任职。

深度参与国际教育规则制定。加强对各类国际重大教育规则的研究，充分利用国际组织平台，主动在全球教育发展议题上提出新主张、新倡议和新方案。创新方式，推广我国教育评估认证标准和教育改革发展的经验，强化我国在国际教育治理中的负责任形象。

开展教育国际援助。进一步做好教育对外援助，重点投资于人、援助于人、惠及于人。统筹利用国家和民间资源，加快对外教育培训中心和教育援外基地建设，为发展中国家培养培训管理人员、教师、学者和各级各类技术技能人才。积极开展优质教学仪器设备、整体教学方案、配套师资培训一体化援助。结合我国对外援助项目，鼓励教师与青年学生到发展中国家参与项目建设和提供志愿者服务。

（四）统筹推进中外人文交流。

完善中外人文交流机制。发挥人文交流在国家对外工作大局中的支柱作用，深化中俄、中美、中英、中欧、中法、中印尼人文交流，加强部门间协同，整合凝聚社会力量，打造一批中外人文交流品牌项目，推动形成机制多层次和区域全覆盖的人文交流良好格局。整合搭建政府间教育磋商、教育领域专业人士务实合作、教师学生友好往来平台。拓展政府间语言学习交换项目，联合更多国家开发语言互通共享课程，推进与世界各国语言互通，提升讲好中国故事、传播中国理念的能力。

办好孔子学院。坚持相互尊重、友好协商、平等互利，完善孔子学院布局。大力加强中方合作院校支撑能力建设，建立健全汉语国际教育学科体系，着力打造一支高素质院长和教师专职队伍，大力培养各国本土汉语师资。办好孔子学院院长学院、示范孔子学院、网络孔子学院，鼓励中资机构、社会组织等参与孔子学院建设，不断提升孔子学院（课堂）的办学质量和水平。深入实施“孔子新汉学计划”，深化与世界各国语言文化交流，支持各国将汉语纳入本国国民教育体系，更加广泛地学习和使用汉语。

（五）深化内地和港澳、大陆和台湾地区教育合作交流。

完善内地和港澳教育合作与交流机制。支持港澳加强青少年学生中国历史文化和国情教育，加强内地与港澳在师资、课程、教材、教学、考试评价、督导等领域合作。积极创造条件大力吸引港澳学生到内地就学。提升内地与港澳教育交流合作水平，创新方式、扩大规模、加强利益关联、促进优势互补，推动内地和港澳教育共同发展。

打造大陆和台湾地区教育合作交流平台。支持两岸教育工作者交流教育发展理念。加强学生交流互访。扩大两岸高校学历互认范围。做好招收台湾学生来大陆学习和大陆学生赴台就学工作。完善两岸语言文字交流合作机制。

中国教育现代化2035（摘要）

（2019年2月中共中央、国务院印发）

九是开创教育对外开放新格局。全面提升国际交流合作水平，推动我国同其他国家学历学位互认、标准互通、经验互鉴。扎实推进“一带一路”教育行动。加强与联合国教科文组织等国际组织和多边组织的合作。提升中外合作办学质量。优化出国留学服务。实施留学中国计划，建立并完善来华留学教育质量保障机制，全面提升来华留学质量。推进中外高级别人文交流机制建设，拓展人文交流领域，促进中外民心相通和文明交流互鉴。促进孔子学院和孔子课堂特色发展。加快建设中国特色海外国际学校。鼓励有条件的职业院校在海外建设“鲁班工坊”。积极参与全球教育治理，深度参与国际教育规则、标准、评价体系的研究制定。推进与国际组织及专业机构的教育交流合作。健全对外教育援助机制。

加快推进教育现代化实施方案（2018—2022年）（摘要）

（2019年2月中共中央办公厅、国务院办公厅印发）

九是推进共建“一带一路”教育行动。加快培养高层次国际化人才，完善留学生回国创业就业政策，提高中外合作办学质量，完善中外合作办学准入和退出机制。加强与共建“一带一路”国家教育合作，建设“一带一路”教育资源信息服务综合平台，建立国际科教合作交流平台，实施高等学校科技创新服务“一带一路”倡议行动计划。深化与共建“一带一路”国家人文交流，大力支持中外民间交流，加强中外体育艺术等人文交流。优化孔子学院区域布局，加强孔子学院能力建设，全面提高办学水平。加大汉语国际教育工作力度。

关于支持海南深化教育改革开放实施方案

（2019 年 6 月 20 日教育部、海南省人民政府印发　教发〔2019〕5 号）

为深入贯彻习近平总书记在庆祝海南建省办经济特区 30 周年大会上的重要讲话精神，全面落实《中共中央　国务院关于支持海南全面深化改革开放的指导意见》，支持海南建设国际教育创新岛，推动教育持续扩大开放、全面深化改革、释放发展活力、提升服务能力，制定本方案。

一、总体要求

（一）指导思想

深入学习贯彻习近平新时代中国特色社会主义思想和党的十九大精神，全面落实全国教育大会精神，统筹国内国际发展大局，以深化教育供给侧结构性改革为主线，以海南建设自由贸易试验区和中国特色自由贸易港为契机，下好教育事业优先发展的先手棋，支持海南勇担教育现代化区域创新试验的时代重任，积极探索、先行先试，打造新时代中国教育开放发展新标杆，培养德智体美劳全面发展的社会主义建设者和接班人，为国家深化教育改革开放、加快推进教育现代化、建设教育强国提供可复制可推广的经验。

（二）基本原则

1. 坚持党对教育工作的全面领导。以习近平总书记关于教育的重要论述为根本指导，落实立德树人根本任务，牢牢把握教育改革开放主动权，培育和践行社会主义核心价值观，厚植党执政的思想基础。

2. 坚持扩大教育对外开放。顺应经济全球化发展新形势，适应海南建设自由贸易试验区和中国特色自由贸易港新要求，积极主动扩大教育对外开放，吸纳、聚集、培育全球一流教育资源，打造 21 世纪海上丝绸之路教育新航标。

3. 坚持服务国家发展战略。立足海南独特区位优势，对标“三区一中心”定位，优先布局教育事业，超前培养各类急需人才，全面提升海南在国家战略格局和教育现代化建设中的地位和作用。

4. 坚持改革创新发展。牢固树立新发展理念，以制度创新为核心，以更高远的历史站位、更宽广的国际视野、更深邃的战略眼光谋划和推进教育综合改革，建立现代教育体系。

5. 坚持统筹协调布局。兼顾区域城乡教育协作发展、各级各类教育协调发展、教育与经济社会协同发展、国际国内教育联动发展，形成全方位、深层次教育改革开放新格局。

（三）建设目标

推动海南建设国际教育创新岛，全面深化教育改革、扩大教育开放，把海南建设成为中国特色社会主义教育开放发展、创新发展的生动范例。

——2020 年，布局合理、结构优化、立足当前、着眼长远的教育现代化规划体系初步形成，国际教育创新岛建设工程全面启动，省内教育短板加快补齐，教育质量明显提升，具有海南特色的教育公共服务体系更加健全。

——2025 年，教育体制机制更具活力，对外开放呈现新局面，教育现代化进入较高水平，教育改革试验平台和对外开放窗口作用日益彰显，教育治理能力显著提升，各项制度更加成熟定型，与自由贸易港建设相匹配的人力资源开发新高地建设取得阶段性成果。

——2035 年，各级各类教育协调发展、具有中国特色的现代教育体系基本形成，教育国际化水平跻身世界先进行列，新业态蓬勃发展，现代化教育治理体系全面建成。

二、深化教育对外开放

（一）创建国际教育创新岛。建立国家教育创新发展试验区，健全开放办学新机制，稳步推进海南国际教育创新岛建设。支持境外一流高校到海南开展中外合作办学，建立本科以上层次中外合作办学机构（项目）部省联合审批机制。在风险可控前提下，试点设立国际高中和国际幼儿园，实施国际教育。在条件成熟的前提下，试点境外工科大学、职业院校在海南独立办学，探索境外高水平企业在海南独资办学。支持海南设立独立法人的医学健康类中外合作办学机构。（海南省人民政府、教育部、国家发展改革委、商务部、财政部、市场监管总局）

（二）打造“留学海南”品牌。在规范管理、提高质量前提下，支持海南创新留学生奖学金管理模式，适度增加留学生数量，优化生源结构，提高学历留学生比例，完善学习生活的配套服务体系，打造“留学海南”品牌学校。加快建设一批外籍人员子女学校，吸引侨民子女、外籍人员子女到海南接受基础教育。支持在海南开展面向外籍人员和海外华侨华人的高端家政、旅游管理等职业培训。（海南省人民政府、教育部、国家发展改革委、公安部、国家移民局、财政部、人力资源社会保障部）

（三）建设 21 世纪海上丝绸之路教育新航标。设立国家级人文交流南方中心和一批汉语国际推广基地。支持海南设立博鳌国际教育创新论坛，建设“一带一路”教育博物馆，成立“一带一路”国际教育联盟。支持海南拓展与国际组织和国际教育机构的交流合作，推动国际组织、国际教育机构、国际大型教育类企业在海南设立总部、区域总部或研究中心等。办好联合国教科文组织联系学校网络国际中心。（海南省人民政府、教育部、国家发展改革委、财政部、外交部）

（四）实施教育人才引智计划。支持海南实施“好校长好教师”引进工程和“银龄讲学计划”，探索设立教育人才“候鸟”工作站。鼓励内地学校教师、教育管理人才等按规定在海南兼职兼薪、按劳取酬。支持高水平退休人员在海南从事教育工作，享受与所在海南单位同类同级在职人员同等权利和待遇。支持海南形成人才招聘常态化工作机制，吸引国内优秀毕业生、海外优秀留学人才到海南就业创业。鼓励在中国高校获得硕士及以上学位的优秀外国留学生和外籍教育人才在海南安家落户、永久居留。（海南省人民政府、中央组织部、人力资源社会保障部、教育部、科技部、公安部、国家移民局、审计署）

三、推进科教产协同发展

（一）构建产学研用一体发展的高等教育集群。建立高等教育创新联合体，支持境内外一流高校和科研机构围绕海洋、热带农业（种业）、大健康、旅游、文化创意等重点领域，在海南布局设立分支机构、重点实验室或科技成果孵化转化中心等，共享教学科研资源、共同开展教学科研活动、共同推进科技成果转化，招生计划单独安排。支持海南增加大型系列研究设施投入力度。支持高校参与航天领域重大科技创新基地、国家深海基地南方中心、国家南繁科研育种基地（海南）、国家热带农业科学中心、国家热带现代农业基地和全球动植物种质资源引进中转基地等国家重大科研平台建设。（海南省人民政府、教育部、国家发展改革委、财政部、科技部、农业农村部、国家卫生健康委）

（二）搭建区域教育协同发展平台。支持海南高校在海洋科学、作物学等重点领域加强与长三角区域高校的交流合作。鼓励海南依托泛珠三角区域教育合作机制，为海洋经济示范区、海洋科技合作区建设提供智力和人才支撑。支持海南积极对接粤港澳大湾区，开展多层次、宽领域的教育交流合作。支持海南加强与台湾地区教育互动交流。（海南省人民政府、国家发展改革委、教育部、科技部）

（三）支持海南大学创建世界一流学科。支持海南大学创建作物学等一流学科，统筹推进热带农业、文化旅游、南海海洋资源开发利用等优势特色学科群建设。实施海南大学一流学科创建条件保障工程。支持海南大学依托共建高校提高师资水平，提升博士研究生培养能力。加快建设部省共建南海海洋资源利用国家重点实验室。支持海南大学与境内外一流高校、科研机构共建南海资源利用国家研究中心、国家热带林木种质资源圃。支持培育海南大学建设热带作物学国家重点实验室、热带生物资源可持续利用国家重点实验室以及中国特色自由贸易港高端智库。鼓励海南大学以“双聘制”“柔性引进”等方式与境内外知名高校、科研机构共享人才和科研成果，共建新兴交叉学科和分支机构。（海南省人民政府、海南大学、教育部、国家发展改革委、财政部、中央组织部、人力资源社会保障部、科技部）

（四）扩大高等教育办学自主权。创新体制机制，探索建设服务自由贸易试验区和中国特色自由贸易港、服务国家重大战略的高水平大学。在院校设置、招生计划等方面，进一步加大对海南的支持力度。优化海南研究生培养单位、学位点布局，支持符合条件的高校稳步扩大研究生培养规模。支持海南探索建立分类考试、综合评价、多元录取、宽进严出的招生制度体系，稳步实施专科学校注册入学制度。（海南省人民政府、教育部）

四、提升教育惠民水平

（一）推动基础教育提质增效。支持海南实施基础教育提质工程，建设一批优质中小学。加快推进海南特教学校和资源教室建设，实施“医教结合”项目。鼓励海南因地制宜建设一批全国青少年校园足球特色学校，推广具有海南特色的沙滩运动、水上运动等体育项目。完善海南岛礁教育服务设施与功能，提升岛礁学校教育质量。推动其他省份加大教育对口帮扶力度，助力海南打赢教育精准脱贫攻坚战。（海南省人民政府、教育部、财政部、国家发展改革委、国务院扶贫办）

（二）加快发展现代职业教育。支持海南实施现代职业教育提升计划，加快构建政府、学校、企业等多元主体共同参与的现代职业教育体系，加快建设一批有特色、高水平的职业院校。鼓励社会力量以资本、知识、技术、管理等要素参与办学并享有相应权利，深化产教融合、校企合作，探索校企联合招生，推广现代学徒制，发展股份制、混合所有制职业院校。建立企业经营管理者、技术能手与职业院校管理者、骨干教师相互兼职制度，加快构建高素质“双师型”教师队伍。（海南省人民政府、教育部、人力资源社会保障部、国家发展改革委）

（三）探索建立海南新型资历框架体系。推动海南建设学分综合转换、学习成果互认互通的终身学习体系。支持海南建好开放大学。鼓励学校教育资源向社区、社会开放，扩大教育资源共享覆盖面。支持社会力量提供培训服务，率先将外语、法律、信息技术等纳入市民素质提升计划。丰富老年教育资源供给，实施老年养护教综合项目。（海南省人民政府、教育部、人力资源社会保障部）

（四）完善教师管理和发展机制。支持部属师范院校扩大海南籍公费师范生招生规模。鼓励海南创新教师管理体制，建立符合教师成长规律的管理及考评机制，优化中小学教师绩效工资分配比例，完善教师绩效工资分配办法。支持海南通过市场化方式设立专业人才培养专项基金。支持设立国家教师发展协同创新实验基地。（海南省人民

政府、教育部、人力资源社会保障部、财政部）

（五）建设海南生态教育示范区。整合盘活教育资源，探索共享经济发展新模式。鼓励海南将生态文明教育纳入大中小学课程体系，建设一批绿色节能、自然和谐的生态教育示范学校。支持海南建立生态文明与环境保护高端智库，为自然生态系统整体保护、系统修复、综合治理和生物多样性保护等提供决策咨询和智力支持。（海南省人民政府、教育部、中央组织部、科技部、自然资源部、生态环境部）

五、创新教育服务业态

（一）加快发展教育服务贸易。鼓励海南建设一批智慧学校和实验学校。支持从事教育咨询规划、评估认证、产品研发、技术推广等教育服务相关领域的机构落户海南，加快培育一批具有影响力的互联网教育企业和教育服务供应商，吸引境外教育公司在海南注册离岸公司。（海南省人民政府、教育部、商务部、工业和信息化部、市场监管总局、中央网信办）

（二）推动"教育+"跨界融合。围绕国际旅游消费中心建设，推动形成教育服务、文化创意、环境保护、休闲体育等多领域融合发展的产业集群。实施"教育行"计划，聚焦南海强化蓝色海洋、绿色生态、红色人文教育，建设一批爱国主义教育基地，培育一批劳动教育实践基地，开发一批经典研学旅行基地（营地），打造海南教育实践特色新名片。（海南省人民政府、教育部、文化和旅游部、国家体育总局）

（三）提升支持教育发展的金融服务质效。允许海南金融机构按照依法合规、风险可控、商业可持续原则，开发适合教育服务特点的金融产品，满足教育行业发展的合理融资需求。支持海南完善信息系统建设，提升信息传递效率。鼓励保险机构面向学校提供保险服务，保障学校安全。（海南省人民政府、中国人民银行、银保监会、证监会、教育部）

六、增加教育制度供给

（一）坚持和加强党的全面领导。充分发挥党统揽全局、协调各方的作用，用习近平新时代中国特色社会主义思想武装头脑、指导实践，练就过硬本领，在不断深化改革、扩大开放中坚持育人初心、守住安全底线，把住社会主义办学方向，把好党对意识形态工作的领导权、话语权。（海南省人民政府、教育部）

（二）优化教育改革开放制度环境。不断健全系统完备、科学规范、运行有效的教育法律制度体系，凡涉及调整现行法律或者行政法规的，及时提请全国人大或国务院统一授权后实施。支持海南试点建立部门协同、信息共享的教育综合执法机构，营造公开透明、公平有序的教育发展环境。（海南省人民政府、教育部、司法部）

（三）构建现代教育治理体系。深化教育领域"放管服"改革，强化事中事后监管，建立健全以负面清单、信息公开和信用管理为核心的现代教育治理体系。支持海南与国际教育组织、区域教育联盟、行业协会等第三方机构深入合作，推动中国特色教育管理制度与国际教育治理规则紧密对接。（海南省人民政府、教育部）

（四）创新教育经费保障机制。健全海南省级及以下各级政府教育财政分担比例和财政投入绩效考核机制。健全教育经费多渠道筹措机制，创新财政扶持教育方式，强化预算绩效管理，科学设定绩效指标，做好绩效运行监控与绩效评价，提高财政资金配置效率和使用效益。鼓励海南设立教育发展基金，广泛汇聚各方资源，为大型系列研究设施配备、国家级创新平台建设等提供经费支撑。（海南省人民政府、财政部、国家发展改革委、教育部）

（五）提升风险防控能力。鼓励教育领域制度创新，建立省部会商工作机制和部际联席会议制度，完善重大问题容错纠错机制。加强对教育政策、教育对外开放和教育服务贸易等领域的专项研究和风险研判，建立风险识别和预警机制，建设风险防控体系，提高解决争端和维护自身权益的能力，维护教育主权和安全。（海南省人民政府、教育部）

附件：1. 关于支持海南深化教育改革开放实施方案重点政策清单

2. 关于支持海南深化教育改革开放实施方案重点项目清单

附件 1

关于支持海南深化教育改革开放实施方案重点政策清单

序号	政策内容	责任单位
1	在风险可控前提下，试点设立国际高中和国际幼儿园，实施国际教育。在条件成熟的前提下，适时试点境外工科大学、职业院校在海南独立办学，探索境外高水平企业在海南独资办学	海南省人民政府、教育部、商务部、国家发展改革委
2	建立本科以上层次中外合作办学机构（项目）部省联合审批机制	海南省人民政府、教育部
3	鼓励社会力量以资本、知识、技术、管理等要素参与办学并享有相应权利，深化产教融合、校企合作，探索校企联合招生，推广现代学徒制，发展股份制、混合所有制职业院校	海南省人民政府、教育部
4	支持海南探索建立分类考试、综合评价、多元录取、宽进严出的招生制度体系，稳步实施专科学校注册入学制度	海南省人民政府、教育部
5	在院校设置、招生计划等方面，进一步加大对海南的支持力度。优化海南研究生培养单位、学位点布局，支持符合条件的高校稳步扩大研究生培养规模	教育部

续表

序号	政策内容	责任单位
6	支持高水平退休人员在海南从事教育工作，享受与所在海南单位同类同级在职人员同等权利和待遇	海南省人民政府、中央组织部、人力资源社会保障部、教育部、科技部
7	鼓励海南创新教师管理体制，建立符合教师成长规律的管理及考评机制，优化中小学教师绩效工资分配比例，完善教师绩效工资分配办法	海南省人民政府、教育部、人力资源社会保障部
8	探索建立海南新型资历框架体系。推动海南建设学分综合转换、学习成果互认互通的终身学习体系	海南省人民政府、教育部、人力资源社会保障部
9	在规范管理、提高质量前提下，支持海南创新留学生奖学金管理模式，适度增加留学生数量，优化生源结构，提高学历留学生比例，完善学习生活的配套服务体系，打造“留学海南”品牌学校	教育部、财政部
10	建立健全以负面清单、信息公开和信用管理为核心的现代教育治理体系	海南省人民政府、教育部

附件 2

关于支持海南深化教育改革开放实施方案重点项目清单

序号	项目内容	责任单位
1	支持海南相对集中布局，引进境外一流高校到海南开展中外合作办学。支持海南设立独立法人的医学健康类中外合作办学机构	海南省人民政府、教育部、商务部、财政部
2	建立高等教育创新联合体，支持境内外一流高校和科研机构围绕海洋、热带农业（种业）、大健康、旅游、文化创意等重点领域，在海南布局设立分支机构、重点实验室或科技成果孵化转化中心等，共享教学科研资源、共同开展教学科研活动、共同推进科技成果转化，招生计划单独安排	海南省人民政府、教育部、国家发展改革委、财政部、科技部、农业农村部、国家卫生健康委
3	支持海南大学创建世界一流学科	海南省人民政府、海南大学、教育部、国家发展改革委、财政部、中央组织部、人力资源社会保障部、科技部
4	支持海南增加大型系列研究设施投入力度。鼓励海南设立教育发展基金，广泛汇聚各方资源，为大型系列研究设施配备、国家级创新平台建设等提供经费支撑	海南省人民政府、财政部、国家发展改革委、教育部
5	探索创新体制机制，建设服务海南自由贸易试验区和中国特色自由贸易港、服务国家重大战略的高水平大学	海南省人民政府、教育部

续表

序号	项目内容	责任单位
6	支持海南形成人才招聘常态化工作机制，吸引国内优秀毕业生、海外优秀留学人才到海南就业创业	教育部、人力资源社会保障部、国家移民局
7	加快建设一批外籍人员子女学校，吸引侨民子女、外籍人员子女到海南接受基础教育。支持在海南开展面向外籍人员和海外华侨华人的高端家政、旅游管理等职业培训	海南省人民政府、教育部、公安部、国家移民局、财政部、人力资源社会保障部
8	支持海南实施基础教育提质工程，建设一批优质中小学	海南省人民政府、教育部
9	设立国家级人文交流南方中心和一批汉语国际推广基地。支持海南设立博鳌国际教育创新论坛，建设“一带一路”教育博物馆，成立“一带一路”国际教育联盟	海南省人民政府、教育部、国家发展改革委、财政部、外交部
10	支持设立国家教师发展协同创新实验基地	海南省人民政府、教育部

高等学校聘请外国文教专家和外籍教师的规定

（1991年8月10日国家教委发布　教外办〔1991〕462号）

为保证高等学校聘请外籍教师（以下简称专家、外教）的工作更好地为社会主义高等教育服务，根据国务院《外国文教专家工作试行条例》（国发〔1980〕270号）特制定本规定：

第一章　总　　则

第一条　高等学校聘请专家、外教是我国对外开放政策的组成部分，是学习外国先进科学技术和进步文化的重要途径。这是一项长期的工作，必须切实做好。

第二条　聘请专家、外教的工作，应为加强师资队伍和学科建设服务，有利于提高学校的科研水平，培养为社会主义现代化建设服务的人才。

第三条　聘请专家、外教要贯彻以我为主，按需聘请，择优选聘，保证质量，用其所长，讲求实效的原则。在工作中要加强计划性，防止盲目聘用，凡可由我国内教师承担的教学和科研任务，一般不聘请专家、外教担任。

第四条　高等学校应根据专家、外教的业务专长并考虑到他们的政治背景和态度大多与我不同的情况，正确发挥他们的作用。还应主动多做工作，帮助他们正确认识中国，增进了解和友谊。

第二章　各专业专家、外教的聘用

第五条　对不同专业专家、外教的聘用，应根据需要，掌握不同原则。

第六条　理、工、农、医专业类的专家、外教以来华短期讲学、合作科研为主。应逐步扩大此类专家的聘用比例。

第七条　语言专业类（含外语短训班）的专家、外教，除语言实践课（包括听说读写等）可以面对学生授课外，应主要用于培养师资和编写教材。除国家设立的出国人员培训部外，原则上不聘请专家、外教承担我有关人员以出国为目的的语言培训任务。

第八条　外国文学、国际新闻、国际文化、国际贸易、国际法、国际政治经济和国际关系等学科的专家、外教，应主要为我中、青年教师和研究生讲授课程的部分内容或举行讲座和研讨。院校应安排教师就专家外教讲授内容在马克思主义指导下，作出科学的分析，加强对听课人员的引导。此类专业专家一般不面对本科生授课。

第九条　哲学、社会学、法学、政治学、新闻学、史学、教育学等学科的专家，应安排我方教师，在马克思主义指导下，与其就有关学术问题进行共同研讨，一般不对研究生和本科生系统讲学。

第十条　各部门、各单位与外国政府、有关组织、民间团体、院校签订的协议，其教学任务，均按上述原则执行。

第三章　来华专家、外教的条件

第十一条　聘请对象应对华友好，愿与我合作，业务水平较高并符合我需要，身体健康。

第十二条　聘请对象为专家者，应具有三至五年以上的教学和科研经历；其中长期文教专家应具有硕士以上学位或讲师以上职称以及相当的资历，短期邀请专家应具有博士学位或副教授以上职称并在该学术领域有一定造诣。

第十三条　聘请对象为一般语言外籍教师者，应有本科以上学历，受过语言教学的专门训练并具有一定的语言教学经验。

第四章　聘请专家、外教院校的条件

第十四条　院校领导中有专人分管专家、外教工作。

第十五条　设有负责专家、外教工作的职能机构并配有经过政治和外事业务培训的专职工作人员。

第十六条　制定了较完整的专家、外教管理制度和办法。

第十七条　具有专家、外教必要的生活和工作设施（包括居住地食宿、卫生、工作、安全等条件）。院校所在地应是对外国人开放地区，非开放地区须报有关部门批准后方可聘请。

第五章　聘请专家、外教的审批原则

第十八条　聘请专家、外教，按院校隶属关系，由国务院有关部（委），或省、自治区、直辖市教育行政部门审批。

第十九条　对首次拟聘请专家、外教的学校，应按院校隶属关系，由院校向上级主管部门提出申请。部（委）属院校，由部门（委）会同省、自治区、直辖市教育行政部门、外办按第四章规定进行实地考核；地方属院校，地方属院校，由省、自治区、直辖市教育行政部门会同省、自治区、直辖市外办按第四章规定进行实地考核，经考核确认其聘请资格，并由院校上级主管部门报国家外国专家局批准后，院校方可编报聘请专家计划和办理聘请手续。

第二十条　聘请专家、外教的院校，应于每年九月初向上级主管部门申报下一学年的聘请专家、外教计划，并说明各专业聘请专家、外教的目的、来华工作性质、来华人数、在华工作期限等。主管部门对院校的学年聘请计划应认真审核，提出审核意见并报国家外国专家局。

第二十一条　院校应对拟聘专家、外教的条件进行认真审核，对拟聘的专家、外教，按院校隶属关系，将聘请报告及有关材料报上级主管部门审批。

第六章　专家、外教的管理工作

第二十二条　国务院有关部（委）和省、自治区、直辖市教育行政部门应加强对其所属院校的外籍教师工作的领导，认真研究专家、外教工作的特点，加强计划性，进行业务指导和效益评估。

在京高等院校专家、外教日常管理工作，按隶属关系，由国务院部委和北京市高教局分别负责。在其它地区的高等院校专家、外教日常管理工作，由院校所在的省、自治区、直辖市教育行政部门负责，并与当地外办密切配合；重大问题应及时报上级主管部门处理，同时抄报国家教委和国家外国专家局。

第二十三条　教育行政部门和院校在专家、外教的管理工作中，应加强与地方外办、公安等有关部门的密切配合。

第二十四条　院校专家、外教的管理，实行分管校（院）长领导下的学校外事部门归口管理制度。

第二十五条　来我院校任教一学期以上（含一学期）的专家、外教，必须与院校签订合同，合同的基本内容应包括：受聘方被聘任的起止日期，每周授课时数，应享受的各种待遇；在合同中要明确规定专家、外教应遵守我国法律、法规、校纪、校规，并不得干预我国内部事务和进行传教，对受聘方在华期间的要求及受聘方违反合同规定应负的责任等。学校应严格按合同管理。

第二十六条　院校负责专家、外教工作的领导和职能部门，应向专家、外教介绍我国情况和我国的教育方针、政策、法律、法令及有关规定，帮助其了解中国并要求其遵守我国的法律、法规和校纪校规，尊重中国人民的风俗习惯。

对专家、外教的宣传工作，目的在于加强相互了解和友好，工作方法上要灵活。

第二十七条　如发生专家、外教在政治上对我有意进行攻击或提出挑衅性的政治问题时，应正面阐述我观点，予以批驳，并及时报告上级主管部门，根据情况作出处理。

第二十八条　院校教务部门归口负责专家、外教的教学业务工作。

第二十九条　专家、外教所在的系、部、所，负责专家、外教教学业务的日常管理：

（1）配备一位政治、业务较强的中方教师作为专家、外教的合作教师，协助专家、外教开展教学，并协助学校做好专家、外教的工作；

（2）审定专家、外教讲学计划和教学使用的教材（包括参考、影视及其它资料）；使用原文教材，思想政治内容上应严格审定，要避免选用美化资本主义制度，宣扬民主社会主义以及丑化社会主义的教材；

（3）建立对专家、外教的听课制度，对其教学态度和效果，要定期检查，并按国家外国专家局的有关规定进行教学评估，提高聘用效益。

第三十条　院校各级领导要主动做好专家、外教工作，鼓励有关师生与他们多接触，交朋友，主动关心和解决专家、外教在教学与生活中遇到的问题，要求中国师生与专家、外教友好相处，互相尊重，取长补短，加强合作，共同搞好教学和研究工作。对专家、外教教学中的意见，应由系、教研室或合作教师商讨解决。

第三十一条　专家、外教可以在指定范围利用我院校图书馆，查阅图书资料。院校可以接受专家、外教不附加条件的赠书，对有攻击我国政府或恶意诬蔑我国社会主义制度等内容的图书，应拒绝接受，并及时报告上级主管部门。院校应认真加强对专家、外教赠书的管理。

第三十二条　专家、外教与我进行合作科研，应以我重点科研项目为主。在合作科研中，应加强保密工作，加强对有关科研资料及计算机的使用管理，严防泄密。

第三十三条　对在华工作成绩显著的专家、外教应给予奖励；对不履行合同，教学效果差，态度恶劣的外籍教师，学校应及时提出批评、教育；对坚持不改者，可根据合同规定予以解聘。解聘专家、外教，由学校报请上级主管部门批准，同时抄报国家外国专家局，由国家外国专家局定期通报各有关单位，不得再录用。

第三十四条 院校应尊重专家、外教的风俗习惯和宗教信仰。专家、外教不得在任何场所，以任何方式，散布攻击我国政府和政策法令的言论，干涉我国内政；不得以任何形式进行传教活动或宗教宣传，不得以教学名义在我学生中散发宗教书籍或材料；对违犯上述规定者，应根据合同和我国有关法律规定处理。

第三十五条 专家、外教不得从事与教学无关的社会工作。如采访，经商，咨询服务等，以及与其身份不符的其它活动。

第三十六条 专家、外教在应聘期间，不得以任何形式向社会和学生作涉及我政治思想、社会状况、经济或科技秘密、特殊的生物资源，以及违反规定的调查。特殊需要者，经批准后方可进行。在省、自治区、直辖市范围内，报请所在省、自治区、直辖市教育行政部门，会同省、自治区、直辖市外办及有关部门审批，超出所在省、自治区、直辖市的，报国家教委、国家外国专家局审批，同时抄报有关部门。

第三十七条 除高等学校外，其它各级各类学校，一般不聘请外籍教师来校任教，特殊需要的，亦按上述规定办理。

中国汉语水平考试（HSK）办法

（1992年9月2日国家教育委员会令第21号发布）

第一条 为了实施中华人民共和国汉语水平考试（han yu shui ping kao shi，缩写为HSK），特制定本办法。

第二条 汉语水平考试（HSK）是测试母语非汉语者的汉语水平而设立的标准考试。

第三条 汉语水平考试（HSK）是统一的标准化考试，实行统一命题、考试、阅卷、评分，并统一颁发证书。

第四条 汉语水平考试（HSK）分为初等、中等汉语水平考试〔简称HSK（初、中等）〕和高等汉语水平考试〔简称HSK（高等）〕。凡考试成绩达到规定标准者，可获得相应等级的《汉语水平证书》。

第五条 《汉语水平证书》分为：初等水平证书（A、B、C三级，A级最高——下同），中等水平证书（A、B、C三级），高等水平证书（A、B、C三级）。

第六条 《汉语水平证书》的效力是：

（1）作为到中国高等院校入系学习专业或报考研究生所要求的实际汉语水平的证明。

（2）作为汉语水平达到某种等级或免修相应级别汉语课程的证明。

（3）作为聘用机构录用人员汉语水平的依据。

第七条 汉语水平考试（HSK）每年定期分别在国内和海外举行。国内考试在指定高等院校设立考试点，每年六月和十月举行一次；国外考试委托当地高等学校或学术固体承办，每年六月或十月举行一次。

第八条 具有一定汉语基础，母语非汉语者均可向主考单位报名参加汉语水平考试。申请考试者需向主考单位缴纳考试费。考生持主考单位核发的“准考证”进入考场参加考试。考生应遵守考试规则，违反者将由主考单位给以直至取消考试资格的惩处。

第九条 国家教育委员会设立汉语水平考试委员会，称国家汉语水平考试委员会，国家汉语水平考试委员会全权领导汉语水平考试，并颁发《汉语水平证书》。由国家对外汉语教学领导小组办公室和北京语言学院负责实施汉语水平考试（HSK）的考务工作。

第十条 国家汉语水平考试委员会聘请若干专家、教授组成汉语水平考试顾问委员会，负责汉语水平考试（HSK）的咨询工作。

第十一条 本办法自发布之日起施行。

关于开办外籍人员子女学校的暂行管理办法

（1995 年 4 月 5 日国家教委发布　根据 2010 年 12 月 13 日教育部令第 30 号《教育部关于修改和废止部分规章的决定》修正）

第一条　为给外籍人员子女在中国境内接受教育提供方便，完善对外籍人员子女学校的管理，促进我国的对外开放，制定本办法。

第二条　在中国境内合法设立的外国机构、外资企业、国际组织的驻华机构和合法居留的外国人，可以依照本办法申请开办外籍人员子女学校（以下简称“学校”）。

第三条　学校以实施中等（含普通中学）及其以下学校教育为限。

第四条　申请开办学校，需具备以下基本条件：

（一）有相应规模的生源和办学需求；

（二）有适应教育教学需要的师资；

（三）有必要的场地、设施及其他办学条件；

（四）有必备的办学资金和稳定的经费来源。

第五条　申请开办学校，需提交下列材料：

（一）开办学校的申请书（包括办学宗旨、招生规划、招生区域、办学规模等）；

（二）学校章程；

（三）申请人证明文件；

（四）学校校长、董事会成员名单及其资格证明文件；

（五）拟建学校的设施、资金、校舍、场地、经费来源及有关证明文件；

（六）师资来源。

第六条　开办学校，由申请人向拟办学校所在地的省、自治区、直辖市教育行政部门提出申请，经审核同意后，报国务院教育行政部门审批。

第七条　经批准设立的学校，从批准之日起，具有法人资格，独立承担民事责任。学校不得设立分校。

第八条　学校招生对象为在中国境内持有居留证件的外籍人员的子女。学校不得招收境内中国公民的子女入学。

第九条 学校的课程设置、教材和教学计划，由学校自行确定。

第十条 办学经费由申请人自筹解决。学校不得在中国境内从事工商业活动及其他营利活动。

第十一条 中华人民共和国政府鼓励并支持学校开设汉语和中国文化课程，以增进和加深学生对中国文化的了解。

第十二条 学校聘用外籍人员，依照《中华人民共和国外国人入境出境管理法》及外国人在华工作的有关规定办理。

学校聘用驻华使领馆人员及其配偶，需经外交部批准。

第十三条 学校进口教学设备和办公用品，按国家有关规定办理。

第十四条 学校及其工作人员和学生应遵守中国的法律和法规，尊重中国人民的风俗习惯，不得从事危害中华人民共和国国家安全和社会公共利益的活动。

第十五条 学校建设用地依照国家土地管理法规办理。学校校舍、场地不得用于进行与其职能不相符合的活动。

第十六条 学校每年应将教职员及学生名册、教材等送当地教育行政部门备案，并接受当地教育行政部门依法进行的监督和检查。学校校长、董事会成员如有变更，应向省级教育行政部门备案。

第十七条 违反本办法，有下列情形之一的，由省级教育行政部门视情节轻重，可责令学校和开办人限期整顿或者停办：

（一）未经批准，擅自设立学校的；

（二）招收境内中国公民子女的；

（三）办学资源（包括资金、生源和师资）严重不足，无法正常运行的；

（四）从事工商业活动及其他营利性活动的；

（五）从事违反中国法律、法规活动的。

第十八条 驻中国外交机构开办的外交人员子女学校的管理，不适用本办法。

第十九条 省、自治区、直辖市人民政府可根据本办法，结合本地区实际制定具体规定。

第二十条 本办法自发布之日起施行。在此以前已经设立的学校，按本办法规定，补办有关手续。

关于外国留学生凭《汉语水平证书》注册入学的规定

（1995年12月26日国家教委发布　教外来〔1995〕68号）

第一条　根据《中国汉语水平考试（HSK）办法》和中国普通高等学校接受外国留学生的有关文件精神，制定本规定。

第二条　凡申请注册入中国普通高等学校接受本科学历教育的外国人（以下简称申请人），均须参加汉语水平考试（HSK），并获得相应的最低合格等级的《汉语水平证书》（以下简称证书），方可申请正式注册学习专业。

第三条　申请人注册入本科专业所须达到的最低合格等级证书分别如下：

（一）学习中国文学、中国历史、中国哲学、中医和中药类专业的须达到中等C级；

（二）学习其他类专业（含汉语本科专业）的须达到初等C级。

第四条　申请人的《汉语水平证书》，自发证之日起两年内有效。

第五条　申请人获得上述第三条规定的最低合格等级证书，并符合其他入学条件，可直接向中国普通高等学校提出注册本科专业的申请。

第六条　申请人未参加汉语水平考试（HSK），或未获得上述第三条所规定的最低合格等级证书，可向有关高等学校申请参加汉语补习。申请人经过汉语补习获得相应的最低合格等级证书后，即可申请正式注册本科专业。

第七条　没有汉语基础的申请人参加汉语补习的时间一般为：

（一）申请学习中国文学、中国历史、中国哲学、中医和中药类本科专业的为两年；

（二）申请学习其他类本科专业（含汉语本科专业）的为一年。

已有汉语基础的申请人参加汉语补习的时间可适当缩短。

第八条　申请人经过规定时间的汉语补习后，仍未能获得最低合格等级证书，应继续补习汉语直至获得最低合格等级证书为止。因特殊情况未能获得最低合格等级证书，中国政府奖学金生由国家教委外事司批准，其他留学生由学校所在省、自治区、直辖市教育主管部门批准，可作为试读生转入专业学习。此类留学生须自入专业学习之日起，于一年内获得最低合格等级证书，并在专业学习成绩合格的条件下，方可自第二年起正式注册学习本科专业，其已学专业成绩计入学分，否则，将作退学处理。

第九条 有关普通高等学校如认为已获得最低合格等级证书的申请人，在学习专业时仍不能满足本校专业学习对汉语的要求，应在注册后，有针对性地安排汉语补习课程，以提高学生的汉语水平。

第十条 对于申请入中国普通高等学校专科专业学习的外国人的汉语水平要求，参照对本科专业的要求执行。

第十一条 对于申请入普通高等学校攻读硕士和博士学位的外国人的汉语水平要求分别为：

（一）教学语言为汉语的，可参照本办法执行；

（二）教学语言为外语的，不作统一规定，但学位论文一般使用汉语，其中论文摘要必须使用汉语。

第十二条 本规定自 1996/1997 学年度起执行。

中外合作举办教育考试暂行管理办法

（1996 年 5 月 10 日国家教委发布　教考试〔1996〕4 号）

第一条　为规范和加强中外合作举办教育考试的管理，根据《中华人民共和国教育法》第二十一条的规定，制定本办法。

第二条　本办法所称“中外合作举办教育考试”是指境外机构与中国的教育考试机构在中国境内合作举办面向社会的非学历的教育考试。

第三条　境外机构不得单独在中国境内举办教育考试。

第四条　合作举办的教育考试项目必须符合中国的需要，考试内容与活动必须遵守中国的法律、法规，不得以营利为目的。

第五条　国家教育部主管中外合作举办教育考试工作，并授权教育部考试中心负责日常工作。

第六条　合作举办教育考试，应当具备以下条件：

（一）合作举办考试的中方单位必须是省级教育考试机构；

（二）合作举办考试的外方单位必须是具有从事教育考试职能并具有法人资格的机构；

（三）有明确的考试项目和考试章程；

（四）合作双方具备自己的场所、名称和组织机构；

（五）具备承办考试的必要条件。

第七条　经批准举办中外合作教育考试的机构，独立承担民事责任。

第八条　中方省级教育考试机构一般只限在本省、自治区、直辖市范围内举办中外合作教育考试。省级教育考试机构须经本省、自治区、直辖市教育行政部门审核同意后，报教育部审批。

第九条　合作举办教育考试，由举办考试的中方合作单位办理申报手续。申报时须提交以下文件：

（一）举办考试的申请书和章程；

（二）境外机构合法性证明材料；

（三）考试的可行性论证报告；

（四）考试效力的认可证明；

（五）考务人员和考试设施的情况说明；

（六）考试经费来源和双方承担的责任和义务；

（七）合作举办考试协议书及审批机关要求报送的其他有关部门文件。

第十条 合作考试机构可根据考试的实际需要，决定在举办考试的地区开设考点，并报本省、自治区、直辖市教育行政部门批准，报教育部备案。

第十一条 合作举办教育考试的机构可向考试合格的学生发放非学历的教育考试合格证书。该证书的境外效力，根据有关国际公约及政府间协议执行，或由外方合作者提供相应的法律文件予以确认。

未经国务院教育行政部门批准，不得发放境外机构的证书。

第十二条 合作举办教育考试的中方机构可聘任考点主任、主考和主持日常考务工作的工作人员，并根据每次考试的考场设置和考生人数，另聘请其他副主考和监考人员。

第十三条 经批准合作举办的考试项目，必须制定实施考试的考务程序，按规定的程序实施考试。

第十四条 合作举办考试的试卷、答卷属秘密材料，有关资料的发送、接受、保密、销毁等应严格依照国家有关部门规定进行。

第十五条 各考点要确保考试的公平竞争，防止违反考试纪律和舞弊时间的发生。考点工作人员要认真负责、严守纪律、保守秘密；若发生试题泄密事件要立即采取有效措施，严防扩散，并按管理权限及时报告省、自治区、直辖市教育行政部门或教育部。

第十六条 各考点不得举办与考试有关的培训班。

第十七条 各考点可按规定收取考试费（不含有资助、免费提供考试的项目），不得以任何名义增收其他费用。

第十八条 合作考试机构对其考点负有指导、监督和管理的责任，涉及考务监督与管理的具体事项，须参照国内同类考试的考务管理规则的有关条款办理。对考点有下列情况之一的，应酌情给予通报批评、警告、限期整顿、暂停考试或取消考点的处理：

（一）泄露试题或试题泄密后任其扩散；

（二）严重违反考务程序；

（三）从容、包庇考生舞弊；

（四）以考试为名非法收费；

（五）其他违纪行为。

取消考点须报省、自治区、直辖市教育行政部门批准，报教育部备案。考点非法所得按国家有关规定处理。

第十九条　合作考试机构必须向教育部和省、自治区、直辖市教育行政部门提交年度工作报告，接受教育部和省、自治区、直辖市教育行政部门的指导和监督。

第二十条　如遇下列情况之一者，合作考试机构可经本省、自治区、直辖市教育行政部门审核同意后报教育部申请停办考试：

（一）不能实现预期的目标；

（二）考生人数不足，经费难以维持正常工作；

（三）一方无法承担承诺的责任和义务。

第二十一条　教育部和省、自治区、直辖市教育行政部门，对合作考试机构有下列情况之一者，可酌情给予通报批评、警告、限期整顿、暂停考试或撤消合作举办教育考试资格的处罚：

（一）未经批准，擅自在华合作举办教育考试或设立考点，未履行备案手续的；

（二）申请举办考试时弄虚作假的；

（三）以合作举办教育考试为名非法营利的；

（四）在考试过程中严重违反考务程序的；

（五）其他违反中国法律、法规规定的情形。

第二十二条　对本办法中的有关部门行政处罚，当事人不服的，可依法提起行政复议或行政诉讼。

第二十三条　本办法自发布之日起施行。

中国政府奖学金年度评审办法

（2000年4月26日教育部印发）

第一条 为加强对中国政府奖学金的管理，发挥中国政府奖学金的效益和作用，根据中国政府奖学金有关管理规定，实施中国政府奖学金年度评审制度（以下简称年度评审），特制定本办法。

第二条 年度评审是指通过对享受中国政府奖学金来华学习的外国留学生（以下简称奖学金生）每年进行一次综合评价，决定其是否具有继续享受或者恢复享受中国政府奖学金的资格。

第三条 教育部委托国家留学基金管理委员会（以下简称基金委）负责年度评审的组织实施工作。省、自治区、直辖市教育行政部门负责本地区高等学校年度评审的有关协调工作。高等学校负责对本校奖学金生进行年度评审。

第四条 年度评审的对象为，在华学习一学年以上或者原定学习期限结束后申请延长奖学金期限的奖学金生。

第五条 年度评审的内容为：

1. 学习成绩，包括本学年第一学期的各科考试、考核成绩和第二学期的学习基本情况；

2. 学习态度和考勤情况；

3. 行为表现和奖惩情况。

第六条 高等学校根据本校的教学和学籍管理等规定，制定年度评审的具体办法和评价标准，据此对奖学金生是否具有继续享受或者恢复享受中国政府奖学金的资格进行评审，提出“合格”或者“不合格”的评审意见，以及是否继续提供或者中止、取消奖学金的建议。

基金委根据高等学校的评审意见和建议，决定是否继续向奖学金生提供中国政府奖学金，或者中止、取消其继续享受中国政府奖学金资格。

第七条 有下列情况之一者，中止其享受中国政府奖学金资格一年：

1. 因考核成绩不合格留级或者降级的；

2. 所修课程连续两年未达到规定学分的；

3. 受到留校察看处分的。

被中止享受中国政府奖学金资格者，自下一学年开学起停发其奖学金，但本人可按照学校有关规定申请自费或者减免部分费用留校继续学习。中止期满前，经本人申请，可以参加当年的年度评审，如评审合格，经基金委批准后，可以自下一学年起恢复发给奖学金。

第八条　有下列情况之一者，取消其享受中国政府奖学金的资格：

1. 受到勒令退学或者开除学籍处分的；

2. 在校学习期间累计两次未通过年度评审的；

3. 无正当理由不参加年度评审的。

被取消享受中国政府奖学金资格者，从公布之日起停发其奖学金，其享受中国政府奖学金的资格不得再恢复。

第九条　年度评审按以下程序进行：

1. 奖学金生必须按照所在高等学校规定的时间和要求，领取和如实填写由基金委统一印制的《中国政府奖学金年度评审表》（以下简称《评审表》），并按规定期限提交给学校。

2. 高等学校按照年度评审要求和标准，将评审意见和建议填入《评审表》，于每年 5 月 31 日前将评审情况报告、评审合格者名单和评审不合格者的《评审表》报送基金委。评审情况报告同时抄报当地省级教育行政部门。

3. 需要转学的奖学金生（包括汉语补习学生），由转出学校负责对其进行年度评审，并负责将评审材料和评审决定转到转入学校。

4. 基金委于每年 6 月 30 日前将评审决定通知有关高等学校和有关省、自治区、直辖市教育行政部门；学校将评审决定通知奖学金生本人，并将经评审被中止或取消奖学金资格者的情况通报奖学金生派遣国驻华使馆或者派遣单位。

第十条　本办法自公布之日起施行。

教育部留学回国人员科研启动基金管理规定

（2002年5月15日教育部国际合作与交流司发布）

第一章　总　　则

第一条　为贯彻国家留学方针，充分发挥广大留学回国人员在社会主义现代化建设中的作用，支持他们回国后的教学、科研工作，教育部特设立留学回国人员科研启动基金。

第二条　为加强管理，提高启动基金的使用效益，启动基金的评审工作将本着"专家评审、择优资助"的原则进行。

第二章　资 助 对 象

第三条　凡获得国内、外博士学位，在外留学一年以上，年龄在45岁以下，回国后在教学、科研单位从事教学、科研工作的留学回国人员均可在回国后两年内提出申请。

第三章　申请和审批

第四条　符合条件的留学回国人员，经本单位科研管理部门确认，直接登录网站填写并提交申请材料，随后将由本单位盖章的申请单位意见表，连同博士学位证书复印件、驻外使（领）馆出具的《留学回国人员证明》复印件、本人身份证复印件一起寄往教育部留学服务中心。

第五条　委托教育部留学服务中心受理申请、进行形式审查。

第六条　形式审查主要是审查申请人及申请材料是否符合下列条件：

1. 申请者年龄在45岁（含）以下；
2. 申请者具有博士学位；

3. 申请者出国留学时间在一年（含）以上；

4. 申请者回国后在教学、科研单位从事教学、科研工作；

5. 申请者以前未获本基金资助；

6. 申请者回国后两年以内提出申请；

7. 申请表所填内容属实，附件齐全。

第七条　采用专家网上评审的方式，由评审专家建议是否资助及资助金额。专家评审时主要考虑如下方面：

1. 申请者的学术水平和科研能力；

2. 申请者的专业方向在国内的急需程度；

3. 申请者工作单位的相关学科在国内同行中的影响；

4. 申请者工作单位能够提供的软、硬件支撑条件；

5. 申请课题的作用、意义及先进性和可行性；

6. 经费预算是否合理。

第八条　教育部留学服务中心根据专家评审意见，拟订资助名单及资助强度，报教育部国际合作与交流司审批。

第九条　对于获得资助的人选，由教育部国际合作与交流司书面通知留学回国人员工作单位，同时在网上发布有关信息，对未获资助的人选不单独反馈意见。

第四章　使用和管理

第十条　启动基金主要用于留学人员回国后开展科研工作的启动与立项，不得用于出国、购买与科研无关的设备。各单位对启动基金应单独建帐，不得提取管理费，并按国家有关财经法规进行管理；获资助者在单位科研管理部门和财务部门监督下，按批准的使用计划自主支配，专款专用，不得挪做它用。

第十一条　使用启动基金购买的科研设备属国有资产，列入受资助人所在单位固定资产帐目统一管理。

第十二条　获资助者因故脱离工作岗位半年以上或调离现工作单位或因其它原因中断研究工作时，其所在单位应及时将情况报告教育部国际合作与交流司并对剩余经费及特殊事项提出解决方案，不得擅自更换项目负责人，否则教育部国际合作与交流司将视具体情况予以处理。

第十三条　教育部国际合作与交流司及其委托受理单位对资助科研项目的进展情况和经费使用情况进行不定期追踪检查，对任何弄虚作假、截留、挪用、挤占基金等违反财经纪律的单位和个人，教育部将视情节轻重，采取通报批评、撤消资助、追究当事人责任或不受理所在单位再次申请等措施予以处理。

第十四条 获资助者应在经费开支完毕或科研工作结束后向教育部留学服务中心上报经所在单位审核的财务决算和科研总结报告。本基金成果原则上不组织鉴定，对已具备条件需鉴定的成果经所在单位或其主管部门审查后，需提前两个月将鉴定材料报送教育部国际合作与交流司按科技成果鉴定办法规定程序审批。

第十五条 获资助者在发表学术论文、取得科研成果时应注明“教育部留学回国人员科研启动基金资助项目”字样。英文标注为 The Project Sponsored by the Scientific Research Foundation for the Returned Overseas Chinese Scholars, State Education Ministry. 缩写为 The Project - sponsored by SRF for ROCS, SEM.

第五章 附 则

第十六条 本办法自公布之日起执行，由教育部国际合作与交流司负责解释。

教育部“春晖计划”海外留学人才学术休假回国工作项目实施办法（试行）

（2002 年 12 月 1 日教育部发布）

第一章　总　　则

第一条　为贯彻国家留学工作方针，支持我国在外留学人员以多种方式报效祖国并为其创造必要条件，教育部设立“春晖计划”海外留学人才学术休假回国工作项目，以鼓励海外留学人员利用学术休假年回国在高校从事讲学和研究，为国内创建世界一流大学、高水平大学和学科，培养高层次人才服务。

第二条　本项目面向国内进入“211 工程”的高等学校，为实施《面向 21 世纪教育振兴行动计划》服务，加快“211 工程”建设，大力提高高等学校的知识创新能力。

第三条　教育部对高等学校执行海外留学人才学术休假回国工作项目提供一定数额的奖励津贴、补助经费。

第二章　招 聘 条 件

第四条　招聘对象应是在国外著名大学或大学强项学科任助理教授以上专业技术职务，并在本专业取得国内外同行公认重要成就的我海外留学人才。

第五条　海外留学人才回国工作领域应属于国家重点发展的领域和高新技术、新兴交叉学科、高校重点学科，它们包括信息科学、生命科学、材料科学、资源环境科学以及农业、能源、法律、经济与管理科学等。

第六条　受聘的海外留学人才在国内招聘高校工作期限为 6 个月至 1 年。

第三章　申请和审批程序

第七条　高等学校面向海外招聘符合条件的留学人才。

第八条 拟申请利用学术休假回国工作的海外留学人才须填写《教育部“春晖计划”资助海外留学人才学术休假回国工作项目申请书》。驻外使（领）馆教育处（组）对其申请材料提出意见后送有关国内招聘高校。

第九条 教育部对国内招聘高校的申请每年受理两次。国内招聘高校于每年3月15日、9月15日前将《教育部“春晖计划”资助海外留学人才学术休假回国工作项目申请书》报送教育部。

第十条 教育部组织评审委员会对海外留学人才的申请进行审定，审定结果分别于当年5月15日、11月15日前通知国内招聘高校。

第十一条 获得教育部批准参加本项目回国工作的海外留学人才，由教育部发给《教育部春晖计划特邀专家》荣誉证书。

第四章 资助方式

第十二条 教育部对受聘的海外留学人才提供往返国际旅费。

第十三条 按照国家有关规定精神，国内招聘高校可按相当于国内同级专业技术职称人员工资标准的5–8倍给予受聘的海外留学人才职务（岗位）奖励津贴。教育部分别按助理教授、副教授和教授每月5000、7000和8000元人民币的奖励津贴标准，向学校提供补助。教育部补助经费由教育部留学服务中心根据批准的资助海外留学人才回国休假通知，按年度分两次拨付给有关招聘学校。

第十四条 国内招聘高校为受聘的海外留学人才无偿提供住房或提供住房费用。

第十五条 国内招聘高校为受聘的海外留学人才提供医疗保险。如应聘人员已经有医疗保险且其在中国期间仍有效，招聘学校和应聘人双方可在签定协议时明确说明医疗保险的具体保障办法。

第十六条 国内招聘高校根据需要提供一定数量的学术活动费，并尽可能为受聘的海外留学人才创造良好的工作和生活条件。

第五章 资金管理

第十七条 教育部核拨有关国内招聘高校的海外留学人才回国工作奖励津贴、补助经费必须严格按照财务规定分项建帐、单独核算、专款专用，任何单位和个人不能挪作它用；奖励津贴应全额发放，不得提取管理费；受聘的海外留学人才必须按批准的回国工作时间领取。

第十八条 受聘的海外留学人才因故中断或缩短回国工作计划时，其所在国内招聘高校应及时将情况报告教育部并按渠道退回剩余经费。

第十九条　教育部及其委托受理单位对补助经费使用情况进行不定期检查，对未按时上报财务决算和科研总结报告及任何弄虚作假、截留、挪用、挤占本经费等违反财经纪律的单位和人人，将视情节轻重，采取通报批评、追究当事人责任或不受理所在单位再次申请等措施予以处理。

第二十条　在海外留学人才回国工作结束时，其所在国内招聘高校应向教育部提交工作情况报告。评审专家根据有关国内招聘高校对奖励津贴使用效益作为评审下一年度申请补助经费的参考条件。

第六章　附　　则

第二十一条　受聘回国的海外留学人才应与国内招聘高校的合作方签定协议，明确责任。在国内招聘高校工作期间所获得成果的知识产权、专利申请、成果转让等按国家有关规定办理。

第二十二条　本办法在项目试点高校中试行，自公布之日起执行。

汉语作为外语教学能力认定办法

（2004年8月23日教育部令第19号发布）

第一条 为了提高汉语作为外语教学的水平，做好汉语作为外语教学能力认定工作，加强汉语作为外语教学师资队伍的建设，促进对外汉语教学事业的发展，依据《教育法》和《教师法》制定本办法。

第二条 本办法适用于对从事汉语作为外语教学工作的中国公民和外国公民所具备的相应专业知识水平和技能的认定。对经认定达到相应标准的，颁发《汉语作为外语教学能力证书》（以下简称《能力证书》）。

第三条 汉语作为外语教学能力认定工作由汉语作为外语教学能力认定工作委员会（以下简称“认定委员会”）根据本办法进行组织。认定委员会成员由教育部任命。认定委员会的职责是制订能力认定的考试标准，规范能力证书课程，组织考试和认定工作，颁发《能力证书》。

第四条 《能力证书》申请者应热爱汉语教学工作、热心介绍中国文化、遵守法律法规、具有良好的职业素养，须具有大专（含）以上学历和必要的普通话水平。其中的中国公民应具有相当于大学英语四级以上或全国外语水平考试（WSK）合格水平。

第五条 《能力证书》分为初级、中级、高级三类。

取得初级证书者应当具备汉语作为外语教学的基本知识，能够对母语为非汉语学习者进行基础性的汉语教学工作。

取得中级证书者应当具备汉语作为外语教学的较完备的知识，能够对母语为非汉语学习者进行较为系统的汉语教学工作。

取得高级证书者应当具备汉语作为外语教学的完备的知识，能够对母语为非汉语学习者进行系统性、专业性的汉语教学和相关的科学研究。

第六条 申请《能力证书》须通过下列考试：

初级证书的考试科目为：现代汉语基本知识、中国文化基础常识、普通话水平。

中级证书的考试科目为：现代汉语、汉语作为外语教学理论、中国文化基本知识。

高级证书的考试科目为：现代汉语及古代汉语、语言学及汉语作为外语教学理论、中国文化。

第七条　申请中级、高级证书者普通话水平需达到中国国家语言文字工作委员会规定的二级甲等以上。

第八条　对外汉语专业毕业的本科生可免试申请《能力证书（中级）》；

对外汉语专业方向毕业的研究生可免试申请《能力证书（高级）》。

中国语言文学专业毕业的本科生和研究生，可免试汉语类科目。

第九条　汉语作为外语教学能力认定工作每年定期进行。申请证书者须先通过能力考试，凭考试合格成绩申请证书。申报考试和申请证书的具体时间及承办机构由认定委员会决定。

第十条　《能力证书》申请者须向申请受理机构提交以下材料：

（一）《汉语作为外语教学能力证书申请表》（一式两份）；

（二）身份证明原件及复印件；

（三）学历证书原件及复印件；

（四）考试成绩证明原件及复印件（符合免考试科目者须提交所要求的证书原件及复印件）；

（五）普通话水平测试等级证书原件及复印件；

（六）外语水平证明原件及复印件。

第十一条　《能力证书》由认定委员会监制。

第十二条　申请证书过程中弄虚作假的，经认定委员会核实，不予认定；已经获得《汉语作为外语教学能力证书》者，由认定委员会予以注销。

第十三条　为了提高汉语作为外语教师的专业能力，认定委员会规定《能力证书》的标准化课程和大纲。

第十四条　本办法自 2004 年 10 月 1 日起施行，1990 年 6 月 23 日发布的《对外汉语教师资格审定办法》（中华人民共和国国家教育委员会令第 12 号）同时废止，《对外汉语教师资格证书》同时失效，须更换《能力证书（高级）》。

留学中国计划

（2010 年 9 月 21 日　教外来〔2010〕68 号）

为落实《国家中长期教育改革和发展规划纲要（2010－2020 年）》，加强中外教育交流与合作，推动来华留学事业持续健康发展，提高我国教育国际化水平。特制定本计划。

一、发展目标

到 2020 年，使我国成为亚洲最大的留学目的地国家。建立与我国国际地位、教育规模和水平相适应的来华留学工作与服务体系；造就出一大批来华留学教育的高水平师资；形成来华留学教育特色鲜明的大学群和高水平学科群；培养一大批知华、友华的高素质来华留学毕业生。

二、主要任务

到 2020 年，全年在内地高校及中小学校就读的外国留学人员达到 50 万人次，其中接受高等学历教育的留学生达到 15 万人，根据国家战略和发展需要，逐步增加中国政府奖学金名额；来华留学人员生源国别和层次类别更加均衡合理。

三、指导思想

统筹规模、结构、质量和效益，推进来华留学事业全面协调可持续发展，打造中国教育的国际品牌。

四、工作方针

扩大规模，优化结构，规范管理，保证质量。

五、发展思路

以改革创新为动力，以制度建设为核心。着力推进来华留学教育管理体制、投入体制、办学体制、学校内部管理体制改革。进一步强化政府责任，加大投入力度，分省市制定发展规划，分类指导。完善来华留学的服务机制与监管体制，鼓励具备条件的学校、科研机构及其他教育机构和社会组织，依法开展和参与来华留学教育。

六、政策保障

不断完善来华留学政策、法规、制度。明确政府、来华留学教育机构和留学人员的权利、义务和责任。保证来华留学工作依法、科学、规范，营造来华留学工作良好的法制环境，形成有利来华留学事业发展的体制和机制。

七、管理体制

教育部负责来华留学工作的宏观管理。省级教育行政部门按照属地化原则负责本地区来华留学管理工作。来华留学教育机构依据法律法规和规章制度，负责本机构内来华留学人员的日常管理和服务。

八、工作机制

各地教育行政部门是本地区来华留学的主管部门，协调同级外事、公安、财政、人力资源和社会保障、卫生等部门，相互配合、各司其职，形成政府各部门和来华留学教育机构之间权责明确、分工合理、决策科学、执行顺畅、保障有力的管理工作机制。

九、宣传推介

大力加强来华留学宣传和推介力度。整合国内国外各方资源，充分发挥国内有关机构和我驻外使（领）馆、海外孔子学院（孔子课堂）等在来华留学宣传方面的作用。加强“留学中国网”及各来华留学教育机构外文网站建设。

十、招生录取

改革来华留学人员招生录取办法，采取国际通行的审核、考查、考试等相结合的灵活招生方式。在完善预科教育制度的基础上，逐步建立来华留学人员进入本科专业学习标准。严格新生学籍及学历电子注册制度。

十一、培养模式

不断创新来华留学教育培养模式。鼓励来华留学教育机构积极探索，进行学历教育弹性学制试点，以多种形式将来华留学教育延伸到国外。研究开展来华留学网络教育和远程培训的可行性。

十二、专业课程

打造品牌专业，优化专业结构，建设对来华留学人员更有吸引力的专业课程体系。支持高等学校着力打造汉语授课品牌专业，开设一定数量的英语授课学位课程，重点支持具有中国特色和国际比较优势的学位课程，提高其国际影响力。

十三、师资建设

加强来华留学师资队伍建设。结合高等学校人才队伍建设，加强教师外语教学等方面的能力培训，完善来华留学教师业绩评价办法，使一批具有较高学术造诣、精通教学、关爱学生的优秀教师成为来华留学教育的骨干力量。

十四、质量保障

构建来华留学教育质量评估体系，加强对来华留学教育条件、培养质量和管理服务水平的评估，促进学校合理定位、增强来华留学工作办学特色。逐步确定一批来华留学教育示范基地。

十五、教育管理

积极推动来华留学人员与我国学生的管理和服务趋同化，加强中国法律法规、优秀传统文化和国情教育，帮助来华留学人员客观了解中国社会发展情况。

十六、管理队伍

完善来华留学管理工作人员培训制度。加强培训机制建设，建设一支相对稳定、爱岗敬业、熟悉外事、精于管理的留学人员管理工作队伍。

十七、生活服务

改善来华留学人员的后勤生活保障制度，不断优化来华留学环境，进一步丰富校园文化生活。积极为来华留学人员举办各类文体活动。完善来华留学人员医疗保险体系。

十八、社会实践

在条件允许的情况下，为来华留学人员勤工助学提供便利，为实习实践创造条件。逐步建立起教学与实习对接、课堂与社会衔接的教育机制。

十九、奖学金体系建设

保证中国政府奖学金的规模稳定增加，逐步推行奖学金各项内容货币化改革。鼓励并支持地方政府、学校、企事业单位以及其他社会组织、自然人设立各类来华留学奖学金。构建政府主导、社会参与、主体多元、形式多样的奖学金体系。

二十、毕业生联系工作

加强与来华留学毕业生的联系。依托相关直属单位开展来华留学毕业生工作，视工作发展需要申请设立专门机构。鼓励并支持来华留学毕业生成立海外校友会。

附：留学中国计划分项目工作进程规划表（略）

教育部关于做好外籍人员子女学校有关工作的意见

（2015 年 1 月 8 日发布　教外办学〔2015〕2 号）

各省、自治区、直辖市教育厅（教委）：

根据《国务院关于第六批取消和调整行政审批项目的决定》（国发〔2012〕52 号），外籍人员子女学校审批权的实施部门由教育部调整为省级教育行政部门。为做好外籍人员子女学校审批权下放后的审批与监管工作，确保有关工作健康有序发展，现提出如下意见：

一、外籍人员子女学校是我国改革开放进程中出现的涉外办学的特殊形式。妥善解决在华外籍人员子女入学问题，有利于改善我投资环境，促进对外开放，服务经济社会发展。

二、国家对外籍人员子女学校坚持从严审批、按需设立、依法管理。各省级教育行政部门要切实提高认识，做好区域规划，做到布局合理，总量控制，确保审批权下放后各项工作落实到位。

三、外籍人员子女学校主要招收对象为所在省、自治区、直辖市行政区域内合法居留的外籍人员的随行子女（外籍）。可实施学前教育和普通中小学教育，采用外国教育教学模式。

四、外籍人员子女学校只能使用一个名称，其外文译名应当与中文名称相符。外籍人员子女学校的名称应当反映不同国别普通教育的性质、层次和类别，不得冠以“中国”“中华”“全国”“世界”“全球”等字样，名称前应加上所在省份或城市的名称，同时，“外籍人员子女学校”必须作为学校名称后缀使用。

五、各省级教育行政部门要制定本行政区域内外籍人员子女学校管理办法，明确办学条件和标准、设立步骤、变更手续和终止办法；要指导学校建立健全财务、会计和资产管理制度，依法发布招生简章和广告；要对外籍人员子女学校实行年度检查，或开展认证评估工作。

六、教育部负责全国外籍人员子女学校的政策指导；各省级教育行政部门负责本行政区域内外籍人员子女学校的审批、规划协调和统筹管理工作，并将外籍人员子女学校主要办学信息报送教育部。

本意见中未涉及事项，请参照《中华人民共和国国家教育委员会关于开办外籍人员子女学校的暂行管理办法》（教外综〔1995〕130号）有关条款执行。

各地在执行本意见中如遇问题，请及时反馈我部国际司。

附件：外籍人员子女学校办学报送信息表（略）

国别和区域研究基地培育和建设暂行办法

（2015 年 1 月 21 日教育部印发　教外监〔2015〕4 号）

第一条　为促进教育深化改革和对外开放，支持高等学校深入开展国别和区域研究工作，规范国别和区域研究基地的培育和建设，特制定本办法。

第二条　本办法所称国别和区域研究基地，是指高校整合资源对某一国家或者区域的政治、经济、文化、社会等开展全方位综合研究的实体性平台。

国别和区域研究基地要以咨政服务为首要宗旨，以政策研究咨询为主要任务，以完善组织形式和管理方式为重点，扎实做好人才培养工作，不断提高研究质量，着力推进成果利用，努力建成具有专业优势和重要影响的研究中心。

第三条　培育和建设国别和区域研究基地，要遵循服务国家、按需布局、夯实基础、提高能力的原则，构建覆盖全面、特色突出、贡献卓越、开放创新、协调发展的研究体系。

高等学校培育和建设国别和区域研究基地，要与学校深化教育改革和发展的实际需要紧密结合，使国别和区域研究基地充分发挥教学科研中心、数据应用中心、咨询服务中心和国际交流中心的功能和作用。

第四条　教育部会同有关部门负责基地培育建设工作的统筹规划、综合协调和宏观指导。

高等学校负责基地的培育建设和日常管理工作。

第五条　教育部设立国别和区域研究专家委员会作为推动国别和区域研究工作的咨询机构。

第六条　教育部拟订布点计划，支持高等学校培育和建设“教育部国别和区域研究基地”。

“教育部国别和区域研究基地”将根据总体规划和布点计划，逐步设立、完善，全面覆盖世界各个国家和区域。

第七条　鼓励和支持高等学校自主开展国别和区域研究，培育和建设相关研究基地。

第八条 教育部国别和区域研究基地包括培育基地和正式基地。

培育基地的培育期，一般不超过 3 年。

第九条 建设培育基地和正式基地，原则上由高等学校自愿提出。

第十条 高等学校建设培育基地，应当具备和达到以下条件和标准：

（一）深刻认识国别和区域研究工作的重大意义，具有为国家服务的强烈意愿，使命感、责任感、积极性和主动性突出；

（二）外事管理经验丰富，与有关部门等保持密切的合作关系；

（三）保障基地建立实体化组织架构，具有相关学科支撑和研究基础，提供必要和充分的学术资源；

（四）拥有相关研究领域的领军人物和学科背景多样的研究梯队，并配备专职管理辅助人员；

（五）提供专用的办公用房，配备必要的设备设施、图书资料和电子载体信息资源；

（六）将研究基地经费纳入学校预算管理，保证明确数额的经费支持；

（七）已在相关国家开设孔子学院等教育教学研究机构，或者建有实质性交流合作关系，拥有广泛的联系；

（八）学术评价体系涵盖并恰当定位咨政成果，在学科和专业建设、职称评聘、岗位分类管理等方面给予明确的扶持政策，鼓励做好长期研究积累。

第十一条 高等学校建设培育基地，应当在规定时限内提交规定格式的陈述材料。

第十二条 教育部委托第三方机构评审陈述材料。通过初审的，视情况可委派专家组进行实地考察。

综合评审和考察情况，教育部确定培育基地名单。

基地的名称一般为“×××”研究中心。已形成研究实体，具有一定品牌效应的，可继续沿用原名称。

第十三条 对确定为培育基地的，高等学校要依据本办法的原则提交承诺书，落实培育基地的建设目标、任务和责任。

第十四条 高等学校和培育基地要鼓励和支持研究人员开发和建设课程体系，并在每一学期开设至少一门研究对象国或者地区的必修或选修课程，制定实施覆盖本科和研究生阶段的国别和区域研究人才培养方案，培养能熟练掌握对象国语言、具有复合型专业背景的人才。

第十五条 高等学校和培育基地要建立和实施研究人员赴境外访学和研修的年度计划，紧密结合非通用语人才培养计划等国家公派留学项目，积极自设留学进修项目，选派本科和研究生赴境外短期交流或者攻读学位。

第十六条　高等学校和培育基地要制定研究队伍建设周期培训计划，提高获得高级职务（称）研究人员的比例。

第十七条　高等学校和培育基地要积极吸引校内其他优秀研究人员担任兼职研究员。聘请至少2名本领域有重要影响的外部专家学者担任特聘研究员，特别要吸纳离退休的我驻外人员。根据研究工作的需要，适当聘请外籍研究员。

第十八条　高等学校要聘任政治立场坚定、学术造诣深厚、行政经验丰富的人员担任基地主要负责人。

第十九条　培育基地要统筹开展基础研究和应用研究，立足国内实际情况，聚焦国家重大政策需求，大力增强决策咨询能力，注重咨政建议的客观性、科学性和原创性。

培育基地要持续追踪、综合掌握国内外相关领域的动态和趋势，特别注重搜集第一手资料，深入开展田野调查，每年至少赴对象国考察1次，保障研究基础数据的真实可靠。

第二十条　培育基地要认真完成教育部指向性课题，积极承担有关部门委托的研究课题，按照相关要求提交研究成果。

培育基地要紧密结合国际形势变化，积极开展自设课题的自主研究。

第二十一条　培育基地要积极组织学术研讨，每年至少召开1次学术会议。

培育基地要积极策划、组织和参与国际学术活动，邀请国外著名专家学者开展学术交流，建立和发展同境外高校、研究机构的交流合作关系，积极开展外国留学生教育，拓展各界的人脉资源。

第二十二条　培育基地要开发和维护专门的学术网站，及时更新信息，发布研究成果，并逐步完善英文以及相应语种版本。

第二十三条　培育基地要成立学术委员会，广泛吸收本校以外的相关专家参加，不断强化学术事务决策的科学性和开放性。

第二十四条　培育基地要制定和实施人才培养、科学研究、社会服务、人员聘任、议事规则、经费使用、档案管理等基本规章制度。

第二十五条　培育基地要高度重视基础数据和研究成果的收集、整理、保存和传播工作，建立完整、准确、动态的研究信息系统。

第二十六条　获得培育基地支持而发表和出版的论文、专著、编译著和学术刊物等，要标明资助来源。

第二十七条　高等学校和培育基地要广泛而深入地开展优质的社会服务，依法争取国内外社会组织和个人对基地的捐赠和资助，用于改善教学、科研等条件。

第二十八条　高等学校和培育基地每年要开展自评工作，撰写规定格式的年度报告，并不迟于每年 11 月 15 日前报送教育部。

第二十九条 教育部适时发布培育基地布点计划、年度指向性课题指南。

教育部或者委托其他机构视情发表《国别和区域研究发展报告》。

第三十条 教育部组织、指导培育基地对重大、急需的综合性问题进行协同研究。

教育部协调其他部门发布委托课题，组织培育基地独立或者联合开展研究。

教育部或者依托某一培育基地牵头组织人才培养、科学研究、社会服务、能力建设等常态化专题研究，促进基地负责人定期沟通和交流。

第三十一条 教育部推动培育基地协同共建沟通交流和成果共享平台，探索建设公共学术大数据资源的有效机制。

第三十二条 教育部加强与有关部门的协同和配合，建立和拓宽咨政的渠道。

第三十三条 培育期内，愿意将培育基地建成正式基地的，高等学校和培育基地应当在协议约定时限内提交规定格式的陈述材料。

培育期满，经评估，高等学校和培育基地未达到实质性成效的，或者高等学校和培育基地在培育期内放弃建设正式基地意愿的，不再列入培育基地名单。

第三十四条 教育部参照第十二、十三、二十八条的规定，确定正式基地名单，并实施年度考核。

教育部或者委托第三方机构每 5 年对正式基地进行 1 次评估。

第三十五条 教育部以咨政成果的质量和效果为核心，组织培育基地、正式基地进行年度工作互评，并根据各基地的工作情况，实施差异化的经费支持政策。

属于开展空白、急需和热点国家和地区研究的，教育部给予启动性的优先扶持。

对于具有突出贡献的优秀研究成果，在次年研究经费的核拨上给予适当倾斜。

国别和区域研究专项经费的使用办法另行规定。

第三十六条 教育部根据年度考核和评估的结果，对培育基地和正式基地实行动态调整，完善退出机制。

第三十七条 开展国别和区域研究工作，要自觉接受主管部门的指导，必须遵守国家法律，符合公共道德，不得损害国家的主权、安全和社会公共利益。

涉及保密事项的，按照国家有关规定办理。

第三十八条 具有法人资格的研究机构开展培育和建设国别和区域研究基地工作的，参照本办法的规定执行。

第三十九条 本办法自发布之日起施行。

学校招收和培养国际学生管理办法

（2017年3月20日教育部、外交部、公安部令第42号发布）

第一章 总 则

第一条 为规范学校招收、培养、管理国际学生的行为，为国际学生在中国境内学校学习提供便利，增进教育对外交流与合作，提高中国教育国际化水平，根据《中华人民共和国教育法》《中华人民共和国出境入境管理法》等法律法规，制定本办法。

第二条 本办法所称学校，是指中华人民共和国境内实施学前教育、初等教育、中等教育和高等教育的学校。本办法所称国际学生，是指根据《中华人民共和国国籍法》不具有中国国籍且在学校接受教育的外国学生。本办法第二至五章适用于高等学校。实施学前、初等、中等教育的学校，其对国际学生的招生、教学和校内管理，按照省、自治区、直辖市的规定执行。

第三条 学校招收和培养国际学生，应当遵守中国法律法规和国家政策；应当维护国家主权、安全和社会公共利益；应当规范管理、保证质量。国际学生应当遵守中国法律法规，尊重中国风俗习惯，遵守学校规章制度，完成学校学习任务。

第四条 国务院教育行政部门统筹管理全国国际学生工作，负责制定招收、培养国际学生的宏观政策，指导、协调省、自治区、直辖市人民政府教育行政部门和学校开展国际学生工作，并可委托有关单位和行业组织承担国际学生的管理和服务工作。

国务院外交、公安等行政部门按照职责分工，做好国际学生的相关管理工作。

第五条 省、自治区、直辖市人民政府教育行政部门对本行政区域内国际学生工作进行指导、协调和监管，负责研究制定本行政区域内学前、初等、中等教育阶段国际学生工作的相关政策。省、自治区、直辖市人民政府外事、公安等行政部门按照职责分工，做好国际学生的相关管理工作。

第六条 招收国际学生的学校，应当建立健全国际学生招收、培养、管理和服务制度，具体负责国际学生的招收与培养。

第二章　招 生 管 理

第七条　招收国际学生的高等学校，应当具备相应的教育教学条件和培养能力，并依照国家有关规定自主招收国际学生。

第八条　招收国际学生的高等学校，应当按照国务院教育行政部门规定的事项和程序进行备案。

第九条　高等学校招收国际学生，接受学历教育的类别为：专科生、本科生、硕士研究生和博士研究生；接受非学历教育的类别为：预科生、进修生和研究学者。

第十条　高等学校按照其办学条件和培养能力自主确定国际学生招生计划和专业，国家另有规定的除外。

第十一条　高等学校按照国家招生规定，制定和公布本校国际学生招生简章，并按照招生简章规定的条件和程序招收国际学生。

第十二条　高等学校应当对报名申请的外国公民的入学资格和经济保证证明进行审查，对其进行考试或者考核。国际学生的录取由学校决定；对不符合招生条件的，学校不得招收。

第十三条　高等学校经征得原招生学校同意，可以接收由其他学校录取或者转学的国际学生。

第十四条　高等学校对国际学生的收费项目和标准，按照国家有关规定执行。高等学校应当公布对国际学生的收费项目、收费标准和退学、转学的退费规定。收费、退费以人民币计价。

第三章　教 学 管 理

第十五条　高等学校应当将国际学生教学计划纳入学校总体教学计划，选派适合国际学生教学的师资，建立健全教育教学质量保障制度。

第十六条　国际学生应当按照高等学校的课程安排和教学计划参加课程学习，并应当按照规定参加相应的毕业考试或者考核。学校应当如实记录其学习成绩和日常表现。汉语和中国概况应当作为高等学历教育的必修课；政治理论应当作为学习哲学、政治学专业的国际学生的必修课。

第十七条　国际学生入学后，经学生申请、高等学校同意，国际学生可以转专业。转专业条件和程序由学校规定。

第十八条　中华人民共和国通用语言文字是高等学校培养国际学生的基本教学语

言。对国家通用语言文字水平达不到学习要求的国际学生，学校可以提供必要的补习条件。

第十九条 具备条件的高等学校，可以为国际学生开设使用外国语言进行教学的专业课程。使用外国语言接受高等学历教育的国际学生，学位论文可以使用相应的外国文字撰写，论文摘要应为中文；学位论文答辩是否使用外国语言，由学校确定。

第二十条 高等学校按照教学计划组织国际学生参加教学实习和社会实践，选择实习、实践地点应当遵守国家有关规定。

第二十一条 高等学校根据国家有关规定为国际学生颁发学历证书或者其他学业证书。对接受高等学历教育的国际学生，高等学校应当及时为其办理学籍和毕业证书电子注册。高等学校为符合学位授予条件的国际学生颁发学位证书。

第四章 校内管理

第二十二条 高等学校应当明确承担国际学生管理职能的工作机构，负责统筹协调国际学生的招收、教学、日常管理和服务以及毕业后的校友联系等工作。

第二十三条 高等学校应当向国际学生公开学校基本情况、教育教学情况、招生简章以及国际学生管理与服务制度，方便国际学生获取信息。

第二十四条 高等学校应当为国际学生提供食宿等必要的生活服务设施，建立健全并公布服务设施使用管理制度。国际学生在学校宿舍外居住的，应当及时到居住地公安部门办理登记手续。

第二十五条 高等学校应当对国际学生开展中国法律法规、校纪校规、国情校情、中华优秀传统文化和风俗习惯等方面内容的教育，帮助其尽快熟悉和适应学习、生活环境。高等学校应当设置国际学生辅导员岗位，了解国际学生的学习、生活需求，及时做好信息、咨询、文体活动等方面服务工作。国际学生辅导员配备比例不低于中国学生辅导员比例，与中国学生辅导员享有同等待遇。

第二十六条 高等学校鼓励国际学生参加有益于身心健康的文体活动，为其参加文体活动提供便利条件。国际学生可以自愿参加公益活动、中国重大节日的庆祝活动。高等学校一般不组织国际学生参加军训、政治性活动。

第二十七条 国际学生经高等学校同意，可以在校内指定的地点和范围举行庆祝本国重要传统节日的活动，但不得有反对、攻击其他国家、民族的内容或者违反公共道德的言行。

第二十八条 国际学生经高等学校批准，可以在学校内成立联谊团体，在中国法律、法规规定的范围内活动，并接受学校的指导和管理。

第二十九条 高等学校应当尊重国际学生的民族习俗和宗教信仰，但不提供宗教活动场所。学校内不得进行传教、宗教聚会等任何宗教活动。

第三十条 国际学生在高等学校学习期间可以参加勤工助学活动，但不得就业、经商或从事其他经营性活动。国际学生勤工助学的具体管理规定，由国务院教育行政部门会同有关部门另行制订。

第三十一条 高等学校参照中国学生学籍管理规定开展国际学生学籍管理工作。学校对国际学生做出退学处理或者开除学籍处分的，应当按照国务院教育行政部门的规定进行备案。

第五章 奖 学 金

第三十二条 中国政府为接受高等教育的国际学生设立中国政府奖学金，并鼓励地方人民政府设立国际学生奖学金。中国政府奖学金的管理办法，由国务院有关行政部门制定。

第三十三条 国务院教育行政部门择优委托高等学校培养中国政府奖学金生。承担中国政府奖学金生培养任务的高等学校，应当优先招收中国政府奖学金生。

第三十四条 高等学校可以为国际学生设立奖学金。鼓励企事业单位、社会团体及其他社会组织和个人设立国际学生奖学金，但不得附加不合理条件。

第六章 社 会 管 理

第三十五条 外国人申请到本办法第二条所指的学校学习的，应当在入境前根据其学习期限向中国驻其国籍国或居住地国使领馆或外交部委托的其他驻外机构申请办理 X1 字或 X2 字签证，按照规定提交经教育主管部门备案的证明和学校出具的录取通知书等相关材料。

第三十六条 国际学生所持学习类签证注明入境后需要办理居留证件的，应当自入境之日起三十日内，向拟居留地公安机关出入境管理部门申请办理学习类外国人居留证件。

第三十七条 外交部对外国驻华外交代表机构、领事机构及国际组织驻华代表机构人员及其随任家属申请到学校学习另有规定的，依照外交部规定执行。未按规定办理相关手续的，学校不得招收。

第三十八条 学校招收未满十八周岁且父母不在中国境内常住的国际学生，须要求其父母正式委托在中国境内常住的外国人或者中国人作为该国际学生的监护人，并提供相关证明材料。学校可以接受以团组形式短期学习的国际学生，但应当预先与外方派遣单位签订协议。实施初等、中等教育的学校接受团组形式短期学习国际学生的，外方派遣单位应当按照其所在国法律规定，预先办理有关组织未成年人出入境所需的法律手续，并应当派人随团并担任国际学生在学校学习期间的监护人。

第三十九条　国际学生入学时应当按照中国卫生行政部门的规定到中国卫生检疫部门办理《外国人体格检查记录》确认手续或者进行体检。经体检确认患有《中华人民共和国出境入境管理法》规定的严重精神障碍、传染性肺结核病或者有可能对公共卫生造成重大危害的其他传染病的，由公安部门依法处理。

第四十条　学校实行国际学生全员保险制度。国际学生必须按照国家有关规定和学校要求投保。对未按照规定购买保险的，应限期投保，逾期不投保的，学校不予录取；对于已在学校学习的，应予退学或不予注册。

第七章　监 督 管 理

第四十一条　国务院教育行政部门建立健全国际学生培养质量监督制度。省、自治区、直辖市教育行政部门应当对本行政区域的国际学生培养进行监督。

第四十二条　负有国际学生管理职责的国务院教育、公安、外交等行政部门，应当利用现代信息技术建立国际学生信息管理系统，推进信息共享工作机制，不断完善国际学生的管理与服务工作。

第四十三条　对违反《中华人民共和国出境入境管理法》《中华人民共和国治安管理处罚法》以及《中华人民共和国外国人入境出境管理条例》《中华人民共和国境内外国人宗教活动管理规定》等法律法规规定的国际学生，公安等主管部门应当依法处理。

第四十四条　高等学校在国际学生招收和培养过程中出现以下行为的，主管教育行政部门应当责令其整改，按照《中华人民共和国教育法》的有关规定追究法律责任，并可以限制其招收国际学生：

（一）违反国家规定和学校招生规定招生的；

（二）在招生过程中存在牟利行为的；

（三）未公开收费项目、标准和未按项目、标准收费的；

（四）违规颁发学位证书、学历证书或其他学业证书的；

（五）教学质量低劣或管理与服务不到位，造成不良社会影响的；

（六）其他违法违规行为。

第八章　附　　则

第四十五条　本办法中的短期学习是指在中国学校学习时间不超过 180 日（含），长期学习是指在中国学校学习时间超过 180 日。

第四十六条　中国境内经批准承担研究生教育任务的科学研究机构招收国际学生的，按照本办法执行。教育行政部门批准的实施非学历教育的教育机构招收国际学生的，参照本办法执行。香港特别行政区、澳门特别行政区、台湾地区学生的招收、培养和管理，以及中国境内外籍人员子女学校的招生、培养和管理，按照国家其他有关规定执行。

第四十七条　省、自治区、直辖市人民政府教育、外事、公安等部门，应当根据本办法，制定本省、自治区、直辖市的管理规定。

第四十八条　本办法自 2017 年 7 月 1 日起施行。教育部、外交部、公安部 2000 年 1 月 31 日发布的《高等学校接受外国留学生管理规定》、教育部 1999 年 7 月 21 日发布的《中小学接受外国学生管理暂行办法》同时废止。

关于做好新时期教育对外开放工作的若干意见

（2016 年 4 月中央办公厅、国务院办公厅印发）

《意见》强调，要全面贯彻党的十八大和十八届三中、四中、五中全会精神，以邓小平理论、“三个代表”重要思想、科学发展观为指导，深入贯彻习近平总书记系列重要讲话精神，坚持“四个全面”战略布局，全面贯彻党的教育方针，以服务党和国家工作大局为宗旨，统筹国内国际两个大局、发展安全两件大事，坚持扩大开放，做强中国教育，推进人文交流，不断提升我国教育质量、国家软实力和国际影响力，为实现“两个一百年”奋斗目标和中华民族伟大复兴的中国梦提供有力支撑。

《意见》提出，要坚持“围绕中心、服务大局，以我为主、兼容并蓄，提升水平、内涵发展，平等合作、保障安全”的工作原则。工作目标是：到 2020 年，我国出国留学服务体系基本健全，来华留学质量显著提高，涉外办学效益明显提升，双边多边教育合作广度和深度有效拓展，参与教育领域国际规则制定能力大幅提升，教育对外开放规范化、法治化水平显著提高，更好满足人民群众多样化、高质量教育需求，更好服务经济社会发展全局。

《意见》对做好新时期教育对外开放工作进行了重点部署。一是加快留学事业发展，提高留学教育质量。通过完善“选、派、管、回、用”工作机制，规范留学服务市场，完善全链条留学人员管理服务体系，优化出国留学服务。通过优化来华留学生源国别、专业布局，加大品牌专业和品牌课程建设力度，构建来华留学社会化、专业化服务体系，打造“留学中国”品牌。通过加大留学工作行动计划实施力度，加快培养拔尖创新人才、非通用语种人才、国际组织人才、国别和区域研究人才、来华杰出人才等五类人才。二是完善体制机制，提升涉外办学水平。通过完善准入制度，改革审批制度，开展评估认证，强化退出机制，加强信息公开，建立成功经验共享机制，重点围绕国家急需的自然科学与工程科学类专业建设，引进国外优质资源，全面提升合作办学质量。通过鼓励高等学校和职业院校配合企业走出去，鼓励社会力量参与境外办学，稳妥推进境外办学。三是加强高端引领，提升我国教育实力和创新能力。通过引进世界一流大学和特色学科，开展高水平人才联合培养和科学联合攻关，加强国际前沿和薄弱学科建设，借鉴世界名校先进管理经验，完善内部治理结构，加快建设具有中国特色的现代大学制度，助推一流大学和一流学科建设。通过支持高等学校参与国际重大科学计划和科学工程，建设一批高水平国际合作联合实验室、国际联合研究中心，面向全球引进高层次科技创新人才，促进高校科技国际协同创新。通过选派高等学校优秀青年教师、学术带头人等赴国外高水平机构访学交流，加快引进世界名校师资，完善教师专业标准体系，推进外籍教师资格认证，加快高水平师资队伍建设。四是丰富中外人文交流，促进民心相通。通过整合搭建政府间教育高层磋商、教育领域专业人士务实合作、教师学生友好往来平台，完善中外人文交流机制相关制度，打造一批中外人文交流品牌项目，积极开展国际理解教育，加强人文交流机制建设。通过深化与世界各国语言合作交流，加强在汉语推广和非通用语种学习中的互帮互助，推进与世界各国语言互通，拓展政府间语言学习交换项目，联合更多国家开发语言互通共享课程，促进中外语言互通。通过把讲好中国故事、传播好中国声音作为教育对外开放的重要内容，聚集广大海外留学人员爱国能量，主动宣传祖国发展成就，积极发挥来华留学人员和外籍教师的宣介作用，积极传播中国理念。五是促进教育领域合作共赢。通过加强与国际组织的合作，建立和完善双边多边教育部长会议机制，增进次区域教育合作交流，推动大学联盟建设，深入推进友好城市、友好学校教育深度合作，深化双边多边教育合作。通过提升发展中国家在全球教育治理中的发言权和代表性，选拔推荐优秀人才到国际组织任职，完善金砖国家教育合作机制，拓展有关国际组织的教育合作空间，积极参与全球教育治理。通过发挥教育援助在“南南合作”中的重要作用，加大对发展中国家尤其是最不发达国家的支持力度，加快对外教育培训中心和教育援外基地建设，积极开展优质教学仪器设备、整体教学方案、配套师资培训一体化援助，开展教育国际援助，重点投资于人、援助于人、惠及于人。六是实施“一带一路”教育行动，促进沿线国家教育合作。加强教育互联互通、人才培养培训等工作，对接沿线各国发展需求，倡议沿线各国共同行动，实现合作共赢。扩大中国政府奖学金资助规模，设立“丝绸之路”中国政府奖学金，每年资助1万名沿线国家新生来华学习或研修。对在“一带一路”教育合作交流和区域教育共同发展中作出杰出贡献、产生重要影响的国际人士、团队和组织给予表彰。

《意见》提出，要大力提升教育对外开放治理水平。一是完善教育对外开放布局。加强与大国、周边国家、发展中国家、多边组织的务实合作，充分发挥教育在“一带一路”建设中的重要作用，形成重点推进、合作共赢的教育对外开放局面。支持东部地区整体提升教育对外开放水平，率先办出中国特色、世界水平的现代教育，支持中西部地区不断扩大教育对外开放的广度和深度，引导沿边地区利用地缘优势，推进与周边国家教育合作交流，形成因地制宜、特色发展的教育对外开放格局。二是健全质量保障。推动亚太区域内双边多边学历学位互认，支持联合国教科文组织建立世界范围学历互认机制。加强与国际组织合作，积极参与国际教育质量标准研究制定。紧密对接《中国制造2025》，开发与国际先进标准相对接的职业教育课程体系，积极参与制定职业教育国际标准。参与国际学生评估测试，提高我国教育质量评估监测能力。深入推进管办评分离，形成以政府监管、学校自律、社会评价为一体的质量保障体系。三是加强理论支撑。完善国别和区域研究基地布局，加强国际问题研究。支持高等学校、科研机构、社会力量开展教育对外开放战略研究。支持大学智库合作。健全教育对外开放事业发展数据统计和发布机制。建立教育对外开放专家咨询组织，建设研究数据平台，健全决策机制。四是强化监督管理。加强监管体系建设，健全监管制度，形成高效可靠的综合监管体系和监督合力。明确留学中介服务机构的行业监管要求，健全行业评价、投诉处理、信息公开、退出禁入机制，形成健康有序的留学市场。

《意见》要求，加强对教育对外开放工作的组织领导。一是加强和改进党对教育对外开放工作的领导。健全教育对外开放的领导体制和工作机制，充分发挥各级党委在教育对外开放战略目标制定、人才培养、干部管理等各项工作中的领导作用。创新工作方式，加强和改进中外合作办学机构党建工作，加快培养一批优秀涉外办学管理人才。加强教育外事干部队伍建设。二是健全工作机制。建立健全政府、学校、社会力量权责明确、分工协作、高效有序的教育对外开放运行架构。各级党委和政府要充分发挥统筹协调作用，把教育对外开放工作纳入议事日程。完善部际协调机制，强化省级政府教育统筹、监管和管理职能，发挥学校主体作用，鼓励成立区域性、行业性校际联盟，加强教育涉外行业组织建设。三是完善保障措施。加大经费投入，在经费使用及管理上，更多向支持人才倾斜，赋予学校更多自主权，按规定统筹安排相关资金用于支持师生赴国外实习、开展教学实验。完善来华留学、中外合作办学等政策制度。四是营造良好氛围。加大教育对外开放政策的宣传解读力度。丰富宣传形式，充分发挥新兴媒体和主流媒体的对外宣传作用。驻外使领馆要主动加强与当地媒体沟通联系，着力营造有利于教育对外开放的舆论氛围。

推进共建“一带一路”教育行动

（2016年7月13日教育部印发　教外〔2016〕46号）

推进共建“丝绸之路经济带”和“21世纪海上丝绸之路”（以下简称“一带一路”），为推动区域教育大开放、大交流、大融合提供了大契机。“一带一路”沿线国家教育加强合作、共同行动，既是共建“一带一路”的重要组成部分，又为共建“一带一路”提供人才支撑。中国愿与沿线国家一道，扩大人文交流，加强人才培养，共同开创教育美好明天。

一、教育使命

教育为国家富强、民族繁荣、人民幸福之本，在共建“一带一路”中具有基础性和先导性作用。教育交流为沿线各国民心相通架设桥梁，人才培养为沿线各国政策沟通、设施联通、贸易畅通、资金融通提供支撑。沿线各国唇齿相依，教育交流源远流长，教育合作前景广阔，大家携手发展教育，合力推进共建“一带一路”，是造福沿线各国人民的伟大事业。

中国将一以贯之地坚持教育对外开放，深度融入世界教育改革发展潮流。推进“一带一路”教育共同繁荣，既是加强与沿线各国教育互利合作的需要，也是推进中国教育改革发展的需要，中国愿意在力所能及的范围内承担更多责任义务，为区域教育大发展做出更大的贡献。

二、合作愿景

沿线各国携起手来，增进理解、扩大开放、加强合作、互学互鉴，谋求共同利益、直面共同命运、勇担共同责任，聚力构建“一带一路”教育共同体，形成平等、包容、互惠、活跃的教育合作态势，促进区域教育发展，全面支撑共建“一带一路”，共同致力于：

推进民心相通。开展更大范围、更高水平、更深层次的人文交流，不断推进沿线各国人民相知相亲。

提供人才支撑。培养大批共建“一带一路”急需人才，支持沿线各国实现政策互通、设施联通、贸易畅通、资金融通。

实现共同发展。推动教育深度合作、互学互鉴，携手促进沿线各国教育发展，全面提升区域教育影响力。

三、合作原则

育人为本，人文先行。加强合作育人，提高区域人口素质，为共建“一带一路”提供人才支撑。坚持人文交流先行，建立区域人文交流机制，搭建民心相通桥梁。

政府引导，民间主体。沿线国家政府加强沟通协调，整合多种资源，引导教育融合发展。发挥学校、企业及其他社会力量的主体作用，活跃教育合作局面，丰富教育交流内涵。

共商共建，开放合作。坚持沿线国家共商、共建、共享，推进各国教育发展规划相互衔接，实现沿线各国教育融通发展、互动发展。

和谐包容，互利共赢。加强不同文明之间的对话，寻求教育发展最佳契合点和教育合作最大公约数，促进沿线各国在教育领域互利互惠。

四、合作重点

沿线各国教育特色鲜明、资源丰富、互补性强、合作空间巨大。中国将以基础性、支撑性、引领性三方面举措为建议框架，开展三方面重点合作，对接沿线各国意愿，互鉴先进教育经验，共享优质教育资源，全面推动各国教育提速发展。

（一）开展教育互联互通合作

加强教育政策沟通。开展“一带一路”教育法律、政策协同研究，构建沿线各国教育政策信息交流通报机制，为沿线各国政府推进教育政策互通提供决策建议，为沿线各国学校和社会力量开展教育合作交流提供政策咨询。积极签署双边、多边和次区域教育合作框架协议，制定沿线各国教育合作交流国际公约，逐步疏通教育合作交流政策性瓶颈，实现学分互认、学位互授联授，协力推进教育共同体建设。

助力教育合作渠道畅通。推进“一带一路”国家间签证便利化，扩大教育领域合作交流，形成往来频繁、合作众多、交流活跃、关系密切的携手发展局面。鼓励有合作基础、相同研究课题和发展目标的学校缔结姊妹关系，逐步深化拓展教育合作交流。举办沿线国家校长论坛，推进学校间开展多层次多领域的务实合作。支持高等学校依托学科优势专业，建立产学研用结合的国际合作联合实验室（研究中心）、国际技术转移中心，共同应对经济发展、资源利用、生态保护等沿线各国面临的重大挑战与机遇。打造“一带一路”学术交流平台，吸引各国专家学者、青年学生开展研究和学术交流。推进“一带一路”优质教育资源共享。

促进沿线国家语言互通。研究构建语言互通协调机制，共同开发语言互通开放课程，逐步将沿线国家语言课程纳入各国学校教育课程体系。拓展政府间语言学习交换项目，联合培养、相互培养高层次语言人才。发挥外国语院校人才培养优势，推进基础教育多语种师资队伍建设和外语教育教学工作。扩大语言学习国家公派留学人员规模，倡导沿线各国与中国院校合作在华开办本国语言专业。支持更多社会力量助力孔子学院和孔子课堂建设，加强汉语教师和汉语教学志愿者队伍建设，全力满足沿线国家汉语学习需求。

推进沿线国家民心相通。鼓励沿线国家学者开展或合作开展中国课题研究，增进沿线各国对中国发展模式、国家政策、教育文化等各方面的理解。建设国别和区域研究基地，与对象国合作开展经济、政治、教育、文化等领域研究。逐步将理解教育课程、丝路文化遗产保护纳入沿线各国中小学教育课程体系，加强青少年对不同国家文化的理解。加强“丝绸之路”青少年交流，注重利用社会实践和志愿服务、文化体验、体育竞赛、创新创业活动和新媒体社交等途径，增进不同国家青少年对其他国家文化的理解。

推动学历学位认证标准连通。推动落实联合国教科文组织《亚太地区承认高等教育资历公约》，支持教科文组织建立世界范围学历互认机制，实现区域内双边多边学历学位关联互认。呼吁各国完善教育质量保障体系和认证机制，加快推进本国教育资历框架开发，助力各国学习者在不同种类和不同阶段教育之间进行转换，促进终身学习社会建设。共商共建区域性职业教育资历框架，逐步实现就业市场的从业标准一体化。探索建立沿线各国教师专业发展标准，促进教师流动。

（二）开展人才培养培训合作

实施“丝绸之路”留学推进计划。设立“丝绸之路”中国政府奖学金，为沿线各国专项培养行业领军人才和优秀技能人才。全面提升来华留学人才培养质量，把中国打造成为深受沿线各国学子欢迎的留学目的地国。以国家公派留学为引领，推动更多中国学生到沿线国家留学。坚持“出国留学和来华留学并重、公费留学和自费留学并重、扩大规模和提高质量并重、依法管理和完善服务并重、人才培养和发挥作用并重”，完善全链条的留学人员管理服务体系，保障平安留学、健康留学、成功留学。

实施“丝绸之路”合作办学推进计划。有条件的中国高等学校开展境外办学要集中优势学科，选好合作契合点，做好前期论证工作，构建人才培养模式、运行管理模式、服务当地模式、公共关系模式，使学校顺利落地生根、开花结果。发挥政府引领、行业主导作用，促进高等学校、职业院校与行业企业深化产教融合。鼓励中国优质职业教育配合高铁、电信运营等行业企业走出去，探索开展多种形式的境外合作办学，合作设立职业院校、培训中心，合作开发教学资源和项目，开展多层次职业教育和培训，培养当地急需的各类“一带一路”建设者。整合资源，积极推进与沿线各国在青年就业培训等共同关心领域的务实合作。倡议沿线国家之间开展高水平合作办学。

实施“丝绸之路”师资培训推进计划。开展“丝绸之路”教师培训，加强先进教育经验交流，提升区域教育质量。加强“丝绸之路”教师交流，推动沿线各国校长交流访问、教师及管理人员交流研修，推进优质教育模式在沿线各国互学互鉴。大力推进沿线各国优质教学仪器设备、教材课件和整体教学解决方案输出，跟进教师培训工作，促进沿线各国教育资源和教学水平均衡发展。

实施“丝绸之路”人才联合培养推进计划。推进沿线国家间的研修访学活动。鼓励沿线各国高等学校在语言、交通运输、建筑、医学、能源、环境工程、水利工程、生物科学、海洋科学、生态保护、文化遗产保护等沿线国家发展急需的专业领域联合培养学生，推动联盟内或校际间教育资源共享。

（三）共建丝路合作机制

加强“丝绸之路”人文交流高层磋商。开展沿线国家双边多边人文交流高层磋商，商定“一带一路”教育合作交流总体布局，协调推动沿线各国建立教育双边多边合作机制、教育质量保障协作机制和跨境教育市场监管协作机制，统筹推进“一带一路”教育共同行动。

充分发挥国际合作平台作用。发挥上海合作组织、东亚峰会、亚太经合组织、亚欧会议、亚洲相互协作与信任措施会议、中阿合作论坛、东南亚教育部长组织、中非合作论坛、中巴经济走廊、孟中印缅经济走廊、中蒙俄经济走廊等现有双边多边合作机制作用，增加教育合作的新内涵。借助联合国教科文组织等国际组织力量，推动沿线各国围绕实现世界教育发展目标形成协作机制。充分利用中国－东盟教育交流周、中日韩大学交流合作促进委员会、中阿大学校长论坛、中非高校 20＋20 合作计划、中日大学校长论坛、中韩大学校长论坛、中俄大学联盟等已有平台，开展务实教育合作交流。支持在共同区域、有合作基础、具备相同专业背景的学校组建联盟，不断延展教育务实合作平台。

实施“丝绸之路”教育援助计划。发挥教育援助在“一带一路”教育共同行动中的重要作用，逐步加大教育援助力度，重点投资于人、援助于人、惠及于人。发挥教育援助在“南南合作”中的重要作用，加大对沿线国家尤其是最不发达国家的支持力度。统筹利用国家、教育系统和民间资源，为沿线国家培养培训教师、学者和各类技能人才。积极开展优质教学仪器设备、整体教学方案、配套师资培训一体化援助。加强中国教育培训中心和教育援外基地建设。倡议各国建立政府引导、社会参与的多元化经费筹措机制，通过国家资助、社会融资、民间捐赠等渠道，拓宽教育经费来源，做大教育援助格局，实现教育共同发展。

开展“丝路金驼金帆”表彰工作。对于在“一带一路”教育合作交流和区域教育共同发展中做出杰出贡献、产生重要影响的国际人士、团队和组织给予表彰。

五、中国教育行动起来

中国倡导沿线各国建立教育共同体，聚力推进共建“一带一路”，首先需要中国教育领域和社会各界率先垂范、积极行动。

加强协调推动。加强国内各部门各地方的统筹协调工作，有序开展“一带一路”教育合作交流。推动中国教育治理体系完善、相关法律法规修订和教育综合改革，提升中国开展“一带一路”教育行动的质量和水平。教育部与国家发展改革委、外交部、商务部等部门和全国性行业组织紧密配合，围绕共建“一带一路”大局，寻找合作重点、建立运行保障机制，畅通教育国际合作交流渠道，对接沿线各国教育发展战略规划。

地方重点推进。突出地方推进共建“一带一路”的主体性、支撑性和落地性，要求各地发挥区位优势和地方特色，抓紧制定本地教育和经济携手走出去行动计划，紧密对接国家总体布局。有序与沿线国家地方政府建立“友好省州”“姊妹城市”关系，做好做实彼此间人文交流。充分利用地方调配资源优势，积极搭建海内外平台，促进校企优势互补、良性合作、共同发展。多措并举，支持指导本地教育系统与“一带一路”沿线国家广泛开展合作交流，打造教育合作交流区域高地，助力做强本地教育。

各级学校有序前行。各级各类学校秉承“己欲立而立人”的中国传统，有序与沿线各国学校扩大合作交流，整合优质资源走出去，选择优质资源引进来，兼容并包、互学互鉴，共同提升教育国际化水平和服务共建“一带一路”能力。中小学校要广泛建立校际合作交流关系，重点开展师生交流、教师培训和国际理解教育。高等学校、职业院校要立足各自发展战略和本地区参与共建“一带一路”规划，与沿线各国开展形式多样的合作交流，重点做好完善现代大学制度、创新人才培养模式、提升来华留学质量、优化境外合作办学、助推企业成长等各项工作的协同发展。

社会力量顺势而行。开展更大范围、更深层次、更高水平的“一带一路”教育民间合作交流，吸纳更多民间智慧、民间力量、民间方案、民间行动。大力培育和发展我国非营利组织，通过购买服务、市场调配等举措，大力支持社会机构和专业组织投身教育对外开放事业，活跃民间教育国际合作交流。加快推动教学仪器和中医诊疗服务走出去步伐，支持企业和个人按照市场规则依法参与中外合作办学、合作科研、涉外服务等教育对外开放活动。企业要积极与学校合作走出去，联合开展人才培养、科技创新和成果转化，积极服务“一带一路”国家经贸发展。

助力形成早期成果。实施高度灵活、富有弹性的合作机制，优先启动各方认可度高、条件成熟的项目，明确时间节点，争取短期内开花结果。2016 年，各省市制定并呈报本地“一带一路”教育行动计划，有序推进教育互联互通、人才培养培训及丝路合作机制建设。2017 年，基于三方面重点合作的沿线各国教育共同行动深入开展。未来 3 年，中国每年面向沿线国家公派留学生 2500 人；未来 5 年，建成 10 个海外科教基地，每年资助 1 万名沿线国家新生来华学习或研修。

六、共创教育美好明天

独行快，众行远。合作交流是沿线各国共建“一带一路”教育共同体的主要方式。通过教育合作交流，培养高素质人才，推进经济社会发展，提高沿线各国人民生活福祉，是我们共同的愿望。通过教育合作交流，扩大人文往来，筑牢地区和平基础，是我们共同的责任。

中国愿与沿线各国一道，秉持开放合作、互利共赢理念，共同构建多元化教育合作机制，制订时间表和路线图，推动弹性化合作进程，打造示范性合作项目，满足各方发展需要，促进共同发展。

中国教育部倡议沿线各国积极行动起来，加强战略规划对接和政策磋商，探索教育合作交流的机制与模式，增进教育合作交流的广度和深度，追求教育合作交流的质量和效益，互知互信、互帮互助、互学互鉴，携手推动教育发展，促进民心相通，构建“一带一路”教育共同体，共创人类美好生活新篇章。

关于加强和改进中外人文交流工作的若干意见

（2017年7月中共中央办公厅、国务院办公厅印发）

2017年7月，中共中央总书记、国家主席、中央军委主席习近平主持中央全面深化改革领导小组会议审议通过了《关于加强和改进中外人文交流工作的若干意见》（以下简称《意见》）。之后，中共中央办公厅、国务院办公厅印发了文件，并发出通知，要求各地区各部门结合实际认真贯彻落实。

《意见》指出，中外人文交流是党和国家对外工作的重要组成部分，是夯实中外关系社会民意基础、提高我国对外开放水平的重要途径。党的十八大以来，以习近平同志为核心的党中央高度重视人文交流工作，中外人文交流事业蓬勃发展，谱写了新的宏伟篇章，为我国对外开放事业的推进作出了重要贡献，有力推动了全球范围内的人文交流与文明互鉴。

《意见》指出，加强和改进中外人文交流工作要以服务国家改革发展和对外战略为根本，以促进中外民心相通和文明互鉴为宗旨，创新高级别人文交流机制，改革各领域人文交流内容、形式、工作机制，将人文交流与合作理念融入对外交往各个领域。

《意见》强调，加强和改进中外人文交流工作要坚持以人为本、平等互鉴、开放包容、机制示范、多方参与、以我为主、改革创新等原则，着力推动人文交流理念更加深入人心，各地区各部门以及全社会开展人文交流与合作的能力进一步增强，各负其责、协同联动的工作机制基本形成；着力推动中外人文交流渠道更加畅通，平台更加多元，形式内容更加丰富，形成一批具有中国特色、国际影响的人文交流品牌；着力推动我国吸收借鉴国外先进文明成果取得更大进展。

《意见》指出，要创新高级别人文交流机制，充分发挥元首外交和首脑外交的引领作用，充分发挥高级别人文交流机制的示范带动作用，巩固深化我国同有关国家的人文合作。通过集成整合和改革创新，进一步汇聚资源、丰富内容，重心下沉、贴近民众，探索新的交流形式和合作领域。依托高级别人文交流机制推动区域人文交流，扩大参与国家范围，进一步发挥机制在区域人文交流中的辐射和带动作用。

《意见》指出，要丰富和拓展人文交流的内涵和领域，打造人文交流国际知名品牌。坚持走出去和引进来双向发力，重点支持汉语、中医药、武术、美食、节日民俗以及其他非物质文化遗产等代表性项目走出去，深化中外留学与合作办学，高校和科研机构国际协同创新，文物、美术和音乐展演，大型体育赛事举办和重点体育项目发展等方面的合作。在人文交流各领域形成一批有国际影响力的品牌项目，进一步丰富中外人文交流年度主题。

《意见》指出，要健全全社会广泛参与的体制机制，充分调动中央与地方、政府与社会的积极性，进一步挖掘各地方、各部门、各类组织和群体在中外人文交流中的潜力和资源。加强人文交流相关知识和理念的教育、传播、实践，引导海外华侨华人、留学人员、志愿者以及在海外投资的中资企业积极参与人文交流，将人文交流寓于中外民众日常交往中。鼓励专业化、国际化的社会组织和民间力量参与人文交流具体项目运作。

《意见》指出，要构建语言互通工作机制，推动我国与世界各国语言互通，开辟多种层次语言文化交流渠道。着力加大汉语国际推广力度，支持更多国家将汉语教学纳入国民教育体系，努力将孔子学院打造成国际一流的语言推广机构。健全国内高校外语学科体系，加快培养非通用语人才，不断提升广大民众的语言交流能力。

《意见》指出，要加强中外人文交流综合传播能力建设，推动中外广播影视、出版机构、新闻媒体开展联合制作、联合采访、合作出版，促进中外影视节目互播交流，实施图书、影视、文艺演出等领域的专项交流项目和计划，丰富人文交流的文学艺术内容和载体；做大做强“互联网＋人文交流”，实现实体与虚拟交流平台的相互补充和良性互动。通过丰富媒体交流形式、打造具有国际影响力的全媒体和文化传播机构等举措，讲好中国故事，传播中国声音，阐释中国道路，增强中国文化形象的亲近感。

《意见》指出，要深化我国与有关国际组织和机构的交流合作，积极参与人文领域全球治理，积极向国际社会提供人文公共产品，分享我国在扶贫、教育、卫生等领域的经验做法，加大对广大发展中国家的援助。不断创新和丰富多边人文平台的内容形式，深入推进不同国家、不同地区、不同文明之间的交流互鉴。

党的十九大强调，加强中外人文交流，以我为主、兼收并蓄。各地区各部门要结合深入学习贯彻党的十九大精神和习近平新时代中国特色社会主义思想，加强党对中外人文交流工作的领导，坚持正确政治方向，立足党和国家工作大局加强统筹部署，确保中外人文交流工作稳中求进。各级领导干部要高度重视、主动参与人文交流工作，切实把党的领导贯穿于人文交流工作全过程。

教育部等八部门关于加快和扩大新时代教育对外开放的意见

（2020 年 6 月）

日前，《教育部等八部门关于加快和扩大新时代教育对外开放的意见》（以下简称《意见》）正式印发。《意见》指出，教育对外开放是教育现代化的鲜明特征和重要推动力，要以习近平新时代中国特色社会主义思想为指导，坚持教育对外开放不动摇，主动加强同世界各国的互鉴、互容、互通，形成更全方位、更宽领域、更多层次、更加主动的教育对外开放局面。

《意见》坚持内外统筹、提质增效、主动引领、有序开放，对新时代教育对外开放进行了重点部署。

一是在教育对外开放中贯彻全面深化改革的要求。《意见》提出，着力破除体制机制障碍，加大中外合作办学改革力度，改进高校境外办学，改革学校外事审批政策，持续推进涉及出国留学人员、来华留学生、外国专家和外籍教师的改革。

二是把培养具有全球竞争力的人才摆在重要位置。《意见》提出，提升我国高等教育人才培养的国际竞争力，加快培养具有全球视野的高层次国际化人才。推动职业教育更加开放畅通，加快建设具有国际先进水平的中国特色职业教育体系。提高基础教育对外开放水平，培养德智体美劳全面发展且具有国际视野的新时代青少年。

三是推动教育对外开放实现高质量内涵式发展。《意见》提出，优化出国留学工作布局，做强“留学中国”品牌，深化教育国际合作，鼓励开展中外学分互认、学位互授联授，扩大在线教育的国际辐射力。同时，通过“互联网 +”“智能 +”等方式，丰富中西部地区薄弱学校国外优质教育资源供给。

四是积极向国际社会贡献教育治理中国方案。《意见》提出，打造“一带一路”教育行动升级版，扩大教育国际公共产品供给，深化与重要国际组织合作，推动实施联合国《2030 年可持续发展议程》教育目标；建立中国特色国际课程开发推广体系，优化汉语国际传播，支持更多国家开展汉语教学。

《意见》明确了各级党委、政府的职责，强调在党委统一领导下，推动政府充分发挥统筹协调作用，把教育对外开放纳入重要议事日程。建立健全多部门协调联动机制，加大保障力度，加强智力支撑，有效防范化解风险，广泛调动社会力量支持教育对外开放工作。

第三部分

联合国组织有关文件

联合国教育科学及文化组织组织法

（一九四五年十一月十六日于伦敦通过，并经大会第二、三、四、五、六、七、八、九、十、十二、十五、十七、十九、二十、二十一、二十四、二十五、二十六、二十七、二十八、二十九和三十一届会议修正）

本组织法之各签约国政府兹代表其人民宣告：

战争起源于人之思想，故务需于人之思想中筑起保卫和平之屏障；

人类自有史以来，对彼此习俗和生活缺乏了解始终为世界各民族间猜疑与互不信任之普遍原因，而此种猜疑与互不信任又往往使彼此间之分歧最终爆发为战争；

现已告结束之此次大规模恐怖战争之所以发生，既因人类尊严、平等与相互尊重等民主原则之遭摒弃，亦因人类与种族之不平等主义得以取而代之，借无知与偏见而散布；

文化之广泛传播以及为争取正义、自由与和平对人类进行之教育为维护人类尊严不可缺少之举措，亦为一切国家关切互助之精神，必须履行之神圣义务；

和平若全然以政府间之政治、经济措施为基础则不能确保世界人民对其一致、持久又真诚之支持。为使其免遭失败，和平尚必须奠基于人类理性与道德上之团结；

为此，本组织法之各签约国秉人皆享有充分与平等受教育机会之信念，秉不受限制地寻求客观真理以及自由交流思想与知识之信念，特同意并决心发展及增进各国人民之间交往手段，并借此种手段之运用促成相互了解，达到对彼此之生活有一更真实、更全面认识之目的；

有鉴于此，各签约国特创建联合国教育、科学及文化组织，通过世界各国人民间教育、科学及文化联系，促进实现联合国组织据以建立并为其宪章所宣告之国际和平与人类共同福利之宗旨。

第Ⅰ条　宗旨与职能

1. 本组织之宗旨在于通过教育、科学及文化来促进各国间之合作，对和平与安全作出贡献，以增进对正义、法治及联合国宪章所确认之世界人民不分种族、性别、语言或宗教均享人权与基本自由之普遍尊重。

2. 为实现此宗旨，本组织将：

a）通过各种群众性交流工具，为增进各国人民间之相互认识与了解而协力工作，并为达此目的，建议订立必要之国际协定，以便于运用文字与图象促进思想之自由交流；

b）通过下列办法给教育之普及与文化之传播以新的推动：

应会员国之请求，与之协作开展各种教育活动；

建立国家间之协作以促进实现不分种族、性别及任何经济或社会区别均享有平等的受教育机会之理想；

推荐最适合于培育世界儿童担负自由责任之教育方法；

c）通过下列办法维护、增进及传播知识：

保证对图书、艺术作品及历史和科学文物等世界遗产之保存与维护，并建议有关国家订立必要之国际公约；鼓励国家间在文化活动各个部门进行合作，包括国际间交换在教育、科学及文化领域中积极从事活动之人士，交换出版物、艺术及科学物品及其他情报资料；

提出各种国际合作办法以利于各国人民获得其他国家之印刷品与出版物。

3. 为维护本组织各会员国文化及教育制度之独立、完整及有活力的多样性起见，本组织不得干涉本质上属于各国国内管辖之事项。

第Ⅱ条　会员

1. 凡联合国组织之成员国均当然有权成为联合国教育、科学及文化组织之会员。

2. 至于非联合国成员国，凡符合按本组织法第X条批准的、本组织与联合国组织之间之协定中所列之条件者，经执行局推荐，大会三分之二表决通过，可被接纳为本组织之会员。

3. 凡对其国际关系不自行承担责任之领土或领土群，由对该领土或领土群之国际关系承担责任之会员国或其他当局代为申请，经出席大会并参加表决之会员国三分之二多数通过，可被大会接纳为准会员。准会员权利与义务之性质与范围由大会决定。

4. 凡本组织之会员国，经联合国中止其在该组织内之会员权利与特权时，在联合国组织请求下，本组织亦应中止其在本组织内之权利与特权。

5. 凡经联合国组织开除之会员即当然终止其在本组织之会员资格。

6. 本组织任何会员国或准会员，经通知总干事后，可退出本组织。此项通知在发出后次年12月31日生效。该项退出不应影响其截至退出生效之日对本组织所负之财政义务。准会员之退出通知应由对其国际关系承担责任之会员国或其他当局代为提出。

7. 每个会员国有权任命一位常驻教科文组织代表。

8. 会员国的常驻代表向本组织总干事递交国书，并自递交该文件之日起正式履行其职责。

第Ⅲ条 机关

本组织设大会、执行局和秘书处。

第Ⅳ条 大会

A. 组成

1. 大会由本组织各会员国之代表组成。每一会员国政府最多指派五名代表。人选之确定应事先征询已建立之全国委员会或教育、科学及文化团体之意见。

B. 职能

2. 大会决定本组织之政策及工作方针；并就执行局提交大会之工作计划作出决定。

3. 大会认为必要时，得按其制订之章程，召集关于教育、科学、人文学科及知识传播之国家级国际会议；

大会或执行局可依该章程召集上述领域之非政府性会议。

4. 大会在通过提交各会员国之提案时，应区分建议书与提交各会员国批准之国际公约。前者过半数即可通过，后者须三分之二多数通过，每一会员国应于通过该项建议书或公约之大会闭幕后一年内将该项建议书或公约送交本国主管部门。

5. 除第Ⅴ条第6c)款规定的情况外，大会应向联合国组织就与之有关的教育、科学与文化方面之事项，按两组织之主管部门商订之条件与程序提出建议。

6. 大会应接受并研究各会员国就落实以上第4款之建议书和公约向本组织提交之报告；如大会决定提交报告的分析性概要，则亦可提交概要。

7. 大会选举执行局委员，并经执行局推荐任命总干事。

C. 表决

8. a）每一会员国在大会应有一票表决权。除按本组织法之条款3或大会议事规则规定4需三分之二多数通过之决议外，其他决议简单多数即可通过。多数应指出席并参加表决的会员之多数。

b）凡会员国拖欠会费之总数超过其在当年及前一历年所应缴纳之会费总数时，该会员国即丧失其在大会之表决权。

c）大会如认为拖欠确由于该会员国无法控制之情况，得准许该会员国投票。

D. 程序

9. a）大会每两年举行一次常会。特别会议由大会自行决定，亦可由执行局或应至少三分之一会员国请求召集之。

b）大会每届会议开会时应规定下次常会之会址。特别会议如系大会召集其会址应由大会决定，否则由执行局决定。

10. 大会应自行通过其议事规则。大会每届会议开会时应选出一名主席及其他官员。

11. 大会应设立各特别及技术委员会并设立按大会宗旨所需之其他附属机构。

12. 大会应采取措施使公众按制定之规则进入会场旁听。

E. 观察员

13. 大会根据其议事规则，经执行局建议及三分之二多数通过，可邀请第Ⅺ条第4款所述之国际组织之代表以观察员身份参加大会或其专门委员会之某些会议。

14. 非政府国际组织或半政府国际组织按第Ⅺ条第4款规定，凡经执行局批准又同本组织建立咨询关系者，应被邀派观察员参加大会及其委员会之届会。

第Ⅴ条　执行局

A. 组成

1. a）执行局由大会选出的五十八个会员国组成。大会主席依据其职权以顾问身份列席执行局会议。

b）当选的执行局委员国下称为“执行局委员”。

2. a）执行局每一委员指定一名代表，它还可指定若干名代理人。

b）执行局委员在挑选其执行局代表时，应力求指定一位熟谙教科文组织之一个或数个主管领域并具有履行执行局之各项行政与执行职责所需经验和能力的合格人士，出于连续性之考虑，每一位代表应任满执行局委员之任期，除非有特殊情况证明需要替换。每个执行局委员指定的代理人应在代表缺席时代行其全部职责。

3. 在选举执行局委员时，大会应照顾文化之多样性与地理分配之均衡。

4. a）执行局委员之任期应自其被推选之应届大会闭幕之日起至选举后第二次常会闭幕时止。大会应在每次常会上选出足数之执行局委员填补本次常会结束时的空缺席位。

b）执行局委员可连选连任。重新当选之执行局委员应力求指定一名新的执行局代表。

5. 如一执行局委员退出本组织，其在执行局的任期则在退出生效之日终止。

B. 职能

6. a）执行局应为大会准备议程，审查总干事根据第Ⅵ条第3款提出之本组织工作计划及相应之预算概算，连同其认为必要之建议，提交大会。

b）执行局根据大会授权，负责执行大会通过之工作计划。执行局应根据大会决定，并注意到两次常会间出现之情况，采取一切必要措施，保证总干事有效、合理地执行工作计划。

c）执行局可在大会两次常会之间对联合国履行第Ⅳ条第5款规定之咨询职能，若联合国组织向本组织咨询之问题已经大会作原则上之处理或其解决办法已包含在大会之决议中。

7. 执行局得向大会推荐接纳新会员。

8. 执行局经大会决定得通过自己的议事规则，并应在其委员中选举官员。

9. 执行局在一个双年度财务期内应至少举行四次常会，经执行局主席倡议或应执行局六名委员之请求，执行局可由主席召集举行特别会议。

10. 执行局主席应代表执行局向大会每次常会提出由总干事按第Ⅵ条第3b）款规定所准备之关于本组织各项活动的报告，提出报告时可加或不加评论。

11. 执行局应采取一切必要措施，就其职责范围内之问题与各有关国际组织代表或有关之有资格人士进行磋商。

12. 执行局可在大会两届会议之间就本组织活动范围内发生之法律问题向国际法院征询意见。

13. 执行局还应代表整个大会行使大会授予之权力。

第Ⅵ条　秘书处

1. 秘书处由总干事一人及所需工作人员组成。

2. 总干事应由执行局提名，由大会根据大会同意之条件任命，任期四年。总干事可以再次任职四年，但随后不得再连任。总干事为本组织之行政首长。

3. a）总干事或其指定之代表，应参加大会、执行局及本组织所属各委员会之一切会议（但无表决权），并应由其提出各项建议供大会及执行局考虑采取适当之行动，以及向执行局提出本组织之工作计划草案与相应之预算概算。

b）总干事应拟订并向各会员国及执行局送交关于本组织活动之定期报告，大会应规定此类报告所包括之时期。

4. 总干事应按大会批准之《工作人员条例》任用秘书处工作人员。任用人员时应首先考虑保证其在忠诚、效率及业务能力方面达到最高标准，并力求地理分配之广泛性。

5. 总干事及工作人员之责任，应纯属国际性质。执行职务时，不得寻求或接受任何政府或本组织外其他当局之指示，并应避免任何可能妨碍其国际官员地位之行为。本组织之各会员国承担责任，尊重总干事及工作人员所负职务之国际性质，不在其履行职责时设法施加影响。

6. 本条各项规定概不限制本组织在联合国组织内就共同公务与任用、交换职员方面订立有关协定。

第Ⅶ条　各国国内合作机构

1. 各会员国应采取适合该国具体情况之措施，使其本国有关教育、科学及文化事业之各主要机构与本组织之工作建立联系，并以设立一广泛代表其政府及这些主要机构之全国委员会最为适宜。

2. 各国全国委员会或国内合作机构成立后，应对其出席本组织大会之代表团、本国在执行局的代表及其代理人及本国政府就涉及本组织有关事项起顾问作用，同时在与本组织有关之一切事项中充当联络机构。

3. 本组织应某一会员国之请求可委派一名秘书处成员临时或常驻该会员国全国委员会，协助开展工作。

第Ⅷ条 会员国提出报告

各会员国应按大会规定之日期及方式，就其教育、科学、文化机构及活动方面之法律、规章及统计数字，以及实施Ⅳ条第 4 款所述之建议书与公约所采取之行动等，向本组织提出报告。

第Ⅸ条 预算

1. 预算应由本组织掌握管理。

2. 大会最后批准预算，并分配本组织各会员国应承担之财政责任，但须根据本组织与联合国组织按第Ⅹ条规定订立之协定中可能作出的安排。

3. 总干事可以直接接受符合《财务条例》所规定之条件的政府、公立和私立机构、协会及个人之自愿捐款、捐赠、遗赠及补助金。

第Ⅹ条 与联合国组织之关系

本组织为联合国宪章第 57 条所述之专门机构之一，应尽早与联合国组织建立关系。此种关系应按宪章第 63 条，由本组织与联合国组织订立一项协定建立之，该协定须经本组织大会批准。协定应规定两组织在实现共同宗旨中进行有效之合作，同时承认本组织在本组织法中规定之权限范围内的自主权。此项协定除规定其他事项外，得规定联合国大会批准本组织之预算并为之提供拨款的办法。

第Ⅺ条 与其他国际专门组织及机构之关系

1. 本组织可与其业务及活动与本组织之宗旨有关的其他政府间专门组织及机构进行合作。为此目的，总干事在执行局总授权下，可与此类组织及机构建立有效之工作关系，并成立为保证有效合作所必需之联合委员会。本组织与此类组织或机构间所达成之一切正式协定均应经执行局批准。

2. 当本组织大会与其宗旨及职责属于本组织权限范围之任何其他政府间专门组织或机构的主管当局认为有必要将其财源及活动移交本组织时，总干事经大会同意，可为此作出双方均可接受之安排。

3. 本组织可与其他政府间组织作出适当的安排以便双方派代表出席对方之会议。

4. 联合国教育、科学及文化组织在处理其权限范围内之事项时，可与有关之非政府国际组织建立适当的咨询与合作关系，并可邀请此类组织承担一定任务，此项合作包括邀请其派代表适当地参加大会设立之各种顾问委员会。

第Ⅻ条　本组织之法律地位

联合国组织宪章第104和第105条1有关联合国法律地位及其特权与豁免之规定，亦适用于本组织。

第ⅩⅢ条　生效

1. 本组织法需经接受程序。各会员国接受书应交存联合王国政府。

2. 本组织法存放于联合王国政府档案馆，随时接受签字。签字可于递交接受书之前或其后进行。任何未履行签字手续之接受书，应视为无效。但是，退出本组织的国家只须递交新的接受书即可恢复其会员国资格。

3. 本组织法由二十个签字国接受后即行生效。其后之接受应立即生效。

4. 联合王国政府得将接受书之收受情形以及本组织法按前项规定开始生效之日期通知联合国所有会员国及总干事。

为此，签字人正式受权签字于具有同等效力之本组织法英、法文文本，以昭信守。

公元一九四五年十一月十六日于伦敦，签订英、法文原件各一份，其正式副本将由联合王国政府分送所有联合国会员国政府。

经济、社会和文化权利国际公约

（1966 年 12 月 16 日联合国大会通过）

本公约缔约各国，

考虑到，按照联合国宪章所宣布的原则，对人类家庭所有成员的固有尊严及其平等的和不移的权利的承认，乃是世界自由、正义与和平的基础，确认这些权利是源于人身的固有尊严，确认，按照世界人权宣言，只有在创造了使人可以享有其经济、社会及文化权利，正如享有其公民和政治权利一样的条件的情况下，才能实现自由人类享有免与恐惧和匮乏的自由的理想，考虑到各国根据联合国宪章负有义务促进对人的权利和自由的普遍尊重和遵行。认识到个人对其他个人和对他所属的社会负有义务，应为促进和遵行本约所承认的权利而努力，兹同意下述各条。

第一部分

第一条

一、所有人民都有自决权。他们凭这种权利自由决定他们的政治地位，并自由谋求他们的经济、社会和文化的发展。

二、所有人民得为他们自己的目的自由处置他们的天然财富和资源，而不损害根据基于互利原则的国际经济合作和国际法而产生的任何义务。在任何情况下不得剥夺一个人民自己的生存手段。

三、本公约缔约各国，包括那些负责管理非自治领土和托管领土的国家，应在符合联合国宪章规定的条件下，促进自决权的实现，并尊重这种权利。

第二部分

第二条

一、每一缔约国家承担尽最大能力个别采取步骤或经由国际援助和合作，特别是经济和技术方面的援助和合作，采取步骤，以便用一切适当方法，尤其包括用立法方法，逐渐达到本公约中所承认的权利的充分实现。

二、本公约缔约各国承担保证，本公约所宣布的权利应予普遍行使，而不得有例如种族、肤色、性别、语言、宗教、政治或其他见解、国籍或社会出身、财产、出生或其他身份等任何区分。

三、发展中国家，在适当顾到人权及它们的民族经济的情况下，得决定它们对非本国国民的享受本公约中所承认的经济权利，给予什么程度的保证。

第三条

本公约缔约国承担保证男子和妇女在本公约所载一切经济、社会及文化权利方面有平等的权利。

第四条

本公约缔约各国承认，在对各国依据本公约而规定的这些权利的享有方面，国家对此等权利只能加以限制同这些权利的性质不相违背而且只是为了促进民主社会中的总的福利的目的的法律所确定的限制。

第五条

一、本公约中任何部分不得解释为隐示任何国家、团体或个人有权利从事于任何旨在破坏本公约所承认的任何权利或自由或对它们加以较本公约所规定的范围更广的限制的活动或行为。

二、对于任何国家中依据法律、惯例、条例或习惯而被承认或存在的任何基本人权，不得借口本公约未予承认或只在较小范围上予以承认而予以限制或克减。

第三部分

第六条

一、本公约缔约各国承认工作权，包括人人应有机会凭其自由选择和接受的工作来谋生的权利，并将采取适当步骤来保障这一权利。

二、本公约缔约各国为充分实现这一权利而采取的步骤应包括技术的和职业的指导和训练，以及在保障个人基本政治和经济自由的条件下达到稳定的经济、社会和文化的发展和充分的生产就业的计划、政策和技术。

第七条

本公约缔约各国承认人人有权享受公正和良好的工作条件，特别要保证：

（甲）最低限度给予所有工人以下列报酬：

（1）公平的工资和同值工作同酬而没有任何歧视，特别是保证妇女享受不差于男子所享受的工作条件，并享受同工同酬；

(2) 保证他们自己和他们的家庭得有符合本公约规定的过得去的生活；

(乙) 安全和卫生的工作条件；

(丙) 人人在其行业中有适当的提级的同等机会，除资历和能力的考虑外，不受其他考虑的限制；

(丁) 休息、闲暇和工作时间的合理限制，定期给薪休假以及公共假日报酬。

第八条

一、本公约缔约各国承担保证：

(甲) 人人有权组织工会和参加他所选择的工会，以促进和保护他的经济和社会利益；这个权利只受有关工会的规章的限制。对这一权利的行使，不得加以除法律所规定及在民主社会中为了国家安全或公共秩序的利益或为保护他人的权利和自由所需要的限制以外的任何限制；

(乙) 工会有权建立全国性的协会或联合会，有权组织或参加国际工会组织；

(丙) 工会有权自由地进行工作，不受除法律所规定及在民主社会中为了国家安全或公共秩序的利益或为保护他人的权利和自由所需要的限制以外的任何限制；

(丁) 有权罢工，但应按照各个国家的法律行使此项权利。

二、本条不应禁止对军队或警察或国家行政机关成员的行使这些权利，加以合法的限制。

三、本条并不授权参加一九四八年关于结社自由及保护组织权国际劳工公约的缔约国采取足以损害该公约中所规定的保证的立法措施，或在应用法律时损害这种保证。

第九条

本公约缔约各国承认人人有权享受社会保障，包括社会保险。

第十条

本公约缔约各国承认：

一、对作为社会的自然和基本的单元的家庭，特别是对于它的建立和当它负责照顾和教育未独立的儿童时，应给以尽可能广泛的保护和协助。缔婚必须经男女双方自由同意。

二、对母亲，在产前和产后的合理期间，应给以特别保护，在此期间，对有工作的母亲应给以给薪休假或有适当社会保障福利金的休假。

三、应为一切儿童和少年采取特殊的保护和协助措施，不得因出身或其他条件而有任何歧视。儿童和少年因予保护免受经济和社会的剥削。雇佣他们做对他们的道德或健康有害或对生命有危险的工作或做足以妨害他们正常发育的工作，依法应受惩罚。各国亦应规定限定的年龄，凡雇用这个年龄以下的童工，应予禁止和依法应受惩罚。

第十一条

一、本公约缔约各国承认人人有权为他自己和家庭获得相当的生活水准，包括足够的食物、衣着和住房，并能不断改进生活条件。各缔约国将采取适当的步骤保证实现这一权利，并承认为此而实行基于自愿同意的国际合作的重要性。

二、本公约缔约各国既确认人人免于饥饿的基本权利，应为下列目的，个别采取必要的措施或经由国际合作采取必要的措施，包括具体的计划在内：

（甲）用充分利用科技知识、传播营养原则的知识、和发展或改革土地制度以使天然资源得到最有效的开发和利用等方法，改进粮食的生产、保存及分配方法；

（乙）在顾到粮食入口国家和粮食出口国家的问题的情况下，保证世界粮食供应，会按照需要，公平分配。

第十二条

一、本公约缔约各国承认人人有权享有能达到的最高的体质和心理健康的标准。

二、本公约缔约各国为充分实现这一权利而采取的步骤应包括为达到下列目标所需的步骤：

（甲）减低死胎率和婴儿死亡率，和使儿童得到健康的发育；

（乙）改善环境卫生和工业卫生的各个方面；

（丙）预防、治疗和控制传染病、风土病、职业病以及其他的疾病；

（丁）创造保证人人在患病时能得到医疗照顾的条件。

第十三条

一、本公约缔约各国承认，人人有受教育的权利。它们同意，教育应鼓励人的个性和尊严的充分发展，加强对人权和基本自由的尊重，并应使所有的人能有效地参加自由社会，促进各民族之间和各种族、人种或宗教团体之间的了解、容忍和友谊，和促进联合国维护和平的各项活动。

二、本公约缔约各国认为，为了充分实现这一权利起见：

（甲）初等教育应属义务性质并一律免费；

（乙）各种形式的中等教育，包括中等技术和职业教育，应以一切适当方法，普遍设立，并对一切人开放，特别要逐渐做到免费；

（丙）高等教育应根据成绩，以一切适当方法，对一切人平等开放，特别要逐渐做到免费；

（丁）对那些未受到或未完成初等教育的人的基础教育，应尽可能加以鼓励或推进；

（戊）各级学校的制度，应积极加以发展；适当的奖学金制度，应予设置；教员的物质条件，应不断加以改善。

三、本公约缔约各国承担，尊重父母和（如适用时）法定监护人的下列自由：为他们的孩子选择非公立的但系符合于国家所可能规定或批准的最低教育标准的学校，并保证他们的孩子能按照他们自己的信仰接受宗教和道德教育。

四、本条的任何部分不得解释为干涉个人或团体设立及管理教育机构的自由，但以遵守本条第一款所述各项原则及此等机构实施的教育必须符合于国家所可能规定的最低标准为限。

第十四条

本公约任何缔约国在参加本公约时尚未能在其宗主领土或其他在其管辖下的领土实施免费的、义务性的初等教育者，承担在两年之内制定和采取一个逐步实行的详细的行动计划，其中规定在合理的年限内实现一切人均得受免费的义务性教育的原则。

第十五条

一、本公约缔约各国承认人人有权：

（甲）参加文化生活；

（乙）享受科学进步及其应用所产生的利益；

（丙）对其本人的任何科学、文学或艺术作品所产生的精神上和物质上的利益；享受被保护之利。

二、本公约缔约各国为充分实现这一权利而采取的步骤应包括为保存、发展和传播科学和文化所必需的步骤。

三、本公约缔约各国承担尊重进行科学研究和创造性活动所不可缺少的自由。

四、本公约缔约各国认识到鼓励和发展科学与文化方面的国际接触和合作的好处。

第四部分

第十六条

一、本公约缔约各国承担依照本公约这一部分提出关于在遵行本公约所承认的权利方面所采取的措施和所取得的进展的报告。

二、（甲）所有的报告应提交给联合国秘书长，联合国秘书长应将报告副本转交经济及社会理事会按照本公约的规定审议；

（乙）本公约任何缔约国，同时是一个专门机构的成员国者，其所提交的报告或其中某部分，倘若与按照该专门机构的组织法规定属与该机构司范围的事项有关，联合国秘书长应同时将报告副本或其中的有关部分转交该专门机构。

第十七条

一、本公约缔约各国应按照经济及社会理事会在同本公约缔约各国和有关的专门机构进行咨商后，于本公约生效后一年内，所制定的计划，分期提供报告。

二、报告得指出影响履行本公约义务的程度的因素和困难。

三、凡有关的材料业经本公约任一缔约国提供给联合国或某一专门机构时，即不需要复制该项材料，而只需确切指明所提供材料的所在地即可。

第十八条

经济及社会理事会按照其根据联合国宪章在人权方面的责任，得和专门机构就专门机构向理事会报告在使本公约中属于各专门机构活动范围的规定获得遵行方面的进展作出安排。这些报告得包括它们的主管机构所采取的关于此等履行措施的决定和建议的细节。

第十九条

经济及社会理事会得将各国按照第十六条和第十七条规定提出的关于人权的报告和各专门机构按照第十八条规定提出的关于人权的报告转交人权委会以供研究和提出一般建议或在适当的时候参考。

第二十条

本公约缔约各国以及有关的专门机构得就第十九条规定的任何一般建议或就人权委员会的任何报告中的此种一般建议或其中所提及的任何文件，向经济及社会理事会提出意见。

第二十一条

经济及社会理事会得随时和其本身的报告一起向大会提出一般性的建议以及从本公约各缔约国和专门机构收到的关于在普遍遵行本公约所承认的权利方面所采取的措施和所取得的进展的材料的摘要。

第二十二条

经济及社会理事会得提请从事技术援助的其他联合国机构和它们的辅助机构以及有关的专门机构对本公约这一部分所提到的各种报告所引起的任何事项予以注意，这些事项可能帮助这些机构在它们各自的权限内决定是否需要采取有助于促进本公约的逐步切实履行的国际措施。

第二十三条

本公约缔约各国同意为实现本公约所承认的权利而采取的国际行动应包括签订公约、提出建议、进行技术援助、以及为磋商和研究的目的同有关政府共同召开区域会议和技术会议等方法。

第二十四条

本公约的任何部分不得解释为有损联合国宪章和各专门机构组织法中确定联合国各机构和各专门机构在本公约所涉及事项方面的责任的规定。

第二十五条

本公约中任何部分不得解释为有损所有人民充分地和自由地享受和利用它们的天然财富和资源的固有权利。

第五部分

第二十六条

一、本公约开放给联合国任何会员国或其专门机构的任何会员国、国际法院规约的任何当事国、和经联合国大会邀请为本公约缔约国的任何其他国家签字。

二、本公约须经批准。批准书应交存联合国秘书长。

三、本公约应开放给本条第一款所述的任何国家加入。

四、加入应向联合国秘书长交存加入书。

五、联合国秘书长应将每一批准书或加入书的交存通知已经签字或加入本公约的所有国家。

第二十七条

一、本公约应自第三十五件批准书或加入书交存联合国秘书长之日起三个月后生效。

二、对于在第三十五件批准书或加入书交存后批准或加入本公约的国家，本公约应自该国交存其批准书或加入书之日起三个月后生效。

第二十八条

本公约的规定应扩及联邦国家的所有部分，没有任何限制和例外。

第二十九条

一、本公约的任何缔约国均得提出对本公约的修正案，并将其提交联合国秘书长。秘书长应立即将提出的修正案转知本公约各缔约国，同时请它们通知秘书长是否赞成召开缔约国家会议以审议这个提案并对它进行表决。在至少有三分之一缔约国赞成召开这一会议的情况下，秘书长应在联合国主持下召开此会议。为会议上出席并投票的多数缔约国所通过的任何修正案，应提交联合国大会批准。

二、此等修正案由联合国大会批准并为本公约缔约国的三分之二多数按照它们各自的宪法程序加以接受后，即行生效。

三、此等修正案生效时，对已加接受的各缔约国有拘束力，其他缔约国仍受本公约的条款和它们已接受的任何以前的修正案的拘束。

第三十条

除按照第二十六条第五款作出的通知外，联合国秘书长应将下列事项通知同条第一款所述的所有国家：

（甲）按照第二十六条规定所作的签字、批准和加入；

（乙）本公约按照第二十七条规定生效的日期，以及对本公约的任何修正案按照第二十九条规定生效的日期。

第三十一条

一、本公约应交存联合国档库，其中文、英文、法文、俄文、西班牙文各本同一作准。

二、联合国秘书长应将本公约的正式副本分送第二十六条所指的所有国家。

儿童权利公约

（1989 年）

本公约缔约国，

考虑到按照《联合国宪章》所宣布的原则，对人类家庭所有成员的固有尊严及其平等和不移的权利的承认，乃是世界自由、正义与和平的基础，

铭记联合国人民在《宪章》中重申对基本人权和人格尊严与价值的信念，并决心促成更广泛自由中的社会进步及更高的生活水平，

认识到联合国在《世界人权宣言》和关于人权的两项国际公约中宣布和同意：人人有资格享受这些文书中所载的一切权利和自由，不因种族、肤色、性别、语言、宗教、政治或其他见解、国籍或社会出身、财产、出生或其他身份等而有任何区别，

回顾联合国在《世界人权宣言》中宣布：儿童有权享受特别照料和协助，

深信家庭作为社会的基本单元，作为家庭所有成员、特别是儿童的成长和幸福的自然环境，应获得必要的保护和协助，以充分负起它在社会上的责任，

确认为了充分而和谐地发展其个性，应让儿童在家庭环境里，在幸福、亲爱和谅解的气氛中成长，

考虑到应充分培养儿童可在社会上独立生活，并在《联合国宪章》宣布的理想的精神下，特别是在和平、尊严、宽容、自由、平等和团结的精神下，抚养他们成长，

铭记给予儿童特殊照料的需要已在 1924 年《日内瓦儿童权利宣言》和在大会 1959 年 11 月 20 日通过的《儿童权利宣言》中予以申明，并在《世界人权宣言》、《公民及政治权利国际公约》（特别是第 23 和 24 条）、《经济、社会、文化权利国际公约》（特别是第 10 条）以及关心儿童福利的各专门机构和国际组织的章程及有关文书中得到确认；铭记如《儿童权利宣言》所示："儿童因身心尚未成熟，在其出生以前和以后均需要特殊的保护和照料，包括法律上的适当保护"，

回顾《关于儿童保护和儿童福利、特别是国内和国际寄养和收养办法的社会和法律原则宣言》、《联合国少年司法最低限度标准规则》（北京规则）以及《在非常状态和武装冲突中保护妇女和儿童宣言》，

确认世界各国都有生活在极端困难情况下的儿童，对这些儿童需要给予特别的照顾，

适当考虑到每一民族的传统及文化价值对儿童的保护及和谐发展的重要性，

确认国际合作对于改善每一国家，特别是发展中国家儿童的生活条件的重要性，

兹协议如下：

第一部分

第一条

为本《公约》之目的，儿童系指 18 岁以下的任何人，除非对其适用之法律规定成年年龄低于 18 岁。

第二条

1. 缔约国应尊重本《公约》所载列的权利，并确保其管辖范围内每一儿童均享受此种权利，不因儿童或其父母或法定监护人的种族、肤色、性别、语言、宗教、政治或其他见解、民族、族裔或社会出身、财产、伤残、出生或其他身份而有任何差别。

2. 缔约国应采取一切适当措施确保儿童得到保护，不受基于儿童父母、法定监护人或家庭成员的身份、活动、所表达的观点或信仰而加诸的一切形式的歧视或惩罚。

第三条

1. 关于儿童的一切行动，不论是由公私社会福利机构、法院、行政当局或立法机构执行，均应以儿童的最大利益为一种首要考虑。

2. 缔约国承担确保儿童享有其幸福所必需的保护和照料，考虑到其父母、法定监护人、或任何对其负有法律责任的个人的权利和义务，并为此采取一切适当的立法和行政措施。

3. 缔约国应确保负责照料或保护儿童的机构、服务部门及设施符合主管当局规定的标准，尤其是安全、卫生、工作人员数目和资格以及有效监督等方面的标准。

第四条

缔约国应采取一切适当的立法、行政和其他措施以实现本《公约》所确认的权利。关于经济、社会及文化权利，缔约国应根据其现有资源所允许的最大限度并视需要在国际合作范围内采取此类措施。

第五条

缔约国应尊重父母或于适用时尊重当地习俗认定的大家庭或社会成员、法定监护人或其他对儿童负有法律责任的人以下的责任、权利和义务，以符合儿童不同阶段接受能力的方式适当指导和指引儿童行使本《公约》所确认的权利。

第六条

1. 缔约国确认每个儿童均有固有的生命权。

2. 缔约国应最大限度地确保儿童的存活与发展。

第七条

1. 儿童出生后应立即登记，并有自出生起获得姓名的权利，有获得国籍的权利，以及尽可能知道谁是其父母并受其父母照料的权利。

2. 缔约国应确保这些权利按照本国法律及其根据有关国际文书在这一领域承担的义务予以实施，尤应注意不如此儿童即无国籍之情形。

第八条

1. 缔约国承担尊重儿童维护其身份包括法律所承认的国籍、姓名及家庭关系而不受非法干扰的权利。

2. 如有儿童被非法剥夺其身份方面的部分或全部要素，缔约国应提供适当协助和保护，以便迅速重新确立其身份。

第九条

1. 缔约国应确保不违背儿童父母的意愿使儿童与父母分离，除非主管当局按照适用的法律和程序，经法院审查，判定这样的分离符合儿童的最大利益而确有必要。在诸如由于父母的虐待或忽视、或父母分居而必须确定儿童居住地点的特殊情况下，这种裁决可能有必要。

2. 凡按本条第 1 款进行诉讼，均应给予所有有关方面以参加诉讼并阐明自己意见之机会。

3. 缔约国应尊重与父母一方或双方分离的儿童同父母经常保持个人关系及直接联系的权利，但违反儿童最大利益者除外。

4. 如果这种分离是因缔约国对父母一方或双方或对儿童所采取的任何行动，诸如拘留、监禁、流放、驱逐或死亡（包括该人在该国拘禁中因任何原因而死亡所致，该缔约国应按请求将该等家庭成员下落的基本情况告知父母、儿童或适当时告知另一家庭成员，除非提供这类情况会有损儿童的福祉，缔约国还应确保有关人员不致因提出这类请求而承受不利后果）。

第十条

1. 按照第 9 条第 1 款所规定的缔约国的义务，对于儿童或其父母要求进入或离开一缔约国以便与家人团聚的申请，缔约国应以积极的人道主义态度迅速予以办理。缔约国还应确保申请人及其家庭成员不致因提出这类请求而承受不利后果。

2. 父母居住在不同国家的儿童，除特殊情况以外，应有权同父母双方经常保持个人关系和直接联系。为此目的，并按照第 9 条第 1 款所规定的缔约国的义务，缔约国应尊重儿童及其父母离开包括其本国在内的任何国家和进入其本国的权利。离开任何国家的权利只应受法律所规定并为保护国家安全、公共秩序、公共卫生或道德、或他人的权利和自由所必需且与本《公约》所承认的其他权利不相抵触的限制约束。

第十一条

1. 缔约国应采取措施制止非法将儿童移转国外和不使返回本国的行为。

2. 为此目的，缔约国应致力缔结双边或多边协定或加入现有协定。

第十二条

1. 缔约国应确保有主见能力的儿童有权对影响到其本人的一切事项自由发表自己的意见，对儿童的意见应按照其年龄和成熟程度给以适当的看待。

2. 为此目的，儿童特别应有机会在影响到儿童的任何司法和政策诉讼中，以符合国家法律的诉讼规则的方式，直接或通过代表或适当机构陈述意见。

第十三条

1. 儿童应有自由发表言论的权利，此项权利应包括通过口头、书面或印刷、艺术形式或儿童所选择的任何其他媒介，寻求、接受和传递各种信息和思想的自由，而不论国界。

2. 此项权利的行使可受某些限制约束，但这些限制仅限于法律所规定并为以下目的所必需：

（A）尊重他人的权利和名誉；

（B）保护国家安全或公共秩序或公共卫生或道德。

第十四条

1. 缔约国应尊重儿童享有思想、信仰和宗教自由的权利。

2. 缔约国应尊重父母并于适用时尊重法定监护人以下的权利和义务，以符合儿童不同阶段接受能力的方式指导儿童行使其权利。

3. 表明个人宗教或信仰的自由，仅受法律所规定并为保护公共安全、秩序、卫生或道德或他人之基本权利和自由所必需的这类限制约束。

第十五条

1. 缔约国确认儿童享有结社自由及和平集会自由的权利。

2. 对此项权利的行使不得加以限制，除非符合法律所规定并在民主社会中为国家安全或公共安全、公共秩序、保护公共卫生或道德或保护他人的权利和自由所必需。

第十六条

1. 儿童的隐私、家庭、住宅或通信不受任意或非法干涉，其荣誉和名誉不受非法攻击。

2. 儿童有权享受法律保护，以免受这类干涉或攻击。

第十七条

缔约国确认大众传播媒介的重要作用，并应确保儿童能够从多种的国家和国际来源获得信息和资料，尤其是旨在促进其社会、精神和道德福祉和身心健康的信息和资料，为此目的，缔约国应：

（A）鼓励大众传播媒介本着第 29 条的精神散播在社会和文化方面有益于儿童的信息和资料；

（B）鼓励在编制、交流和散播来自不同文化、国家和国际来源的这类信息和资料方面进行国际合作；

（C）鼓励儿童读物的著作和普及；

（D）鼓励大众传播媒介特别注意属于少数群体或土著居民的儿童在语言方面的需要；

（E）鼓励根据第 13 条和第 18 条的规定制定适当的准则，保护儿童不受可能损害其福祉的信息和资料之害。

第十八条

1. 缔约国应尽其最大努力，确保父母双方对儿童的养育和发展负有共同责任的原则得到确认。父母、或视具体情况而定的法定监护人对儿童的养育和发展负有首要责任。儿童的最大利益将是他们主要关心的事。

2. 为保证和促进本《公约》所列举的权利，缔约国应在父母和法定监护人履行其抚养儿童的责任方面给予适当协助，并应确保发展育儿机构、设施和服务。

3. 缔约国应采取一切适当措施确保就业父母的子女有权享受他们有资格得到的托儿服务和设施。

第十九条

1. 缔约国应采取一切适当的立法、行政、社会和教育措施，保护儿童在受父母、法定监护人或其他任何负责照管儿童的人的照料时，不致受到任何形式的身心摧残、伤害或凌辱，忽视或照料不周，虐待或剥削，包括性侵犯。

2. 这类保护性措施应酌情包括采取有效程序以建立社会方案，向儿童和负责照管儿童的人提供必要的支助，采取其他预防形式，查明、报告、查询、调查、处理和追究前述的虐待儿童事件，以及在适当时进行司法干预。

第二十条

1. 暂时或永久脱离家庭环境的儿童，或为其最大利益不得在这种环境中继续生活的儿童，应有权得到国家的特别保护和协助。

2. 缔约国应按照本国法律确保此类儿童得到其他方式的照顾。

3. 这种照顾除其他外，包括寄养、伊斯兰法的“卡法拉”（监护）、收养或者必要时安置在适当的育儿机构中。在考虑解决办法时，应适当注意有必要使儿童的培养教育具有连续性和注意儿童的族裔、宗教、文化和语言背景。

第二十一条

凡承认和（或）许可收养制度的国家应确保以儿童的最大利益为首要考虑并应：

（A）确保只有经主管当局按照适用的法律和程序并根据所有有关可靠的资料，判定鉴于儿童有关父母、亲属和法定监护人方面的情况可允许收养，并且判定必要时有关人士已根据可能必要的辅导对收养表示知情的同意，方可批准儿童的收养；

（B）确认如果儿童不能安置于寄养或收养家庭，或不能以任何适当方式在儿童原籍国加以照料，跨国收养可视为照料儿童的一个替代办法；

（C）确保得到跨国收养的儿童享有与本国收养相当的保障和标准；

（D）采取一切适当措施确保跨国收养的安排不致使所涉人士获得不正当财务收益；

（E）在适当时通过缔结双边或多边安排或协定促成本条的目标，并在这一范围内努力确保由主管当局或机构负责安排儿童在另一国收养的事宜。

第二十二条

1. 缔约国应采取适当措施，确保申请难民身份的儿童或按照适用的国际法或国内法及程序可视为难民的儿童，不论有无父母或其他任何人的陪同，均可得到适当的保护和人道主义援助，以享有本《公约》和该有关国家为其缔约国的其他国际人权和（或）人道主义文书所规定的可适用权利。

2. 为此目的，缔约国应对联合国和与联合国合作的其他主管的政府间组织或非政府组织所做的任何努力提供其认为适当的合作，以保护和援助这类儿童，并为只身难民儿童追寻其父母或其他家庭成员，以获得必要的消息使其家庭团聚。在寻不着父母或其他家庭成员的情况下，也应使该儿童获得与其他任何由于任何原因而永久或暂时脱离家庭环境的儿童按照本《公约》的规定所得到的同样的保护。

第二十三条

1. 缔约国确认身心有残疾的儿童应能在确保其尊严、促进其自立，有利于其积极参与社会生活的条件下享有充实而适当的生活。

2. 缔约国确认残疾儿童有接受特别照顾的权利，应鼓励并确保在现有资源范围内，依据申请斟酌儿童的情况和儿童的父母或其他照料人的情况，对合格儿童及负责照料该儿童的人提供援助。

3. 鉴于残疾儿童的特殊需要，考虑到儿童的父母或其他照料人的经济情况，在可能时应免费提供按照本条第 2 款给予的援助，这些援助的目的应是确保残疾儿童能有效地获得和接受教育、培训、保健服务、康复服务、就业准备和娱乐机会，其方式应有助于该儿童尽可能充分地参与社会，实现个人发展，包括其文化和精神方面的发展。

4. 缔约国应本着国际合作精神，在预防保健以及残疾儿童的医疗、心理治疗和功能治疗领域促进交换适当资料，包括散播和获得有关康复教育方法和职业服务方面的资料，以其使缔约国能够在这些领域提高其能力和技术并扩大其经验。在这方面，应特别考虑到发展中国家的需要。

第二十四条

1. 缔约国确认儿童有权享有可达到的最高标准的健康，并享有医疗和康复设施。缔约国应努力确保没有任何儿童被剥夺获得这种保健服务的权利。

2. 缔约国应致力充分实现这权利，特别是应采取适当措施，以：

（A）降低婴幼儿死亡率；

（B）确保向所有儿童提供必要的医疗援助和保健，侧重发展初级保健；

（C）消除疾病和营养不良现象，包括在初级保健范围内利用现有可得的技术和提供充足的营养食品和清洁饮水，要考虑到环境污染的危险和风险；

（D）确保母亲得到适当的产前和产后保健；

（E）确保向社会各阶层、特别是向父母和儿童介绍有关儿童保健和营养、母乳育婴优点、个人卫生和环境卫生及防止意外事故的基本知识，使他们得到这方面的教育并帮助他们应用这种基本知识；

（F）开展预防保健、对父母的指导以及计划生育教育和服务。

3. 缔约国应致力采取一切有效和适当的措施，以期废除对儿童健康有害的传统习俗。

4. 缔约国承担促进和鼓励国际合作，以期逐步充分实现本条所确认的权利。在这方面，应特别考虑到发展中国家的需要。

第二十五条

缔约国确认在有关当局为照料、保护或治疗儿童身心健康的目的下受到安置的儿童，有权获得对给予的治疗以及与所受安置有关的所有其他情况进行定期审查。

第二十六条

1. 缔约国应确认每个儿童有权受益于社会保障、包括社会保险，并应根据其国内法律采取必要措施充分实现这一权利。

2. 提供福利时应酌情考虑儿童及负有赡养儿童的义务的人的经济情况和环境，以及与儿童提出或代其提出的福利申请有关的其他方面因素。

第二十七条

1. 缔约国确认每个儿童均有权享有足以促进其生理、心理、精神、道德和社会发展的生活水平。

2. 父母或其他负责照顾儿童的人负有在其能力和经济条件许可范围内确保儿童发展所需生活条件的首要责任。

3. 缔约国按照本国条件并其能力范围内，应采取适当措施帮助父母或其他负责照顾儿童的人实现此项权利，并在需要时提供物质援助和支助方案，特别是在营养、衣着和住房方面。

4. 缔约国应采取一切适当措施，向在本国境内或境外儿童的父母或其他对儿童负有经济责任的人追索儿童的赡养费。尤其是，遇对儿童负有经济责任的人住在与儿童不同的国家的情况时，缔约国应促进加入国际协定或缔结此类协定以及做出其他适当安排。

第二十八条

1. 缔约国确认儿童有受教育的权利，为在机会均等的基础上逐步实现此项权利，缔约国尤应：

（A）实现全面的免费义务小学教育；

（B）鼓励发展不同形式的中学教育，包括普通和职业教育，使所有儿童均能享有和接受这种教育，并采取适当措施，诸如实行免费教育和对有需要的人提供津贴；

（C）根据能力以一切适当方式使所有人均有受高等教育的机会；

（D）使所有儿童均能得到教育和职业方面的资料和指导；

（E）采取措施鼓励学生按时出勤和降低辍学率。

2. 缔约国应采取一切适当措施，确保学校执行纪律的方式符合儿童的人格尊严及本《公约》的规定。

3. 缔约国应促进和鼓励有关教育事项方面的国际合作，特别着眼于在全世界消灭愚昧与文盲，并便利获得科技知识和现代教学方法。在这方面，应特别考虑到发展中国家的需要。

第二十九条

1. 缔约国一致认为教育儿童的目的应是：

（A）最充分地发展儿童的个性、才智和身心能力；

（B）培养对人权和基本自由以及《联合国宪章》所载各项原则的尊重；

（C）培养对儿童的父母、儿童自身的文化认同、语言和价值观、儿童所居住国家的民族价值观、其原籍国以及不同于其本国的文明的尊重；

（D）培养儿童本着各国人民、族裔、民族和宗教群体以及原为土著居民的人之间谅解、和平、宽容、男女平等和友好的精神，在自由社会里过有责任感的生活；

（E）培养对自然环境的尊重。

2. 对本条或第 28 条任何部分的解释均不得干涉个人和团体建立和指导教育机构的

自由，但须始终遵守本条第 1 款载列的原则，并遵守在这类机构中实行的教育应符合国家可能规定的最低限度标准的要求。

第三十条

在那些存在有族裔、宗教或语言方面属于少数人或原为土著居民的人的国家，不得剥夺属于这种少数人或原为土著居民的儿童与其群体的其他成员共同享有自己的文化、信奉自己的宗教并举行宗教仪式、或使用自己的语言的权利。

第三十一条

1. 缔约国确认儿童有权享有休息和闲暇，从事与儿童年龄相宜的游戏和娱乐活动，以及自由参加文化生活艺术活动。

2. 缔约国应尊重并促进儿童充分参加文化和艺术生活的权利，并应鼓励提供从事文化、艺术、娱乐和休闲活动的适当和均等的机会。

第三十二条

1. 缔约国确认儿童有权受到保护，以免受经济剥削和从事任何可能妨碍或影响儿童教育或有害儿童健康或身体、心理、精神、道德或社会发展的工作。

2. 缔约国应采取立法、行政、社会和教育措施确保本条得到执行。为此目的，并鉴于其他国际文书的有关规定，缔约国尤应：

（A）规定受雇的最低年龄；

（B）规定有关工作时间和条件的适当规则；

（C）规定适当的惩罚或其他制裁措施以确保本条得到有效执行。

第三十三条

缔约国应采取一切适当措施，包括立法、行政、社会和教育措施，保护儿童不至非法使用有关国际条约中界定的麻醉药品和精神药物，并防止利用儿童从事非法生产和贩运此类药物。

第三十四条

缔约国承担保护儿童免遭一切形式的色情剥削和性侵犯之害，为此目的，缔约国尤应采取一切适当的国家、双边和多边措施，以防止：

（A）引诱或强迫儿童从事任何非法的性生活；

（B）利用儿童卖淫或从事其他非法的性行为；

（C）利用儿童进行淫秽表演和充当淫秽题材。

第三十五条

缔约国应采取一切适当的国家、双边和多边措施，以防止为任何目的或以任何形式诱拐、买卖或贩运儿童。

第三十六条

缔约国应保护儿童免遭有损儿童福利的任何方面的一切其他形式的剥削之害。

第三十七条

缔约国应确保：

（A）任何儿童不受酷刑或其他形式的残忍、不人道或有辱人格的待遇或处罚。对未满 18 岁的人所犯罪行不得判以死刑或无释放可能的无期徒刑；

（B）不得非法或任意剥夺任何儿童的自由。对儿童的逮捕、拘留或监禁应符合法律规定并仅应作为最后手段，期限应为最短的适当时间；

（C）所有被剥夺自由的儿童应受到人道待遇，其人格固有尊严应受尊重，并应考虑到他们这个年龄的人的需要的方式加以对待。特别是，所有被剥夺自由的儿童应同成人隔开，除非认为反之最有利于儿童，并有权通过信件和探访同家人保持联系，但特殊情况除外；

（D）所有被剥夺自由的儿童均有权迅速获得法律及其他适当援助，并有权向法院或其他独立公正的主管当局就其被剥夺自由一事之合法性提出异议，并有权迅速就任何此类行动得到裁定。

第三十八条

1. 缔约国承担尊重并确保尊重在武装冲突中对其适用的国际人道主义法律中有关儿童的规则。

2. 缔约国应采取一切可行措施确保未满 15 岁的人不直接参加敌对行动。

3. 缔约国应避免招募任何未满 15 岁的人加入武装部队。在招募已满 15 岁但未满 18 岁的人时，缔约国应致力首先考虑年龄最大者。

4. 缔约国按照国际人道主义法律规定它们在武装冲突中保护平民人口的义务，应采取一切可行措施确保保护和照料受武装冲突影响的儿童。

第三十九条

缔约国应采取一切适当措施，促使遭受下述情况之害的儿童身心得以康复并重返社会：任何形式的忽视、剥削或凌辱虐待；酷刑或任何其他形式的残忍、不人道或有辱人格的待遇或处罚；或武装冲突。此种康复和重返社会应在一种能促进儿童的健康、自尊和尊严的环境中进行。

第四十条

1. 缔约国确认被指称、指控或认为触犯刑法的儿童有权得到符合以下情况方式的待遇，促进其尊严和价值感并增强其对他人的人权和基本自由的尊重。这种待遇应考虑到其年龄和促进其重返社会并在社会中发挥积极作用的愿望。

2. 为此目的，并鉴于国际文书的有关规定，缔约国尤应确保：

（A）任何儿童不得以行为或不行为之时本国法律或国际法不禁止的行为或不行为之理由被指称、指控或认为触犯刑法；

（B）所有被指称或指控触犯刑法的儿童至少应得到下列保证：

（1）在依法判定有罪之前应视为无罪；

（2）迅速直接地被告知其被控罪名，适当时应通过其父母或法定监护人告知，并获得准备和提出辩护所需的法律或其他适当协助；

（3）要求独立公正的主管当局或司法机构在其得到法律或其他适当协助的情况下，通过依法公正审理迅速做出判决，并且须有其父母或法定监护人在场，除非认为这样做不符合儿童的最大利益，特别要考虑到其年龄或状况；

（4）不得被迫做口供或认罪；应可盘问或要求盘问不利的证人，并在平等条件下要求证人为其出庭和接受盘问；

（5）若被判定触犯刑法，有权要求高一级独立公正的主管当局或司法机构依法复查此一判决及由此对之采取的任何措施；

（6）若儿童不懂或不会说所用语言，有权免费得到口译人员的协助；

（7）其隐私在诉讼的所有阶段均得到充分尊重。

3. 缔约国应致力于促进规定或建立专门适用于被指称、指控或确认为触犯刑法的儿童的法律、程序、当局和机构，尤应：

（A）规定最低年龄，在此年龄以下的儿童应视为无触犯刑法之行为能力；

（B）在适当和必要时，制订不对此类儿童诉诸司法程序的措施，但须充分尊重人权和法律保障。

4. 应采用多种处理办法，诸如照管、指导和监督令、辅导、察看、寄养、教育和职业培训方案及不交由机构照管的其他办法，以确保处理儿童的方式符合其福祉并与其情况和违法行为相称。

第四十一条

本《公约》的任何规定不应影响更有利于实现儿童权利且可能载于下述文件中的任何规定：

（A）缔约国的法律；

（B）对该国有效。

第二部分

第四十二条

缔约国承担以适当的积极手段，使成人和儿童都能普遍知晓本《公约》的原则和规定。

第四十三条

1. 为审查缔约国在履行根据本《公约》所承担的义务方面取得的进展，应设立儿童权利委员会，执行下文所规定的职能。

2. 委员会应由 10 名品德高尚并在本《公约》所涉领域具有公认能力的专家组成。委员会成员应由缔约国从其国民中选出，并应以个人身份任职，但须考虑到公平地域分配原则及主要法系。

3. 委员会成员应以无记名表决方式从缔约国提名的人选名单中选举产生。每一缔约国可从其本国国民中提名 1 位人选。

4. 委员会的初次选举应最迟不晚于本《公约》生效之日后的 6 个月进行，此后每 2 年举行 1 次。联合国秘书长应至少在选举之日前 4 个月函请缔约国在 2 个月内提出其提名的人选。秘书长随后应将已提名的所有人选按字母顺序编成名单，注明提名此等人选的缔约国，分送本《公约》缔约国。

5. 选举应在联合国总部由秘书长召开的缔约国会议上进行。在此等会议上，应以 2/3 缔约国出席作为会议的法定人数，得票最多且占出席并参加表决缔约国代表绝对多数票者，当选为委员会成员。

6. 委员会成员任期 4 年。成员如获再次提名，应可连选连任。在第一次选举产生的成员中，有 5 名成员的任期应在 2 年结束时届满；会议主席应在第一次选举之后立即以抽签方式选定这 5 名成员。

7. 如果委员会某一成员死亡或辞职或宣称因任何其他原因不能再履行委员会的职责，提名该成员的缔约国应从其国民中指定另一名专家接替余下的任期，但须经委员会批准。

8. 委员会应自行制订其议事规则。

9. 委员会应自行选举其主席团成员，任期 2 年。

10. 委员会会议通常应在联合国总部或在委员会决定的任何其他方便地点举行。委员会通常应每年举行 1 次会议。委员会的会期应由本《公约》缔约国会议决定并在必要时加以审查，但需经大会核准。

11. 联合国秘书长应为委员会有效履行本《公约》所规定的职责提供必要的工作

人员和设施。

12. 根据本《公约》设立的委员会的成员，经大会核可，得从联合国资源领取薪酬，其条件由大会决定。

第四十四条

1. 缔约国承担按下述办法，通过联合国秘书长，向委员会提交关于他们为实现本《公约》确认的权利所采取的措施以及关于这些权利的享有方面的进展情况的报告：

（A）在本《公约》对有关缔约国生效后2年内；

（B）此后每5年1次。

2. 根据本条提交的报告应指明可能影响本《公约》规定的义务履行程度的任何因素和困难。报告还应载有充分的资料，以使委员会全面了解本《公约》在该国的实施情况。

3. 缔约国若已向委员会提交全面的初次报告，就无须在其以后按照本条第1款（B）项提交的报告中重复原先已提供的基本资料。

4. 委员会可要求缔约国进一步提供与本《公约》实施情况有关的资料。

5. 委员会应通过经济及社会理事会每2年向大会提交1次关于其活动的报告。

6. 缔约国应向其本国的公众广泛供应其报告。

第四十五条

为促进本《公约》的有效实施和鼓励在本《公约》所涉领域进行国际合作：

（A）各专门机构、联合国儿童基金会和联合国其他机构应有权派代表列席对本《公约》中属于他们职责范围内的条款的实施情况的审议。委员会可邀请各专门机构、联合国儿童基金会以及它可能认为合适的其他有关机关就本《公约》在属于它的各自职责范围内的领域的实施问题提供专家意见。委员会可邀请各专门机构、联合国儿童基金会和联合国其他机构就本《公约》在属于它们活动范围内的领域的实施情况提交报告；

（B）委员会在其可能认为适当时应向各专门机构、联合国儿童基金会和其他有关机构转交缔约国要求或说明需要技术咨询或援助的任何报告以及委员会就此类要求或说明提出的任何意见和建议；

（C）委员会可建议大会请秘书长代表委员会对有关儿童权利的具体问题进行研究；

（D）委员会可根据依照本《公约》第44条和45条收到的资料提出提议和一般性建议。此类提议和一般性建议应转交有关的任何缔约国并连同缔约国做出的任何评论一并报告大会。

第三部分

第四十六条

本《公约》应向所有国家开放供签署。

第四十七条

本《公约》须经批准。批准书应交存联合国秘书长。

第四十八条

本《公约》应向所有国家开放供加入。加入书应交存于联合国秘书长。

第四十九条

1. 本《公约》自第 20 份批准书或加入书交存联合国秘书长之日后的第 30 天生效。

2. 本《公约》对于在第 20 份批准书或加入书交存之后批准或加入本《公约》的国家，自其批准书或加入书交存之日后的第 30 天生效。

第五十条

1. 任何缔约国均可提出修正案，提交给联合国秘书长。秘书长应立即将提议的修正案通知缔约国，并请它们表明是否赞成召开缔约国会议以审议提案并进行表决。如果在此类通知发出之日后的 4 个月内，至少有 1/3 的缔约国赞成召开这样的会议，秘书长应在联合国主持下召开会议。经出席会议并参加表决的缔约国多数通过的任何修正案应提交大会批准。

2. 根据本条第 1 款通过的修正案若获大会批准并为缔约国 2/3 多数所接受，即行生效。

3. 修正案一旦生效，即应对接受该项修正案的缔约国具有约束力，其他缔约国则仍受本《公约》各项条款和他们已接受的任何早先的修正案的约束。

第五十一条

1. 联合国秘书长应接受各国在批准或加入时提出的保留，并分发给所有国家。

2. 不得提出内容与本《公约》目标和宗旨相抵触的保留。

3. 缔约国可随时向联合国秘书长提出通知，请求撤销保留，并由他将此情况通知所有国家。

通知于秘书长收到当日起生效。

第五十二条

缔约国可以书面通知联合国秘书长退出本《公约》。秘书长收到通知之日起 1 年后退约即行生效。

第五十三条

指定联合国秘书长为本《公约》的保管人。

第五十四条

本《公约》的阿拉伯文、中文、英文、法文、俄文和西班牙文文本具有同等效力，应交存联合国秘书长。

残疾人权利公约

（2006 年）

序言

本公约缔约国，

（一）回顾《联合国宪章》宣告的各项原则确认人类大家庭所有成员的固有尊严和价值以及平等和不可剥夺的权利，是世界自由、正义与和平的基础，

（二）确认联合国在《世界人权宣言》和国际人权公约中宣告并认定人人有权享有这些文书所载的一切权利和自由，不得有任何区别，

（三）重申一切人权和基本自由都是普遍、不可分割、相互依存和相互关联的，必须保障残疾人不受歧视地充分享有这些权利和自由，

（四）回顾《经济、社会、文化权利国际公约》、《公民及政治权利国际公约》、《消除一切形式种族歧视国际公约》、《消除对妇女一切形式歧视公约》、《禁止酷刑和其他残忍、不人道或有辱人格的待遇或处罚公约》、《儿童权利公约》和《保护所有移徙工人及其家庭成员权利国际公约》，

（五）确认残疾是一个演变中的概念，残疾是伤残者和阻碍他们在与其他人平等的基础上充分和切实地参与社会的各种态度和环境障碍相互作用所产生的结果，

（六）确认《关于残疾人的世界行动纲领》和《残疾人机会均等标准规则》所载原则和政策导则在影响国家、区域和国际各级推行、制定和评价进一步增加残疾人均等机会的政策、计划、方案和行动方面的重要性，

（七）强调必须使残疾问题成为相关可持续发展战略的重要组成部分，

（八）又确认因残疾而歧视任何人是对人的固有尊严和价值的侵犯，

（九）还确认残疾人的多样性，

（十）确认必须促进和保护所有残疾人的人权，包括需要加强支助的残疾人的人权，

（十一）关注尽管有上述各项文书和承诺，残疾人作为平等社会成员参与方面继续面临各种障碍，残疾人的人权在世界各地继续受到侵犯，

（十二）确认国际合作对改善各国残疾人，尤其是发展中国家残疾人的生活条件至关重要，

（十三）确认残疾人对其社区的全面福祉和多样性作出的和可能作出的宝贵贡献，并确认促进残疾人充分享有其人权和基本自由以及促进残疾人充分参与，将增强其归属感，大大推进整个社会的人的发展和社会经济发展以及除贫工作，

（十四）确认个人的自主和自立，包括自由作出自己的选择，对残疾人至关重要，

（十五）认为残疾人应有机会积极参与政策和方案的决策过程，包括与残疾人直接有关的政策和方案的决策过程，

（十六）关注因种族、肤色、性别、语言、宗教、政治或其他见解、民族本源、族裔、土著身份或社会出身、财产、出生、年龄或其他身份而受到多重或加重形式歧视的残疾人所面临的困难处境，

（十七）确认残疾妇女和残疾女孩在家庭内外往往面临更大的风险，更易遭受暴力、伤害或凌虐、忽视或疏忽、虐待或剥削，

（十八）确认残疾儿童应在与其他儿童平等的基础上充分享有一切人权和基本自由，并回顾《儿童权利公约》缔约国为此目的承担的义务，

（十九）强调必须将两性平等观点纳入促进残疾人充分享有人权和基本自由的一切努力之中，

（二十）着重指出大多数残疾人生活贫困，确认在这方面亟需消除贫穷对残疾人的不利影响，

（二十一）铭记在恪守《联合国宪章》宗旨和原则并遵守适用的人权文书的基础上实现和平与安全，是充分保护残疾人，特别是在武装冲突和外国占领期间充分保护残疾人的必要条件，

（二十二）确认无障碍的物质、社会、经济和文化环境、医疗卫生和教育以及信息和交流，对残疾人能够充分享有一切人权和基本自由至关重要，

（二十三）认识到个人对他人和对本人所属社区负有义务，有责任努力促进和遵守《国际人权宪章》确认的权利，

（二十四）深信家庭是自然和基本的社会组合单元，有权获得社会和国家的保护，残疾人及其家庭成员应获得必要的保护和援助，使家庭能够为残疾人充分和平等地享有其权利作出贡献，

（二十五）深信一项促进和保护残疾人权利和尊严的全面综合国际公约将大有助于在发展中国家和发达国家改变残疾人在社会上的严重不利处境，促使残疾人有平等机会参与公民、政治、经济、社会和文化生活，

议定如下：

第一条　宗旨

本公约的宗旨是促进、保护和确保所有残疾人充分和平等地享有一切人权和基本自由，并促进对残疾人固有尊严的尊重。

残疾人包括肢体、精神、智力或感官有长期损伤的人，这些损伤与各种障碍相互作用，可能阻碍残疾人在与他人平等的基础上充分和切实地参与社会。

第二条　定义

为本公约的目的：

“交流”包括语言、字幕、盲文、触觉交流、大字本、无障碍多媒体以及书面语言、听力语言、浅白语言、朗读员和辅助或替代性交流方式、手段和模式，包括无障碍信息和通信技术；

“语言”包括口语和手语及其他形式的非语音语言；

“基于残疾的歧视”是指基于残疾而作出的任何区别、排斥或限制，其目的或效果是在政治、经济、社会、文化、公民或任何其他领域，损害或取消在与其他人平等的基础上，对一切人权和基本自由的认可、享有或行使；基于残疾的歧视包括一切形式的歧视，包括拒绝提供合理便利；

“合理便利”是指根据具体需要，在不造成过度或不当负担的情况下，进行必要和适当的修改和调整，以确保残疾人在与其他人平等的基础上享有或行使一切人权和基本自由；

“通用设计”是指尽最大可能让所有人可以使用，无需作出调整或特别设计的产品、环境、方案和服务设计。“通用设计”不排除在必要时为某些残疾人群体提供辅助用具。

第三条　一般原则

本公约的原则是：

（一）尊重固有尊严和个人自主，包括自由作出自己的选择，以及个人的自立；

（二）不歧视；

（三）充分和切实地参与和融入社会；

（四）尊重差异，接受残疾人是人的多样性的一部分和人类的一份子；

（五）机会均等；

（六）无障碍；

（七）男女平等；

（八）尊重残疾儿童逐渐发展的能力并尊重残疾儿童保持其身份特性的权利。

第四条　一般义务

一、缔约国承诺确保并促进充分实现所有残疾人的一切人权和基本自由，使其不受任何基于残疾的歧视。为此目的，缔约国承诺：

（一）采取一切适当的立法、行政和其他措施实施本公约确认的权利；

（二）采取一切适当措施，包括立法，以修订或废止构成歧视残疾人的现行法律、法规、习惯和做法；

（三）在一切政策和方案中考虑保护和促进残疾人的人权；

（四）不实施任何与本公约不符的行为或做法，确保公共当局和机构遵循本公约的规定行事；

（五）采取一切适当措施，消除任何个人、组织或私营企业基于残疾的歧视；

（六）从事或促进研究和开发本公约第二条所界定的通用设计的货物、服务、设备和设施，以便仅需尽可能小的调整和最低的费用即可满足残疾人的具体需要，促进这些货物、服务、设备和设施的提供和使用，并在拟订标准和导则方面提倡通用设计；

（七）从事或促进研究和开发适合残疾人的新技术，并促进提供和使用这些新技术，包括信息和通信技术、助行器具、用品、辅助技术，优先考虑价格低廉的技术；

（八）向残疾人提供无障碍信息，介绍助行器具、用品和辅助技术，包括新技术，并介绍其他形式的协助、支助服务和设施；

（九）促进培训协助残疾人的专业人员和工作人员，使他们了解本公约确认的权利，以便更好地提供这些权利所保障的协助和服务。

二、关于经济、社会和文化权利，各缔约国承诺尽量利用现有资源并于必要时在国际合作框架内采取措施，以期逐步充分实现这些权利，但不妨碍本公约中依国际法立即适用的义务。

三、缔约国应当在为实施本公约而拟订和施行立法和政策时以及在涉及残疾人问题的其他决策过程中，通过代表残疾人的组织，与残疾人，包括残疾儿童，密切协商，使他们积极参与。

四、本公约的规定不影响任何缔约国法律或对该缔约国生效的国际法中任何更有利于实现残疾人权利的规定。对于根据法律、公约、法规或习惯而在本公约任何缔约国内获得承认或存在的任何人权和基本自由，不得以本公约未予承认或未予充分承认这些权利或自由为借口而加以限制或减损。

五、本公约的规定应当无任何限制或例外地适用于联邦制国家各组成部分。

第五条　平等和不歧视

一、缔约国确认，在法律面前，人人平等，有权不受任何歧视地享有法律给予的平等保护和平等权益。

二、缔约国应当禁止一切基于残疾的歧视，保证残疾人获得平等和有效的法律保护，使其不受基于任何原因的歧视。

三、为促进平等和消除歧视，缔约国应当采取一切适当步骤，确保提供合理便利。

四、为加速或实现残疾人事实上的平等而必须采取的具体措施，不得视为本公约所指的歧视。

第六条 残疾妇女

一、缔约国确认残疾妇女和残疾女孩受到多重歧视，在这方面，应当采取措施，确保她们充分和平等地享有一切人权和基本自由。

二、缔约国应当采取一切适当措施，确保妇女充分发展，地位得到提高，能力得到增强，目的是保证妇女能行使和享有本公约所规定的人权和基本自由。

第七条 残疾儿童

一、缔约国应当采取一切必要措施，确保残疾儿童在与其他儿童平等的基础上，充分享有一切人权和基本自由。

二、在一切关于残疾儿童的行动中，应当以儿童的最佳利益为一项首要考虑。

三、缔约国应当确保，残疾儿童有权在与其他儿童平等的基础上，就一切影响本人的事项自由表达意见，并获得适合其残疾状况和年龄的辅助手段以实现这项权利，残疾儿童的意见应当按其年龄和成熟程度适当予以考虑。

第八条 提高认识

一、缔约国承诺立即采取有效和适当的措施，以便：

（一）提高整个社会，包括家庭，对残疾人的认识，促进对残疾人权利和尊严的尊重；

（二）在生活的各个方面消除对残疾人的定见、偏见和有害做法，包括基于性别和年龄的定见、偏见和有害做法；

（三）提高对残疾人的能力和贡献的认识。

二、为此目的采取的措施包括：

（一）发起和持续进行有效的宣传运动，提高公众认识，以便：

1. 培养接受残疾人权利的态度；

2. 促进积极看待残疾人，提高社会对残疾人的了解；

3. 促进承认残疾人的技能、才华和能力以及他们对工作场所和劳动力市场的贡献；

（二）在各级教育系统中培养尊重残疾人权利的态度，包括从小在所有儿童中培养这种态度；

（三）鼓励所有媒体机构以符合本公约宗旨的方式报道残疾人；

（四）推行了解残疾人和残疾人权利的培训方案。

第九条 无障碍

一、为了使残疾人能够独立生活和充分参与生活的各个方面，缔约国应当采取适当措施，确保残疾人在与其他人平等的基础上，无障碍地进出物质环境，使用交通工具，利用信息和通信，包括信息和通信技术和系统，以及享用在城市和农村地区向公众开放或提供的其他设施和服务。这些措施应当包括查明和消除阻碍实现无障碍环境的因素，并除其他外，应当适用于：

（一）建筑、道路、交通和其他室内外设施，包括学校、住房、医疗设施和工作场所；

（二）信息、通信和其他服务，包括电子服务和应急服务。

二、缔约国还应当采取适当措施，以便：

（一）拟订和公布无障碍使用向公众开放或提供的设施和服务的最低标准和导则，并监测其实施情况；

（二）确保向公众开放或为公众提供设施和服务的私营实体在各个方面考虑为残疾人创造无障碍环境；

（三）就残疾人面临的无障碍问题向各有关方面提供培训；

（四）在向公众开放的建筑和其他设施中提供盲文标志及易读易懂的标志；

（五）提供各种形式的现场协助和中介，包括提供向导、朗读员和专业手语译员，以利向公众开放的建筑和其他设施的无障碍；

（六）促进向残疾人提供其他适当形式的协助和支助，以确保残疾人获得信息；

（七）促使残疾人有机会使用新的信息和通信技术和系统，包括因特网；

（八）促进在早期阶段设计、开发、生产、推行无障碍信息和通信技术和系统，以便能以最低成本使这些技术和系统无障碍。

第十条　生命权

缔约国重申人人享有固有的生命权，并应当采取一切必要措施，确保残疾人在与其他人平等的基础上切实享有这一权利。

第十一条　危难情况和人道主义

紧急情况缔约国应当依照国际法包括国际人道主义法和国际人权法规定的义务，采取一切必要措施，确保在危难情况下，包括在发生武装冲突、人道主义紧急情况和自然灾害时，残疾人获得保护和安全。

第十二条　在法律面前获得平等承认

一、缔约国重申残疾人享有在法律面前的人格在任何地方均获得承认的权利。

二、缔约国应当确认残疾人在生活的各方面在与其他人平等的基础上享有法律权利能力。

三、缔约国应当采取适当措施，便利残疾人获得他们在行使其法律权利能力时可能需要的协助。

四、缔约国应当确保，与行使法律权利能力有关的一切措施，均依照国际人权法提供适当和有效的防止滥用保障。这些保障应当确保与行使法律权利能力有关的措施尊重本人的权利、意愿和选择，无利益冲突和不当影响，适应本人情况，适用时间尽可能短，并定期由一个有资格、独立、公正的当局或司法机构复核。提供的保障应当与这些措施影响个人权益的程度相称。

五、在符合本条的规定的情况下，缔约国应当采取一切适当和有效的措施，确保残疾人享有平等权利拥有或继承财产，掌管自己的财务，有平等机会获得银行贷款、抵押贷款和其他形式的金融信贷，并应当确保残疾人的财产不被任意剥夺。

第十三条　获得司法保护

一、缔约国应当确保残疾人在与其他人平等的基础上有效获得司法保护，包括通过提供程序便利和适龄措施，以便利他们在所有法律诉讼程序中，包括在调查和其他初步阶段中，切实发挥其作为直接和间接参与方，包括其作为证人的作用。

二、为了协助确保残疾人有效获得司法保护，缔约国应当促进对司法领域工作人员，包括警察和监狱工作人员进行适当的培训。

第十四条　自由和人身安全

一、缔约国应当确保残疾人在与其他人平等的基础上：

（一）享有自由和人身安全的权利；

（二）不被非法或任意剥夺自由，任何对自由的剥夺均须符合法律规定，而且在任何情况下均不得以残疾作为剥夺自由的理由。

二、缔约国应当确保，在任何程序中被剥夺自由的残疾人，在与其他人平等的基础上，有权获得国际人权法规定的保障，并应当享有符合本公约宗旨和原则的待遇，包括提供合理便利的待遇。

第十五条　免于酷刑或残忍、不人道或有辱人格的待遇或处罚

一、不得对任何人实施酷刑或残忍、不人道或有辱人格的待遇或处罚。特别是不得在未经本人自由同意的情况下，对任何人进行医学或科学试验。

二、缔约国应当采取一切有效的立法、行政、司法或其他措施，在与其他人平等的基础上，防止残疾人遭受酷刑或残忍、不人道或有辱人格的待遇或处罚。

第十六条　免于剥削、暴力和凌虐

一、缔约国应当采取一切适当的立法、行政、社会、教育和其他措施，保护残疾人在家庭内外免遭一切形式的剥削、暴力和凌虐，包括基于性别的剥削、暴力和凌虐。

二、缔约国还应当采取一切适当措施防止一切形式的剥削、暴力和凌虐，除其他外，确保向残疾人及其家属和照护人提供考虑到性别和年龄的适当协助和支助，包括提供信息和教育，说明如何避免、识别和报告剥削、暴力和凌虐事件。缔约国应当确保保护服务考虑到年龄、性别和残疾因素。

三、为了防止发生任何形式的剥削、暴力和凌虐，缔约国应当确保所有用于为残疾人服务的设施和方案受到独立当局的有效监测。

四、残疾人受到任何形式的剥削、暴力或凌虐时，缔约国应当采取一切适当措施，包括提供保护服务，促进被害人的身体、认知功能和心理的恢复、康复及回归社会。上述恢复措施和回归社会措施应当在有利于本人的健康、福祉、自尊、尊严和自主的环境中进行，并应当考虑到因性别和年龄而异的具体需要。

五、缔约国应当制定有效的立法和政策，包括以妇女和儿童为重点的立法和政策，确保查明、调查和酌情起诉对残疾人的剥削、暴力和凌虐事件。

第十七条　保护人身完整性

每个残疾人的身心完整性有权在与其他人平等的基础上获得尊重。

第十八条　迁徙自由和国籍

一、缔约国应当确认残疾人在与其他人平等的基础上有权自由迁徙、自由选择居所和享有国籍，包括确保残疾人：

（一）有权获得和变更国籍，国籍不被任意剥夺或因残疾而被剥夺；

（二）不因残疾而被剥夺获得、拥有和使用国籍证件或其他身份证件的能力，或利用相关程序，如移民程序的能力，这些能力可能是便利行使迁徙自由权所必要的；

（三）可以自由离开任何国家，包括本国在内；

（四）不被任意剥夺或因残疾而被剥夺进入本国的权利。

二、残疾儿童出生后应当立即予以登记，从出生起即应当享有姓名权利，享有获得国籍的权利，并尽可能享有知悉父母并得到父母照顾的权利。

第十九条　独立生活和融入社区

本公约缔约国确认所有残疾人享有在社区中生活的平等权利以及与其他人同等的选择，并应当采取有效和适当的措施，以便利残疾人充分享有这项权利以及充分融入和参与社区，包括确保：

（一）残疾人有机会在与其他人平等的基础上选择居所，选择在何处、与何人一起生活，不被迫在特定的居住安排中生活；

（二）残疾人获得各种居家、住所和其他社区支助服务，包括必要的个人援助，以便在社区生活和融入社区，避免同社区隔绝或隔离；

（三）残疾人可以在平等基础上享用为公众提供的社区服务和设施，并确保这些服务和设施符合他们的需要。

第二十条　个人行动能力

缔约国应当采取有效措施，确保残疾人尽可能独立地享有个人行动能力，包括：

（一）便利残疾人按自己选择的方式和时间，以低廉费用享有个人行动能力；

（二）便利残疾人获得优质的助行器具、用品、辅助技术以及各种形式的现场协助和中介，包括以低廉费用提供这些服务；

（三）向残疾人和专门协助残疾人的工作人员提供行动技能培训；

（四）鼓励生产助行器具、用品和辅助技术的实体考虑残疾人行动能力的各个方面。

第二十一条　表达意见的自由和获得信息的机会

缔约国应当采取一切适当措施，包括下列措施，确保残疾人能够行使自由表达意见的权利，包括在与其他人平等的基础上，通过自行选择本公约第二条所界定的一切交流形式，寻求、接受、传递信息和思想的自由：

（一）以无障碍模式和适合不同类别残疾的技术，及时向残疾人提供公共信息，不另收费；

（二）在正式事务中允许和便利使用手语、盲文、辅助和替代性交流方式及残疾人选用的其他一切无障碍交流手段、方式和模式；

（三）敦促向公众提供服务，包括通过因特网提供服务的私营实体，以无障碍和残疾人可以使用的模式提供信息和服务；

（四）鼓励包括因特网信息提供商在内的大众媒体向残疾人提供无障碍服务；

（五）承认和推动手语的使用。

第二十二条　尊重隐私

一、残疾人，不论其居所地或居住安排为何，其隐私、家庭、家居和通信以及其他形式的交流，不得受到任意或非法的干预，其荣誉和名誉也不得受到非法攻击。残疾人有权获得法律的保护，不受这种干预或攻击。

二、缔约国应当在与其他人平等的基础上保护残疾人的个人、健康和康复资料的隐私。

第二十三条　尊重家居和家庭

一、缔约国应当采取有效和适当的措施，在涉及婚姻、家庭、生育和个人关系的一切事项中，在与其他人平等的基础上，消除对残疾人的歧视，以确保：

（一）所有适婚年龄的残疾人根据未婚配偶双方自由表示的充分同意结婚和建立家庭的权利获得承认；

（二）残疾人自由、负责任地决定子女人数和生育间隔，获得适龄信息、生殖教育和计划生育教育的权利获得承认，并提供必要手段使残疾人能够行使这些权利；

（三）残疾人，包括残疾儿童，在与其他人平等的基础上，保留其生育力。

二、如果本国立法中有监护、监管、托管和领养儿童或类似的制度，缔约国应当确保残疾人在这些方面的权利和责任；在任何情况下均应当以儿童的最佳利益为重。缔约国应当适当协助残疾人履行其养育子女的责任。

三、缔约国应当确保残疾儿童在家庭生活方面享有平等权利。为了实现这些权利，并为了防止隐藏、遗弃、忽视和隔离残疾儿童，缔约国应当承诺及早向残疾儿童及其家属提供全面的信息、服务和支助。

四、缔约国应当确保不违背儿童父母的意愿使子女与父母分离，除非主管当局依照适用的法律和程序，经司法复核断定这种分离确有必要，符合儿童本人的最佳利益。在任何情况下均不得以子女残疾或父母一方或双方残疾为理由，使子女与父母分离。

五、缔约国应当在近亲属不能照顾残疾儿童的情况下，尽一切努力在大家庭范围内提供替代性照顾，并在无法提供这种照顾时，在社区内提供家庭式照顾。

第二十四条　教育

一、缔约国确认残疾人享有受教育的权利。为了在不受歧视和机会均等的情况下实现这一权利，缔约国应当确保在各级教育实行包容性教育制度和终生学习，以便：

（一）充分开发人的潜力，培养自尊自重精神，加强对人权、基本自由和人的多样性的尊重；

（二）最充分地发展残疾人的个性、才华和创造力以及智能和体能；

（三）使所有残疾人能切实参与一个自由的社会。

二、为了实现这一权利，缔约国应当确保：

（一）残疾人不因残疾而被排拒于普通教育系统之外，残疾儿童不因残疾而被排拒于免费和义务初等教育或中等教育之外；

（二）残疾人可以在自己生活的社区内，在与其他人平等的基础上，获得包容性的优质免费初等教育和中等教育；

（三）提供合理便利以满足个人的需要；

（四）残疾人在普通教育系统中获得必要的支助，便利他们切实获得教育；

（五）按照有教无类的包容性目标，在最有利于发展学习和社交能力的环境中，提供适合个人情况的有效支助措施。

三、缔约国应当使残疾人能够学习生活和社交技能，便利他们充分和平等地参与教育和融入社区。为此目的，缔约国应当采取适当措施，包括：

（一）为学习盲文，替代文字，辅助和替代性交流方式、手段和模式，定向和行动技能提供便利，并为残疾人之间的相互支持和指导提供便利；

（二）为学习手语和宣传聋人的语言特性提供便利；

（三）确保以最适合个人情况的语文及交流方式和手段，在最有利于发展学习和社交能力的环境中，向盲、聋或聋盲人，特别是盲、聋或聋盲儿童提供教育。

四、为了帮助确保实现这项权利，缔约国应当采取适当措施，聘用有资格以手语和（或）盲文教学的教师，包括残疾教师，并对各级教育的专业人员和工作人员进行培训。这种培训应当包括对残疾的了解和学习使用适当的辅助和替代性交流方式、手段和模式、教育技巧和材料以协助残疾人。

五、缔约国应当确保，残疾人能够在不受歧视和与其他人平等的基础上，获得普通高等教育、职业培训、成人教育和终生学习。为此目的，缔约国应当确保向残疾人提供合理便利。

第二十五条　健康

缔约国确认，残疾人有权享有可达到的最高健康标准，不受基于残疾的歧视。缔约国应当采取一切适当措施，确保残疾人获得考虑到性别因素的医疗卫生服务，包括与健康有关的康复服务。缔约国尤其应当：

（一）向残疾人提供其他人享有的，在范围、质量和标准方面相同的免费或费用低廉的医疗保健服务和方案，包括在性健康和生殖健康及全民公共卫生方案方面；

（二）向残疾人提供残疾特需医疗卫生服务，包括酌情提供早期诊断和干预，并提供旨在尽量减轻残疾和预防残疾恶化的服务，包括向儿童和老年人提供这些服务；

（三）尽量就近在残疾人所在社区，包括在农村地区，提供这些医疗卫生服务；

（四）要求医护人员，包括在征得残疾人自由表示的知情同意基础上，向残疾人提供在质量上与其他人所得相同的护理，特别是通过提供培训和颁布公共和私营医疗保健服务职业道德标准，提高对残疾人人权、尊严、自主和需要的认识；

（五）在提供医疗保险和国家法律允许的人寿保险方面禁止歧视残疾人，这些保险应当以公平合理的方式提供；

（六）防止基于残疾而歧视性地拒绝提供医疗保健或医疗卫生服务，或拒绝提供食物和液体。

第二十六条　适应训练和康复

一、缔约国应当采取有效和适当的措施，包括通过残疾人相互支持，使残疾人能够实现和保持最大程度的自立，充分发挥和维持体能、智能、社会和职业能力，充分融入和参与生活的各个方面。为此目的，缔约国应当组织、加强和推广综合性适应训练和康复服务和方案，尤其是在医疗卫生、就业、教育和社会服务方面，这些服务和方案应当：

（一）根据对个人需要和体能的综合评估尽早开始；

（二）有助于残疾人参与和融入社区和社会的各个方面，属自愿性质，并尽量在残疾人所在社区，包括农村地区就近安排。

二、缔约国应当促进为从事适应训练和康复服务的专业人员和工作人员制订基础培训和进修培训计划。

三、在适应训练和康复方面，缔约国应当促进提供为残疾人设计的辅助用具和技术以及对这些用具和技术的了解和使用。

第二十七条　工作和就业

一、缔约国确认残疾人在与其他人平等的基础上享有工作权，包括有机会在开放、具有包容性和对残疾人不构成障碍的劳动力市场和工作环境中，为谋生自由选择或接受工作的权利。为保障和促进工作权的实现，包括在就业期间致残者的工作权的实现，缔约国应当采取适当步骤，包括通过立法，除其他外：

（一）在一切形式就业的一切事项上，包括在征聘、雇用和就业条件、继续就业、职业提升以及安全和健康的工作条件方面，禁止基于残疾的歧视；

（二）保护残疾人在与其他人平等的基础上享有公平和良好的工作条件，包括机会均等和同值工作同等报酬的权利，享有安全和健康的工作环境，包括不受搔扰的权利，并享有申诉的权利；

（三）确保残疾人能够在与其他人平等的基础上行使工会权；

（四）使残疾人能够切实参加一般技术和职业指导方案，获得职业介绍服务、职业培训和进修培训；

（五）在劳动力市场上促进残疾人的就业机会和职业提升机会，协助残疾人寻找、获得、保持和恢复工作；

（六）促进自营就业、创业经营、创建合作社和个体开业的机会；

（七）在公共部门雇用残疾人；

（八）以适当的政策和措施，其中可以包括平权行动方案、奖励和其他措施，促进私营部门雇用残疾人；

（九）确保在工作场所为残疾人提供合理便利；

（十）促进残疾人在开放劳动力市场上获得工作经验；

（十一）促进残疾人的职业和专业康复服务、保留工作和恢复工作方案。

二、缔约国应当确保残疾人不被奴役或驱役，并在与其他人平等的基础上受到保护，不被强迫或强制劳动。

第二十八条　适足的生活水平和社会保护

一、缔约国确认残疾人有权为自己及其家属获得适足的生活水平，包括适足的食物、衣物、住房，以及不断改善生活条件；缔约国应当采取适当步骤，保障和促进在不受基于残疾的歧视的情况下实现这项权利。

二、缔约国确认残疾人有权获得社会保护，并有权在不受基于残疾的歧视的情况下享有这项权利；缔约国应当采取适当步骤，保障和促进这项权利的实现，包括采取措施：

（一）确保残疾人平等地获得洁净供水，并且确保他们获得适当和价格低廉的服务、用具和其他协助，以满足与残疾有关的需要；

（二）确保残疾人，尤其是残疾妇女、女孩和老年人，可以利用社会保护方案和减贫方案；

（三）确保生活贫困的残疾人及其家属，在与残疾有关的费用支出，包括适足的培训、辅导、经济援助和临时护理方面，可以获得国家援助；

（四）确保残疾人可以参加公共住房方案；

（五）确保残疾人可以平等享受退休福利和参加退休方案。

第二十九条　参与政治和公共生活

缔约国应当保证残疾人享有政治权利，有机会在与其他人平等的基础上享受这些权利，并应当承诺：

（一）确保残疾人能够在与其他人平等的基础上，直接或通过其自由选择的代表，有效和充分地参与政治和公共生活，包括确保残疾人享有选举和被选举的权利和机会，除其他外，采取措施：

1. 确保投票程序、设施和材料适当、无障碍、易懂易用；

2. 保护残疾人的权利，使其可以在选举或公投中不受威吓地采用无记名方式投票、参选、在各级政府实际担任公职和履行一切公共职务，并酌情提供使用辅助技术和新技术的便利；

3. 保证残疾人作为选民能够自由表达意愿，并在必要时根据残疾人的要求，为此目的允许残疾人自行选择的人协助投票；

（二）积极创造环境，使残疾人能够不受歧视地在与其他人平等的基础上有效和充分地参与处理公共事务，并鼓励残疾人参与公共事务，包括：

1. 参与涉及本国公共和政治生活的非政府组织和社团，参加政党的活动和管理；

2. 建立和加入残疾人组织，在国际、全国、地区和地方各级代表残疾人。

第三十条　参与文化生活、娱乐、休闲和体育活动

一、缔约国确认残疾人有权在与其他人平等的基础上参与文化生活，并应当采取一切适当措施，确保残疾人：

（一）获得以无障碍模式提供的文化材料；

（二）获得以无障碍模式提供的电视节目、电影、戏剧和其他文化活动；

（三）进出文化表演或文化服务场所，例如剧院、博物馆、电影院、图书馆、旅游服务场所，并尽可能地可以进出在本国文化中具有重要意义的纪念物和纪念地。

二、缔约国应当采取适当措施，使残疾人能够有机会为自身利益并为充实社会，发展和利用自己的创造、艺术和智力潜力。

三、缔约国应当采取一切适当步骤，依照国际法的规定，确保保护知识产权的法律不构成不合理或歧视性障碍，阻碍残疾人获得文化材料。

四、残疾人特有的文化和语言特性，包括手语和聋文化，应当有权在与其他人平等的基础上获得承认和支持。

五、为了使残疾人能够在与其他人平等的基础上参加娱乐、休闲和体育活动，缔约国应当采取适当措施，以便：

（一）鼓励和促进残疾人尽可能充分地参加各级主流体育活动；

（二）确保残疾人有机会组织、发展和参加残疾人专项体育、娱乐活动，并为此鼓励在与其他人平等的基础上提供适当指导、训练和资源；

（三）确保残疾人可以使用体育、娱乐和旅游场所；

（四）确保残疾儿童享有与其他儿童一样的平等机会参加游戏、娱乐和休闲以及体育活动，包括在学校系统参加这类活动；

（五）确保残疾人可以获得娱乐、旅游、休闲和体育活动的组织人提供的服务。

第三十一条　统计和数据收集

一、缔约国承诺收集适当的信息，包括统计和研究数据，以便制定和实施政策，落实本公约。收集和维持这些信息的工作应当：

（一）遵行法定保障措施，包括保护数据的立法，实行保密和尊重残疾人的隐私；

（二）遵行保护人权和基本自由的国际公认规范以及收集和使用统计数据的道德原则。

二、依照本条规定收集的信息应当酌情分组，用于协助评估本公约规定的缔约国义务的履行情况，查明和清除残疾人在行使其权利时遇到的障碍。

三、缔约国应当负责传播这些统计数据，确保残疾人和其他人可以使用这些统计数据。

第三十二条　国际合作

一、缔约国确认必须开展和促进国际合作，支持国家为实现本公约的宗旨和目的而作出的努力，并将为此在双边和多边的范围内采取适当和有效的措施，并酌情与相关国际和区域组织及民间社会，特别是与残疾人组织，合作采取这些措施。除其他外，这些措施可包括：

（一）确保包容和便利残疾人参与国际合作，包括国际发展方案；

（二）促进和支持能力建设，如交流和分享信息、经验、培训方案和最佳做法；

（三）促进研究方面的合作，便利科学技术知识的获取；

（四）酌情提供技术和经济援助，包括便利获取和分享无障碍技术和辅助技术以及通过技术转让提供这些援助。

二、本条的规定不妨害各缔约国履行其在本公约下承担的义务。

第三十三条 国家实施和监测

一、缔约国应当按照本国建制，在政府内指定一个或多个协调中心，负责有关实施本公约的事项，并应当适当考虑在政府内设立或指定一个协调机制，以便利在不同部门和不同级别采取有关行动。

二、缔约国应当按照本国法律制度和行政制度，酌情在国内维持、加强、指定或设立一个框架，包括一个或多个独立机制，以促进、保护和监测本公约的实施。在指定或建立这一机制时，缔约国应当考虑与保护和促进人权的国家机构的地位和运作有关的原则。

三、民间社会，特别是残疾人及其代表组织，应当获邀参加并充分参与监测进程。

第三十四条 残疾人权利委员会

一、应当设立一个残疾人权利委员会（以下称“委员会”），履行下文规定的职能。

二、在本公约生效时，委员会应当由十二名专家组成。在公约获得另外六十份批准书或加入书后，委员会应当增加六名成员，以足十八名成员之数。

三、委员会成员应当以个人身份任职，品德高尚，在本公约所涉领域具有公认的能力和经验。缔约国在提名候选人时，务请适当考虑本公约第四条第三款的规定。

四、委员会成员由缔约国选举，选举须顾及公平地域分配原则，各大文化和各主要法系的代表性，男女成员人数的均衡性以及残疾人专家的参加。

五、应当在缔约国会议上，根据缔约国提名的本国国民名单，以无记名投票选举委员会成员。这些会议以三分之二的缔约国构成法定人数，得票最多和获得出席并参加表决的缔约国代表的绝对多数票者，当选为委员会成员。

六、首次选举至迟应当在本公约生效之日后六个月内举行。每次选举，联合国秘书长至迟应当在选举之日前四个月函请缔约国在两个月内递交提名人选。秘书长随后应当按英文字母次序编制全体被提名人名单，注明提名缔约国，分送本公约缔约国。

七、当选的委员会成员任期四年，可以连选连任一次。但是，在第一次选举当选的成员中，六名成员的任期应当在两年后届满；本条第五款所述会议的主席应当在第一次选举后，立即抽签决定这六名成员。

八、委员会另外六名成员的选举应当依照本条的相关规定，在正常选举时举行。

九、如果委员会成员死亡或辞职或因任何其他理由而宣称无法继续履行其职责，提名该成员的缔约国应当指定一名具备本条相关规定所列资格并符合有关要求的专家，完成所余任期。

十、委员会应当自行制定议事规则。

十一、联合国秘书长应当为委员会有效履行本公约规定的职能提供必要的工作人员和便利，并应当召开委员会的首次会议。

十二、考虑到委员会责任重大，经联合国大会核准，本公约设立的委员会的成员，应当按大会所定条件，从联合国资源领取薪酬。

十三、委员会成员应当有权享有联合国特派专家根据《联合国特权和豁免公约》相关章节规定享有的便利、特权和豁免。

第三十五条　缔约国提交的报告

一、各缔约国在本公约对其生效后两年内，应当通过联合国秘书长，向委员会提交一份全面报告，说明为履行本公约规定的义务而采取的措施和在这方面取得的进展。

二、其后，缔约国至少应当每四年提交一次报告，并在委员会提出要求时另外提交报告。

三、委员会应当决定适用于报告内容的导则。

四、已经向委员会提交全面的初次报告的缔约国，在其后提交的报告中，不必重复以前提交的资料。缔约国在编写给委员会的报告时，务请采用公开、透明的程序，并适当考虑本公约第四条第三款的规定。

五、报告可以指出影响本公约所定义务履行程度的因素和困难。

第三十六条　报告的审议

一、委员会应当审议每一份报告，并在委员会认为适当时，对报告提出提议和一般建议，将其送交有关缔约国。缔约国可以自行决定向委员会提供任何资料作为回复。委员会可以请缔约国提供与实施本公约相关的进一步资料。

二、对于严重逾期未交报告的缔约国，委员会可以通知有关缔约国，如果在发出通知后的三个月内仍未提交报告，委员会必须根据手头的可靠资料，审查该缔约国实施本公约的情况。委员会应当邀请有关缔约国参加这项审查工作。如果缔约国作出回复，提交相关报告，则适用本条第一款的规定。

三、联合国秘书长应当向所有缔约国提供上述报告。

四、缔约国应当向国内公众广泛提供本国报告，并便利获取有关这些报告的提议和一般建议。

五、委员会应当在其认为适当时，把缔约国的报告转交联合国专门机构、基金和方案以及其他主管机构，以便处理报告中就技术咨询或协助提出的请求或表示的需要，同时附上委员会可能对这些请求或需要提出的意见和建议。

第三十七条　缔约国与委员会的合作

一、各缔约国应当与委员会合作，协助委员会成员履行其任务。

二、在与缔约国的关系方面，委员会应当适当考虑提高各国实施本公约的能力的途径和手段，包括为此开展国际合作。

第三十八条 委员会与其他机构的关系

为了促进本公约的有效实施和鼓励在本公约所涉领域开展国际合作：

（一）各专门机构和其他联合国机构应当有权派代表列席审议本公约中属于其职权范围的规定的实施情况。委员会可以在其认为适当时，邀请专门机构和其他主管机构就公约在各自职权范围所涉领域的实施情况提供专家咨询意见。委员会可以邀请专门机构和其他联合国机构提交报告，说明公约在其活动范围所涉领域的实施情况；

（二）委员会在履行任务时，应当酌情咨询各国际人权条约设立的其他相关机构的意见，以便确保各自的报告编写导则、提议和一般建议的一致性，避免在履行职能时出现重复和重叠。

第三十九条 委员会报告

委员会应当每两年一次向大会和经济及社会理事会提出关于其活动的报告，并可以在审查缔约国提交的报告和资料的基础上，提出提议和一般建议。这些提议和一般建议应当连同缔约国可能作出的任何评论，一并列入委员会报告。

第四十条 缔约国会议

一、缔约国应当定期举行缔约国会议，以审议与实施本公约有关的任何事项。

二、联合国秘书长至迟应当在本公约生效后六个月内召开缔约国会议。其后，秘书长应当每两年一次，或根据缔约国会议的决定，召开会议。

第四十一条 保存人

联合国秘书长为本公约的保存人。

第四十二条 签署

本公约自二〇〇七年三月三十日起在纽约联合国总部开放给所有国家和区域一体化组织签署。

第四十三条 同意接受约束

本公约应当经签署国批准和经签署区域一体化组织正式确认，并应当开放给任何没有签署公约的国家或区域一体化组织加入。

第四十四条 区域一体化组织

一、“区域一体化组织”是指由某一区域的主权国家组成的组织，其成员国已将本公约所涉事项方面的权限移交该组织。这些组织应当在其正式确认书或加入书中声明其有关本公约所涉事项的权限范围。此后，这些组织应当将其权限范围的任何重大变更通知保存人。

二、本公约提及“缔约国”之处，在上述组织的权限范围内，应当适用于这些组织。

三、为本公约第四十五条第一款和第四十七条第二款和第三款的目的，区域一体化组织交存的任何文书均不在计算之列。

四、区域经济一体化组织可以在缔约国会议上，对其权限范围内的事项行使表决权，其票数相当于已成为本公约缔约国的组织成员国的数目。如果区域一体化组织的任何成员国行使表决权，则该组织不得行使表决权，反之亦然。

第四十五条　生效

一、本公约应当在第二十份批准书或加入书交存后的第三十天生效。

二、对于在第二十份批准书或加入书交存后批准、正式确认或加入的国家或区域一体化组织，本公约应当在该国或组织交存各自的批准书、正式确认书或加入书后的第三十天生效。

第四十六条　保留

一、保留不得与本公约的目的和宗旨不符。

二、保留可随时撤回。

第四十七条　修正

一、任何缔约国均可以对本公约提出修正案，提交联合国秘书长。秘书长应当将任何提议修正案通告缔约国，请缔约国通知是否赞成召开缔约国会议以审议提案并就提案作出决定。在上述通告发出之日后的四个月内，如果有至少三分之一的缔约国赞成召开缔约国会议，秘书长应当在联合国主持下召开会议。经出席并参加表决的缔约国三分之二多数通过的任何修正案应当由秘书长提交联合国大会核可，然后提交所有缔约国接受。

二、依照本条第一款的规定通过和核可的修正案，应当在交存的接受书数目达到修正案通过之日缔约国数目的三分之二后的第三十天生效。此后，修正案应当在任何缔约国交存其接受书后的第三十天对该国生效。修正案只对接受该项修正案的缔约国具有约束力。

三、经缔约国会议协商一致决定，依照本条第一款的规定通过和核可但仅涉及第三十四条、第三十八条、第三十九条和第四十条的修正案，应当在交存的接受书数目达到修正案通过之日缔约国数目的三分之二后的第三十天对所有缔约国生效。

第四十八条　退约

缔约国可以书面通知联合国秘书长退出本公约。退约应当在秘书长收到通知之日起一年后生效。

第四十九条　无障碍模式

应当以无障碍模式提供本公约文本。

第五十条　作准文本

本公约的阿拉伯文、中文、英文、法文、俄文和西班牙文文本同等作准。

亚洲及太平洋地区承认高等教育资历公约

（2011 年 11 月 26 日　东京）

序

本公约各缔约国，

出于增强其地理、文化、教育和经济联系的共同愿望；

忆及教科文组织《组织法》所载“本组织之宗旨在于通过教育、科学和文化，促进各国之间的合作，为和平与安全做出贡献”；

认识到亚洲及太平洋地区在教育传统、体制和价值观方面存在的丰富多样性；

深信亚洲及太平洋地区文化和高等教育体制的多样性构成一种独特的资源；

决心加强和扩大各缔约国之间的合作，以使其人力资源潜力得到最佳利用，从而促进亚洲及太平洋地区的知识进步，不断提高高等教育的质量；

切望亚洲及太平洋地区人民能够充分利用其文化资源，在尊重国内法规的前提下，向各缔约国的国民，特别是缔约国的学生和学者，提供使用各缔约国教育资源的便利；

深信在此类合作框架内承认高等教育资历将有助于学生和学者的国际流动；

铭记需要加强文化交流，以推动亚洲及太平洋地区在经济、社会、文化和技术上的发展，促进该地区的和平；

忆及许多缔约国已就相互承认高等教育资历缔结双边或分地区性协定，但期望加强该等努力，通过本公约将合作扩大到整个亚洲及太平洋地区；

铭记在考虑本公约时，还应参照涉及全球其他地区的联合国教科文组织承认资历的公约以及 1993 年联合国教科文组织《关于承认高等教育学历与资格的建议书》；

意识到自上述公约获得通过以来，亚洲及太平洋地区的高等教育发生了巨大变化，国家教育系统内和各国教育系统间日益呈现多样化，需要对法律文书和实践做出调整，以反映上述发展；

愿意在全球层面与其他教科文组织地区公约的缔约国进行积极的国际合作；

意识到高等教育资历承认方面的实际挑战，需要找到有助于亚洲及太平洋地区学生和学者流动的共同解决方案；

意识到缔约国需要改进目前承认资历的做法，使其更加透明并能更好地适应亚洲及太平洋地区高等教育的现状；

考虑到各缔约国承认其他缔约国颁发的高等教育资历是促进缔约国之间学术流动的一个重要手段；

切望确保高等教育资历得到尽可能广泛的承认，从而以适应各缔约国文化背景的方式，促进终身教育和教育民主化；

尊重各缔约国设立和批准资历制度的权利及其机构的自主权；

特约定如下：

第一章　术 语 定 义

在本公约中，下列术语的定义为：

1983 年公约指 1983 年 12 月 16 日于曼谷通过的《亚洲及太平洋地区承认高等教育学历、文凭和学位的地区公约》；

入学（高等教育）指符合条件的候选人申请并被考虑进入高校学习的权利；

认证指承认或认定高等教育课程或机构符合相关标准的评估和审查程序；

录取（高等教育机构或课程）指准许资历持有者在特定机构和/或特定课程接受高等教育的行为或制度；

评估（机构或课程）指确定高等教育机构或课程之教育质量的程序；

评估（个人资历）指资历承认主管部门对个人国外资历出具的书面评价或评估；

流离失所者指被迫离开其居住地或环境以及放弃职业活动者；

资历承认主管部门指由官方授权对国外资历的承认做出决定的政府或非政府机构；

缔约国的组成实体指国家、省市、联邦或地区一级的政府实体；

入学基本要求（高等教育）指在任何情况下均应满足的高等教育入学条件；

高等教育指被缔约国相关部门承认属于其高等教育系统的中学后教育、培训和研究；

高等教育机构指得到缔约国有关部门承认的高等教育办学机构；

高等教育课程指被缔约国相关部门承认属于其高等教育系统的教育课程，完成该等课程的学生将获得某种高等教育的资历；

Mutatis Mutandis 系拉丁语，意为“考虑到各自的差异”；

非传统方式指通过其他教育机制取得资历；

部分学程指某个高等教育课程中的任何同质部分，尽管其本身并非一个完整的课程，但可等同于获得一定的知识或技能；

高等教育入学资格指由相关部门颁发的任何资历，证明持有者顺利完成某个教育课程并享有高等教育入学申请资格；

高等教育资历指由高等教育机构颁发的任何学位、文凭或其他证书，证明持有者顺利完成某项高等教育课程；

质量保证指评估和改进高等教育系统、机构或课程质量的一个持续过程，旨在向利益攸关者保证公认标准得到保持和提高；

对先前学习的承认指正式承认通过正规和/或非正规学习所获得的知识和技能的一个程序；

资历承认指缔约国资历承认主管部门对国外教育资历的程度给予的由其定义的正式承认，以便利继续学业和/或就业；

中等教育指小学、初等、预备、中间阶段或基础教育之后任何教育种类的一个阶段，其目的包括为学生进入高等教育做准备，为顺利完成者颁发中学毕业证书或使其得到高等院校的录取；

特殊要求（高等教育录取）指除基本要求外，为获得某个高等教育课程的录取或获得某个特定教育领域中的特定高等教育资历所需满足的条件；以及

联合国教科文组织学历文凭附录系《欧洲地区承认高等教育资历公约》（即“里斯本资历承认公约”）的一份参考文件，实为对该附录附于的资历证书原件所述人员攻读并顺利完成之学业的性质、程度、背景、内容和地位作出说明的文件。

第二章　资历承认主管部门的权限

第一条

一、如果缔约国的中央政府有权对承认事项作出决定，则该缔约国应即刻受到本公约规定的约束，并应采取必要措施，保证本公约的规定在该缔约国境内得到实施。

二、如果承认事项的决定权属于缔约国的组成实体，则该缔约国应在签署或交存其批准书、接受书、核准书或加入书时，或在此后的任何时间，向保存人提供其宪政状况或结构的一份简要说明。在该等情况下，缔约国组成实体中被指定的资历承认主管部门应采取必要措施，保证本公约的规定在其境内得到实施。

三、如果承认事项的决定权属于各高等教育机构或其他实体，各缔约国根据其宪政状况或结构应将本公约全文转发给上述机构或实体，并应采取一切可能的措施，鼓励该等机构或实体积极考虑和适用本公约的规定。

四、本条第一、二和三款规定应适用于缔约国在本公约以下各条项下的义务，但应考虑到各自的差异。

第二条

在签署或交存其批准书、接受书、核准书或加入书时，或在此后的任何时间，各缔约国应向本公约的保持人通报有权对承认事项作出各类决定的主管部门。

第三条

本公约中的任何内容均不应减损对一缔约国具有约束力的现有或未来条约中所含或由于该等条约而产生的、对承认该缔约国的高等教育资历更为有利的任何规定。

第三章　与资历评估相关的基本原则

第一条

一、在向资历承认主管部门申请后，一缔约国所发资历的持有者有权得到对其资历的及时评估。

二、为保证资历持有者的这一权利，各缔约国承诺对资历承认申请的评估做出适当安排，重点在于评估所获得的知识和技能。

第二条

各缔约国应确保资历的评估和承认所采用的程序和标准透明、一致、可靠、公平并且无歧视。

第三条

一、承认的决定应以与申请承认的资历相关的信息为依据。

二、提供充分信息的责任首先在于资历持有者，资历持有者应出于诚信提供信息。

三、缔约国应酌情指示或鼓励所有隶属于其教育系统的机构满足为评估在该等机构所获得的资历所提出的任何合理的提供信息请求。特别是，缔约国应鼓励隶属于其教育系统的机构根据请求在合理的时间内，向资历持有者、受理承认申请的机构或缔约国的资历承认主管部门提供相关信息。

四、只要提供了与资历评估相关的必要信息，则证明申请不符合相关要求的责任就在于资历承认主管部门。

第四条

为便于资历的承认，各缔约国应确保提供与其教育系统有关的充分和明确的信息。

第五条

承认资历的决定应在资历承认主管部门事先规定的合理时限内做出，从所有必要的相关信息提交之时起计。拒绝给予承认的，必须阐明拒绝承认的理由，并应就申请者可采取的措施提供信息，以便其下次获得承认。对拒绝给予承认或未作出决定的，申请者有权在合理的时限内通过各缔约国的有关程序提出申诉。

第四章　对高等教育入学资格的承认

第一条

除非能够表明获得资历所在缔约国与受理资历承认申请的缔约国在入学基本要求上存在实质性差异，否则各缔约国为便于其各高等教育课程的入学，应承认其他缔约国出具的符合上述高等教育课程入学基本要求的资历。

第二条

或者，一缔约国亦可根据另一缔约国资历持有者的申请，使其获得的资历能够得到评估，并且第四章第一条规定也应适用于该等情况，但应考虑到各自的差异。

第三条

如果特定高等教育课程的录取除基本入学要求外还需要满足特殊的要求，则相关缔约国资历承认主管部门可对其他缔约国高等教育资历获得者提出额外的要求，或者评估拥有其他缔约国高等教育资历的申请者是否满足相似的要求。

第四条

如果在获得学校结业证书的缔约国，作为入学的一个必要条件，该等证书的持有者还应参加额外的资格考试方可进入高等教育，则其他缔约国可将上述要求作为入学条件，或者在其本国教育系统内提供一种能够满足上述额外要求的选择。

第五条

在不影响第四章第一条至第四章第四条规定的情况下，特定高等教育机构或该机构中的高等教育课程可采取限制性或选拔性录取。在高等教育机构和/或高等教育课程采取选拔性录取的情况下，录取程序的设计应确保对国外高等教育资历的认证符合第三章所述之公平和无歧视的基本原则。

第六条

在不影响第四章第一条至第四章第五条规定的情况下，为使申请者能够学有所获，特定高等教育机构的录取可要求申请者显示具备相关机构教学所用语言或其他特定语言的充分能。

第七条

对于在一缔约国通过非传统方式接受高等教育所获得的资历，其他缔约国应加以公平评估。

第八条

就高等教育课程的录取而言，各缔约国对本国境内运行的外国教育机构出具的资历，可视本国法律的具体要求或与该等教育机构所属缔约国签订的具体协定，给予承认。

第五章 对部分学程的承认

第一条

各缔约国均应酌情承认或至少评估在另一缔约国高等教育课程框架内完成的部分学程。该等承认应包括以完成受理资历承认申请的缔约国的某项高等教育课程为目的将该部分学程考虑在内，除非所完成的部分学程与受理资历承认申请的缔约国的部分和/或全部高等教育课程之间有实质性的差别。

第二条

第五章第一条的规定应适用于通过非传统方式完成的部分学程，但应考虑到其各自的差异。

第三条

特别是在以下情况下，各缔约国应对部分学程的承认提供便利：

（一）以下机构之间先前已有协定：

1. 负责有关部分学程的高等教育机构或资历承认主管部门；与

2. 负责受理该等承认的高等教育机构或资历承认主管部门。

（二）完成部分学程所在的高等教育机构已出具证书或学习成绩单，证明学生已全部符合该等部分学程的规定要求。

第六章 对高等教育资历的承认

第一条

如果承认决定主要取决于高等教育资历所证明的知识和技能，则各缔约国应承认其他缔约国授予的高等教育资历，除非能够证明存在实质性的差别。

第二条

或者，缔约国亦可根据持有其他缔约国所发高等教育资历证书人的申请，使其资历获得评估，并且第六章第一条规定也应适用于该等情况，但应考虑到各自的差异。

第三条

第六章第一条和第六章第二条应适用于通过在教育系统范围内符合本国法规要求的非传统方式取得的高等教育资历，但应考虑到其各自的差异。

第四条

一缔约国对另一缔约国所颁发高等教育资历的承认可具有下列一种或多种用途：

（一）进一步的高等教育学习，包括相关考试或研究生预备课程，条件应与受理资历承认申请的缔约国的资历持有者所应适用的条件相同；

（二）使用学术头衔，但应符合受理资历承认申请的缔约国或其管辖地的法律法规；或者

（三）获得就业机会，但应符合受理资历承认申请的缔约国或其管辖地的法律法规。

第五条

一缔约国资历承认主管部门对另一缔约国出具的高等教育资历进行评估可采用对下列一个或多个方面提出“建议”的形式：

（一）教育机构，用于其课程录取；

（二）任何其他资历承认主管部门；以及

（三）潜在雇主。

第六条

各缔约国对本国境内运行的外国高等教育机构出具的资历，可视本国法律的具体要求或与该等教育机构所属缔约国签订的具体协定，给予承认。

第七章　对难民、流离失所者或难民处境人员所持资历的承认

第一条

各缔约国应按照本国宪法、法律和法规的要求，在其教育系统范围内做出一切合理努力，制定旨在公平、迅速地评估（甚至在无法通过文件凭据证明从一缔约国所获资历的情况下）难民、流离失所者或难民处境人员是否符合进入高等教育课程或为就业获得资历承认之相关要求的程序，包括对先前学习的承认。

第八章　与评估/认证和承认事项有关的信息

第一条

各缔约国应提供与隶属于其高等教育系统的机构和质量保证系统有关的充分信息，以帮助其他缔约国的资历承认主管部门确定上述机构所出具资历的质量能否证明受理资历承认申请的缔约国应予以承认。这包括：

（一）对其高等教育系统的描述；

（二）对隶属于其高等教育系统的各类高等教育机构的概述以及每类机构的典型特征的概述；

（三）隶属于其高等教育系统的得到承认和/或经认证的高等教育机构（公立及私

立）清单，说明其颁发不同资历的权限及其对进入各类机构和课程的要求；

（四）对质量保证机制的说明；以及

（五）缔约国视为隶属于其教育系统的境外教育机构清单。

第二条

各缔约国应提供便于高等教育资历承认的相关、准确和最新信息，包括：

（一）便利查阅有关其高等教育系统及颁发的资历的权威和准确的信息；

（二）便利查阅有关其他缔约国高等教育系统和颁发的资历的信息；并且

（三）根据国家法律法规就承认事项和资历的评估提供建议或信息。

第三条

各缔约国应采取充分措施，建立并保持一个提供高等教育信息的国家信息中心。国家信息中心的形式可各不相同。

第四条

各缔约国应通过其国家信息中心或其他途径宣传使用下列文件：

（一）《联合国教科文组织学历文凭附录》或任何其他类似的资历证明附录；以及

（二）教科文组织/经合组织《保障高等教育跨国办学质量指导方针》和/或各缔约国高等教育机构根据各自国家法律法规编制的任何类似文件。

第九章　实　　施

第一条

对本公约的实施进行监督、宣传和协助的机构是“亚洲及太平洋地区承认高等教育资历公约委员会”，以下简称为“委员会”。

第二条

一、根据本公约成立的委员会应由各缔约国的一名代表组成。

二、不属于本公约缔约国的国家可以作为观察员参加委员会的会议。活跃于本地区资历承认领域的政府及非政府组织亦可受邀作为观察员参加委员会的会议。

三、委员会可以缔约国的多数票表决通过建议书、宣言、议定书和最佳实践模式，用于指导缔约国资历承认主管部门实施本公约和考虑高等教育资历承认的申请。尽管不受上述文件的约束，各缔约国应尽最大努力应用上述文件，使其受到资历承认主管部门的关注并鼓励其应用。

四、委员会应与联合国教科文组织各地区实施承认高等教育学历、文凭和学位公约（由联合国教科文组织主持通过）委员会保持联系。

五、缔约国的简单多数应构成法定人数。

六、委员会应通过自己的《议事规则》。委员会应至少每三年举行一届常会。委员会的首届会议应在本公约生效后的第一年内举行，并在此后的前五年内每年召开一届会议，以落实对本公约的实施。

七、委员会的秘书处工作应交由联合国教科文组织总干事托管。

第三条

一、应建立国家学术流动和资历承认信息中心网络，负责支持和协助各国资历承认主管部门对本公约的实际实施。

二、各缔约国均应向国家信息中心网络指派本国信息中心的一名成员。如果建立或保持的国家信息中心不止一个，则所有该等中心均应成为网络的成员，但相关国家信息中心的投票权仅为一票。

三、国家信息中心网络应每年召开一届全体会议。网络应选举其主席和理事会。

四、国家信息中心网络的秘书处工作应交由联合国教科文组织总干事托管。

五、国家信息中心网络应收集各缔约国有关学术资历承认和流动的信息。

第十章　最后条款

第一条

一、联合国教科文组织的所有会员国和罗马教廷均可签署并批准、接受、核准或加入本公约。

二、上述国家可通过下述方式表示接受本公约的约束：

（一）对批准、接受、核准或加入不加保留的签署；

（二）须经批准、接受、核准或加入的签署，随后批准、接受、核准或加入；或者

（三）交存批准书、接受书、核准书或加入书。

三、批准书、接受书、核准书或加入书应交存于联合国教科文组织总干事，以下简称“保存人”。

第二条

本公约在亚洲及太平洋地区的五个联合国教科文组织会员国表示同意接受本公约的约束满一个月后的翌月首日开始生效。本公约在其他缔约国表示同意接受本公约约束满一个月后的翌月首日开始对该等缔约国生效。

第三条

一、并非属于1983年公约缔约国的本公约缔约国承诺放弃成为1983年公约的缔约。

二、同时也属于1983年公约缔约国的本公约缔约国：

（一）应在其双边关系中适用本公约的规定；并且

（二）对于不属于本公约缔约国的 1983 年公约缔约国，在与其关系中应继续适用 1983 年公约；

第四条

一、在签署本公约或在交存其批准书、接受书、核准书或加入书时，任何国家均可指定本公约适用的领土范围。

二、任何缔约国均可在以后的任何一个日期向保存人提交一份声明，将本公约的适用范围扩大到声明中指定的任何其他领土。在保存人收到上述声明之日起满一个月后的翌月首日，本公约应对上述领土生效。

第五条

一、任何缔约国均可随时通知保存人退出本公约。

二、退出应在保存人收到上述通知之日起满十二个月后的翌月首日生效。但是，退出不应影响此前根据本公约规定作出的承认决定。

三、因缔约国违反实现本公约目标或宗旨不可或缺的基本规定而导致本公约的实施终止或暂停，应根据国际法加以解决。

第六条

一、任何国家在签署本公约或交存其批准书、接受书、核准书或加入书时，均可宣布保留其不适用本公约下列一项或数项条款之全部或部分规定的权利：第四章第七条、第五章第一条、第五章第二条、第五章第三条、第六章第三条和第八章第四条。除此之外，不得做出任何其他保留。

二、根据前款规定做出保留的缔约国可通知保存人全部或部分撤销其保留。撤销应自保存人收到上述通知之日起生效。

三、对本公约某项规定做出保留的缔约国不得要求任何其他缔约国适用该规定；但如果所做保留属于部分或有条件的保留，则该缔约国可在其接受该等规定的范围内要求该等规定适用。

第七条

一、经三分之二多数缔约国同意，委员会可通过对本公约的修正。按上述方式通过的任何修正均应纳入本公约的一项议定书。议定书应明确其生效方式并在任何情况下均应要求缔约国表示同意接受其约束。

二、不得根据本条第一款程序规定对本公约第三章做出修正。

三、修正提案应提交保存人，由其在委员会召开会议的至少三个月之前转交给各缔约国。保存人还应通知联合国教科文组织执行局。

第八条

在下列任何事项得到完成之后，保存人应通报本公约的缔约国以及联合国教科文组织的其他会员国：

（一）依照第十章第一条第二款规定签署本公约；

（二）依照第十章第一条第二款规定交存批准书、接受书、核准书或加入书；

（三）本公约依照第十章第二条规定开始生效之日；

（四）依照第十章第六条规定做出任何保留和撤销任何保留；

（五）依照第十章第五条规定退出本公约；

（六）依照第十章第四条规定发布声明；

（七）依照第十章第七条规定提出提案；

（八）依照第二章第二条规定发出有关资历承认主管部门的通知；

（九）与本公约有关的任何其他行动、通知或交流。

下列经正式授权的代表在本公约上签字，以昭信守。

二〇一一年十一月二十六日于东京签署中文、英文和俄文文本，三种文本同等作准，正本应交存于联合国教育、科学及文化组织档案处。经认证的副本应提交给第十章第一条所述各国和联合国秘书处。

承认高等教育相关资历全球公约

（2019 年 11 月 25 日　巴黎）

序　言

联合国教育、科学及文化组织大会于 2019 年 11 月 12 日至 27 日在巴黎举行的第四十届会议，

出于增强各缔约国之间教育、地域、人道主义、文化、科学和社会经济联系以及加强地区间对话并分享资历承认文书和实践的共同愿望，

忆及联合国教育、科学及文化组织（教科文组织）《组织法》规定“本组织之宗旨在于通过教育、科学及文化来促进各国间之合作，对和平与安全作出贡献”，

铭记 1945 年《联合国宪章》、1948 年《世界人权宣言》、1951 年《关于难民地位的公约》及其 1967 年《议定书》、1954 年《关于无国籍人地位的公约》、教科文组织 1960 年《反对教育歧视公约》，特别是其第四（甲）条；联合国 1966 年《经济、社会及文化权利国际公约》和教科文组织 1989 年《技术和职业教育公约》之规定，

铭记教科文组织 1993 年《关于承认高等教育学历与资格的建议书》、1997 年《关于高等教育教学人员地位的建议书》、2007 年《联合国土著人民权利宣言》和教科文组织 2017 年《关于科学和科学研究人员的建议书》，

依托教科文组织关于承认高等教育相关资历的各项地区公约，

重申缔约国对促进各级包容和公平的优质教育以及全民终身学习机会所承担的责任，

意识到不断加强的高等教育国际合作，学生、工人、专业人员、研究人员和学术工作者的流动，科学研究方面的变化，以及教学和学习的不同模式、方法、发展和创新，

认为由公立和私立机构提供的高等教育既是一种公共产品，也是一项公共责任，并且认识到需要维护并捍卫高等教育机构学术自由和自主的原则，

深信通过学习者和学习、学者、科学研究和研究人员以及工人和专业人员的流动，

高等教育相关资历的国际承认将促进相互依存的学习和知识发展，并加强高等教育国际合作，

尊重各缔约国的文化多样性以及教育传统和高等教育价值观的差异，

希望顺应需要，通过一项承认高等教育相关资历全球公约，从而对教科文组织关于承认高等教育相关资历的地区公约形成补充并促进它们之间的协调一致，

深信有必要寻求共同、实际且透明的解决方案，在全球范围改进资历承认工作，

深信本公约将促进国际流动、公正透明的资历承认程序方面的交流与合作，以及全球层面的高等教育质量保障和学术诚信，

兹于 2019 年 11 月 25 日通过本公约。

第一章 术语定义

第一条

本公约采用如下定义：

入学（高等教育）：为持有资历的任何个人提供的申请接受某一层次高等教育并被考虑录取的权利。

录取（高等教育机构或课程）：准许合格申请人在某一特定机构和/或某一特定课程接受高等教育的行为或制度。

申请人：

（一）将资历、部分学程或先前学习提交资历承认主管机构评估和/或承认的个人；

或者

（二）经个人同意代表其行事的实体。

评估：从事资历评价的资历承认主管机构对申请人的资历、部分学程或先前学习的评价。

主管机构：具有职权、能力或法定权力行使某一特定职能的个人或实体。

资历承认主管机构：根据缔约国的法律、法规、政策或惯例评估资历和/或作出资历承认决定的实体。

组成单位：符合本公约第二十条“联邦制或非单一立宪制”第（二）项之规定的省、邦、县或州等国家以下一级管辖区的本公约缔约国官方实体。

跨境教育：涉及跨越缔约国边界的人员、知识、教学计划、办学者和课程流动的所有教育方式，包括但不限于：有质量保障的国际联合学位课程、跨境高等教育、跨国教育、境外教育和无国界教育。

流离失所者：被迫离开其居住地或环境并放弃职业活动，前往其他居住地或环境

的个人。

正规教育系统：包括官方承认的所有负责教育的实体，以及缔约国主管机构承认并因此授权其提供教学和其他相关教育服务的各级公立和私立教育机构在内的缔约国教育系统。

正规学习：在缔约国主管机构承认并因此授权其开展学习活动的教育机构提供的、可获得正规资历的结构化学习环境中进行的学习。

高等教育：被缔约国或缔约国的组成单位的主管机构承认属于其高等教育系统的各类中等教育后学习课程或学习课程组合。

高等教育机构：被缔约国或缔约国的组成单位的主管机构承认属于其高等教育系统的高等教育办学机构。

高等教育课程：被缔约国或缔约国的组成单位的主管机构承认属于其高等教育系统的中等教育后学习课程，成功完成该课程的学生可获得高等教育资历。

非正式学习：在正规教育系统之外发生且在与工作、家庭、当地社区或休闲相关的日常生活活动中进行的学习。

国际联合学位：一种跨境教育学位，由隶属于一个以上国家的两个或两个以上高等教育机构在某一综合协调且共同开办的学习课程完成后联合承认和/或批准并授予的单一学位。

学习成果：学习者在完成某一学习过程后掌握的知识和技能。

终身学习：伴随人的一生、旨在提高和发展人的才能、知识、技能、态度和能力的所有正规、非正规或非正式学习活动进程。

流动性：个人到国外从事学习、研究、教学或工作的实际或虚拟形式的流动。

非正规学习：在不属于正规教育系统、侧重职业生活的教育或培训框架内进行的学习。

非传统学习模式：不主要依靠教育者和学习者面对面互动的正规、非正规和非正式教学活动机制。

部分承认：对于因明显存在实质性差异而无法被资历承认主管机构完全承认的完整且完成的资历的部分承认。

部分学程：尽管其本身并不完整，但经评估能够代表切实掌握了一定知识、技能、态度和能力的任何部分高等教育课程。

先前学习：个人通过正规、非正规或非正式学习所获得且经过比照一组特定学习成果、目标或标准评估的经验、知识、技能、态度和能力。

资历：

（一）高等教育资历：由某一主管机构颁发、证明已成功完成某项高等教育课程或在适用情况下证明先前学习得到认证的各种学位、文凭、证书或证明；

（二）高等教育入学资历：由某一主管机构颁发、证明已成功完成某项教育课程或在适用情况下证明先前学习得到认证的各种学位、文凭、证书或证明，该资历持有者享有被高等教育考虑录取之权利。

合格申请人：符合相关标准并被认为有资格申请接受高等教育的个人。

资历框架：按照一套标准对有质量保障的资历进行分类、发布和组织的系统。

质量保障：主管机构对高等教育系统、机构或课程质量进行评估的持续进程，旨在向利益攸关方保证可接受的教育标准始终得到保持和加强。

资历承认：资历承认主管机构对外国教育资历、部分学程或先前学习的有效性和学术水平的正式承认，旨在为申请人提供（包括但不限于）：

（一）申请被高等教育机构录取的权利；和/或

（二）寻找就业机会的可能性。

地区：根据教科文组织为开展地区性活动所作的地区划分而确定的区域，即：非洲、阿拉伯国家、亚洲及太平洋、欧洲以及拉丁美洲和加勒比。

资历承认地区公约：教科文组织各地区承认高等教育相关资历的教科文组织公约，包括《地中海沿岸阿拉伯国家和欧洲国家承认高等教育学历、文凭与学位的公约》。

要求：

（一）基本要求：必须满足的接受高等教育或某一层次高等教育的条件，或获得某一层次高等教育资历的条件；

（二）特定要求：除基本要求外，为获得某一特定高等教育课程的录取或获得某一具体学科领域的特定高等教育资历所必须满足的条件。

实质性差异：外国资历和缔约国资历之间存在的很可能会妨碍申请人顺利从事自己希望的活动（包括但不限于继续学习、开展研究或寻求就业机会）的巨大差异。

第二章 本公约的目标

第二条

本公约依托并加强资历承认地区公约之间的协调、修订和落实，其目标为：

一、促进并加强高等教育领域的国际合作；

二、支持跨地区举措、政策和创新，促进高等教育领域的国际合作；

三、促进高等教育领域的全球流动，实现高等教育的价值，增进本公约缔约国的资历持有者、高等教育机构、雇主和其他利益攸关方之间的互利，同时理解并尊重各缔约国高等教育系统的多样性；

四、提供一个具有包容性的全球框架，促进高等教育相关资历得到公平、透明、连贯、一致、及时和可靠的承认；

五、尊重、维护并捍卫高等教育机构和系统的自主性和多样性；

六、通过倡导诚信和合乎道德的实践等方式，培养对资历的质量和可靠性的信任和信心；

七、促进高等教育机构和系统的质量保障文化，开展必要的能力建设，确保质量保障、资历框架和资历承认的可靠性、连贯性和互补性，以利于国际流动；

八、推动各利益攸关方、缔约国和地区之间编制、收集和分享可获取、最新、可靠、透明和相关的信息并传播最佳做法；

九、通过资历承认，促进包容和公平地接受优质高等教育，支持包括难民和流离失所者在内的全民终身学习机会；

十、为促进可持续发展教育，在全球范围推动人力资源和教育资源的优化利用，并为所有社会的体制、经济、技术、文化、民主和社会发展作出贡献。

第三章　承认高等教育相关资历的基本原则

第三条

本公约兹为承认高等教育相关资历制定以下原则：

一、个人有权使其资历得到评估，以便申请接受高等教育或寻求就业机会；

二、资历承认应根据各缔约国的规章制度，做到透明、公平、及时和非歧视，并且应让人负担得起；

三、资历承认决定以信任、明确的标准以及公平、透明和非歧视的程序为基础，并彰显公平接受可带来就业机会的高等教育这一公共产品的根本重要性；

四、资历承认决定应依据缔约国主管机构、官方的国家信息中心或类似实体提供的有关高等教育系统、机构、课程和质量保障机制的适当、可靠、可获取和最新的信息；

五、资历承认决定应对世界各地高等教育系统的多样性给予应有尊重；

六、从事资历承认评估的资历承认主管机构应本着诚信态度进行评估，就决定作出明确解释，并设有资历承认决定申诉机制；

七、寻求获得资历承认的申请人应如实提供关于其所获资历的充分、准确的信息和材料，并有权提出申诉；

八、缔约国承诺采取措施，通过鼓励使用现代技术和在缔约国之间开展网络活动，消除与高等教育资历相关的一切形式的欺诈行为。

第四章　本公约缔约国的义务

本公约兹为各缔约国规定以下义务：

第四条　对高等教育入学资历的承认

一、除非获得资历所在的缔约国与受理资历承认申请的缔约国在入学基本要求上存在实质性差异，否则，就高等教育系统的入学而言，各缔约国应承认在其他缔约国获得的符合其高等教育入学基本要求的资历以及有记录或经证明的先前学习。或者，缔约国亦可使另一缔约国所颁发资历的持有者的资历能得到评估。

二、对于在可比质量保障机制框架内通过得到承认的非传统学习模式获得的资历，应根据缔约国或缔约国组成单位的规章制度，运用与通过传统学习模式获得的类似资历相同的适用标准予以评估。

三、若某一资历只允许其持有者进入获得资历所在的缔约国特定类型的高等教育机构或课程学习，其他各缔约国应准许此种资历的持有者进入其高等教育系统内类似特定类型的机构或课程（如适用）学习，除非能够表明存在实质性差异。

第五条　对高等教育资历的承认

一、除非能够表明寻求承认的资历与受理资历承认申请的缔约国的相应资历之间存在实质性差异，否则各缔约国应承认另一缔约国授予的高等教育资历。或者，缔约国亦可应另一缔约国所颁发高等教育资历的持有者的要求，使其此种资历能得到评估。

二、对于在可比质量保障机制框架内通过得到承认且被视为缔约国高等教育系统组成部分的非传统学习模式获得的高等教育资历，将根据受理资历承认申请的缔约国或其组成单位的规章制度，运用与通过传统学习模式获得的类似资历相同的标准予以评估。

三、对于通过授予国际联合学位的跨境教育或者通过在一个以上国家（其中至少有一个国家是本公约缔约国）开设的任何联合课程获得的高等教育资历，应根据受理资历承认申请的缔约国或其组成单位的规章制度，运用与通过在单一国家开设的课程获得的资历相同的标准予以评估。

四、缔约国承认另一缔约国颁发的高等教育资历，将至少产生以下一种结果：

（一）以与受理资历承认申请缔约国的高等教育资历持有者相同的适用条件，为资历持有者提供申请继续接受高等教育的权利；和/或

（二）根据受理资历承认申请的缔约国或其组成单位的法律法规，使资历持有者有权使用与高等教育资历相关的称谓。

此外，资历评估和承认可使合格申请人能够寻求就业机会，但应符合受理资历承

认申请的缔约国或其组成单位的法律法规。

五、如果资历承认主管机构证明寻求承认的资历与受理资历承认申请的缔约国的相应资历之间存在实质性差异，则资历承认主管机构应设法确定是否可以给予部分承认。

六、各缔约国对于通过跨境教育或通过在其管辖地内运营的外国教育机构获得的高等教育资历，可视其或其组成单位的法律或法规的特定要求，或根据其与该等机构所属缔约国签订的具体协定，给予承认。

第六条　对部分学程和先前学习的承认

一、为便于完成高等教育课程或继续高等教育学业，各缔约国在顾及缔约国有关入学法规的情况下，可酌情承认在另一缔约国取得的有记录或经证明的部分学程和有记录或经证明的先前学习，除非能够表明部分学程和先前学习与其在受理资历承认申请的缔约国的高等教育课程中的替代部分之间存在实质性差异。或者，缔约国亦可应相关个人的要求，使其在另一缔约国进行的有记录或经证明的部分学程和先前学习能得到评估。

二、对于在可比质量保障机制框架内通过得到承认且被视为缔约国高等教育系统组成部分的非传统学习模式部分完成的有记录或经证明的高等教育课程，应根据缔约国或其组成单位的规章制度，运用与通过传统学习模式获得的部分学程相同的适用标准予以评估。

三、对于通过授予国际联合学位的跨境教育或在一个以上国家（其中至少有一个国家是本公约缔约国）开设的其他联合课程等方式部分完成的有记录或经证明的高等教育课程，将根据缔约国或其组成单位的规章制度，运用与在单一国家完成的部分学程相同的适用标准予以评估。

第七条　对难民和流离失所者的部分学程和资历的承认

各缔约国应按照其宪法、法律和法规的规定，在其教育系统范围内采取必要和可行的步骤，制定合理的程序，以便公平、高效地评估难民和流离失所者是否符合获得高等教育入学机会、继续完成高等教育课程或寻求就业机会的相关要求，其中亦应包括无法通过书面证据证明在另一国家完成的部分学程、先前学习或所获资历的情况。

第八条　资历评估和承认的信息

一、各缔约国应建立透明的系统，对在其境内获得的资历和学习成果进行完整的说明。

二、各缔约国应在根据其宪法、法律和法规的状况和结构可行的范围内，建立客观且可靠的高等教育机构审批、资历承认和质量保障体系，以促进对其高等教育系统的信心和信任。

三、各缔约国应建立并维护一个国家信息中心或类似实体，提供有关其高等教育系统的相关、准确和最新信息。

四、各缔约国应鼓励利用各种技术，确保信息获取便利。

五、各缔约国应：

（一）提供关于其高等教育系统、资历、质量保障和资历框架（如适用）的权威、准确的信息；

（二）为传播和获取有关其他缔约国高等教育系统和资历以及高等教育入学资历的准确信息提供便利；

（三）依据其法律、法规和政策，酌情就资历评估标准和程序等资历承认事宜以及资历承认方面良好做法材料的编制，提供建议和信息；

（四）确保在合理时间范围内提供有关隶属于其高等教育系统的任何机构和此类机构开设的任何课程方面的充分信息，以帮助其他缔约国的主管机构确定此类机构所颁发资历的质量是否足以获得受理资历承认申请的缔约国的承认。

第九条　申请的评估

一、首先，提供充分信息的责任在于申请人，申请人应如实提供此类信息。

二、各缔约国应确保隶属于其教育系统的机构尽可能在合理的时间范围内，应要求免费向资历持有者或受理资历承认申请的缔约国的机构或资历承认主管机构提供相关信息。

三、各缔约国应确保从事资历承认评估工作的机构能够在某一项申请不符合要求或显示存在实质性差异时作出说明。

第十条　关于资历承认主管机构的信息

一、各缔约国应向本公约保存人提供有关其管辖地内资历承认事宜决策主管机构的正式通知。

二、缔约国若设有资历承认中央主管机构，则该机构应即刻受本公约条款的约束，并应采取必要措施，确保本公约的条款在该缔约国管辖地得到实施。

三、若资历承认事宜的决定权归属缔约国组成单位，则该缔约国应在签署或交存其批准书、接受书、核准书或加入书时，向保存人提供其宪政状况或结构的简要说明，并在此后就所发生的任何变更加以说明。在这种情况下，该缔约国的组成单位中被指定的资历承认主管机构应在该缔约国宪政状况和结构的可能范围内采取必要措施，确保本公约的条款在该缔约国管辖地得到实施。

四、若资历承认事宜的决定权归属各高等教育机构或其他实体，则各缔约国或缔约国各组成单位应根据其宪政状况或结构将本公约文本转发给上述机构或实体，并应采取一切必要步骤，鼓励对本公约的条款予以积极考虑和适用。

五、本条第二、三和四款的规定应比照适用于缔约国根据本公约应履行的义务。

第十一条　高等教育课程录取的附加要求

一、若某些特定高等教育课程的录取除满足入学基本要求外还需要满足特定要求，则相关缔约国主管机构可对其他缔约国资历的持有者提出相同的特定要求，或者评估持有其他缔约国资历的申请人是否满足同等要求。

二、若某一缔约国高等教育入学资历只有在通过作为入学前提条件的额外资格考试后方可颁发，则其他缔约国可将上述要求作为入学条件，或在其教育系统内提供一种满足上述额外要求的替代办法。

三、在不影响第四条规定的情况下，某一特定高等教育机构或该等机构的某一特定课程可根据公平和透明的规章进行限制性或选拔性录取。

四、关于本条第三款，录取程序的设计应旨在确保根据第三条所述的透明、公平和非歧视原则对外国资历进行评估。

五、在不影响第四条规定的情况下，某一特定高等教育机构的录取可将资历持有者具备掌握该等机构一种或多种教学语言或者其他规定语言的充分能力作为录取条件。

六、就高等教育课程的录取而言，各缔约国对在其管辖地运营的外国教育机构颁发的资历，可视其或其组成单位的法律法规的特定要求，或根据其与该等机构所属缔约国签订的具体协定，给予承认。

第五章　实施机制与合作

第十二条　实施机制

缔约国同意通过以下机制或与以下机制合作实施本公约：

一、国家实施机制；

二、国家实施机制网络；

三、国家、地区和全球认证、质量保障、资历框架和资历承认组织；

四、政府间缔约国大会；

五、资历承认地区公约委员会。

第十三条　国家实施机制

一、为了推动高等教育资历的承认工作，缔约国承诺通过包括国家信息中心或类似实体在内的相关组织实施本公约。

二、各缔约国将向政府间缔约国大会秘书处通报其国家实施机制及与此相关的任何变动情况。

三、国家实施机制应组建网络并积极参与其中。

第十四条　国家实施机制网络

一、在政府间缔约国大会的支持下，该网络由缔约国国家实施机制组成，并应支持和协助本公约的切实实施。

二、该网络应根据要求为缔约国提供信息交流、能力建设和技术支持。

三、该网络致力于根据本公约加强地区间合作，保持与政府间缔约国大会的联络。

四、缔约国可加入依据资历承认地区公约建立的现有地区性网络，或创建新的网络。

加入现有地区性网络应征得相关资历承认地区公约委员会的同意。

第十五条　政府间缔约国大会

一、应设立政府间缔约国大会，以下简称“大会”。

二、大会应由本公约全体缔约国代表组成。

三、非本公约缔约国以及资历承认地区公约委员会负责人应受邀作为观察员参加大会相关会议。

四、相关国际组织和地区组织的代表，以及积极参与高等教育资历承认领域工作的政府组织和非政府组织的代表，也可应邀作为观察员出席大会相关会议。

五、大会应至少每两年举行一次常会。如大会作出决定或应至少三分之一缔约国的要求，可召开大会特别会议。大会应制定关于闭会期间活动的临时工作计划。大会应向教科文组织大会每届常会提交一份报告。

六、大会首次会议应于本公约生效两年以内举行，并且届时应通过其议事规则。

七、大会应通过全球或跨地区层面的建议书、宣言、良好做法范例以及任何相关附属文本，促进本公约的执行并监督其实施工作。

八、大会可与资历承认地区公约委员会协商，通过本公约操作指南，供缔约国采用。

九、大会应支持落实教科文组织理事机构就本公约实施情况进行监督并接受报告的活动。

十、大会应与教科文组织支持的资历承认地区公约委员会开展合作。

十一、大会应确保与资历承认地区公约委员会之间进行必要的信息交流。

十二、大会应根据本公约第二十三条审议通过对本公约的修正案草案。通过的修正案不得有损于本公约所述的透明、公平、及时和非歧视性承认原则。

十三、教科文组织总干事将为大会配备秘书处。秘书处应编制大会文件，起草会议议程，并确保大会的决定得到落实。

第六章 最后条款

第十六条 会员国批准、接受或核准

一、本公约须由教科文组织会员国和罗马教廷依据各自的宪法和法律程序批准、接受或核准。

二、批准书、接受书或核准书应交教科文组织总干事保存。

第十七条 加入

一、所有非教科文组织会员国的联合国会员国，均可由教科文组织大会邀请加入本公约。

二、根据联合国大会第1514（XV）号决议并未获得完全独立、但经联合国承认享有充分内部自治、有权处理本公约所涉事宜包括有权就此类事宜签署条约的领土，也可加入本公约。

三、加入书应交教科文组织总干事保存。

第十八条 生效

一、本公约在第二十份批准书、接受书、核准书或加入书交存之日起三个月后生效，但仅对在该日或该日之前交存批准书、接受书、核准书或加入书的缔约国生效。

二、对于任何其他缔约国，本公约则在其交存批准书、接受书、核准书或加入书三个月后生效。

第十九条 本公约缔约国与资历承认地区公约及其他条约缔约国之间的关系

一、批准、接受、核准或加入任何资历承认地区公约不应作为批准、接受、核准或加入本公约的先决条件。

二、本公约缔约国应：

（一）加强本公约与其加入的其他条约之间、特别是与资历承认地区公约之间的相互支持；

（二）在解释并适用其加入的资历承认地区公约或承担其他国际义务时考虑本公约的相关条款。

三、本公约的任何内容不得解释为对缔约国在其加入的资历承认地区公约和其他任何条约中的权利和义务的变更。

四、为了确保本公约、各项资历承认地区公约、其他任何相关的双边或多边协定、本公约某一缔约国可能已经加入或将要加入的其他任何现行或未来条约或公约之间的协调互动，本公约的任何内容均不得视为减损任何更有利于资历承认的条款，尤其是有关国家信息中心、网络和实质性差异的条款。

第二十条 联邦制或非单一立宪制

鉴于国际协定对采取任何立宪制度的缔约国均具有同等约束力，对实行联邦制或非单一立宪制的缔约国应适用以下条款：

（一）对于在联邦或中央立法机构的法律管辖下实施的本公约各项条款，联邦或中央政府的义务与非联邦国家的缔约国的义务相同；

（二）对于在按照联邦立宪制无须采取立法措施的缔约国组成单位（如省、邦、县或州）的管辖下实施的本公约条款，联邦政府在必要时须将这些条款连同其关于采用这些条款的建议一并通知其组成单位的主管机构。

第二十一条 退约

一、本公约任一缔约国均可随时退出本公约。

二、退约应以文书书面形式通知，交教科文组织总干事保存。

三、在收到退约书十二个月后，退约生效。在退约生效日之前，退约缔约国依据本公约所承担的义务不受任何影响。

四、退出本公约不得对以下方面产生任何影响：

（一）此前根据本公约规定作出的资历承认决定；

（二）在本公约范围内仍在开展的资历承认评估。

第二十二条 保存职责

教科文组织总干事作为本公约的保存人，应告知本组织会员国、第十七条所述的非本组织会员国以及联合国：

（一）第十六条和第十七条规定的所有批准书、接受书、核准书或加入书的交存情况；

（二）第二十一条规定的退约情况；

（三）根据第二十三条通过的公约修正案以及根据第二十三条提出的修正案生效日期。

第二十三条 修正

一、本公约缔约国可通过致教科文组织总干事的书面函件，提出对本公约进行修正。总干事应将此类函件发送至所有缔约国。如函件发出六个月内不少于半数公约缔约国赞成上述要求，则总干事应将公约修正建议提交政府间缔约国大会下一届会议讨论并决定是否通过。

二、修正案须经出席会议并参加表决的缔约国三分之二多数通过。

三、对本公约的修正案一经通过，应提交缔约国批准、接受、核准或加入。

四、对批准、接受、核准或加入本公约修正案的缔约国而言，修正案在三分之二的缔约国交存本条第三款中所述文书三个月后生效。此后，对任何批准、接受、核准或加入一项修正案的缔约国而言，在其交存批准书、接受书、核准书或加入书之日起三个月后，上述修正案即行生效。

五、在修正案依照本条第四款的规定生效之后成为本公约缔约国的国家如未表示异议，则应：

（一）被视为经修正的本公约的缔约国；

（二）在涉及不受修正案约束的缔约国时，仍被视为未经修正的本公约的缔约国。

第二十四条　在联合国登记

根据《联合国宪章》第一百零二条的规定，本公约将应教科文组织总干事的要求在联合国秘书处登记。

第二十五条　作准文本

本公约用阿拉伯文、中文、英文、法文、俄文和西班牙文写成，六种文本同等作准。

第四部分

世界贸易组织有关条约

服务贸易总协定

（1994年4月15日）

各成员，

认识到服务贸易对世界经济增长和发展日益增加的重要性；

希望建立一个服务贸易原则和规则的多边框架，以期在透明和逐步自由化的条件下扩大此类贸易，并以此为手段促进所有贸易伙伴的经济增长和发展中国家的发展；

期望在给予国家政策目标应有尊重的同时，通过连续回合的多边谈判，在互利基础上促进所有参加方的利益，并保证权利和义务的总体平衡，以便早日实现服务贸易自由化水平的逐步提高；

认识到各成员为实现国家政策目标，有权对其领土内的服务提供进行管理和采用新的法规，同时认识到由于不同国家服务法规发展程度方面存在的不平衡，发展中国家特别需要行使此权利；

期望便利发展中国家更多地参与服务贸易和扩大服务出口，特别是通过增强其国内服务能力、效率和竞争力；

特别考虑到最不发达国家由于特殊的经济状况及其在发展、贸易和财政方面的需要而存在的严重困难；

特此协议如下：

第一部分　范围和定义

第1条　范围和定义

1. 本协定适用于各成员影响服务贸易的措施。

2. 就本协定而言，服务贸易定义为：

（a）自一成员领土向任何其他成员领土提供服务；

（b）在一成员领土内向任何其他成员的服务消费者提供服务；

（c）一成员的服务提供者通过在任何其他成员领土内的商业存在提供服务；

(d) 一成员的服务提供者通过在任何其他成员领土内的自然人存在提供服务。

3. 就本协定而言：

(a)“成员的措施”指：

(i) 中央、地区或地方政府和主管机关所采取的措施；及

(ii) 由中央、地区或地方政府或主管机关授权行使权力的非政府机构所采取的措施。

在履行本协定项下的义务和承诺时，每一成员应采取其所能采取的合理措施，以保证其领土内的地区、地方政府和主管机关以及非政府机构遵守这些义务和承诺。

(b)“服务”包括任何部门的任何服务，但在行使政府职权时提供的服务除外；

(c)“行使政府职权时提供的服务”指既不依据商业基础提供，也不与一个或多个服务提供者竞争的任何服务。

第二部分　一般义务和纪律

第 2 条　最惠国待遇

1. 关于本协定涵盖的任何措施，每一成员对于任何其他成员的服务和服务提供者，应立即和无条件地给予不低于其给予任何其他国家同类服务和服务提供者的待遇。

2. 一成员可维持与第 1 款不一致的措施，只要该措施已列入《关于第 2 条豁免的附件》，并符合该附件中的条件。

3. 本协定的规定不得解释为阻止任何成员对相邻国家授予或给予优惠，以便利仅限于毗连边境地区的当地生产和消费的服务的交换。

第 3 条　透明度

1. 除紧急情况外，每一成员应迅速公布有关或影响本协定运用的所有普遍适用的措施，最迟应在此类措施生效之时。一成员为签署方的有关或影响服务贸易的国际协定也应予以公布。

2. 如第 1 款所指的公布不可行，则应以其他方式使此类信息可公开获得。

3. 每一成员应迅速并至少每年向服务贸易理事会通知对本协定项下具体承诺所涵盖的服务贸易有重大影响的任何新的法律、法规、行政准则或现有法律、法规、行政准则的任何变更。

4. 每一成员对于任何其他成员关于提供属第 1 款范围内的任何普遍适用的措施或国际协定的具体信息的所有请求应迅速予以答复。每一成员还应设立一个或多个咨询点，以应请求就所有此类事项和需遵守第 3 款中的通知要求的事项向其他成员提供具体信息。此类咨询点应在《建立世界贸易组织协定》（本协定中称“《WTO 协定》”）

生效之日起 2 年内设立。对于个别发展中国家成员，可同意在设立咨询点的时限方面给予它们适当的灵活性。咨询点不必是法律和法规的保存机关。

5. 任何成员可将其认为影响本协定运用的、任何其他成员采取的任何措施通知服务贸易理事会。

第 3 条之二　机密信息的披露

本协定的任何规定不得要求任何成员提供一经披露即妨碍执法或违背公共利益或损害特定公私企业合法商业利益的机密信息。

第 4 条　发展中国家的更多参与

1. 不同成员应按照本协定第三部分和第四部分的规定，通过谈判达成有关以下内容的具体承诺，以便利发展中国家成员更多地参与世界贸易：

（a）增强其国内服务能力、效率和竞争力，特别是通过在商业基础上获得技术；

（b）改善其进入分销渠道和利用信息网络的机会；以及

（c）在对其有出口利益的部门和服务提供方式实现市场准入自由化。

2. 发达国家成员和在可能的限度内的其他成员，应在《WTO 协定》生效之日起 2 年内设立联络点，以便利发展中国家成员的服务提供者获得与其各自市场有关的、关于以下内容的信息：

（a）服务提供的商业和技术方面的内容；

（b）专业资格的登记、认可和获得；以及

（c）服务技术的可获性。

3. 在实施第 1 款和第 2 款时，应对最不发达国家成员给予特别优先。鉴于最不发达国家的特殊经济状况及其发展、贸易和财政需要，对于它们在接受谈判达成的具体承诺方面存在的严重困难应予特殊考虑。

第 5 条　经济一体化

1. 本协定不得阻止任何成员参加或达成在参加方之间实现服务贸易自由化的协定，只要此类协定：

（a）涵盖众多服务部门（注 1），并且

注 1：此条件应根据部门数量、受影响的贸易量和提供方式进行理解。为满足此条件，协定不应规定预先排除任何服务提供方式。

（b）规定在该协定生效时或在一合理时限的基础上，对于（a）项所涵盖的部门，在参加方之间通过以下方式不实行或取消第 17 条意义上的实质上所有歧视：

（i）取消现有歧视性措施，和或

（ii）禁止新的或更多的歧视性措施，

但第 11 条、第 12 条、第 14 条以及第 14 条之二下允许的措施除外。

2. 在评估第 1 款（b）项下的条件是否得到满足时，可考虑该协定与有关国家之间更广泛的经济一体化或贸易自由化进程的关系。

3. （a）如发展中国家为第 1 款所指类型协定的参加方，则应依照有关国家总体和各服务部门及分部门的发展水平，在第 1 款所列条件方面，特别是其中（b）项所列条件方面给予灵活性。

（b）尽管有第 6 款的规定，但是在第 1 款所指类型的协定只涉及发展中国家的情况下，对此类协定参加方的自然人所拥有或控制的法人仍可给予更优惠的待遇。

4. 第 1 款所指的任何协定应旨在便利协定参加方之间的贸易，并且与订立该协定之前的适用水平相比，对于该协定外的任何成员，不得提高相应服务部门或分部门内的服务贸易壁垒的总体水平。

5. 如因第 1 款下的任何协定的订立、扩大或任何重大修改，一成员有意修改或撤销一具体承诺，因而与其减让表中所列条款和条件不一致，则该成员应至少提前 90 天通知该项修改或撤销，并应适用第 21 条第 2 款、第 3 款和第 4 款中所列程序。

6. 任何其他成员的服务提供者，如属根据第 1 款所指协定参加方的法律所设立的法人，则有权享受该协定项下给予的待遇，只要该服务提供者在该协定的参加方领土内从事实质性商业经营。

7. （a）属第 1 款所指任何协定参加方的成员应迅速将任何此类协定及其任何扩大或重大修改通知服务贸易理事会。它们还应使理事会可获得其所要求的有关信息。理事会可设立工作组，以审查此类协定及其扩大或修改，并就其与本条规定的一致性问题向理事会提出报告。

（b）属第 1 款所指的在一时限基础上实施的任何协定参加方的成员应定期就协定的实施情况向服务贸易理事会提出报告。理事会如认为必要，可设立工作组，以审查此类报告。

（c）依据（a）项和（b）项所指的工作组的报告，理事会可向参加方提出其认为适当的建议。

8. 属第 1 款所指的任何协定参加方的成员，不可对任何其他成员从此类协定中可能获得的贸易利益寻求补偿。

第 5 条之二　劳动力市场一体化协定

本协定不得阻止任何成员参加在参加方之间实现劳动力市场完全一体化（注 2）的协定，只要此类协定：

注 2：一般情况下，此类一体化为其参加方的公民提供自由进入各参加方就业市场的权利，并包括有关工资条件及其他就业和社会福利条件的措施。

（a）对协定参加方的公民免除有关居留和工作许可的要求；

（b）通知服务贸易理事会。

第6条 国内法规

1. 在已作出具体承诺的部门中，每一成员应保证所有影响服务贸易的普遍适用的措施以合理、客观和公正的方式实施。

2.（a）每一成员应维持或尽快设立司法、仲裁或行政庭或程序，在受影响的服务提供者请求下，对影响服务贸易的行政决定迅速进行审查，并在请求被证明合理的情况下提供适当的补救。如此类程序并不独立于作出有关行政决定的机构，则该成员应保证此类程序在实际中提供客观和公正的审查。

（b）（a）项的规定不得解释为要求一成员设立与其宪法结构或其法律制度的性质不一致的法庭或程序。

3. 对已作出具体承诺的服务，如提供此种服务需要得到批准，则一成员的主管机关应在根据其国内法律法规被视为完整的申请提交后一段合理时间内，将有关该申请的决定通知申请人。在申请人请求下，该成员的主管机关应提供有关申请情况的信息，不得有不当延误。

4. 为保证有关资格要求和程序、技术标准和许可要求的各项措施不致构成不必要的服务贸易壁垒，服务贸易理事会应通过其可能设立的适当机构，制定任何必要的纪律。此类纪律应旨在特别保证上述要求：

（a）依据客观的和透明的标准，例如提供服务的能力和资格；

（b）不得比为保证服务质量所必需的限度更难以负担；

（c）如为许可程序，则这些程序本身不成为对服务提供的限制。

5.（a）在一成员已作出具体承诺的部门中，在按照第4款为这些部门制定的纪律生效之前，该成员不得以以下方式实施使此类具体承诺失效或减损的许可要求、资格要求和技术标准：

（i）不符合第4款（a）项、（b）项或（c）项中所概述的标准的；且

（ii）在该成员就这些部门作出具体承诺时，不可能合理预期的。

（b）在确定一成员是否符合第5款（a）项下的义务时，应考虑该成员所实施的有关国际组织（注3）的国际标准。

注3："有关国际组织"指成员资格对至少所有WTO成员的有关机构开放的国际机构。

6. 在已就专业服务作出具体承诺的部门，每一成员应规定适当程序，以核验任何其他成员专业人员的能力。

第7条 承认

1. 为使服务提供者获得授权、许可或证明的标准或准则得以全部或部分实施，在遵守第3款要求的前提下，一成员可承认在特定国家已获得的教育或经历、已满足的

要求、或已给予的许可或证明。此类可通过协调或其他方式实现的承认，可依据与有关国家的协定或安排，也可自动给予。

2. 属第 1 款所指类型的协定或安排参加方的成员，无论此类协定或安排是现有的还是在将来订立，均应向其他利害关系成员提供充分的机会，以谈判加入此类协定或安排，或与其谈判类似的协定或安排。如一成员自动给予承认，则应向任何其他成员提供充分的机会，以证明在该其他成员获得的教育、经历、许可或证明以及满足的要求应得到承认。

3. 一成员给予承认的方式不得构成在适用服务提供者获得授权、许可或证明的标准或准则时在各国之间进行歧视的手段，或构成对服务贸易的变相限制。

4. 每一成员应：

（a）在《WTO 协定》对其生效之日起 12 个月内，向服务贸易理事会通知其现有的承认措施，并说明此类措施是否以第 1 款所述类型的协定或安排为依据；

（b）在就第 1 款所指类型的协定或安排进行谈判之前，尽早迅速通知服务贸易理事会，以便向任何其他成员提供充分的机会，使其能够在谈判进入实质性阶段之前表明其参加谈判的兴趣；

（c）如采用新的承认措施或对现有措施进行重大修改，则迅速通知服务贸易理事会，并说明此类措施是否以第 1 款所指类型的协定或安排为依据。

5. 只要适当，承认即应以多边议定的准则为依据。在适当的情况下，各成员应与有关政府间组织或非政府组织合作，以制定和采用关于承认的共同国际标准和准则，以及有关服务行业和职业实务的共同国际标准。

第 8 条　垄断和专营服务提供者

1. 每一成员应保证在其领土内的任何垄断服务提供者在有关市场提供垄断服务时，不以与其在第 2 条和具体承诺下的义务不一致的方式行事。

2. 如一成员的垄断提供者直接或通过附属公司参与其垄断权范围之外且受该成员具体承诺约束的服务提供的竞争，则该成员应保证该提供者不滥用其垄断地位在其领土内以与此类承诺不一致的方式行事。

3. 如一成员有理由认为任何其他成员的垄断服务提供者以与第 1 款和第 2 款不一致的方式行事，则在该成员请求下，服务贸易理事会可要求设立、维持或授权该服务提供者的成员提供有关经营的具体信息。

4. 在《WTO 协定》生效之日后，如一成员对其具体承诺所涵盖的服务提供给予垄断权，则该成员应在所给予的垄断权预定实施前不迟于 3 个月通知服务贸易理事会，并应适用第 21 条第 2 款、第 3 款和第 4 款的规定。

5. 如一成员在形式上或事实上（a）授权或设立少数几个服务提供者，且（b）实质性阻止这些服务提供者在其领土内相互竞争，则本条的规定应适用于此类专营服务提供者。

第 9 条　商业惯例

1. 各成员认识到，除属第 8 条范围内的商业惯例外，服务提供者的某些商业惯例会抑制竞争，从而限制服务贸易。

2. 在任何其他成员请求下，每一成员应进行磋商，以期取消第 1 款所指的商业惯例。被请求的成员对此类请求应给予充分和积极的考虑，并应通过提供与所涉事项有关的、可公开获得的非机密信息进行合作。在遵守其国内法律并在就提出请求的成员保障其机密性达成令人满意的协议的前提下，被请求的成员还应向提出请求的成员提供其他可获得的信息。

第 10 条　紧急保障措施

1. 应就紧急保障措施问题在非歧视原则基础上进行多边谈判。此类谈判的结果应在不迟于《WTO 协定》生效之日起 3 年的一日期生效。

2. 在第 1 款所指的谈判结果生效之前的时间内，尽管有第 21 条第 1 款的规定，但是任何成员仍可在其一具体承诺生效 1 年后，向服务贸易理事会通知其修改或撤销该承诺的意向；只要该成员向理事会说明该修改或撤销不能等待第 21 条第 1 款规定的 3 年期限期满的理由。

3. 第 2 款的规定应在《WTO 协定》生效之日起 3 年后停止适用。

第 11 条　支付和转移

1. 除在第 12 条中设想的情况下外，一成员不得对与其具体承诺有关的经常项目交易的国际转移和支付实施限制。

2. 本协定的任何规定不得影响国际货币基金组织的成员在《基金组织协定》项下的权利和义务，包括采取符合《基金组织协定》的汇兑行动，但是一成员不得对任何资本交易设置与其有关此类交易的具体承诺不一致的限制，根据第 12 条或在基金请求下除外。

第 12 条　保障国际收支的限制

1. 如发生严重国际收支和对外财政困难或其威胁，一成员可对其已作出具体承诺的服务贸易，包括与此类承诺有关的交易的支付和转移，采取或维持限制。各方认识到，由于处于经济发展或经济转型过程中的成员在国际收支方面的特殊压力，可能需要使用限制措施，特别是保证维持实施其经济发展或经济转型计划所需的适当财政储备水平。

2. 第 1 款所指的限制：

（a）不得在各成员之间造成歧视；

（b）应与《国际货币基金组织协定》相一致；

（c）应避免对任何其他成员的商业、经济和财政利益造成不必要的损害；

（d）不得超过处理第 1 款所指的情况所必需的限度；

（e）应是暂时的，并应随第 1 款列明情况的改善而逐步取消。

3. 在确定此类限制的影响范围时，各成员可优先考虑对其经济或发展计划更为重要的服务提供。但是，不得为保护一特定服务部门而采取或维持此类限制。

4. 根据第 1 款采取或维持的任何限制，或此类限制的任何变更，应迅速通知总理事会。

5.（a）实施本条规定的成员应就根据本条采取的限制迅速与国际收支限制委员会进行磋商。

（b）部长级会议应制定定期磋商的程序（注 4），以便能够向有关成员提出其认为适当的建议。

注 4：各方理解，第 5 款下的程序应与 GATT 1994 的程序相同。

（c）此类磋商应评估有关成员的国际收支状况和根据本条采取或维持的限制，同时特别考虑如下因素：

（i）国际收支和对外财政困难的性质和程度；

（ii）磋商成员的外部经济和贸易环境；

（iii）其他可采取的替代纠正措施。

（d）磋商应处理任何限制与第 2 款一致性的问题，特别是依照第 2 款（e）项逐步取消限制的问题。

（e）在此类磋商中，应接受国际货币基金组织提供的与外汇、货币储备和国际收支有关的所有统计和其他事实，结论应以基金对磋商成员国际收支状况和对外财政状况的评估为依据。

6. 如不属国际货币基金组织成员的一成员希望适用本条的规定，则部长级会议应制定审议程序和任何其他必要程序。

第 13 条　政府采购

1. 第 2 条、第 16 条和第 17 条不得适用于管理政府机构为政府目的而购买服务的法律、法规或要求，此种购买不是为进行商业转售或为供商业销售而在提供服务过程中使用。

2. 在《WTO 协定》生效之日起 2 年内，应就本协定项下服务的政府采购问题进行多边谈判。

第 14 条　一般例外

在此类措施的实施不在情形类似的国家之间构成任意或不合理歧视的手段或构成

对服务贸易的变相限制的前提下，本协定的任何规定不得解释为阻止任何成员采取或实施以下措施：

（a）为保护公共道德或维护公共秩序（注5）所必需的措施；

注5：只有在社会的某一根本利益受到真正的和足够严重的威胁时，方可援占公共秩序例外。

（b）为保护人类、动物或植物的生命或健康所必需的措施；

（c）为使与本协定的规定不相抵触的法律或法规得到遵守所必需的措施，包括与下列内容有关的法律或法规：

（i）防止欺骗和欺诈行为或处理服务合同违约而产生的影响；

（ii）保护与个人信息处理和传播有关的个人隐私及保护个人记录和账户的机密性；

（iii）安全；

（d）与第17条不一致的措施，只要待遇方面的差别旨在保证对其他成员的服务或服务提供者公平或有效地（注6）课征或收取直接税；

注6：旨在保证公平或有效地课征和收取直接税的措施包括一成员根据其税收制度所采取的以下措施：

（i）认识到非居民的纳税义务由源自或位于该成员领土内的应征税项目确定的事实，而对非居民服务提供者实施的措施；或

（ii）为保证在该成员领土内课税或征税而对非居民实施的措施；或

（iii）为防止避税或逃税而对非居民或居民实施的措施，包括监察措施；或

（iv）为保证对服务消费者课征或收取的税款来自该成员领土内的来源而对在另一成员领土内或自另一成员领土提供的服务的消费者实施的措施；或

（v）认识到按世界范围应征税项目纳税的服务提供者与其他服务提供者之间在课税基础性质方面的差异而区分这两类服务提供者的措施；或

（vi）为保障该成员的课税基础而确定、分配或分摊居民或分支机构，或有关联的人员之间，或同一人的分支机构之间收入、利润、收益、亏损、扣除或信用的措施。

第14条（d）款和本脚注中的税收用语或概念，根据采取该措施的成员国内法律中的税收定义和概念，或相当的或类似的定义和概念确定。

（e）与第2条不一致的措施，只要待遇方面的差别是约束该成员的避免双重征税的协定或任何其他国际协定或安排中关于避免双重征税的规定的结果。

第14条之二　安全例外

1. 本协定的任何规定不得解释为：

（a）要求任何成员提供其认为如披露则会违背其根本安全利益的任何信息；或

（b）阻止任何成员采取其认为对保护其根本安全利益所必需的任何行动：

（i）与直接或间接为军事机关提供给养的服务有关的行动；

（ii）与裂变和聚变物质或衍生此类物质的物质有关的行动；

(iii) 在战时或国际关系中的其他紧急情况下采取的行动；或

(c) 阻止任何成员为履行其在《联合国宪章》项下的维护国际和平与安全的义务而采取的任何行动。

2. 根据第1款 (b) 项和 (c) 项采取的措施及其终止，应尽可能充分地通知服务贸易理事会。

第15条 补贴

1. 各成员认识到，在某些情况下，补贴可对服务贸易产生扭曲作用。各成员应进行谈判，以期制定必要的多边纪律，以避免此类贸易扭曲作用。(注7) 谈判还应处理反补贴程序适当性的问题。此类谈判应认识到补贴在发展中国家发展计划中的作用，并考虑到各成员、特别是发展中国家成员在该领域需要灵活性。就此类谈判而言，各成员应就其向国内服务提供者提供的所有与服务贸易有关的补贴交换信息。

注7：未来的工作计划应确定有关此类多边纪律的谈判如何进行及在什么时限内进行。

2. 任何成员如认为受到另一成员补贴的不利影响，则可请求与该成员就此事项进行磋商。对此类请求，应给予积极考虑。

第三部分 具体承诺

第16条 市场准入

1. 对于通过第1条确认的服务提供方式实现的市场准入，每一成员对任何其他成员的服务和服务提供者给予的待遇，不得低于其在具体承诺减让表中同意和列明的条款、限制和条件。(注8)

注8：如一成员就通过第1条第2款 (a) 项所指的方式提供服务作出市场准入承诺，且如果资本的跨境流动是该服务本身必需的部分，则该成员由此已承诺允许此种资本跨境流动。如一成员就通过第1条第2款 (c) 项所指的方式提供服务作出市场准入承诺，则该成员由此已承诺允许有关的资本转移进入其领土内。

2. 在作出市场准入承诺的部门，除非在其减让表中另有列明，否则一成员不得在其一地区或在其全部领土内维持或采取按如下定义的措施：

(a) 无论以数量配额、垄断、专营服务提供者的形式，还是以经济需求测试要求的形式，限制服务提供者的数量；

(b) 以数量配额或经济需求测试要求的形式限制服务交易或资产总值；

(c) 以配额或经济需求测试要求的形式，限制服务业务总数或以指定数量单位表示的服务产出总量；(注9)

注9：第2款 (c) 项不涵盖一成员限制服务提供投入的措施。

（d）以数量配额或经济需求测试要求的形式，限制特定服务部门或服务提供者可雇用的、提供具体服务所必需且直接有关的自然人总数；

（e）限制或要求服务提供者通过特定类型法律实体或合营企业提供服务的措施；以及

（f）以限制外国股权最高百分比或限制单个或总体外国投资总额的方式限制外国资本的参与。

第 17 条 国民待遇

1. 对于列入减让表的部门，在遵守其中所列任何条件和资格的前提下，每一成员在影响服务提供的所有措施方面给予任何其他成员的服务和服务提供者的待遇，不得低于其给予本国同类服务和服务提供者的待遇。（注 10）

注 10：根据本条承担的具体承诺不得解释为要求任何成员对由于有关服务或服务提供者的外国特性而产生的任何固有的竞争劣势作出补偿。

2. 一成员可通过对任何其他成员的服务或服务提供者给予与其本国同类服务或服务提供者的待遇形式上相同或不同的待遇，满足第 1 款的要求。

3. 如形式上相同或不同的待遇改变竞争条件，与任何其他成员的同类服务或服务提供者相比，有利于该成员的服务或服务提供者，则此类待遇应被视为较为不利的待遇。

第 18 条 附加承诺

各成员可就影响服务贸易、但根据第 16 条或第 17 条不需列入减让表的措施，包括有关资格、标准或许可事项的措施，谈判承诺。此类承诺应列入一成员减让表。

第四部分 逐步自由化

第 19 条 具体承诺的谈判

1. 为推行本协定的目标，各成员应不迟于《WTO 协定》生效之日起 5 年开始并在此后定期进行连续回合的谈判，以期逐步实现更高的自由化水平。此类谈判应针对减少或取消各种措施对服务贸易的不利影响，以此作为提供有效市场准入的手段。此进程的进行应旨在在互利基础上促进所有参加方的利益，并保证权利和义务的总体平衡。

2. 自由化进程的进行应适当尊重各成员的国家政策目标及其总体和各部门的发展水平。个别发展中国家成员应有适当的灵活性，以开放较少的部门，放开较少类型的交易，以符合其发展状况的方式逐步扩大市场准入，并在允许外国服务提供者进入其市场时，对此类准入附加旨在实现第 4 条所指目标的条件。

3. 对于每一回合，应制定谈判准则和程序。就制定此类准则而言，服务贸易理事会应参照本协定的目标，包括第 4 条第 1 款所列目标，对服务贸易进行总体的和逐部门的评估。谈判准则应为处理各成员自以往谈判以来自主采取的自由化和在第 4 条第 3 款下给予最不发达国家成员的特殊待遇制定模式。

4. 各谈判回合均应通过旨在提高各成员在本协定项下所作具体承诺总体水平的双边、诸边或多边谈判，推进逐步自由化的进程。

第 20 条 具体承诺减让表

1. 每一成员应在减让表中列出其根据本协定第三部分作出的具体承诺。对于作出此类承诺的部门，每一减让表应列明：

（a）市场准入的条款、限制和条件；

（b）国民待遇的条件和资格；

（c）与附加承诺有关的承诺；

（d）在适当时，实施此类承诺的时限；以及

（e）此类承诺生效的日期。

2. 与第 16 条和第 17 条不一致的措施应列入与第 16 条有关的栏目。在这种情况下，所列内容将被视为也对第 17 条规定了条件或资格。

3. 具体承诺减让表应附在本协定之后，并应成为本协定的组成部分。

第 21 条 减让表的修改

1. （a）一成员（本条中称“修改成员”）可依照本条的规定，在减让表中任何承诺生效之日起 3 年期满后的任何时间修改或撤销该承诺。

（b）修改成员应将其根据本条修改或撤销一承诺的意向，在不迟于实施修改或撤销的预定日期前 3 个月通知服务贸易理事会。

2. （a）在本协定项下的利益可能受到根据第 1 款（b）项通知的拟议修改或撤销影响的任何成员（本条中称“受影响成员”）请求下，修改成员应进行谈判，以期就任何必要的补偿性调整达成协议。在此类谈判和协定中，有关成员应努力维持互利承诺的总体水平，使其不低于在此类谈判之前具体承诺减让表中规定的对贸易的有利水平。

（b）补偿性调整应在最惠国待遇基础上作出。

3. （a）如修改成员和任何受影响成员未在规定的谈判期限结束之前达成协议，则此类受影响成员可将该事项提交仲裁。任何希望行使其可能享有的补偿权的受影响成员必须参加仲裁。

（b）如无受影响成员请求仲裁，则修改成员有权实施拟议的修改或撤销。

4. （a）修改成员在作出符合仲裁结果的补偿性调整之前，不可修改或撤销其承诺。

（b）如修改成员实施其拟议的修改或撤销而未遵守仲裁结果，则任何参加仲裁的

受影响成员可修改或撤销符合这些结果的实质相等的利益。尽管有第 2 条的规定，但是此类修改或撤销可只对修改成员实施。

5. 服务贸易理事会应为更正或修改减让表制定程序。根据本条修改或撤销承诺的任何成员应根据此类程序修改其减让表。

第五部分　机 构 条 款

第 22 条　磋商

1. 每一成员应对任何其他成员可能提出的、关于就影响本协定运用的任何事项的交涉所进行的磋商给予积极考虑，并提供充分的机会。《争端解决谅解》（DSU）应适用于此类磋商。

2. 在一成员请求下，服务贸易理事会或争端解决机构（DSB）可就其通过根据第 1 款进行的磋商未能找到满意解决办法的任何事项与任何一个或多个成员进行磋商。

3. 一成员不得根据本条或第 23 条，对另一成员属它们之间达成的与避免双重征税有关的国际协定范围的措施援引第 17 条。在各成员不能就一措施是否属它们之间的此类协定范围达成一致的情况下，应允许两成员中任一成员将该事项提交服务贸易理事会。（注 11）理事会应将该事项提交仲裁。仲裁人的裁决应为最终的，并对各成员具有约束力。

注 11：对于在《WTO 协定》生效之日已存在的避免双重征税协定，此类事项只有在经该协定各参加方同意后方可提交服务贸易理事会。

第 23 条　争端解决和执行

1. 如任何成员认为任何其他成员未能履行本协定项下的义务或具体承诺，则该成员为就该事项达成双方满意的解决办法可援用 DSU。

2. 如 DSB 认为情况足够严重有理由采取此类行动，则可授权一个或多个成员依照 DSU 第 22 条　对任何其他一个或多个成员中止义务和具体承诺的实施。

3. 如任何成员认为其根据另一成员在本协定第三部分下的具体承诺可合理预期获得的任何利益，由于实施与本协定规定并无抵触的任何措施而丧失或减损，则可援用 DSU。如 DSB 确定该措施使此种利益丧失或减损，则受影响的成员有权依据第 21 条第 2 款要求作出双方满意的调整，其中可包括修改或撤销该措施。如在有关成员之间不能达成协议，则应适用 DSU 第 22 条。

第 24 条　服务贸易理事会

1. 服务贸易理事会应履行对其指定的职能，以便利本协定的运用，并促进其目标的实现。理事会可设立其认为对有效履行其职能适当的附属机构。

2. 理事会及其附属机构应开放供所有成员的代表参加，除非理事会另有决定。

3. 理事会主席应由各成员选举产生。

第 25 条　技术合作

1. 需要此类援助的成员的服务提供者应可使用第 4 条第 2 款所指的咨询点的服务。

2. 给予发展中国家的技术援助应在多边一级由秘书处提供，并由服务贸易理事会决定。

第 26 条　与其他国际组织的关系

总理事会应就与联合国及其专门机构及其他与服务有关的政府间组织进行磋商和合作作出适当安排。

第六部分　最后条款

第 27 条　利益的拒绝给予

一成员可对下列情况拒绝给予本协定项下的利益：

（a）对于一项服务的提供，如确定该服务是自或在一非成员或与该拒绝给予利益的成员不适用《WTO 协定》的成员领土内提供的；

（b）在提供海运服务的情况下，如确定该服务是：

（i）由一艘根据一非成员或对该拒绝给予利益的成员不适用《WTO 协定》的成员的法律进行注册的船只提供的；及

（ii）由一经营和或使用全部或部分船只的人提供的，但该人属一非成员或对该拒绝给予利益的成员不适用《WTO 协定》的成员；

（c）对于具有法人资格的服务提供者，如确定其不是另一成员的服务提供者，或是对该拒绝给予利益的成员不适用《WTO 协定》的成员的服务提供者。

第 28 条　定义

就本协定而言：

（a）“措施”指一成员的任何措施，无论是以法律、法规、规则、程序、决定、行政行为的形式还是以任何其他形式；

（b）“服务的提供”包括服务的生产、分销、营销、销售和交付；

（c）“各成员影响服务贸易的措施”包括关于下列内容的措施：

（i）服务的购买、支付或使用；

（ii）与服务的提供有关的、各成员要求向公众普遍提供的服务的获得和使用；

（iii）一成员的个人为在另一成员领土内提供服务的存在，包括商业存在；

（d）“商业存在”指任何类型的商业或专业机构，包括为提供服务而在一成员领土内：

（i）组建、收购或维持一法人；或

（ii）创建或维持一分支机构或代表处；

（e）服务“部门”，

（i）对于一具体承诺，指一成员减让表中列明的该项服务的一个、多个或所有分部门；

（ii）在其他情况下，则指该服务部门的全部，包括其所有的分部门；

（f）“另一成员的服务”，

（i）指自或在该另一成员领土内提供的服务，对于海运服务，则指由一艘根据该另一成员的法律进行注册的船只提供的服务，或由经营和或使用全部或部分船只提供服务的该另一成员的人提供的服务；或

（ii）对于通过商业存在或自然人存在所提供的服务，指由该另一成员服务提供者所提供的服务；

（g）“服务提供者”指提供一服务的任何人；（注 12）

注 12：如该服务不是由法人直接提供，而是通过如分支机构或代表处等其他形式的商业存在提供，则该服务提供者（即该法人）仍应通过该商业存被给予在本协定项下规定给予服务提供者的待遇。此类待遇应扩大至提供该服务的存在方式，但不需扩大至该服务提供者位于提供服务的领土以外的任何其他部分。

（h）“服务的垄断提供者”指一成员领土内有关市场中被该成员在形式上或事实上授权或确定为该服务的独家提供者的任何公私性质的人；

（i）“服务消费者”指得到或使用服务的任何人；

（j）“人”指自然人或法人；

（k）“另一成员的自然人”指居住在该另一成员或任何其他成员领土内的自然人，且根据该另一成员的法律：

（i）属该另一成员的国民；或

（ii）在该另一成员中有永久居留权，如该另一成员：

1. 没有国民；或

2. 按其在接受或加入《WTO 协定》时所作通知，在影响服务贸易的措施方面，给予其永久居民的待遇与给予其国民的待遇实质相同，只要各成员无义务使其给予此类永久居民的待遇优于该另一成员给予此类永久居民的待遇。此种通知应包括该另一成员依照其法律和法规对永久居民承担与其他成员对其国民承担相同责任的保证；

（l）“法人”指根据适用法律适当组建或组织的任何法人实体，无论是否以盈利为

目的，无论属私营所有还是政府所有，包括任何公司、基金、合伙企业、合资企业、独资企业或协会；

（m）“另一成员的法人”指：

（i）根据该另一成员的法律组建或组织的、并在该另一成员或任何其他成员领土内从事实质性业务活动的法人；或

（ii）对于通过商业存在提供服务的情况：

1. 由该成员的自然人拥有或控制的法人；或

2. 由（i）项确认的该另一成员的法人拥有或控制的法人；

（n）法人：

（i）由一成员的个人所“拥有”，如该成员的人实际拥有的股本超过50%；

（ii）由一成员的个人所“控制”，如此类人拥有任命其大多数董事或以其他方式合法指导其活动的权力；

（iii）与另一成员具有“附属”关系，如该法人控制该另一人，或为该另一人所控制；或该法人和该另一人为同一人所控制；

（o）“直接税”指对总收入、总资本或对收入或资本的构成项目征收的所有税款，包括对财产转让收益、不动产、遗产和赠与、企业支付的工资或薪金总额以及资本增值所征收的税款。

第29条　附件

本协定的附件为本协定的组成部分。

附件：

关于第2条豁免的附件

范围

1. 本附件规定了一成员在本协定生效时豁免其在第2条第1款下义务的条件。

2. 《WTO协定》生效之日后提出的任何新的豁免应根据其第9条第3款处理。

审议

3. 服务贸易理事会应对所给予的超过5年期的豁免进行审议。首次审议应在《WTO协定》生效后不超过5年进行。

4. 服务贸易理事会在审议中应：

（a）审查产生该豁免的条件是否仍然存在；并

（b）确定任何进一步审议的日期。

终止

5. 就一特定措施对一成员在本协定第2条第1款下义务的豁免在该豁免规定的日期终止。

6. 原则上，此类豁免不应超过10年。无论如何，此类豁免应在今后的贸易自由化回合中进行谈判。

7. 在豁免期终止时，一成员应通知服务贸易理事会已使该不一致的措施符合本协定第2条第1款。

第2条　豁免清单

〔根据第2条第2款议定的豁免清单在《WTO协定》的条约文本中作为本附件的一部分。〕

关于本协定项下提供服务的自然人流动的附件

1. 本附件在服务提供方面，适用于影响作为一成员服务提供者的自然人的措施，及影响一成员服务提供者雇用的一成员的自然人的措施。

2. 本协定不得适用于影响寻求进入一成员就业市场的自然人的措施，也不得适用于在永久基础上有关公民身份、居住或就业的措施。

3. 依照本协定第三部分和第四部分的规定，各成员可就在本协定项下提供服务的所有类别的自然人流动所适用的具体承诺进行谈判。应允许具体承诺所涵盖的自然人依照该具体承诺的条件提供服务。

4. 本协定不得阻止一成员实施对自然人进入其领土或在其领土内暂时居留进行管理的措施，包括为保护其边境完整和保证自然人有序跨境流动所必需的措施，只要此类措施的实施不致使任何成员根据一具体承诺的条件所获得的利益丧失或减损。(注13)

注13：对某些成员的自然人要求签证而对其他成员的自然人不作要求的事实不得视为使根据一具体承诺获得的利益丧失或减损。

关于空运服务的附件

1. 本附件适用于影响定期或不定期空运服务贸易及附属服务的措施。各方确认在本协定项下承担的任何具体承诺或义务不得减少或影响一成员在《WTO协定》生效之日已生效的双边或多边协定项下的义务。

2. 本协定，包括其争端解决程序，不得适用于影响下列内容的措施：

(a) 业务权，无论以何种形式给予；或

(b) 与业务权的行使直接有关的服务；

但本附件第3款中的规定除外。

3. 本协定适用于影响下列内容的措施：

（a）航空器的修理和保养服务；

（b）空运服务的销售和营销；

（c）计算机预订系统（CRS）服务。

4. 本协定的争端解决程序只有在有关成员已承担义务或具体承诺、且双边和其他多边协定或安排中的争端解决程序已用尽的情况下方可援引。

5. 服务贸易理事会应定期且至少每5年一次审议空运部门的发展情况和本附件的运用情况，以期考虑将本协定进一步适用于本部门的可能性。

6. 定义：

（a）"航空器的修理和保养服务"指在航空器退出服务的情况下对航空器或其一部分进行的此类活动，不包括所谓的日常维修。

（b）"空运服务的销售和营销"指有关航空承运人自由销售和推销其空运服务的机会，包括营销的所有方面，如市场调查、广告和分销。这些活动不包括空运服务的定价，也不包括适用的条件。

（c）"计算机预订系统（CRS）服务"指由包含航空承运人的时刻表、可获性、票价和定价规则等信息的计算机系统所提供的服务，可通过该系统进行预订或出票。

（d）"业务权"指以有偿或租用方式，往返于一成员领土或在该领土之内或之上经营和或运载乘客、货物和邮件的定期或不定期服务的权利，包括服务的地点、经营的航线、运载的运输类型、提供的能力、收取的运费及其条件以及指定航空公司的标准，如数量、所有权和控制权等标准。

关于金融服务的附件

1. 范围和定义

（a）本附件适用于影响金融服务提供的措施。本附件所指的金融服务提供应指提供按本协定第1条第2款定义的服务。

（b）就本协定第1条第3款（b）项而言，"在行使政府职权时提供的服务"指：

（i）中央银行或货币管理机关或任何其他公共实体为推行货币或汇率政策而从事的活动；

（ii）构成社会保障法定制度或公共退休计划组成部分的活动；以及

（iii）公共实体代表政府或由政府担保或使用政府的财政资源而从事的其他活动。

（c）就本协定第1条第3款（b）项而言，如一成员允许其金融服务提供者从事本款（b）项（（ii））目或（（ii）i）目所指的任何活动，与公共实体或金融服务提供者进行竞争，则"服务"应包括此类活动。

(d) 本协定第1条第3款 (c) 项不得适用于本附件涵盖的服务。

2. 国内法规

(a) 尽管有本协定的任何其他规定，但是不得阻止一成员为审慎原因而采取措施，包括为保护投资人、存款人、保单持有人或金融服务提供者对其负有信托责任的人而采取的措施，或为保证金融体系完整和稳定而采取的措施。如此类措施不符合本协定的规定，则不得用作逃避该成员在本协定项下的承诺或义务的手段。

(b) 本协定的任何规定不得解释为要求一成员披露有关个人客户的事务和账户的信息，或公共实体拥有的任何机密或专有信息。

3. 承认

(a) 一成员在决定其有关金融服务的措施应如何实施时，可承认任何其他国家的审慎措施。此类承认可以依据与有关国家的协定或安排，通过协调或其他方式实现，也可自动给予。

(b) 属 (a) 项所指协定或安排参加方的一成员，无论该协定或安排是将来的还是现有的，如在该协定或安排的参加方之间存在此类法规的相同法规、监督和实施，且如适当，还存在关于信息共享的程序，则应向其他利害关系成员提供谈判加入该协定或安排的充分机会，或谈判达成类似的协定或安排。如一成员自动给予承认，则应为任何其他成员提供证明此类情况存在的充分机会。

(c) 如一成员正在考虑对任何其他国家的审慎措施予以承认，则不得适用第7条第4款 (b) 项。

4. 争端解决

关于审慎措施和其他金融事项争端的专家组应具备与争议中的具体金融服务有关的必要的专门知识。

5. 定义

就本附件而言：

(a) 金融服务指一成员金融服务提供者提供的任何金融性质的服务。金融服务包括所有保险及其相关服务，及所有银行和其他金融服务（保险除外）。金融服务包括下列活动：

保险及其相关服务

(i) 直接保险（包括共同保险）：

(a) 寿险

(b) 非寿险

(ii) 再保险和转分保；

(iii) 保险中介，如经纪和代理；

（iv）保险附属服务，如咨询、精算、风险评估和理赔服务；

银行和其他金融服务（保险除外）

（v）接受公众存款和其他应偿还基金；

（vi）所有类型的贷款，包括消费信贷、抵押信贷、商业交易的代理和融资；

（vii）财务租赁；

（viii）所有支付和货币转移服务，包括信用卡、赊账卡、贷记卡、旅行支票和银行汇票；

（ix）担保和承诺；

（x）交易市场、公开市场或场外交易市场的自行交易或代客交易：

（a）货币市场工具（包括支票、汇票、存单）；

（b）外汇；

（c）衍生产品，包括但不仅限于期货和期权；

（d）汇率和利率工具，包括换汇和远期利率协议等产品；

（e）可转让证券；

（f）其他可转让票据和金融资产，包括金银条块。

（xi）参与各类证券的发行，包括承销和募集代理（无论公开或私下），并提供与该发行有关的服务；

（xii）货币经纪；

（xiii）资产管理，如现金或证券管理、各种形式的集体投资管理、养老基金管理、保管、存款和信托服务；

（xiv）金融资产的结算和清算服务，包括证券、衍生产品和其他可转让票据；

（xv）提供和传送其他金融服务提供者提供的金融信息、金融数据处理和相关软件；

（xvi）就（v）至（xv）目所列的所有活动提供咨询、中介和其他附属金融服务，包括信用调查和分析、投资和资产组合的研究和咨询、收购咨询、公司重组和策略咨询。

（b）金融服务提供者指希望提供或正在提供金融服务的一成员的自然人或法人，但“金融服务提供者”一词不包括公共实体。

（c）“公共实体”指：

（i）一成员的政府、中央银行或货币管理机关，或由一成员拥有或控制的、主要为政府目的执行政府职能或进行的活动的实体，不包括主要在商业条件下从事金融服务提供的实体；或

（ii）在行使通常由中央银行或货币管理机关行使的职能时的私营实体。

关于金融服务的第二附件

1. 尽管有本协定第2条和《关于第2条豁免的附件》第1款和第2款的规定，但是一成员仍可在《WTO协定》生效之日起4个月后开始的60天内，将与本协定第2条第1款不一致的有关金融服务的措施列入该附件。

2. 尽管有本协定第21条的规定，但是一成员仍可在《WTO协定》生效之日起4个月后开始的60天内，改善、修改或撤销列入其减让表的有关金融服务的全部或部分具体承诺。

3. 服务贸易理事会应为适用第1款和第2款制定必要的程序。

关于海运服务谈判的附件

1. 第2条和《关于第2条豁免的附件》，包括关于在该附件中列出一成员将维持的、与最惠国待遇不一致的任何措施的要求，只有在以下日期方可对国际海运、附属服务以及港口设施的进入和使用生效：

（a）根据《关于海运服务谈判的部长决定》第4段确定的实施日期；或

（b）如谈判未能成功，则为该决定中规定的海运服务谈判组最终报告的日期。

2. 第1款不得适用于已列入一成员减让表的任何关于海运服务的具体承诺。

3. 尽管有第21条的规定，但是自第1款所指的谈判结束起至实施日期前，一成员仍可改善、修改或撤销在本部门的全部或部分具体承诺而无需提供补偿。

关于电信服务的附件

1. 目标

认识到电信服务部门的特殊性，特别是其作为经济活动的独特部门和作为其他经济活动的基本传输手段而起到的双重作用，各成员就以下附件达成一致，旨在详述本协定中有关影响进入和使用公共电信传输网络和服务的措施的规定。因此，本附件为本协定提供注释和补充规定。

2. 范围

（a）本附件应适用于一成员影响进入和使用公共电信传输网络和服务的所有措施。（注14）

注14：本项被理解为每一成员应保证采取任何必要的措施使本附件的义务适用于公共电信传输网络和服务的提供者。

（b）本附件不得适用于影响电台或电视节目的电缆或广播播送的措施。

（c）本附件的任何规定不得解释为：

(i) 要求一成员在其减让表中规定的之外授权任何其他成员的服务提供者建立、建设、收购、租赁、经营或提供电信传输网络或服务，或

(ii) 要求一成员（或要求一成员责成其管辖范围内的服务提供者）建立、建设、收购、租赁、经营或提供未对公众普遍提供的电信传输网络或服务。

3. 定义

就本附件而言：

(a)“电信”指以任何电磁方式传送和接收信号。

(b)“公共电信传输服务”指一成员明确要求或事实上要求向公众普遍提供的任何电信传输服务。此类服务可特别包括电报、电话、电传和数据传输，其典型特点是在两点或多点之间对客户提供的信息进行实时传输，而客户信息的形式或内容无任何端到端的变化。

(c)“公共电信传输网络”指可在规定的两个或多个网络端接点之间进行通讯的公共电信基础设施。

(d)“公司内部通信”指公司内部或与其子公司、分支机构进行通信的电信，在遵守一成员国内法律和法规的前提下，还可包括与附属公司进行通信的电信。为此目的，“子公司”、“分支机构”和适用的“附属公司”应由每一成员定义。本附件中的“公司内部通信”不包括向与无关联的子公司、分支机构或附属公司提供的商业或非商业服务，也不包括向客户或潜在客户提供的商业或非商业服务。

(e) 对本附件的各款或各项的任何提及均包括其中所有各目。

4. 透明度

在适用本协定第3条时，每一成员应保证可公开获得的关于影响进入和使用公共电信传输网络和服务条件的有关信息，包括：服务的收费及其他条款和条件；与此类网络和服务的技术接口规范；负责制定和采用影响进入和使用标准的机构的信息；适用于终端连接或其他设备的条件；可能的通知、注册或许可要求（若有的话）。

5. 公共电信传输网络和服务的进入和使用

(a) 每一成员应保证任何其他成员的任何服务提供者可按照合理和非歧视的条款和条件进入和使用其公共电信传输网络和服务，以提供其减让表中包括的服务。此义务应特别通过 (b) 至 (f) 项的规定实施。(注15)

注15：“非歧视”一词理解为指本协定定义的最惠国待遇和国民待遇，反映在具体部门中，该词指“不低于在相似情况下给予同类公共电信传输网络或服务的任何其他使用者的条款和条件”。

(b) 每一成员应保证任何其他成员的服务提供者可进入和使用其境内或跨境提供的任何公共电信传输网络或服务，包括专门租用电路，并为此应保证在遵守 (e) 项和 (f) 项规定的前提下，允许此类服务提供者：

（i）购买或租用和连接终端或服务提供者提供服务所必需的其他网络接口设备；

（ii）将专门租用或拥有的电路与公共电信传输网络和服务互连，或与另一服务提供者租用或拥有的电路互联；以及

（iii）在提供任何服务时使用该服务提供者自主选择的操作规程，但为保证公众可普遍使用电信传输网络和服务所必需的情况除外。

（c）每一成员应保证任何其他成员的服务提供者可使用公共电信传输网络和服务在其境内或跨境传送信息，包括此类服务提供者的公司内部通信，以及使用在任何成员领土内的数据库所包含的或以机器可读形式存储的信息。如一成员采取严重影响此类使用的任何新的或修改的措施，则应依照本协定有关规定作出通知，并进行磋商。

（d）尽管有上一项的规定，但是一成员仍可采取必要措施，以保证信息的安全和机密性，但要求此类措施不得以对服务贸易构成任意的或不合理的歧视或构成变相限制的方式实施。

（e）每一成员应保证不对公共电信传输网络和服务的进入和使用附加条件，但为以下目的所必需的条件除外：

（i）保障公共电信传输网络和服务提供者的公共服务责任，特别是使其网络或服务可使公众普遍获得的能力；

（ii）保护公共电信传输网络或服务的技术完整性；或

（iii）保证任何其他成员的服务提供者不提供该成员减让表中承诺所允许之外的服务。

（f）只要满足（e）项所列标准，进入和使用公共电信传输网络和服务的条件可包括：

（i）限制此类服务的转售或分享使用；

（ii）使用特定的技术接口与此类网络和服务进行互联的要求，包括使用接口协议；

（iii）必要时，关于此类服务互操作性的要求，及鼓励实现第7款（a）项所列目标的要求；

（iv）终端和其他网络接口设备的定型，及与此类设备与此类网络连接有关的技术要求；

（v）限制专门租用或拥有的电路与此类网络或服务互联，或与另一服务提供者租用或拥有的电路互联；或

（vi）通知、注册和许可。

（g）尽管有本节前几项的规定，但是一发展中国家成员仍可在与其发展水平相一致的情况下，对公共电信传输网络和服务的进入和使用可设置必要的合理条件，以增强其国内电信基础设施和服务能力，并增加其参与国际电信服务贸易。此类条件应在

该成员减让表中列明。

6. 技术合作

(a) 各成员认识到高效和先进的电信基础设施在各国、特别是在发展中国家中是扩大其服务贸易所必需的。为此，各成员赞成和鼓励发达国家和发展中国家、其公共电信传输网络和服务的提供者以及其他实体，尽可能全面地参与国际和区域组织的发展计划，包括国际电信联盟、联合国开发计划署和国际复兴开发银行。

(b) 各成员应鼓励和支持发展中国家之间在国际、区域和次区域各级开展电信合作。

(c) 在与有关国际组织进行合作时，各成员在可行的情况下，应使发展中国家可获得有关电信服务以及电信和信息技术发展情况的信息，以帮助增强其国内电信服务部门。

(d) 各成员应特别考虑向最不发达国家提供机会，以鼓励外国电信服务提供者在技术转让、培训和其他活动方面提供帮助，支持发展其电信基础设施，扩大其电信服务贸易。

7. 与国际组织和协定的关系

(a) 各成员认识到电信网络和服务的全球兼容性和互操作性的国际标准的重要性，承诺通过有关国际机构的工作，包括国际电信联盟和国际标准化组织，以促进此类标准。

(b) 各成员认识到政府间和非政府组织和协定，特别是国际电信联盟，在保证国内和全球电信服务的有效运营方面所起的作用。各成员应作出适当安排，以便就本附件实施过程中产生的事项与此类组织进行磋商。

关于基础电信谈判的附件

1. 第2条和《关于第2条豁免的附件》，包括在该附件中列出一成员将维持的、与最惠国待遇不一致的任何措施的要求，只有在下列日期方可对基础电信生效：

(a) 根据《关于基础电信谈判的部长决定》第5条确定的实施日期；或

(b) 如谈判未能成功，则为该决定规定的基础电信谈判组最终报告的日期。

2. 第1款不得适用于已列入一成员减让表的任何关于基础电信服务的具体承诺。

关于中华人民共和国加入的决定

（2001 年 11 月 10 日）

部长级会议，

考虑到《马拉喀什建立世界贸易组织协定》第 12 条第 2 款和第 9 条第 1 款，以及总理事会议定的在《马拉喀什建立世界贸易组织协定》第 12 条和第 9 条下的决策程序（WT/L/93），

注意到 1995 年 12 月 7 日中华人民共和国关于加入《马拉喀什建立世界贸易组织协定》的申请，

注意到旨在确定中华人民共和国加入《马拉喀什建立世界贸易组织协定》条件的谈判结果，并已制定《中华人民共和国加入议定书》，

决定如下：

中华人民共和国可根据本决定所附议定书中所列条款和条件加入《马拉喀什建立世界贸易组织协定》。

中国加入世贸组织议定书

（2001 年 11 月 10 日）

序　言

世界贸易组织（“WTO”），按照 WTO 部长级会议根据《马拉喀什建立世界贸易组织协定》（“《WTO 协定》”）第 12 条所作出的批准，与中华人民共和国（“中国”），

忆及中国是《1947 年关税与贸易总协定》的创始缔约方，

注意到中国是《乌拉圭回合多边贸易谈判结果最后文件》的签署方，

注意到载于 WT/ACC/CHN/49 号文件的《中国加入工作组报告书》（“工作组报告书”），

考虑到关于中国 WTO 成员资格的谈判结果，

协议如下：

第一部分　总　则

第 1 条　总体情况

1. 自加入时起，中国根据《WTO 协定》第 12 条加入该协定，并由此成为 WTO 成员。

2. 中国所加入的《WTO 协定》应为经在加入之日前已生效的法律文件所更正、修正或修改的《WTO 协定》。本议定书，包括工作组报告书第 342 段所指的承诺，应成为《WTO 协定》的组成部分。

3. 除本议定书另有规定外，中国应履行《WTO 协定》所附各多边贸易协定中的、应在自该协定生效之日起开始的一段时间内履行的义务，如同中国在该协定生效之日已接受该协定。

4. 中国可维持与《服务贸易总协定》（“GATS”）第 2 条第 1 款规定不一致的措施，只要此措施已记录在本议定书所附《第 2 条豁免清单》中，并符合 GATS《关于

第 2 条豁免的附件》中的条件。

第 2 条　贸易制度的实施

（A）统一实施

1.《WTO 协定》和本议定书的规定应适用于中国的全部关税领土，包括边境贸易地区、民族自治地方、经济特区、沿海开放城市、经济技术开发区以及其他在关税、国内税和法规方面已建立特殊制度的地区（统称为“特殊经济区”）。

2. 中国应以统一、公正和合理的方式适用和实施中央政府有关或影响货物贸易、服务贸易、与贸易有关的知识产权（“TRIPS”）或外汇管制的所有法律、法规及其他措施以及地方各级政府发布或适用的地方性法规、规章及其他措施（统称为“法律、法规及其他措施”）。

3. 中国地方各级政府的地方性法规、规章及其他措施应符合在《WTO 协定》和本议定书中所承担的义务。

4. 中国应建立一种机制，使个人和企业可据以提请国家主管机关注意贸易制度未统一适用的情况。

（B）特殊经济区

1. 中国应将所有与其特殊经济区有关的法律、法规及其他措施通知 WTO，列明这些地区的名称，并指明界定这些地区的地理界线。中国应迅速，且无论如何应在 60 天内，将特殊经济区的任何增加或改变通知 WTO，包括与此有关的法律、法规及其他措施。

2. 对于自特殊经济区输入中国关税领土其他部分的产品，包括物理结合的部件，中国应适用通常适用于输入中国关税领土其他部分的进口产品的所有影响进口产品的税费和措施，包括进口限制及海关税费。

3. 除本议定书另有规定外，在对此类特殊经济区内的企业提供优惠安排时，WTO 关于非歧视和国民待遇的规定应得到全面遵守。

（C）透明度

1. 中国承诺只执行已公布的、且其他 WTO 成员、个人和企业可容易获得的有关或影响货物贸易、服务贸易、TRIPS 或外汇管制的法律、法规及其他措施。此外，在所有有关或影响货物贸易、服务贸易、TRIPS 或外汇管制的法律、法规及其他措施实施或执行前，应请求，中国应使 WTO 成员可获得此类措施。在紧急情况下，应使法律、法规及其他措施最迟在实施或执行之时可获得。

2. 中国应设立或指定一官方刊物，用于公布所有有关或影响货物贸易、服务贸易、TRIPS 或外汇管制的法律、法规及其他措施，并且在其法律、法规或其他措施在该刊物上公布之后，应在此类措施实施之前提供一段可向有关主管机关提出意见的合理时间，但涉及国家安全的法律、法规及其他措施、确定外汇汇率或货币政策的特定措施以及一旦公布则会妨碍法律实施的其他措施除外。中国应定期出版该刊物，并使个人和企业可容易获得该刊物各期。

3. 中国应设立或指定一咨询点，应任何个人、企业或 WTO 成员的请求，在咨询点可获得根据本议定书第 2 条（C）节第 1 款要求予以公布的措施有关的所有信息。对此类提供信息请求的答复一般应在收到请求后 30 天内作出。在例外情况下，可在收到请求后 45 天内作出答复。延迟的通知及其原因应以书面形式向有关当事人提供。向 WTO 成员作出的答复应全面，并应代表中国政府的权威观点。应向个人和企业提供准确和可靠的信息。

（D）司法审查

1. 中国应设立或指定并维持审查庭、联络点和程序，以便迅速审查所有与《1994 年关税与贸易总协定》（“GATT 1994”）第 10 条第 1 款、GATS 第 6 条和《TRIPS 协定》相关规定所指的法律、法规、普遍适用的司法决定和行政决定的实施有关的所有行政行为。此类审查庭应是公正的，并独立于被授权进行行政执行的机关，且不应对审查事项的结果有任何实质利害关系。

2. 审查程序应包括给予受须经审查的任何行政行为影响的个人或企业进行上诉的机会，且不因上诉而受到处罚。如初始上诉权需向行政机关提出，则在所有情况下应有选择向司法机关对决定提出上诉的机会。关于上诉的决定应通知上诉人，作出该决定的理由应以书面形式提供。上诉人还应被告知可进一步上诉的任何权利。

第 3 条　非歧视

除本议定书另有规定外，在下列方面给予外国个人、企业和外商投资企业的待遇不得低于给予其他个人和企业的待遇：

（a）生产所需投入物、货物和服务的采购，及其货物据以在国内市场或供出口而生产、营销或销售的条件；及

（b）国家和地方各级主管机关以及公有或国有企业在包括运输、能源、基础电信、其他生产设施和要素等领域所供应的货物和服务的价格和可用性。

第 4 条　特殊贸易安排

自加入时起，中国应取消与第三国和单独关税区之间的、与《WTO 协定》不符的所有特殊贸易安排，包括易货贸易安排，或使其符合《WTO 协定》。

第 5 条　贸易权

1. 在不损害中国以与符合《WTO 协定》的方式管理贸易的权利的情况下，中国应逐步放宽贸易权的获得及其范围，以便在加入后 3 年内，使所有在中国的企业均有权在中国的全部关税领土内从事所有货物的贸易，但附件 2A 所列依照本议定书继续实

行国营贸易的货物除外。此种贸易权应为进口或出口货物的权利。对于所有此类货物，均应根据 GATT 1994 第 3 条，特别是其中第 4 款的规定，在国内销售、许诺销售、购买、运输、分销或使用方面，包括直接接触最终用户方面，给予国民待遇。对于附件 2B 所列货物，中国应根据该附件中所列时间表逐步取消在给予贸易权方面的限制。中国应在过渡期内完成执行这些规定所必需的立法程序。

2. 除本议定书另有规定外，对于所有外国个人和企业，包括未在中国投资或注册的外国个人和企业，在贸易权方面应给予其不低于给予在中国的企业的待遇。

第 6 条　国营贸易

1. 中国应保证国营贸易企业的进口购买程序完全透明，并符合《WTO 协定》，且应避免采取任何措施对国营贸易企业购买或销售货物的数量、价值或原产国施加影响或指导，但依照《WTO 协定》进行的除外。

2. 作为根据 GATT 1994 和《关于解释 1994 年关税与贸易总协定第 17 条的谅解》所作通知的一部分，中国还应提供有关其国营贸易企业出口货物定价机制的全部信息。

第 7 条　非关税措施

1. 中国应执行附件 3 包含的非关税措施取消时间表。在附件 3 中所列期限内，对该附件中所列措施所提供的保护在规模、范围或期限方面不得增加或扩大，且不得实施任何新的措施，除非符合《WTO 协定》的规定。

2. 在实施 GATT 1994 第 3 条、第 11 条和《农业协定》的规定时，中国应取消且不得采取、重新采取或实施不能根据《WTO 协定》的规定证明为合理的非关税措施。对于在加入之日以后实施的、与本议定书或《WTO 协定》相一致的非关税措施，无论附件 3 是否提及，中国均应严格遵守《WTO 协定》的规定，包括 GATT 1994 及其第 13 条以及《进口许可程序协定》的规定，包括通知要求，对此类措施进行分配或管理。

3. 自加入时起，中国应遵守《TRIMs 协定》，但不援用《TRIMs 协定》第 5 条的规定。中国应取消并停止执行通过法律、法规或其他措施实施的贸易平衡要求和外汇平衡要求、当地含量要求和出口实绩要求。此外，中国将不执行设置此类要求的合同条款。在不损害本议定书有关规定的情况下，中国应保证国家和地方各级主管机关对进口许可证、配额、关税配额的分配或对进口、进口权或投资权的任何其他批准方式，不以下列内容为条件：此类产品是否存在与之竞争的国内供应者；任何类型的实绩要求，例如当地含量、补偿、技术转让、出口实绩或在中国进行研究与开发等。

4. 进出口禁止和限制以及影响进出口的许可程序要求只能由国家主管机关或由国家主管机关授权的地方各级主管机关实行和执行。不得实施或执行不属国家主管机关或由国家主管机关授权的地方各级主管机关实行的措施。

第 8 条　进出口许可程序

1. 在实施《WTO 协定》和《进口许可程序协定》的规定时，中国应采取以下措施，以便遵守这些协定：

（a）中国应定期在本议定书第 2 条（C）节第 2 款所指的官方刊物中公布下列内容：

—按产品排列的所有负责授权或批准进出口的组织的清单，包括由国家主管机关授权的组织，无论是通过发放许可证还是其他批准；

—获得此类进出口许可证或其他批准的程序和标准，以及决定是否发放进出口许可证或其他批准的条件；

—按照《进口许可程序协定》，按税号排列的实行招标要求管理的全部产品清单，包括关于实行此类招标要求管理产品的信息及任何变更；

—限制或禁止进出口的所有货物和技术的清单；这些货物也应通知进口许可程序委员会；

—限制或禁止进出口的货物和技术清单的任何变更；

用一种或多种 WTO 正式语文提交的这些文件的副本应在每次公布后 75 天内送交 WTO，供散发 WTO 成员并提交进口许可程序委员会。

（b）中国应将加入后仍然有效的所有许可程序和配额要求通知 WTO，这些要求应按协调制度税号分别排列，并附与此种限制有关的数量（如有数量），以及保留此种限制的理由或预定的终止日期。

（c）中国应向进口许可程序委员会提交其关于进口许可程序的通知。中国应每年向进口许可程序委员会报告其自动进口许可程序的情况，说明产生这些要求的情况，并证明继续实行的需要。该报告还应提供《进口许可程序协定》第 3 条中所列信息。

（d）中国发放的进口许可证的有效期至少应为 6 个月，除非例外情况使此点无法做到。在此类情况下，中国应将要求缩短许可证有效期的例外情况迅速通知进口许可程序委员会。

2. 除本议定书另有规定外，对于外国个人、企业和外商投资企业在进出口许可证和配额分配方面，应给予不低于给予其他个人和企业的待遇。

第 9 条　价格控制

1. 在遵守以下第 2 款的前提下，中国应允许每一部门交易的货物和服务的价格由市场力量决定，且应取消对此类货物和服务的多重定价做法。

2. 在符合《WTO 协定》，特别是 GATT 1994 第 3 条和《农业协定》附件 2 第 3、4 款的情况下，可对附件 4 所列货物和服务实行价格控制。除非在特殊情况下，并须通知 WTO，否则不得对附件 4 所列货物或服务以外的货物或服务实行价格控制，且中国应尽最大努力减少和取消这些控制。

3. 中国应在官方刊物上公布实行国家定价的货物和服务的清单及其变更情况。

第 10 条　补贴

1. 中国应通知 WTO 在其领土内给予或维持的、属《补贴与反补贴措施协定》（“《SCM 协定》”）第 1 条含义内的、按具体产品划分的任何补贴，包括《SCM 协定》第 3 条界定的补贴。所提供的信息应尽可能具体，并遵循《SCM 协定》第 25 条所提及的关于补贴问卷的要求。

2. 就实施《SCM 协定》第 1 条第 2 款和第 2 条而言，对国有企业提供的补贴将被视为专向性补贴，特别是在国有企业是此类补贴的主要接受者或国有企业接受此类补贴的数量异常之大的情况下。

3. 中国应自加入时起取消属《SCM 协定》第 3 条范围内的所有补贴。

第 11 条　对进出口产品征收的税费

1. 中国应保证国家主管机关或地方各级主管机关实施或管理的海关规费或费用符合 GATT 1994。

2. 中国应保证国家主管机关或地方各级主管机关实施或管理的国内税费，包括增值税，符合 GATT 1994。

3. 中国应取消适用于出口产品的全部税费，除非本议定书附件 6 中有明确规定或按照 GATT 1994 第 8 条的规定适用。

4. 在进行边境税的调整方面，对于外国个人、企业和外商投资企业，自加入时起应被给予不低于给予其他个人和企业的待遇。

第 12 条　农业

1. 中国应实施中国货物贸易承诺和减让表中包含的规定，以及本议定书具体规定的《农业协定》的条款。在这方面，中国不得对农产品维持或采取任何出口补贴。

2. 中国应在过渡性审议机制中，就农业领域的国营贸易企业（无论是国家还是地方）与在农业领域按国营贸易企业经营的其他企业之间或在上述任何企业之间进行的财政和其他转移作出通知。

第 13 条　技术性贸易壁垒

1. 中国应在官方刊物上公布作为技术法规、标准或合格评定程序依据的所有正式的或非正式的标准。

2. 中国应自加入时起，使所有技术法规、标准和合格评定程序符合《TBT 协定》。

3. 中国对进口产品实施合格评定程序的目的应仅为确定其是否符合与本议定书和《WTO 协定》规定相一致的技术法规和标准。只有在合同各方授权的情况下，合格评定机构方可对进口产品是否符合该合同的商业条款进行合格评定。中国应保证此种针对产品是否符合合同商业条款的检验不影响此类产品通关或进口许可证的发放。

4.（a）自加入时起，中国应保证对进口产品和国产品适用相同的技术法规、标准和合格评定程序。为保证从现行体制的顺利过渡，中国应保证自加入时起，所有认证、安全许可和质量许可机构和部门获得既对进口产品又对国产品进行此类活动的授权；加入1年后，所有合格评定机构和部门获得既对进口产品又对国产品进行合格评定的授权。对机构或部门的选择应由申请人决定。对于进口产品和国产品，所有机构和部门应颁发相同的标志，收取相同的费用。它们还应提供相同的处理时间和申诉程序。进口产品不得实行一种以上的合格评定程序。中国应公布并使其他WTO成员、个人和企业可获得有关其各合格评定机构和部门相应职责的全部信息。

（b）不迟于加入后18个月，中国应仅依据工作范围和产品种类，指定其各合格评定机构的相应职责，而不考虑产品的原产地。指定给中国各合格评定机构的相应职责将在加入后12个月通知TBT委员会。

第14条　卫生与植物卫生措施

中国应在加入后30天内，向WTO通知其所有有关卫生与植物卫生措施的法律、法规及其他措施，包括产品范围及相关国际标准、指南和建议。

第15条　确定补贴和倾销时的价格可比性

GATT 1994第6条、《关于实施1994年关税与贸易总协定第6条的协定》（“《反倾销协定》”）以及《SCM协定》应适用于涉及原产于中国的进口产品进入一WTO成员的程序，并应符合下列规定：

（a）在根据GATT 1994第6条和《反倾销协定》确定价格可比性时，该WTO进口成员应依据下列规则，使用接受调查产业的中国价格或成本，或者使用不依据与中国国内价格或成本进行严格比较的方法：

（i）如受调查的生产者能够明确证明，生产该同类产品的产业在制造、生产和销售该产品方面具备市场经济条件，则该WTO进口成员在确定价格可比性时，应使用受调查产业的中国价格或成本；

（ii）如受调查的生产者不能明确证明生产该同类产品的产业在制造、生产和销售该产品方面具备市场经济条件，则该WTO进口成员可使用不依据与中国国内价格或成本进行严格比较的方法。

（b）在根据《SCM协定》第二、三及五部分规定进行的程序中，在处理第14条（a）项、（b）项、（c）项和（d）项所述补贴时，应适用《SCM协定》的有关规定；但是，如此种适用遇有特殊困难，则该WTO进口成员可使用考虑到中国国内现有情况和条件并非总能用作适当基准这一可能性的确定和衡量补贴利益的方法。在适用此类方法时，只要可行，该 WTO 进口成员在考虑使用中国以外的情况和条件之前，应对此类现有情况和条件进行调整。

（c）该 WTO 进口成员应向反倾销措施委员会通知依照（a）项使用的方法，并应向补贴与反补贴措施委员会通知依照（b）项使用的方法。

（d）一旦中国根据该 WTO 进口成员的国内法证实其是一个市场经济体，则（a）项的规定即应终止，但截至加入之日，该 WTO 进口成员的国内法中须包含有关市场经济的标准。无论如何，（a）项（ii）目的规定应在加入之日后 15 年终止。此外，如中国根据该 WTO 进口成员的国内法证实一特定产业或部门具备市场经济条件，则（a）项中的非市场经济条款不得再对该产业或部门适用。

第 16 条　特定产品过渡性保障机制

1. 如原产于中国的产品在进口至任何 WTO 成员领土时，其增长的数量或所依据的条件对生产同类产品或直接竞争产品的国内生产者造成或威胁造成市场扰乱，则受此影响的 WTO 成员可请求与中国进行磋商，以期寻求双方满意的解决办法，包括受影响的成员是否应根据《保障措施协定》采取措施。任何此种请求应立即通知保障措施委员会。

2. 如在这些双边磋商过程中，双方同意原产于中国的进口产品是造成此种情况的原因并有必要采取行动，则中国应采取行动以防止或补救此种市场扰乱。任何此类行动应立即通知保障措施委员会。

3. 如磋商未能使中国与有关 WTO 成员在收到磋商请求后 60 天内达成协议，则受影响的 WTO 成员有权在防止或补救此种市场扰乱所必需的限度内，对此类产品撤销减让或限制进口。任何此类行动应立即通知保障措施委员会。

4. 市场扰乱应在下列情况下存在：一项产品的进口快速增长，无论是绝对增长还是相对增长，从而构成对生产同类产品或直接竞争产品的国内产业造成实质损害或实质损害威胁的一个重要原因。在认定是否存在市场扰乱时，受影响的 WTO 成员应考虑客观因素，包括进口量、进口产品对同类产品或直接竞争产品价格的影响以及此类进口产品对生产同类产品或直接竞争产品的国内产业的影响。

5. 在根据第 3 款采取措施之前，采取此项行动的 WTO 成员应向所有利害关系方提供合理的公告，并应向进口商、出口商及其他利害关系方提供充分机会，供其就拟议措施的适当性及是否符合公众利益提出意见和证据。该 WTO 成员应提供关于采取措施的决定的书面通知，包括采取该措施的理由及其范围和期限。

6. 一 WTO 成员只能在防止和补救市场扰乱所必需的时限内根据本条采取措施。如一措施是由于进口水平的相对增长而采取的，而且如该项措施持续有效的期限超过 2 年，则中国有权针对实施该措施的 WTO 成员的贸易暂停实施 GATT 1994 项下实质相当的减让或义务。但是，如一措施是由于进口的绝对增长而采取的，而且如该措施持续有效的期限超过 3 年，则中国有权针对实施该措施的 WTO 成员的贸易暂停实施 GATT 1994 项下实质相当的减让或义务。中国采取的任何此种行动应立即通知保障措施委员会。

7. 在迟延会造成难以补救的损害的紧急情况下，受影响的 WTO 成员可根据一项有关进口产品已经造成或威胁造成市场扰乱的初步认定，采取临时保障措施。在此种情况下，应在采取措施后立即向保障措施委员会作出有关所采取措施的通知，并提出进行双边磋商的请求。临时措施的期限不得超过200 天，在此期间，应符合第 1 款、第 2 款和第 5 款的有关要求。任何临时措施的期限均应计入第 6 款下规定的期限。

8. 如一 WTO 成员认为根据第 2 款、第 3 款或第 7 款采取的行动造成或威胁造成进入其市场的重大贸易转移，则该成员可请求与中国和/或有关 WTO 成员进行磋商。此类磋商应在向保障措施委员会作出通知后 30 天内举行。如此类磋商未能在作出通知后 60 天内使中国与一个或多个有关 WTO 成员达成协议，则请求进行磋商的 WTO 成员在防止或补救此类贸易转移所必需的限度内，有权针对该产品撤销减让或限制自中国的进口。此种行动应立即通知保障措施委员会。

9. 本条的适用应在加入之日后 12 年终止。

第 17 条　WTO 成员的保留

WTO 成员以与《WTO 协定》不一致的方式针对自中国进口的产品维持的所有禁止、数量限制和其他措施列在附件 7 中。所有此类禁止、数量限制和其他措施应依照该附件所列共同议定的条件和时间表逐步取消或加以处理。

第 18 条　过渡性审议机制

1. 所获授权涵盖中国在《WTO 协定》或本议定书项下承诺的 WTO 下属机构 1，应在加入后 1 年内，并依照以下第 4 款，在符合其授权的情况下，审议中国实施《WTO 协定》和本议定书相关规定的情况。中国应在审议前向每一下属机构提供相关信息，包括附件 1A 所列信息。中国也可在具有相关授权的下属机构中提出与第 17 条下任何保留或其他 WTO 成员在本议定书中所作任何其他具体承诺有关的问题。每一下属机构应迅速向根据《WTO 协定》第 4 条第 5 款设立的有关理事会报告审议结果（如适用），有关理事会应随后迅速向总理事会报告。

2. 总理事会应在加入后 1 年内，依照以下第 4 款，审议中国实施《WTO 协定》和本议定书条款的情况。总理事会应依照附件 1B 所列框架，并按照根据第 1 款进行的任何审议的结果，进行此项审议。中国也可提出与第 17 条下任何保留或其他 WTO 成员在本议定书中所作任何其他具体承诺有关的问题。总理事会可在这些方面向中国或其他成员提出建议。

3. 根据本条审议问题不得损害包括中国在内的任何 WTO 成员在《WTO 协定》或任何诸边贸易协定项下的权利和义务，并不得排除或构成要求磋商或援用《WTO 协定》或本议定书中其他规定的先决条件。

4. 第 1 款和第 2 款规定的审议将在加入后 8 年内每年进行。此后，将在第 10 年或总理事会决定的较早日期进行最终审议。

第二部分　减　让　表

1. 本议定书所附减让表应成为与中国有关的、GATT 1994 所附减让和承诺表及 GATS 所附具体承诺表。减让表中所列减让和承诺的实施期应按有关减让表相关部分列明的时间执行。

2. 就 GATT 1994 第 2 条第 6 款（a）项所指的该协定日期而言，本议定书所附减让和承诺表的适用日期应为加入之日。

第三部分　最后条款

1. 本议定书应开放供中国在 2002 年 1 月 1 日前以签字或其他方式接受。

2. 本议定书应在接受之日后第 30 天生效。

3. 本议定书应交存 WTO 总干事。总干事应根据本议定书第三部分第 1 款的规定，迅速向每一 WTO 成员和中国提供一份本议定书经核证无误的副本和中国接受本议定书通知的副本。

4. 本议定书应依照《联合国宪章》第 102 条的规定予以登记。

2001 年 11 月 10 日订于多哈，正本一份用英文、法文和西班牙文写成，三种文本具有同等效力，除非所附减让表中规定该减让表只以以上文字中的一种或多种为准。

中国加入工作组报告书（摘要）

（2001年10月1日）

一、导　言

1. 在1987年3月4日的会议上，理事会设立了工作组，以审议中华人民共和国（“中国”）政府关于恢复其GATT缔约方地位的请求（文件号L/6017，1986年7月10日递交），并向理事会提交建议，其中可包括关于中国地位的议定书（草案）。在1995年12月7日的信函中，中国政府申请根据《马拉喀什建立世界贸易组织协定》（“《WTO协定》”）第12条加入该协定。按照中国的申请并根据总理事会1995年1月31日的决定，原中国GATT 1947缔约方地位工作组自1995年12月7日起转为中国加入WTO工作组。工作组的职权范围和成员组成载入WT/ACC/CHN/2/Rev. 11和Corr. 1号文件。

2. 中国缔约方地位工作组在主席皮埃尔—路易斯·吉拉德阁下（瑞士籍）的召集下，在1987年至1995年期间召开了20次会议。在他的召集下，中国加入工作组在1996年3月22日、1996年11月1日、1997年3月6日、1997年5月23日、1997年8月1日、1997年12月5日、1998年4月8日、1998年7月24日、2000年3月21日、2000年6月23日、2000年7月27日、2000年9月28日、2000年11月9日、2000年12月8日、2001年1月17日、2001年7月4日、2001年7月20日及2001年9月17日召开了会议。在2000年11月9日、2000年12月8日和2001年1月17日举行的会议上，由WTO副总干事保罗－亨利·拉维耶担任代理主席。

1. 提供的文件

3. 工作组收到作为其讨论基础的《中国对外贸易制度备忘录》（文件号L/6125）、工作组成员就中国对外贸易制度提出的问题以及中国主管机关对此所作答复。此外，中国政府还向工作组提供了大量的文件，这些文件列在WT/ACC/CHN/23/Rev. 1号文件中。

2. 介绍性说明

4. 在向 GATT 1947 工作组及后来的中国加入工作组所作说明中，中国代表表示，中国为恢复其 GATT 缔约方地位和加入《WTO 协定》所作的一贯努力符合其通过经济改革建立社会主义市场经济的目标及对外开放的基本国策。中国加入 WTO 将促进其经济增长，并加强其与 WTO 成员的经贸关系。

5. 工作组成员欢迎中国加入《WTO 协定》，认为中国的加入将有助于多边贸易体制的加强，增加 WTO 的普遍性，为中国和其他 WTO 成员带来共同利益，保证世界经济的稳步发展。

6. 中国代表表示，中国拥有 960 万平方公里的国土面积，1998 年年末全国总人口为 12.5 亿。自 1979 年以来，中国以建立和完善社会主义市场经济为目标，逐步改革经济体制。1994 年采取的一揽子改革措施涵盖银行、金融、税收、投资、外汇（“forex”）和对外贸易等部门，使中国的社会主义市场经济取得了重大突破。国有企业按照“产权清晰、权责明确、政企分开、管理科学”的原则进行改革，现代企业制度在国有部门得以建立，国有企业逐步走上自主经营、自负盈亏的发展轨道。全国统一开放的市场体系已经形成，以间接手段为主的宏观调控体系进一步完善，市场在经济管理和资源配置中发挥基础性作用。新的财税体制有效运行。中央银行的政策性金融和商业金融已经分开，目前的重点在于调控和监管。人民币（“RMB”）汇率顺利并轨，汇价保持稳定，实现了在经常项目下的可兑换。市场价格进一步放开，大多数消费品和生产资料的价格已经由市场决定，市场机制在增加供给、满足需求方面的作用更加明显。

7. 中国代表进一步指出，上述改革的结果是，1999 年国内生产总值（“GDP”）达 82054 亿元（约合 9900 亿美元），1998 年农村居民人均纯收入达 2160 元（约合 260 美元），城镇居民人均可支配收入达 5425 元（约合 655 美元）。近年来，对外贸易发展迅速，1999 年货物进出口总额 3606.5 亿美元，出口额 1949.3 亿美元，进口额 1657.2 亿美元。1998 年中国出口额占世界出口总额的 3.4%。

8. 中国代表表示，虽然经济发展取得了重要成就，但是中国仍然是一个发展中国家，因此应有权根据《WTO 协定》享受给予发展中国家的所有差别和更优惠待遇。

9. 一些工作组成员指出，由于中国经济的巨大规模、快速增长和过渡性质，在确定中国援用发展中国家可使用的过渡期和《WTO 协定》中其他特殊规定的需要方面，应采取务实的方式。应认真考虑和具体处理每个协定和中国的情况。在这方面要强调的是，需要对这种务实的方式进行调整，以便适应少数几个领域中国加入的特定情况，这一点反映在中国议定书（草案）和工作组报告书所列相关规定中。注意到以上说明，成员们重申中国在加入过程中作出的所有承诺仅为中国的承诺，既不会损害 WTO 成员在《WTO协定》项下的现有权利和义务，也不会损害正在进行的和将来进行的WTO谈判以及任何其他加入进程。在注意到就中国而言在少数几个领域采取了务实方式的同时，成员们还认识到《WTO协定》所包含的针对发展中国家的差别和更优惠待遇的重要性。

10. 应工作组中利害关系方的请求，中国代表同意，中国将就工业品和农产品及服务贸易的最初承诺进行双边市场准入谈判。

11. 一些工作组成员表示，除在货物贸易和服务贸易方面进行市场准入谈判外，还应密切注意中国的多边承诺，特别是中国将来在多边货物贸易协定和《服务贸易总协定》（“GATS”）项下的义务。这对于保证中国能够尽快充分享受作为WTO成员的利益，及保证所承诺的任何市场准入条件的价值不受到一些类型的非关税措施等不一致措施的负面影响而言，是至关重要的。

12. 中国代表表示，实现权利与义务的平衡是其加入WTO谈判中的基本原则。

13. 一些工作组成员对中国政府提供的贸易量/额统计信息的差异表示关注。成员们和中国在关于出口统计数字非正式专家小组中另外探讨了这一问题。

14. 工作组审议了中国的对外贸易制度。由此产生的讨论和承诺包含在以下第15段至第342段和加入议定书（草案）[“议定书（草案）”]及其附件中。

二、经济政策

1. 非歧视（包括国民待遇）

15. 一些成员针对非歧视原则对于外国个人和企业（无论全部外资还是部分外资）的适用情况表示关注。这些成员表示，中国应该承诺在生产货物所需投入物、货物和服务的采购方面及生产的货物据以在国内市场和供出口的生产、营销或销售的条件方面，对所有外国个人、企业和外商投资企业给予非歧视待遇。此外，这些成员还表示，中国还应承诺在国家和地方各级主管机关以及公有或国有企业在包括运输、能源、基础电信、生产的其他设施和要素等领域所供应的货物和服务的价格和可获性方面，保证非歧视待遇。

16. 一些工作组成员还对中国根据有关实体的国籍对其参与中国经济设立条件或设置限制的做法表示关注。这些成员特别对涉及货物和服务的定价和采购及进出口许可证分配方面的此类做法表示关注。工作组成员要求中国作出承诺，不以有关实体的国籍作为此类做法的条件。

17. 对此，中国代表强调，其政府对非歧视原则所作承诺的重要性。但是，中国代表指出，关于对包括外商投资企业在内的中国企业及在中国的外国企业和个人给予非歧视待遇的任何承诺，均需遵守议定书（草案）的其他规定，特别是不得损害中国在GATS、中国的具体承诺减让表或涉及与贸易有关的投资措施的承诺项下的权利。

18. 中国代表进一步确认，中国将对包括外商投资企业在内的中国企业、在中国的外国企业和个人给予相同的待遇。中国将取消双重定价做法，并取消对于生产供在中国销售的货物和生产供出口的货物之间的差别待遇。工作组注意到这些承诺。

19. 中国代表确认，在与中国在《WTO协定》和议定书（草案）项下的权利和义务相一致的情况下，中国将对所有WTO成员给予非歧视待遇，包括属单独关税区的WTO成员。工作组注意到这一承诺。

20. 一些工作组成员对中国法律、法规、行政通知和其他要求中的某些规定表示关注，这些规定可直接或间接地对进口产品造成违反《关税与贸易总协定》（“GATT 1994”）第3条的不利待遇。此类要求包括产品注册和认证、国内税、价格和利润控制、所有不同形式的进口许可程序以及进口货物的分销或销售。即使对国产货物也存在此类要求，但是这些成员仍然重申，对进口货物任何事实上或法律上的不利待遇必须取消，以保证完全符合国民待遇原则。

21. 一些工作组成员请中国注意各种类型的可能违反GATT第3条的要求。他们特别提及发放营业执照的程序、收费和条件，无论是在非中国原产货物的进口、分销、再销售方面还是零售方面的营业执照。他们还提及效力直接或间接地取决于进口或交易的货物是否原产于中国的税收和财政规定。这些成员还请中国注意其下列义务，即保证产品测试和认证要求，包括现场检查程序，对非原产于中国的货物所造成的负担，无论是财政负担还是实际负担，不得超过对国产货物所造成的负担。这些成员强调，合格评定程序和标准，包括安全和其他一致性要求，必须遵守WTO《技术性贸易壁垒协定》（“《TBT协定》”）的规定以及GATT 1994第3条。

22. 中国代表确认，将保证所有法律、法规和行政要求自中国加入之日起全面遵守和执行在国产品和进口产品之间的非歧视原则，除非议定书（草案）或报告书中另有规定。中国代表声明，不迟于加入时，中国将废止和停止其实施效果与WTO国民待遇规则不一致的所有现行法律、法规及其他措施。这一承诺是针对最终或暂行法律、行政措施、规章和通知或任何其他形式的规定或指南作出的。工作组注意到这些承诺。

23. 特别是，中国代表确认将在国家和地方各级采取措施，包括废止或修改立法，从而在适用于下列产品或服务的国内销售、许诺销售、购买、运输、分销或使用的法律、法规及其他措施方面，提供完全的GATT国民待遇：

—售后服务（修理、保养和辅助），包括对提供此类服务适用的任何条件，如1993年9月6日颁布的外经贸部三号令在各种进口产品提供售后服务方面设置了强制性许可程序；

—药品，包括对进口药品实行不同的定价和分类程序和公式的法规、通知和措施，或对可获利润的幅度和进口产品设置限制，或设立可能对进口产品造成不利待遇的关于价格或当地含量的任何其他条件；

—香烟，包括统一许可程序要求，以便使单独一个许可证即可授权销售所有香烟，而不区分其原产国，并取消中国烟草总公司（“CNTC”）可能设置的关于进口产品销售点的任何其他限制。各方理解，对于香烟，中国可使用2年的过渡期，以完全统一许可要求。自加入时起立即，并在2年过渡期内，销售进口香烟的零售点数量在中国全部领土内将实质性增加；

—酒类，包括根据中国《进口酒类国内市场管理办法》所实施的要求，及对不同类别酒类的分销和销售实施不同标准和许可要求的规定，包括统一许可程序要求，以便使单独一个许可证即可授权销售所有酒类，而不考虑其原产国；

—化学品，包括适用于进口产品的登记程序，如根据中国《化学品首次进口及有毒化学品进出口环境管理规定》实施的程序；

—锅炉和压力容器，包括在认证和检验程序方面的待遇不得低于适用于中国原产货物的待遇，有关部门或行政机关收取的费用与对同类国产品收取的费用相比，必须公平。

中国代表表示，对于上述药品、酒类和化学品，中国将保留使用自加入之日起1年过渡期的权利，以便修正或废止有关法律。工作组注意到这些承诺。

2. 货币和财政政策

24. 中国代表表示，经过20多年的改革开放，中国已经建立了一套符合市场经济原则的财政管理体制。在财政收入方面，自1994年税制改革以来，建立了以增值税为主体税种的税收制度。在财政支出方面，近年来政府按照市场经济国家普遍实行的公共财政要求，加大了支出结构调整的力度，突出公共需要，以保证政府的正常运转。

25. 中国代表进一步表示，近年来，中国在实施积极财政政策的同时，实行了适当的货币政策，采取了下调金融机构贷款利率、改进存款准备金制度并下调法定存款准备金比率、积极增加基础货币投放、鼓励商业银行扩大信贷等一系列调控和改革措施。

26. 对于今后的财政政策，中国代表指出，中国政府将进一步完善税收制度，并通过实施部门预算、国库集中支付制度和零基预算等改革措施，加强财政支出管理，不断地提高财政支出的效率。对于今后的货币政策，中央银行将继续实行稳健的货币政策，保持人民币币值的稳定；推进利率市场化改革；建立现代商业银行制度。

3. 外汇和支付

27. 一些工作组成员对中国使用外汇管制来控制货物贸易和服务贸易的水平和构成表示关注。对此，中国代表表示，中国目前是国际货币基金组织（“IMF”）成员，其外汇管理体制最近发生了迅速的变化，已采取重大措施改革、理顺和放开外汇市场。外汇调剂市场的多重汇率做法已经取消。中国已经统一其外汇市场，并已经取消对外汇使用的多项限制。

28. 在简述中国外汇改革的历史发展时，中国代表表示，中国外汇体制改革的目的是逐步减少行政干预，增加市场力量的作用。自 1979 年起，中国实施外汇留成制度，同时外汇市场逐步发展。1994 年初，人民币官方汇率与市场汇率并轨，实行银行结售汇，建立全国统一的银行间外汇市场，实现了人民币经常项目下有条件可兑换。自 1996 年起，将外商投资企业（“FIEs”）纳入银行结售汇体系，取消尚存的经常项目汇兑限制。1996 年 12 月 1 日中国正式接受《国际货币基金组织协定》第八条的义务，取消了对经常项目交易的外汇限制，自此人民币实现经常项目下完全可兑换。国际货币基金组织在其 2000 年关于与中国的第八条磋商年度报告中确认，中国对经常项目交易不存在外汇限制。

29. 中国代表表示，国家外汇管理局（“SAFE”）由中国人民银行（“PBC”）管理，是依法进行外汇管理的行政机关。其主要职能是对国际收支和外汇问题进行监督，并提出建议。国家外汇管理局还负责起草有关法规，并监督执行。他进一步指出，经中国人民银行批准，国内银行、外国银行和金融机构可经营外汇业务。

30. 对于工作组成员有关提供进一步信息的请求，中国代表补充表示，对于经常项目下外汇支付，国内实体（包括外商投资企业）可以按照市场汇率凭相应的有效凭证直接向外汇指定银行购汇或从其外汇账户上借记。预付货款、佣金等超过一定比例或数额的支付，经国家外汇管理局进行真实性审核后，有关实体可以在银行办理购汇。个人因私用汇，标准以内的可以凭有效凭证直接到银行办理，能够证明额外用汇需要的个人到银行购得超过标准部分。他还表示，境内机构经常项目下的外汇收入均须及时调回境内，一些可以留成，一些可以按市场汇率卖给指定银行。中国还实行了进出口收付汇核销制度。

31. 关于汇率制度，中国代表特别指出，自 1994 年 1 月 1 日汇率并轨后，中国开始实行以市场供求为基础的、单一的、有管理的浮动汇率制。中国人民银行按照前一营业日银行间外汇市场形成的加权平均汇率，公布人民币对美元、港币、日元三种货币的基准汇率。银行间外汇市场人民币对美元买卖价可以在基准汇率上下 0.3% 的幅度内浮动，对港币和日元的买卖可以在基准汇率上下 1% 的幅度内浮动。外汇指定银行可按议定汇率，对客户买卖外汇。各银行挂牌的美元买卖汇率不得超过基准汇率上下 0.15%，港币、日元买卖汇率不得超过基准汇率的 1%。其他外国货币对人民币的汇率则根据人民币对美元的汇率及国际市场其他外国货币之间的汇率计算。买入价和卖出价之间的差额不得超过 0.5%。

32. 中国代表进一步指出，自1994年1月1日起，外汇指定银行成为外汇交易的主体。1994年4月1日，中国外汇交易中心系统在上海成立，并在若干城市设立了分中心。外汇交易中心系统实行会员制、分别报价、集中交易和外汇交易市场清算的制度。外汇指定银行根据国家外汇管理局核对的银行结售汇周转头寸限额到银行间市场进行外汇买卖，平补结售汇头寸。中国人民银行根据宏观经济政策目标，可以通过对外汇公开市场进行必要的干预，以调节市场供求，保持人民币汇率的稳定。

33. 中国代表表示，自1996年7月1日起，外商投资企业外汇买卖全部在银行结售汇体系进行。他进一步指出，为鼓励外国直接投资，中国对外商投资企业外汇管理实行国民待遇。允许外商投资企业在国家外汇管理局核定的最高限额内开立外汇结算账户，保留经常项目下的外汇收入，超过部分才须向外汇指定银行结汇。外商投资企业国际收支经常性交易支付和转移没有限制，外商投资企业可以持有效凭证到外汇指定银行或国家外汇管理局进行真实性核查后，购买外汇或直接从其外汇账户中对外支付。外商投资企业外方投资资本金可以开立外汇账户保留外汇，经国家外汇管理局批准后可以结汇。外商投资企业可以直接向境内外银行借款，但事后须向国家外汇管理局登记，获准支付债务或服务费用。外商投资企业中外国投资者清算后分得的外汇资金，经国家外汇管理局依法批准后可以从其外汇账户中汇出或到银行兑付。

34. 中国代表进一步指出，以上提及的法律包括《中华人民共和国中外合资经营企业法》、《中华人民共和国中外合作经营企业法》、《中华人民共和国外汇管理条例》和《结汇、售汇及付汇管理规定》。

35. 中国代表表示，中国将依照《WTO协定》的规定和WTO有关国际货币基金组织的有关声明和决定，实施其有关外汇问题的义务。中国代表进一步忆及，中国已接受《国际货币基金组织协定》第八条，该条规定“各会员国未经基金同意，不得对经常性国际交易的付款和资金转移施加限制”。他表示，依照这些义务，且除非《国际货币基金组织协定》另有规定，否则中国将不援用对其关税领土内任何个人或企业可获得的经常性国际交易外汇限制在与可归因于该个人或企业外汇流入有关的数量上的任何法律、法规或其他措施，包括有关合同条款的任何要求。工作组注意到这些承诺。

36. 此外，中国代表表示，中国将提供《国际货币基金组织协定》第八条第5节所要求的关于外汇措施的信息，以及在过渡性审议机制中被认为必要的关于其外汇措施的其他此类信息。工作组注意到这一承诺。

4. 国际收支措施

37. 一些工作组成员表示，中国只能在《WTO协定》所规定的情况下方可实施国际收支（“BOPs”）措施，并不得作为为其他保护主义目的而对进口实施限制的理由。这些成员表示，因国际收支原因而采取的措施所产生的贸易扭曲作用应尽可能最小，且应只限于临时性进口附加税、进口押金要求或其他等效价格机制贸易措施，这些措施不应用于对特定部门、产业或产品提供进口保护。

38. 这些工作组成员进一步表示，任何此类措施应根据《关于1994年关税与贸易总协定国际收支条款的谅解》（“《BOPs谅解》”），在不迟于采取这些措施之时，向总理事会作出通知，同时提供取消这些措施的时间表以及关于用于恢复国际收支平衡的外部和国内政策措施的计划。这些成员还表示，在交存此项通知后，国际收支限制委员会（“BOPs委员会”）应召开会议审查该通知。各方注意到，对于“必需品”，中国可使用《BOPs谅解》第4款。一些成员表示，如中国或一WTO成员提出请求，BOPs委员会应审议中国所采取的任何国际收支措施的运用情况。

39. 其他一些工作组成员认为，对于为国际收支目的而采取的措施，中国应享受GATT第18条B节和《BOPs谅解》所规定的给予其他WTO发展中国家成员的相同权利。

40. 对此，中国代表表示，中国认为应有权充分使用WTO的国际收支规定，在必要的情况下，保护其国际收支状况。他确认，中国将全面遵守GATT 1994和《BOPs谅解》的规定。除遵守这些规定外，中国将优先援用《BOPs谅解》所列的价格机制措施。如中国援用的措施不属价格机制措施，则中国会尽快将这些措施转为价格机制措施。所采取的任何措施将严格依照GATT 1994和《BOPs谅解》，且不应超过处理特定国际收支状况所必需的程度。中国代表还确认，因国际收支原因而采取的措施只为控制进口的总体水平而实施，而不用于保护特定部门、产业或产品，但第38段所指的除外。工作组注意到这些承诺。

5. 投资体制

41. 中国代表表示，自70年代末实行改革开放政策以来，中国对其投资体制进行了一系列改革，传统计划经济下高度集中的投资管理模式逐步改变，形成了投资主体多元化、资金来源多渠道、投资方式多样化的新格局。政府鼓励国外投资进入中国市场，不断开放和拓宽投资领域，同时，中国政府鼓励民营经济的发展与成长，正在加快开放民间投资领域。随着中国市场经济的建立，各类企业使用自由资本和通过企业信誉融资进行的建设项目将全部由企业自主决策、自担风险；商业银行对各种投资人的信贷活动由银行自主评估、自主决策和承担风险；投资中介机构经营活动将完全市场化，依据投资人的委托提供服务，投资中介机构与政府部门脱离行政管理关系，对政府出资项目的服务活动也要通过合同约定。

42. 中国代表进一步表示，中国已制定投资指导目录，且中国政府正在修改和完善这些指导目录。对于某些工作组成员提出的关注，他确认这些投资指导目录及其实施将完全符合《WTO协定》。工作组注意到这一承诺。

6. 国有企业和国家投资企业

43. 中国代表表示，中国国有企业已基本依照市场经济规则运行，政府不再直接管理国有企业的人、财、物和产、供、销等生产经营活动。国有企业产品价格由市场决定，经营性领域的资源基本由市场配置。国有银行已经商业化，对国有企业的信贷完全按照市场条件进行。中国正在进一步推进国有企业改革，建立现代企业制度。

44. 考虑到中国国有和国家投资企业在中国经济中所发挥的作用，一些工作组成员对此类企业在有关货物和服务的购买和销售的决定和活动方面继续受到政府影响和指导表示关注。此类购买和销售应仅依据商业考虑，不应受到任何政府影响或实施歧视性措施。此外，这些成员表示，需要中国澄清其对不属 GATT 1994 第 3 条第 8 款（a）项范围内的活动类型的理解。例如，与国有和国家投资企业进口用于货物组装、而此类货物随后出口、或可供商业销售或使用，或用于非政府目的物资和机器有关的任何措施，这些货物不会被视为与政府采购有关的措施。

45. 中国代表强调了中国经济不断发展的特点及外商投资企业和私营部门在经济中的重要作用。鉴于在市场中与私营企业进行竞争不断增长的需要和可取性，国有企业和国家投资企业的决定应依据《WTO 协定》所规定的商业考虑。

46. 中国代表进一步确认，中国将保证所有国有和国家投资企业仅依据商业考虑进行购买和销售，如价格、质量、可销售性和可获性，并确认其他 WTO 成员的企业将拥有在非歧视的条款和条件基础上，与这些企业在销售和购买方面进行竞争的充分机会。此外，中国政府将不直接或间接地影响国有企业或国家投资企业的商业决定，包括关于购买或销售的任何货物的数量、金额或原产国，但以与《WTO 协定》相一致的方式进行的除外。工作组注意到这些承诺。

47. 中国代表确认，在不损害中国在《政府采购协定》中未来谈判权利的前提下，所有有关国有和国家投资企业用于商业销售的货物和服务的采购、用于商业销售或用于非政府目的的货物的生产或服务的提供的法律、法规及措施，将不被视为与政府采购有关的法律、法规及措施。因此，此类购买或销售需遵守 GATS 第 2 条、第 16 条、第 17 条和 GATT 1994 第 3 条。工作组注意到这一承诺。

48. 某些工作组成员对中国影响技术转让的法律、法规及措施表示关注，特别是在作出投资决定的过程中。此外，这些成员对将技术转让作为获得包括批准投资在内的利益的条件表示关注。他们认为技术转让的条款和条件，特别是在投资的过程中，应由投资方议定，政府不应干预。例如，政府不应将技术转让作为批准投资的条件。

49. 中国代表确认，中国对其领土内的个人或企业只实施、适用或执行与 WTO《与贸易有关的知识产权协定》（“《TRIPS 协定》”）和《与贸易有关的投资措施协定》（“《TRIMs 协定》”）不相抵触的、与技术转让、生产工序或其他专有知识有关的法律、法规或措施。他确认，技术转让的条款和条件、生产工序或其他专有知识，特别是在投资的过程中，只需经投资方议定。工作组注意到这些承诺。

7. 定价政策

50. 一些工作组成员指出，中国曾经广泛使用价格控制，如在农业部门。这些成员要求中国就其国家定价制度作出具体承诺。特别是，这些成员表示，中国应允许每一部门交易的货物和服务的价格由市场力量决定，对此类货物和服务的多重定价做法应予取消。但是，这些成员们指出，中国期望对议定书（草案）附件 4 所列货物和服务保留国家定价，这些成员表示，任何此类控制应以符合《WTO 协定》、特别是 GATT 1994 第 3 条和《农业协定》附件 2 第 3、4 款的方式保留。这些成员指出，除非在特殊情况下，并须通知 WTO 秘书处，否则不得对附件 4 所列货物或服务以外的货物或服务实行价格控制，且中国应尽最大努力减少和取消这些控制。他们还要求中国在有关的官方刊物上公布实行国家定价的货物和服务的清单及其变更情况。

51. 一些工作组成员表示，中国的价格控制和国家定价还包含“指导价”和关于企业可享受的利润范围的规定。此类政策和做法也需符合中国的承诺。他们认为，价格控制只有在非常的情况下方可采用，并应在能够证明其采用属合理的情况得到解决后尽快取消。

52. 中国代表表示，中国目前实行宏观经济调控下主要由市场形成价格的机制。他指出，在所有进口产品的政府定价方面实行国民待遇。目前存在三种价格形式：政府定价、政府指导价和市场调节价。政府定价是由政府价格管理部门制定的价格，未经这些部门批准，不得变动。实行政府定价的产品和服务是对国计民生具有直接影响的产品，包括中国稀缺的产品。

53. 中国代表表示，当政府定价或政府指导价需要调整和重新制定时，应由主管机关或经营者向政府价格主管机关提出申请和建议。政府定价和政府指导价的调整没有固定的期限。主管机关或经营者根据市场的变化并按照《价格法》的有关规定，向政府价格主管机关提出实施定价或对原有定价进行调整的申请或建议。政府价格主管机关根据市场供求、经营成本、对消费者的影响以及服务质量等因素确定服务的具体价格，或确定指导价格和浮动幅度，经营者可在浮动幅度内确定具体价格。政府价格主管机关在制定关系群众切身利益的公用事业价格、重要公益性服务价格、自然垄断经营的货物和服务的价格时，举行价格听证会，邀请消费者、经营者和其他有关方面提出意见，论证价格调整的必要性及其影响。重要的服务价格还需报国务院批准。这一机制有利于显著提高政府定价的合理性和透明度。所有企业，无论其性质和所有权如何，均有权参加此类听证会，发表意见和关注，价格主管机关将对这些意见和关注予以考虑。同时，政府定价只针对产品或服务，不考虑相关企业的所有权。所有企业和个人参与政府定价和政府指导价的制定过程享受同等待遇。

54. 中国代表补充指出，政府指导价机制是一种更灵活的定价形式。价格管理机关规定基准价格或浮动幅度。浮动幅度通常为5%至15%。企业可在指导价的限度内，考虑市场情况，自行决定价格。对于市场调节价，企业有权在关于价格的普遍适用的法律、法规和政策允许的范围内，依据市场供求状况自主确定价格。

55. 中国代表表示，政府定价或政府指导价的制定考虑以下几个标准：正常生产成本、供求情况、政府有关政策和相关产品价格。居民消费品销售价格的制定还要考虑公众购买力的局限性。他指出，随着中国价格体制改革的继续深化，政府定价比重大幅下降，市场调节价比重上升；在社会商品零售总额中，政府定价比重为4%，政府指导价比重为1.2%，市场调节价比重为94.7%。在农产品中，政府定价比重为9.1%，政府指导价比重为7.1%，市场调节价比重为83.3%。在生产投入物中，政府定价比重为9.6%，政府指导价比重为4.4%，市场调节价比重为86%。中国政府直接管理价格的比重已经大大减少。中国的价格制度已经趋于合理，为所有企业创造了比较公平的平等竞争市场。

56. 中国代表忆及，议定书（草案）附件4包含目前属政府定价和政府指导价的所有产品和服务的完整清单。他表示，属政府定价的服务均按其CPC编码列在附件4中。

57. 一些工作组成员要求提供关于属政府定价或政府指导价的具体活动的额外信息。特别是，这些成员要求提供关于专业服务、教育服务和银行结算、清算和转移服务收费的信息。对此，中国代表表示，1999年国家发展计划委员会（“SDPC”）等6个中央政府部门颁布的《中介服务收费管理办法》，处理检验、鉴定、公证、仲裁等中介服务，这些服务因其要求特殊而供应有限。对于法律服务，国家计委和司法部联合颁布的《律师服务收费管理暂行办法》规定，从事中国法律业务的律师事务所依法提供以下活动的收费标准由国家计委审批：（1）代理民事案件，包括上诉；（2）客户抗辩行政机关的决定；（3）为刑事案件犯罪嫌疑人提供法律咨询、代理上诉或公诉、申请取保候审、担任被告人的辩护人或自诉人、被害人的代理人；及（4）代理仲裁。对于中国服务贸易减让表中列明的外国法律服务提供者可以提供的服务，外国法律服务提供者可以决定适当的收费，此类收费不属政府定价或政府指导价范围。

58. 中国代表指出，对于附件4包括的其他服务也有规定。政府定价和政府指导价涵盖审计服务。对于建筑服务，咨询和设计前建筑服务及合同管理活动属政府定价或政府指导价范围。对于工程服务，顾问和咨询服务、地基构筑和建筑结构的工程设计服务、建筑的机械和电子安装设计服务、民用工程、工业加工和生产项目的建设属政府定价或政府指导价范围。小学、中学和高等教育服务属政府定价范围。

59. 中国代表进一步说明，附件4中提及的银行结算、清算和转移收费与银行为企业、个人使用汇票、托收、承兑等结算方式进行货币给付、传输及其资金清算而提供的服务所收取的费用有关。主要包括银行汇票、本票、支票、汇兑、委托收款、托收和承兑的手续费。

60. 中国代表确认，将在官方刊物上公布国家定价的货物和服务清单及其变更情况，并公布定价机制和政策。工作组注意到这些承诺。

61. 中国代表确认，提供价格信息的官方刊物是在北京出版的《中华人民共和国物价公报》。该公报为月刊，列出了国家定价的所有产品和服务。他进一步表示，中国将继续深化价格改革，调整国家定价目录，进一步放开价格政策。

62. 中国代表进一步确认，价格控制将不被用于向国内产业或服务提供者提供保护的目的。工作组注意到这一承诺。

63. 一些工作组成员担心中国为限制进口可能会维持低于以市场为基础的价格。

64. 对此，中国代表确认，自加入时起，中国将以与 WTO 相一致的方式实施其现行的价格控制和任何其他价格控制，并将考虑 GATT 1994 第 3 条第 9 款所规定的 WTO 出口成员的利益。他还确认，价格控制将不具有限制或者减损中国关于货物贸易和服务贸易市场准入承诺的作用。工作组注意到这些承诺。

8. 竞争政策

65. 中国代表指出，中国政府鼓励公平竞争，反对各种不正当的竞争行为。1993 年 9 月 2 日制订并于同年 12 月 1 日实施的《中华人民共和国反不正当竞争法》，是中国现行的维护市场竞争秩序的基本法。此外，《价格法》、《招标投标法》、《刑法》及其他有关法律也包含了反垄断和反不正当竞争的规定。中国目前正在起草《反垄断法》。

三、政策制定和执行的框架

1. 政府的结构和权力

66. 中国代表告知工作组成员，依照《中华人民共和国宪法》和《中华人民共和国立法法》，全国人民代表大会是国家最高权力机关，其常设机构为常务委员会。全国人民代表大会及其常务委员会行使国家的立法权，有权制定《宪法》和法律。国务院，即中国中央人民政府，为国家最高权力机关的执行机关。依照《宪法》和相关法律，国务院有权制定行政法规。国务院各部、各委员会和其他有关部门（统称“各部门”）可在其各自部门的职责范围内并依照法律和行政法规发布部门规章。省级人民代表大会及其常委会可通过地方性法规。省级政府有权制定地方政府规章。全国人民代表大会及其常务委员会有权废止与《宪法》和法律相抵触的行政法规，以及与《宪法》、法律和行政法规相抵触的地方性法规。国务院有权废止与《宪法》、法律或行政法规不一致的部门规章和地方政府规章。中国法律体系的这些特征可保证在中国加入后有效和统一履行其义务。

67. 中国代表表示，中国一贯忠实履行其国际条约义务。根据《宪法》和《缔结条约程序法》，《WTO 协定》属于“重要国际协定”，需经全国人民代表大会常务委员会批准。中国将保证其有关或影响贸易的法律法规符合《WTO 协定》及其承诺，以便全面履行其国际义务。为此，中国已开始实施系统修改其有关国内法的计划。因此，中国将通过修改其现行国内法和制定完全符合《WTO 协定》的新法的途径，以有效和统一的方式实施《WTO 协定》。

68. 中国代表确认，行政法规、部门规章及中央政府的其他措施将及时颁布，以便中国的承诺在有关时限内得以充分实施。如行政法规、部门规章或其他措施未能在此类时限内到位，则主管机关仍将信守中国在《WTO 协定》和议定书（草案）项下的承诺。中国代表进一步确认，中央政府将及时修改或废止与中国在《WTO 协定》和议定书（草案）项下的承诺不一致的行政法规或部门规章。工作组注意到这些承诺。

2. 地方各级政府的职权

69. 若干工作组成员对中国各级政府继续使用多种贸易手段表示关注。这些成员认为，这一情况降低了中国市场准入的安全性和可预见性。这些成员对地方各级政府在财政、金融和预算活动等领域的职权提出具体关注，具体涉及补贴、税收、贸易政策及《WTO 协定》和议定书（草案）所涵盖的其他问题。此外，一些成员对中央政府能否有效地保证地方各级所采取的与贸易有关的措施符合中国在《WTO 协定》和议定书（草案）中的承诺表示关注。

70. 中国代表表示，地方各级政府对于与《WTO 协定》和议定书（草案）有关的贸易政策问题没有自主权。中国代表确认，中国将及时废止与中国义务不一致的地方性法规、地方政府规章和其他地方性措施。中国代表进一步确认，中央政府将保证中国的法律、法规及其他措施，包括地方各级政府的法规及其他措施符合中国在《WTO 协定》和议定书（草案）中承担的义务。工作组注意到这些承诺。

3. 贸易制度的统一实施

71. 一些工作组成员表示，应该明确，中国应在其全部关税领土内适用《WTO 协定》的要求及其他加入承诺，包括边境贸易地区、民族自治地方、经济特区（“SEZS”）、沿海开放城市、经济技术开发区和其他特殊经济区，并应适用于各级政府。

72. 这些工作组成员还对中国中央政府是否充分了解未统一实施的做法和是否采取必要的执行行动表示关注。这些成员表示，中国应建立一种机制，使任何有关人员可提请中央政府注意未统一适用贸易制度的情况，并采取迅速和有效的行动以处理被证实存在的未统一适用的情况。

73. 中国代表确认，《WTO 协定》的规定，包括议定书（草案）的规定，将在其全部关税领土内统一适用，包括已建立特殊关税、税收和法规制度的经济特区和其他地区，并应适用于各级政府。工作组注意到这一承诺。

74. 对于某些工作组成员提出的问题，中国代表确认，法律、法规及其他措施包括法令、命令、指令、行政指导及临时和暂行办法。他表示，在中国，地方政府包括省级政府（含自治区和直辖市）、市、县和乡镇。中国代表进一步表示，地方性法规、规章及其他措施由省、市和县级地方政府按其各自的宪法权力和职能发布，并在相应地方级别实施。乡镇被授权执行措施。特殊经济区还被授权颁布和实施地方性法规和规章。

75. 中国代表进一步确认，根据议定书（草案）第 2 条（A）节所建立的机制将自加入时起开始运转。所有个人和实体均可提请中央政府主管机关注意中国贸易制度中未统一适用的情况，包括其在《WTO 协定》和议定书（草案）项下的承诺未统一适用的情况。此类情况将被迅速提交主管政府机关，如证实未统一适用的情况存在，则主管机关将迅速采取行动，依据中国法律可获得的补救，并考虑中国的国际义务和提供有意义补救的需要，处理这一情况。应迅速以书面形式将采取的任何决定和行动告知向中国主管机关作出通知的个人或实体。工作组注意到这些承诺。

4. 司法审查

76. 一些工作组成员表示，中国应指定独立审查庭、联络点和程序，以便迅速审查所有与 GATT 1994 第 10 条第 1 款所指的法律、法规、普遍适用的司法决定和行政决定的执行有关的行政行为，包括与进出口许可证、非关税措施和关税配额管理、合格评定程序及其他措施有关的行政行为。这些成员寻求作出明确确认，即某些类型的措施，例如与标准和化学品登记有关的决定，应接受司法审查。一些工作组成员还表示，接受审查的行政行为还应包括根据《TRIPS 协定》和 GATS 有关规定要求进行审查的任何行为。这些成员表示，此类审查庭应独立于被授权对该事项进行行政执行的机关，且不应对该事项的结果有任何实质利害关系。

77. 这些工作组成员表示，此类审查程序应包括给予受须经审查的任何行政行为影响的个人或企业进行上诉的机会，且不因上诉而受到处罚。如初始上诉权需向行政机关提出，则应有选择向司法机关提出进一步上诉的机会。任何上诉机关作出的任何决定及其理由均需以书面形式告知上诉人，并附关于进一步上诉的任何权利的通知。

78. 中国代表确认，将修改其有关法律和法规，以便其有关的国内法律和法规与《WTO 协定》和议定书（草案）中关于行政行为的司法审查程序要求相一致。他进一步表示，负责此类审查的审查庭将是公正的，并独立于被授权进行行政执行的机关，且将不对审理事项的结果有任何实质利害关系。工作组注意到这些承诺。

79. 对于某些工作组成员提出的问题，中国代表确认，与 GATT 1994 第 10 条第 1 款、GATS 第 6 条和《TRIPS 协定》相关规定所指的法律、法规、普遍适用的司法决定和行政决定的实施有关的行政行为，包括与国民待遇、合格评定、服务的管理、控制、提供或推销，包括发放或拒绝提供服务所需的许可证和其他事项的实施有关的行政行为，且此类行政行为受根据议定书（草案）第 2 条（D）节第（2）款确立的迅速审查程序的约束，有关此类程序的信息将通过中国在自加入时起设立的咨询点提供。工作组注意到这些承诺。

四、影响货物贸易的政策

A. 贸易权

1. 总体情况

80. 一些工作组成员指出，中国正在放开进口和自中国出口货物权利的可获性，但此类权利的获得现在仅限于一些中资企业（总数为 35，000 个）。此外，虽然外商投资企业拥有贸易权，但这仅限于根据企业的经营范围供生产目的的进口和供出口。这些成员表示，他们认为此类限制与 WTO 的要求不一致，包括 GATT 1994 第 11 条和第 3 条，并欢迎中国所作的如下承诺，即逐步放开贸易权的可获性和范围，从而在加入后 3 年内，所有企业将有权在中国全部关税领土内进口和出口所有货物［议定书（草案）附件 2A 所列保留由国营贸易企业进口和出口的产品份额除外］。这些成员要求中国提供关于这一进程及过渡期内将用于增加拥有贸易权企业的数量和企业可进出口的产品范围的标准的详细信息。

81. 一些工作组成员还指出，中国承诺对于外国企业和个人，包括未在中国投资或注册为企业的外国企业和个人，在贸易权方面应给予不低于给予在中国的企业的待遇，但议定书（草案）中另有规定的除外。工作组成员要求中国提供关于此类企业和个人获得进出口货物权利程序的详细信息。

82. 一些工作组成员担心在过渡期后企业经营范围或营业执照与贸易权之间的任何联系将构成对进出口权的限制。这些成员指出，加入 3 年后，中国需允许所有在中国的企业在中国的全部关税领土内从事所有货物的贸易［但议定书（草案）中另有规定的除外］。

83. 中国代表确认，在 3 年过渡期内，中国将逐步放开贸易权的范围和可获性。

（a）中国代表确认，自加入时起，中国将取消中国企业和外商投资企业作为获得或维持进出口权的标准的任何出口实绩、贸易平衡、外汇平衡和以往经验要求，如在进出口方面的经验。

（b）对于全资中资企业，中国代表表示，虽然外商投资企业根据其经批准的经营范围获得有限的贸易权，但是全资中资企业现需申请此类权利，且有关主管机关在批准此类申请时适用最低标准。为加速这一批准程序和增加贸易权的可获性，中国代表确认，中国将降低获得贸易权的最低注册资本要求（只适用于全资中资企业），第一年降至500万元人民币，第二年降至300万元人民币，第三年降至100万元人民币，并将在贸易权的过渡期结束时取消审批制。

（c）中国代表还确认，在过渡期内，中国将逐步放开外商投资企业贸易权的范围和可获性。此类企业将根据以下时间表被给予新的或额外的贸易权，即自加入后1年起，外资占少数股的合资企业将被给予完全的贸易权，自加入后2年起，外资占多数股的合资企业将被给予完全的贸易权。

（d）中国代表还确认，在加入后3年内，所有在中国的企业将被给予贸易权。外商投资企业从事进出口不需建立特定形式或单独的实体，也不需要获得包含分销在内的新的营业执照。工作组注意到这些承诺。

84.（a）中国代表确认，中国将在加入后3年内取消贸易权的审批制。届时，中国将允许所有在中国的企业及外国企业和个人，包括其他WTO成员的独资经营者，在中国全部关税领土内进口所有货物［议定书（草案）附件2A所列保留由国营贸易企业进口和出口的产品份额除外］。但是，此种权利不允许进口商在中国国内分销货物。提供分销服务将依照中国在GATS项下的具体承诺减让表进行。（b）关于对外国企业和个人、包括对其他WTO成员的独资经营者给予贸易权的问题，中国代表确认，此类权利将以非歧视和非任意性的方式给予。他进一步确认，获得贸易权的任何要求仅为海关和财政目的，将不构成贸易壁垒。中国代表强调，拥有贸易权的外国企业和个人需要遵守所有与WTO相一致的、有关进出口的要求，如与进口许可、TBT和SPS有关的要求，但确认将不适用与最低资本和以往经验有关的要求。工作组注意到这些承诺。

2. 指定经营

85. 中国代表表示，在过渡期内，中国将每年调整和扩大其指定经营制度下的企业清单，从而全面实施附件2B所包含的承诺。指定经营制度下企业的现行标准包括注册资本、上一年进出口量、上一年实行指定经营管理产品的进口量、银行信用等级以及盈亏情况。

86. 工作组成员指出，中国承诺在加入后3年内，将取消对其议定书（草案）附件2B所列货物给予贸易权方面的限制。对于一些工作组成员提出的问题，中国代表确认，中国在附件2B所列3年过渡期的每一年中，将通过增加允许进口此类货物的指定实体数量，逐步放开此类货物的贸易权。中国代表补充表示，中国将取消将进出口量作为获得这些产品贸易权的一项标准，降低最低资本要求，并将这种注册为指定进出口企业的权利扩大到在生产最终货物过程中使用此类货物的企业和在中国分销此类货物的企业。在3年期末，所有在中国的企业及所有外国企业和个人将被允许在中国全部关税领土内进口和出口此类货物。在过渡期内，指定经营制度下适用的任何标准将不对进出口构成数量限制。工作组注意到这些承诺。

B. 进口法规

1. 正常海关关税

87. 工作组成员欢迎中国关于约束其货物贸易市场准入减让表中所有产品关税的决定。这一行动将增加中国贸易制度在这方面的确定性和可预见性。成员们还注意到中国最近几年在许多部门单方面的实质性关税削减。

88. 中国代表向工作组成员提供了一册《中华人民共和国海关进出口税则》（“关税”）和有关法律法规。他指出，中国的关税是对进口货物征收的费用。征收关税的目的有两个：（a）通过关税调节进口以促进和支持国内生产；及（b）作为中央政府财政的重要来源。中国的关税政策的目的是促进经济改革和经济开放。制定关税税率的基本原则如下：对国内生产不能满足供应的关系国计民生的必需品，给予免税或低税。原材料的进口税率一般低于半制成品或制成品的税率。对国内不能生产或质量不过关的机械设备和仪器、仪表的零件、配件实行的税率低于对整机实行的税率。对国内自己能够生产或非国计民生的产品实行的税率较高。对国内能够生产，而国内同类工业又需要保护的产品实行更高的税率。

89. 中国代表表示，中国从1992年1月1日起采用《商品名称及编码协调制度》（“HS”），同年参加《商品名称及编码协调制度国际公约》。根据96版6位税目，2000年关税共分为21类、97章、7062条8位税目。关税税率由国务院制定，税率的局部调整由国务院关税税则委员会审定。中国2000年进口关税的平均水平为16.4%。在7062条税目中，税率小于5%的税目525个，5%至10%（不含）的税目1488个，10%至15%的税目2022个，15%以上的税目3027个。关于近年来特定产品的税率和进口统计数据已向工作组提供。

90. 他还指出，进口关税目前分为两栏：普通税率和优惠税率。优惠税率适用于原产于与中国订有关税互惠协定的国家或地区的进口产品，普通税率适用于其他来源的进口产品。

91. 中国代表确认，对于木材和纸制品，将对所有进口木材和纸制品适用相同的关税税率，包括优惠计划、关税同盟或自由贸易区下适用的税率。工作组注意到这一承诺。

92. 中国代表确认，自加入时起，中国将加入《信息技术协定》（“ITA”），并将取消中国减让表中所列所有信息技术产品的关税。此外，自加入时起，中国将取消 ITA 产品的所有其他税费。工作组注意到这些承诺。

93. 某些工作组成员对汽车部门的关税待遇表示特别关注。对于有关汽车零件关税待遇的问题，中国代表确认未对汽车的成套散件和半成套散件设立关税税号。如中国设立此类税号，则关税将不超过 10%。工作组注意到这一承诺。

94. 在不损害中国参加 WTO 进程权利的前提下，中国确认承诺支持 WT/GC/W138/Add. 1 号文件（1999 年 4 月 22 日）中所列关税自由化建议，并将充分参加 WTO 成员可能接受实施的、以这一建议为基础的任何关税自由化倡议。

95. 中国与工作组成员就货物贸易进行了双边市场准入谈判。这些谈判的结果包含在货物贸易减让和承诺表中，成为议定书（草案）附件 8。

2. 其他税费

96. 中国代表确认，中国同意根据 GATT 1994 第 2 条第 1 款（b）项，在其减让和承诺表中将其他税费约束为零。工作组注意到这一承诺。

3. 原产地规则

97. 一些工作组成员要求提供关于中国采用和适用原产地规则的信息，无论是在自由贸易协定范围内还是其他方面，还要求中国确认其优惠贸易和非优惠贸易原产地规则完全符合 WTO《原产地规则协定》。

98. 中国代表指出，确定实质性改变的标准是：（a）在关税中 4 位数税号一级的税则归类发生变化；或（b）增值部分所占新产品总值的比例达到或超过 30%。

99. 他进一步指出，根据目前的安排，并依照以上所列标准，当一进口产品在几个国家加工和制造时，原产地应为对产品进行实质性改变的最后一个国家。用于统计目的的原产地规则也是如此。

100. 中国代表表示，中国的进出口原产地规则属于非优惠原产地规则。一旦非优惠原产地规则的国际协调完成，中国将全面采用和适用国际协调的非优惠原产地规则。不迟于加入之日，中国的法律框架内将建立满足该协定第 2 条（h）项、第 3 条（f）项以及附件 2 第 3 款（d）项要求的机制，该机制要求，应请求，对一进口或出口产品的原产地进行评定，并列出据以作出该项评定的条件。工作组注意到这些承诺。

101. 中国代表进一步表示，中国将不把原产地规则用作直接或间接追求贸易目标的工具。他还确认，中国将使原产地规则同等用于所有目的。工作组注意到这些承诺。

102. 中国代表确认，自加入之日起，中国将保证其与原产地规则有关的法律、法规及其他措施完全符合 WTO《原产地规则协定》，并将以完全符合该协定的方式实施此类法律、法规及其他措施。工作组注意到这一承诺。

4. 对提供的服务收取的规费和费用

103. 工作组成员指出，作为加入的一个条件，中国应承诺保证海关规费和费用符合 GATT 1994 第 8 条。中国代表确认，中国在这方面将遵守 GATT 1994 第 8 条。工作组注意到这一承诺。

5. 国内税对进口产品的适用

104. 一些工作组成员对一些对进口产品适用的国内税的管理，包括增值税（“VAT”），不符合 GATT 1994、特别是第 3 条的要求表示关注。这些工作组成员指出，中国似乎允许对进口产品和服务适用歧视性的国内税费，包括地方各级主管机关适用的国内税费。这些成员要求中国重申，所有此类国内税费将符合 GATT 1994 的要求。

105. 对此，中国代表指出，对产品和服务征收的税主要有 3 种：（a）对货物和加工、修理和装配服务征收的增值税；（b）对一些消费品征收的消费税；及（c）对提供服务、转让无形资产和销售不动产征收的营业税。增值税和消费税均适用于进口货物的实体。对进口产品征收的增值税和消费税由海关总署（“海关”）在入境地征收。他指出，货物一经出口即退还增值税。出口货物免征消费税。

106. 他进一步指出，所有有关增值税和消费税的征收、税种和税率（税额）的调整以及增值税、消费税和营业税减免的政策均由国务院决定。法律法规的解释和执行由财政部和国家税务总局负责。增值税和消费税由国家税收主管机关征收和管理，营业税由地方税收主管机关征收和管理。

107. 中国代表确认，自加入之日起，中国将保证其与对进口产品征收的国内税费有关的法律、法规及其他措施将完全符合其 WTO 义务，并将以符合这些义务的方式实施此类法律、法规及其他措施。工作组注意到这一承诺。

6. 关税免除

108. 中国代表表示，中国的免税政策依照《中华人民共和国海关法》和《中华人民共和国进出口关税条例》制定和实施。具体减免税范围由国务院规定。所有减免税在最惠国待遇基础上适用。

109. 中国代表表示，依照国际惯例和中国的《海关法》，下列货物可以减征或免征进口关税：

（a）应征关税税额在人民币 10 元以下的货物；

（b）无商业价值的广告品和货样；

（c）国际组织或外国政府无偿赠送的物资；

（d）以任何运输方式装载的过境运输工具途中使用的燃料、物料和饮食用品；

（e）因故退还的原出口货物；

(f) 结关前已经损坏的货物；

(g) 中国缔结或参加的国际条约规定减征或免征关税的货物；

(h) 暂时进口的货物；

(i) 进口加工计划项下的进口货物；

(j) 无代价抵偿货物；

(k) 政府鼓励发展的内外资项目；

(1) 科教与残疾人用品。

他指出，减免税进口货物应在海关监管之下。在监管期限内如销售、转让或移作它用，须补缴进口关税。

110. 一些工作组成员对众多企业和其他实体可获得和适用的减免税表示关注，包括国营贸易企业、国有企业、外商投资企业和非盈利性实体。对其他关税、国内税费适用的免除也存在类似的关注。这些成员指出，此类减免可能对税收及实施关税和其他贸易措施的可预测性和确定性产生负面影响。

111. 中国代表确认，自加入时起，中国将采取和适用减免税，以保证进口货物的最惠国待遇。工作组注意到这一承诺。

7. 关税配额

112. 若干工作组成员对中国关税配额（“TRQ”）制度的管理缺乏透明度、统一性和可预测性表示关注。这些成员要求中国承诺以简单、透明、及时、可预测、统一、非歧视、无贸易限制作用的方式以及不造成贸易扭曲的方式管理关税配额。这些成员要求中国保证，其关税配额安排在管理上的负担不得超过绝对必要的限度，并表示希望中国尽快采取行动，采用以市场为基础的关税配额分配程序。

113. 这些工作组成员还对中国关税配额制度的管理和国营贸易企业与进口此类产品有关的做法表示关注。这些关注包括：目前缺乏透明的关税配额管理规定；使用行政指导；由于分配是根据政府所决定的地方各级供应和使用情况而不是根据消费者喜好和最终用户的需求进行的，从而使市场中出现扭曲；不能确定和公布每年的关税配额数量；国营贸易企业的限制贸易和非竞争性做法；以及大宗商品贸易中普遍存在的不确定性、不一致性和歧视性。这些成员针对中国对实行指定经营管理产品的关税配额制度表示了相似的关注。这些成员要求中国削减受关税配额管理商品的关税，就这些产品作出准入承诺，改善关税配额制度的管理，并保证贸易不受不合理的政府规则的扭曲。某些工作组成员还要求将多项具体产品从中国的关税配额制度中去除，进口时，只对这些产品实行关税。

114. 中国代表指出，1996 年中国首次公布了实行关税配额管理的进口产品清单，及适用于进口产品的配额内外税率。关税配额的分配依据历史实绩和国营贸易制度的管理，尽管也试行过其他几种管理方式，包括以实施税率进口和在入境地先来先进等。中国正在努力简化关税配额管理制度和程序，以便利使用、提高效率和深化改革。

115. 中国代表进一步指出，在对农业领域实行的以市场为导向的改革过程中，中国在放开农产品的国家定价和引导农民根据市场需求调整农业生产结构方面已经取得了进展。与这一改革进程相结合，中国在与成员的双边谈判中承诺，自加入时起，即取消一些产品的关税配额，实行单一关税。有关的产品包括大麦、大豆、油菜籽、花生油、葵花油、玉米油和棉籽油。此外，中国将以关税配额取代对食糖、棉花和三种化肥（磷酸氢二铵、三元复合肥和尿素）实行的进口数量限制。工作组注意到这些承诺。

116. 中国代表表示，自加入时起，中国将保证在透明、可预测、统一、公平和非歧视的基础上管理关税配额，使用能够提供有效进口机会的明确规定的时限、管理程序和要求；反映消费者喜好和最终用户需求；且不抑制每一种关税配额的足额使用。中国将完全依照 WTO 规则和原则及中国货物贸易减让和承诺表中所列规定实施关税配额。工作组注意到这些承诺。

117. 中国代表确认，对于议定书（草案）附件 2 所列实行关税配额管理的货物，中国将适用其减让表中与关税配额管理有关的规定和议定书（草案）中有关的承诺，包括对非国营贸易实体给予贸易权以进口供此类实体进口的关税配额分配量。对于议定书（草案）附件 2 中实行指定经营管理的产品，中国代表确认，将保证依照中国关于逐步取消指定经营的承诺，获得贸易权的其他企业不会在关税配额分配过程中受到不利影响。工作组注意到这些承诺。

118. 一些工作组成员认为，分配决定在很大程度上是根据政府决定的省一级供应和使用情况，而不是根据反映消费者喜好和最终用户需求的商业化市场标准。这些成员担心中国表示的将配额分配给地方各级主管机关，并授权这些主管机关以单独的程序再分配给最终用户的意图会给有关程序增加不必要和难以负担的步骤，从而减少足额使用配额的可能性。此外，这些成员表示，中国所表示的关于关税配额程序的意图与中国所承诺的贸易制度统一实施不一致。这些成员寻求确认中国不会给地方各级主管机关制定单独的分配程序，并确认所有的分配和再分配决定将由中国单独一个中央主管机关作出。

119. 中国代表确认，地方各级机关的作用仅限于纯粹的管理业务，如接收最终用户的申请，将申请转送中央主管机关；接收问询并将其转送中央主管机关；就中央主管机关所作关于分配和再分配的决定进行报告，并应请求提供此类分配和再分配的信息；检查申请中的信息，以核对信息是否符合公布的标准；通知申请者其申请中的任何不足之处；并向申请者提供消除其申请中不足之处的机会。待中央主管机关就向最终用户进行配额分配作出决定后，地方各级机关将按此发放关税配额证明。中国代表还确认，中国将实行统一的关税配额国家分配（和再分配）政策，不会给地方各级主管机关制定单独的程序，关于所有对最终用户进行分配和再分配的决定将由单独一个中央主管机关作出。工作组注意到这些承诺。

120. 中国代表进一步确认，对于根据议定书（草案）第 5 条拥有经营任何产品贸易权的任何企业，中国将给予其进口议定书（草案）附件 2A 中实行关税配额管理或实行保留给非国营贸易企业的议定进口量管理的货物的权利。此种进口权将不适用于专门保留由国营贸易企业进口的货物的数量。根据议定书（草案）第 5 条拥有贸易权的任何企业还将有权进口根据议定的关于关税配额管理的规则再分配给非国营贸易企业的那部分关税配额。中国代表还确认，对于议定书（草案）附件 2A 中实行关税配额管理的货物，根据议定书（草案）第 5 条被给予贸易权的任何企业均可被允许按照配额外税率进口此类货物。工作组注意到这些承诺。

8. 进口数量限制，包括禁止和配额

121. 对于工作组成员提出的关于提供信息的请求，中国代表指出，中国禁止或限制某些商品的进口，包括武器、弹药和炸药、麻醉品、毒品、淫秽物品以及与中国关于食品、药品和动植物的技术法规不一致的食品、药品和动植物。

122. 一些工作组成员指出，中国在国家和地方各级均存在大量非关税措施，这些措施似乎具有贸易限制或贸易扭曲作用。这些成员要求中国作出承诺，取消且不采用、不重新采用或实施除议定书（草案）附件 3 中具体列明且需逐步取消的措施以外的非关税措施。中国代表确认，中国将不采用、不重新采用或实施除议定书（草案）附件 3 所列措施以外的非关税措施，除非可根据《WTO 协定》证明为合理。工作组注意到这一承诺。

123. 一些工作组成员还对中国地方各级主管机关在不透明、任意性和歧视性基础上实施的许多非关税措施表示关注。这些工作组成员要求中国作出承诺，保证非关税措施只由中央政府实施或由获得中央政府明确授权的地方各级主管机关实施。未经国家主管机关授权的行动不应实施或执行。中国代表澄清，只有中央政府可以发布关于非关税措施的法规，且这些措施只能由中央政府或获得中央政府授权的地方各级主管机关实施或执行。他进一步表示，地方各级主管机关无权制定非关税措施。工作组注意到这些承诺。

124. 一些工作组成员指出，中国已经提交了一份中国准备开始逐步取消的非关税措施清单，包含在议定书（草案）附件 3 中。这些成员表示，中国应依照附件 3 中规定的时间表，在附件 3 所列期限内取消所列措施。对于需逐步取消的措施，中国应提供在附件 3 中所列相关期限内的配额增长。这些成员还指出，不应增加或扩大附件 3

中所列措施提供保护的规模、范围或时限，也不应实施任何新的措施，除非可根据《WTO 协定》的规定证明为合理。

125. 这些工作组成员指出，对于中国管理的、在中国加入后实施的所有非关税措施，无论议定书（草案）附件 3 是否提及，应严格按照《WTO 协定》的规定进行分配和管理，包括 GATT 1994 第 13 条和《进口许可程序协定》的规定，包括通知要求。

126. 中国代表表示，中国已经根据某些工作组成员提出的意见，修改了附件 3。他确认，只有附件 3 所列机电产品实行特定招标要求管理，且这些要求将根据《机电产品进口管理暂行办法》（1993 年 9 月 22 日经国务院批准、1993 年 10 月 7 日国家经济贸易委员会和对外贸易经济合作部 1 号令颁布）的第三章进行管理。他还确认，附件 3 包含所有在中国实行配额、许可证和此类招标要求管理的产品，且在相关过渡期内，中国将实施附件 3 所列配额增长率。工作组注意到这些承诺。

127. 一些工作组成员要求中国提供有关如何实施附件 3 所列产品的配额和许可程序要求的信息，特别是在这些限制的过渡期内配额分配和许可证的程序和标准。成员们对获得许可证或配额通常要求获得一机关内不同主管机关的批准，及要求既获得中央一级又获得地方各级的批准的要求表示关注。这些成员寻求一个透明和简化的制度，使配额的分配和许可证的发放通过一个简单和统一的批准程序进行，以保证配额得到充分使用，且在进口商之间进行公平的分配。对于按照进口值确定配额的产品，这些成员还要求提供关于中国如何确定进口值的信息。中国代表确认，配额和进口许可证的管理将符合《WTO 协定》，包括 GATT 1994 第 13 条和《进口许可程序协定》。配额的分配和进口许可证的发放将通过一个简单和透明的程序，以保证配额的充分使用。他进一步表示，将依据海关收集的信息和 WTO《海关估价协定》确定进口产品的价值。对于以价值表示的配额量，中国将根据提单所列到岸价价值确定任何装运货物的价值。工作组注意到这些承诺。

128. 中国代表确认，目前按 HS 类别列入附件 3 的产品是到加入之日为止在议定过渡期内实行配额管理的惟一产品组。任何涵盖额外产品的非关税措施均需根据《WTO 协定》被证明为合理。此外，中国代表表示，对于附件 3 所列实行配额和许可证要求管理的产品，任何将在配额年度拥有贸易权的实体，包括拥有进口某一类配额下产品或用于生产目的投入物的权利的任何企业，均可申请配额分配和许可证以进口附件 3 中所列产品。工作组注意到这些承诺。

129. 中国代表进一步确认，对于附件 3 中所列产品，中国的配额分配和许可制度将保证获得配额分配的实体也可获得任何必需的进口许可证。这一制度将符合 WTO 规则，包括 WTO《进口许可程序协定》，并将是透明、及时和反映市场条件的，将使对贸易的负担变得最小。配额分配申请只需提交在一个级别的（中央或地方）一个机关批准。有关机关随后将根据配额分配发放进口许可证，大多数情况为提出许可证请求后的3个工作日，在例外情况下，最长可达10个工作日。许可证应针对配额的全部数量发放，在发放的日历年内有效。该许可证可应请求延期一次，最长达3个月，只要有关请求在现行配额年度的12月15日之前提出。在延期许可证下发生的进口将从进行分配年度的相关配额量中扣除。中国代表确认，将于申请期开始前至少21天在议定书（草案）第2条（C）节第（2）款所指的官方刊物上公布发放配额分配量和许可证的相关机关、配额量、包括附件3规定的配额增长、每一配额涵盖的所有产品的8位税号和完整描述、申请配额分配和许可证的程序、包括申请期开始和结束的日期以及任何其他相关程序或标准等。该申请期为8月1日至31日。配额和许可证应在不迟于该申请期结束后60天分配给申请者。工作组注意到这些承诺。

130. 中国代表表示，中国将依照以下标准和程序分配配额，这些标准和程序将提前公布，并以符合WTO要求的方式实施，包括《进口许可程序协定》。在适用这些标准时，中国将考虑允许来自WTO成员的生产者公平参与的需要，并考虑最大限度地扩大配额足额使用潜力的需要。

（a）（i）如相关配额量超过配额分配申请的总量，则所有申请将均获批准。

（ii）在其他情况下，分配的标准如下：

申请者的历史实绩（如相关）（对于可获数据的中国加入之年前3年平均进口量低于相关配额量75%的情况，需要考虑其他标准，特别是以下标准）

—就中间产品和原材料而言，生产或加工能力；

—就制成品或用于批发或零售分销的产品而言，在生产、进口、销售或在国际市场中提供服务的经验和能力；

（b）（i）对于可获数据的中国加入之年前3年平均进口量超过相关配额量75%的情况，以前未予分配配额的申请者将被分配第一年配额总量的10%和随后任何一年任何配额增长的绝大部分。

（ii）在其他情况下：

—第一年中，配额总量的25%将分配给以往未予分配配额的申请者；但是在中国加入前一年进口一配额下相关产品的申请者所获得的配额分配的绝对量将不减少；

—第二年中，对于配额增长量及等于前一年未足额使用的任何配额的数量，中国将优先考虑外资股比等于或低于50%的企业提出的请求；

—第三年和第四年中（如相关），对于配额增长量及等于前一年未足额使用的任何配额的数量，中国将优先考虑外资股比超过50%的企业提出的请求。

（c）在所有情况下，对于最初获得配额分配量并充分使用其配额分配量或就此订立合同的配额持有者，如提出申请，其在下一年获得的配额量将不低于前一年进口的数量。未能全部进口配额分配量的配额持有者在下一年获得的配额分配量将按比例削减，除非该数量在9月1日前交还供再分配。

工作组注意到这些承诺。

131. 中国代表确认，所有贸易的商业条款，包括产品规格、产品组合、定价和包装，将由配额持有者自行决定，只要该产品属于相关配额类别。分配量对议定书（草案）附件3所列同一配额管理的任何产品或产品组合有效。分配量在自配额进口期开始起的一日历年内有效。但是，如一配额持有者在9月1日前尚未就分配给其的总量订立进口合同，则该持有者应立即将配额分配中的未使用部分交还相关主管机关，如仍有未获满足的请求，则有关主管机关应立即进行再分配，或者在其他情况下，在收到分配申请10天内进行再分配。有关机关应在汇总配额持有者交还的任何未使用配额后，公布关于可获得额外配额的通知。再分配配额下进口的货物的许可证可应请求延期一次，最长达3个月，只要有关请求在现行配额年度的12月15日之前提出。延期的许可证下发生的进口将从进行再分配年度的相关配额量中扣除。工作组注意到这些承诺。

9. 进口许可程序

132. 中国代表确认，将更新所有负责进口授权或批准的实体清单，并在清单发生任何变更后一个月内在官方刊物——外经贸部《文告》上重新公布。工作组注意到这一承诺。

133. 对于提供有关其进口许可制度额外信息的请求，中国代表表示，进口许可制度的管理在各国或各地区之间不存在歧视。1984年，国务院颁布了《进口货物许可制度暂行条例》，外经贸部和海关总署颁布了《进口货物许可制度暂行条例实施细则》。暂行条例在全中国统一实施。1999年，在1657亿美元的进口总额中，实行许可证管理的进口占8.45%，金额为140亿美元。外经贸部依据《外贸法》的有关规定确定实行进口许可证管理的产品。

134. 中国代表进一步表示，1993年，中国对53类产品实行进口限制。到1999年，这一数字已减至35类。这些商品包括：（1）成品油；（2）羊毛；（3）涤纶纤维；（4）腈纶纤维；（5）聚酯切片；（6）天然橡胶；（7）汽车轮胎；（8）氰化钠；（9）食糖；（10）化肥；（11）烟草及其制品；（12）二醋酸纤维丝束；（13）棉花；（14）汽车及其关键件；（15）摩托车及其发动机和车架；（16）彩色电视机及显像管；（17）收、录音机及其机芯；（18）电冰箱及其压缩机；（19）洗衣机；（20）录像设备及其关键件；（21）照相机及其机身（镜头除外）；（22）手表；（23）空调器及其压缩机；（24）录音录像磁带复制设备；（25）汽车起重机及其底盘；（26）电子显微镜；（27）气流纺纱机；（28）电子分色机；（29）粮食；（30）植物油；（31）酒；

（32）彩色感光材料；（33）可用于化学武器的监控化学品；（34）易制毒化学品；以及（35）光盘生产设备。他还指出，1999 年，外经贸部指定外贸公司进口的商品为 13 种。这些商品如下：（1）成品油；（2）化肥；（3）烟草；（4）植物油；（5）粮食；（6）天然橡胶；（7）羊毛；（8）腈纶纤维；（9）食糖；（10）棉花；（11）原油；（12）钢材；以及（13）胶合板。

135. 关于进口许可证的发放和管理，中国代表表示，许可证审批需 2 至 3 个工作日。许可证申请可向外经贸部配额许可证事务局或外经贸部驻 16 个省的特派员办事处或各省、自治区、直辖市和计划单列市外经贸委（厅、局）提出。外经贸部授权的发证机关在申请人出具有关主管机关批准进口的文件基础上发放进口许可证。许可证不能买卖或转让，有效期为一日历年。进口许可证可延期一次，最长达 3 个月。

136. 一些工作组成员担心中国的《特定商品进口自动登记管理暂行办法》（1994 年 8 月 13 日），特别是对批准登记的标准，可成为对进口产品的限制。中国代表强调，登记制的目的仅为收集统计信息。他确认，自加入时起，中国将使其自动许可制符合《进口许可程序协定》第 2 条。工作组注意到这一承诺。

137. 一些工作组成员指出，寻求进口实行关税配额管理产品的企业和个人为获得配额分配必须履行大量的手续，配额证明将标明所涉货物是否需由国营贸易企业进口还是由非国营贸易企业进口，并在一段时间内有效。此外，进口该货物的实体需有贸易权。按照这些多重要求，一份配额分配证明应能满足任何可能适用的进口许可要求。

138. 中国代表确认，中国对于实行关税配额分配要求管理的货物，将不再要求单独的进口许可证批准，但在配额分配过程中，将提供任何必要的进口许可证。工作组注意到这一承诺。

10. 海关估价

139. 一些成员对中国用于确定货物完税价格的方法表示关注，特别是对某些货物使用最低限价或参考价格的做法与《关于解释 1994 年关税与贸易总协定第 7 条的协定》（“《海关估价协定》”）不一致。对于申报的成交价格的准确性，各成员可使用其他与 WTO 一致的方法。

140. 对此，中国代表表示，中国已停止使用并将不再重新使用最低限价或参考价格作为确定完税价格的手段。工作组注意到这一承诺。

141. 中国代表认为，不会出现不能“确定”“完税价格”的情况，因为《海关估价协定》规定了几种估价方法。

142. 中国代表忆及，中国关税的绝大部分为从价关税，进口货物的完税价格根据到岸价，并以《海关估价协定》定义的成交价格为基础进行评定。如无法确定进口货物的成交价格，则完税价格将根据《海关估价协定》规定的其他方法确定。他还指出，

《海关法》规定了申诉程序。当与海关就已缴关税或应缴关税的计算发生争议时，不满意的进口商可向海关申请复议。如申诉被拒绝，则进口商可向人民法院提出起诉。

143. 中国代表确认，自加入时起，中国将全面实施《海关估价协定》，包括该协定第 1 条至第 8 条所列海关估价方法。此外，中国将尽快、但无论如何不迟于加入之日起 2 年，实施 WTO 海关估价委员会通过的《关于进口货物完税价格中利息费用处理的决定》和《关于对记录数据处理设备用软件的承载介质进行估价的决定》（G/VAL/5）中的规定。工作组注意到这些承诺。

11. 其他海关手续

144. 中国代表表示，中国在 1988 年加入了《关于简化和协调海关程序的国际公约》，并于 2000 年 6 月 15 日签署了《关于简化和协调海关程序的国际公约修正案议定书（草案)》。中国海关采用的报关、查验、征税、放行等海关手续均符合国际通行做法。

12. 装运前检验

145. 中国代表表示，目前已有商贸检验机构（包括合资机构）从事装运前检验。他进一步表示，中国将遵守《装运前检验协定》，并将管理现有商贸检验机构，允许符合资格的机构按照政府授权或商业合同的约定从事装运前检验。工作组注意到这一承诺。

146. 一些工作组成员要求提供关于中国是否使用私营装运前检验实体的服务的信息。中国代表确认，中国将保证，自加入时起，与包括私营实体在内的装运前检验实体进行的装运前检验有关的任何法律和法规将与有关 WTO 协定相一致，特别是《装运前检验协定》和《海关估价协定》。此外，与此种装运前检验有关的任何收费将与所提供的服务相当，并符合 GATT 1994 第 8 条第 1 款的规定。工作组注意到这些承诺。

13. 反倾销税和反补贴税

147. 一些工作组成员担心，如果中国现在是 WTO 成员，那么中国主管机关目前进行的调查会被判定与《关于实施 1994 年关税与贸易总协定第 6 条的协定》（“《反倾销协定》”）不一致。在某些情况下，为作出初步肯定性裁定而计算倾销幅度的依据未能向利害关系方披露。此外，损害和因果关系的确定似乎未能在对充足证据进行客观审查的基础上进行。在这些成员看来，使中国的反倾销规则仅在表面上符合《WTO 协定》是不够的。与 WTO 的一致性还必须获得实质性的保证。

148. 对此，中国代表表示，中国参考《反倾销协定》和《补贴与反补贴措施协定》，于 1997 年颁布了反倾销和反补贴条例及程序。他承诺在加入前，修改中国现行的法规和程序，以便全面实施中国在《反倾销协定》和《SCM 协定》项下的义务。工作组注意到这一承诺。

149. 工作组成员和中国代表同意，议定书（草案）第15条（d）款中“国内法”一词应理解为不仅涵盖法律，而且涵盖法令、法规及行政规章。

150. 若干工作组成员指出，中国正在继续进行向完全的市场经济转型的进程。这些成员指出，在这些情况下，对于原产于中国的产品进口至一 WTO 成员，在反倾销调查和反补贴税调查中确定成本和价格可比性时可能存在特殊困难。这些成员表示，在此类情况下，WTO 进口成员可能认为有必要考虑与中国的国内成本和价格进行严格比较不一定适当的可能性。

151. 中国代表对某些 WTO 成员以往采取的措施表示关注，这些成员将中国视为非市场经济国家，而在未确定或公布所使用的标准、未以公平的方式给予中国公司充分的机会提供证据以维护其利益以及未说明作出其裁定所依据的理由，包括裁定中进行价格比较的方法的情况下，对中国公司征收反倾销税。对于这些关注，工作组成员确认，在实施议定书（草案）第15条（a）项（ii）目时，WTO 成员将遵守以下规定：

（a）在以并非根据中国国内价格或成本进行严格比较的方式，确定一具体案件中的价格可比性时，WTO 进口成员应保证已经制定并提前公布有关下列内容的规定：（1）其确定生产该同类产品的产业或公司是否具备市场经济条件所使用的标准；及（2）其确定价格可比性时所使用的方法。对于那些未具备适用一种特别包括下列准则在内的方法的惯例的 WTO 进口成员而言，应尽最大努力保证其确定价格可比性的方法包括与以下所述规定相类似的规定。上述准则为，调查主管机关通常应最大限度地、并在得到必要合作的情况下，使用一个或多个属可比商品重要生产者的市场经济国家中的价格或成本，这些国家的经济发展水平应可与中国经济相比较，或根据接受调查产业的性质，是将被使用的价格或成本的适当来源。

（b）WTO 进口成员应保证在适用其市场经济标准及其确定价格可比性的方法之前，已将这些标准和方法向反倾销措施委员会作出通知。

（c）调查程序应透明，并应给予中国生产者或出口商提出意见的充分机会，特别是提出关于在一具体案件中适用确定价格可比性方法的意见。

（d）WTO 进口成员应通知其所要求的信息，并应向中国的生产者和出口商提供在一具体案件中提供书面证据的充分机会。

（e）WTO 进口成员应向中国的生产者和出口商提供在一具体案件中维护他们利益的充分机会。

（f）WTO 进口成员应提供对一具体案件所作初步和最终裁定的足够详细的理由。

152. 中国代表表示，中国根据加入前提出的申请已发起的调查，应不受到 WTO 成员根据《反倾销协定》提出的质疑。他进一步确认，尽管有《反倾销协定》第18条第3款的规定，但是：

（a）中国将对下列情况，适用《反倾销措施》的规定：

（i）根据第9条第3款进行的程序，包括加入前已采取的与反倾销措施（“现有措施”）有关的倾销幅度的计算；及

（ii）根据第9条第5款、第11条第2款和第11条第3款、按照加入后提出的请求，对现有措施进行的复审。根据第11条第3款对一现有措施的任何复审应不迟于实行反倾销措施之日起5年开始。

（b）对于根据第9条第3款进行的程序和根据第9条第5款、第11条第2款和第11条第3款进行的复审，中国还将提供《反倾销协定》第13条所述类型的司法审查。工作组注意到这些承诺。

153. 中国代表表示，根据《中华人民共和国反倾销和反补贴条例》的规定，4个中国政府机构负责反倾销和反补贴调查。这些机构的特征和职责如下：

（a）对外贸易经济合作部（“MOFTEC”）接收反倾销和反补贴的申请书；就外国补贴及倾销和倾销幅度进行调查，并发布相关初步裁定决定和公告；如必要，与国外利害关系方就“价格承诺”进行谈判；就征收最终反倾销或反补贴税提出建议或就退税提出建议等。在外经贸部条法司内设有反倾销处，负责处理被指控进口产品的反倾销和反补贴调查。

（b）国家经济贸易委员会（“SETC”）负责就倾销或补贴进口产品对国内产业造成的损害和此种损害的幅度进行调查，并提出有关损害的调查结果。国家经贸委中设有非常设的决策机构，称为“损害调查与裁定委员会”（“IIDC”），由国家经贸委有关司的6位委员组成。常设的行政办公室负责产业损害调查，并将其调查结果提交“损害调查与裁定委员会”供批准。

（c）海关总署（“海关”）负责与外经贸部协调反倾销调查；实施征收现金保证金、反倾销税等反倾销措施，通过征收反补贴税实施反补贴措施，并监督执行。

（d）国务院关税税则委员会（“TCSC”）根据外经贸部针对征收反倾销税或反补贴税的建议，就是否征收反倾销或反补贴税作出最终决定，并负责返还多征的关税。

14. 保障措施

154. 中国代表表示，自加入时起，中国将实施其《保障措施条例》，据此未来的保障措施将得到规范。这一新条例的内容将与《保障措施协定》完全一致。目前中国正在依照《外贸法》第29条和《保障措施协定》，起草有关保障措施的立法。工作组注意到这一承诺。

C. 出口法规

1. 关税、对提供的服务收取的规费和费用、对出口产品征收的国内税

155. 一些工作组成员对仅针对出口产品适用的税费表示关注。他们认为，此类税

费应予取消，除非其实施符合 GATT 第 8 条或列在议定书（草案）附件 6 中。

156. 中国代表指出，尽管有包括钨矿砂、硅铁以及部分铝产品在内的 84 个税号需征收出口税，但是对绝大多数产品不征收出口税。他指出，出口货物的完税价格为货物的离岸价。

2. 出口许可程序和出口限制

157. 中国代表确认，将更新所有负责出口授权或批准的实体的清单，并在清单发生任何变更后一个月内在官方刊物——外经贸部《文告》上重新公布。工作组注意到这一承诺。

158. 中国代表表示，中国对部分农产品、资源性产品和化学品实行出口许可证制度。中国的出口许可制度按照《出口许可制度暂行办法》管理。1992 年，中国出口产品中需申领出口许可证的商品有 143 类，占中国出口总值的 48.3%。1999 年，实行出口许可证管理的商品减少到 58 类、73 种，出口值为 185 亿美元，只占出口总值的 9.5%。配额许可证事务局（“ABOL”）、设在 16 个省的特派员办事处（“SCO”）以及各省、自治区、直辖市和计划单列市外经贸委（厅、局）（“COFTEC”）根据规定的发证商品范围签发出口许可证。确定出口许可证管理商品主要依据《外贸法》规定的标准：（1）为维护国家安全或社会公共利益；（2）防止国内供应短缺或者为有效保护可能用竭的自然资源；（3）输往国家或地区的市场容量有限；（4）国际条约、协定的义务。出口许可证也用于统计目的。

159. 他进一步指出，出口许可证申请必须向外经贸部授权的发证机关提交，并附有关主管机关批准出口的文件及相关材料（如企业出口资格证书、出口合同等）。申请出口许可证程序对所有出口目的地一视同仁。出口许可证申请的审批时间一般为 3 个工作日。许可证有效期为 6 个月，并可延期一次。外商投资企业出口其属实行出口许可证的产品，需获得出口许可证；不属出口许可证管理的产品，海关凭出口合同和其他有关出口单证验放。

160. 某些工作组成员注意到 GATT 1994 中关于非自动许可程序和出口限制的条件。他们指出，出口禁止、限制和非自动许可程序只能根据 GATT 1994 第 11 条临时适用，以防止或减轻食品或一 WTO 出口成员的其他必需品的严重短缺。GATT 1994 第 20 条也允许限制性出口措施，但此类措施只能与对国内生产或消费相联系实施。这些成员表示，以上提及的《外贸法》中的一些标准目前不能满足 GATT 第 11 条和第 20 条所规定的具体条件。

161. 工作组成员欢迎中国出口许可程序管理的产品数量稳步减少。某些成员重申，他们要求提交一份完整的现行限制措施清单。这些成员担心，现在所余数字仍然很大，涵盖出口贸易约 10%，并要求进一步削减或在不迟于加入之日取消，以完全符合

GATT 的要求。一些成员对原材料或可进行进一步加工的中间产品的出口限制表示特别关注，如钨精矿、稀土和其他金属。

162. 中国代表确认，中国将遵守有关非自动出口许可程序和出口限制的 WTO 规则，也将使《外贸法》符合 GATT 的要求。此外，在加入之日后，只有在被 GATT 规定证明为合理的情况下，才实行出口限制和许可程序。工作组注意到这些承诺。

163. 中国代表表示，中国禁止出口麻醉品、毒品、含有国家秘密的资料及珍稀动植物。

164. 一些工作组成员对中国对丝绸出口的限制表示关注。某些其他成员对限制其他货物的出口表示关注，特别是可进行进一步加工的原材料或中间产品的出口，如钨精矿、稀土和其他金属等。工作组成员们敦促中国保证所实施或维持的任何此类限制符合《WTO 协定》和议定书（草案）的条款。

165. 中国代表确认，自加入时起，将每年就现存对出口产品实行的非自动许可限制向 WTO 作出通知，并将予以取消，除非这些措施在《WTO 协定》或议定书（草案）项下被证明为合理。工作组注意到这一承诺。

3. 出口补贴

166. 一些工作组注意到，中国已在议定书（草案）附件 5B 中提交了属《SCM 协定》第 3 条范围内的禁止性补贴清单及其取消时间表。这些成员认为这一清单是不完整的。

167. 中国代表确认，按议定书（草案）第 10 条第 3 款的规定，将在加入时取消所有属《SCM 协定》第 3 条第 1 款（a）项范围内的出口补贴。为此，中国将在不迟于加入时，停止维持所有先前存在的出口补贴计划，并自加入时起，停止在此类计划下作出额外支付或支出，也不再免除税收或授予任何其他利益。这一承诺涵盖各级政府所给予的补贴，这些补贴在法律上或事实上视出口义务而给予。工作组注意到这一承诺。

168. 在同一基础上，中国代表确认，自加入时起，中国将取消所有属《SCM 协定》第 3 条第 1 款（b）项范围内的、视使用国产货物替代进口货物情况而给予的补贴。工作组注意到这一承诺。

D. 影响货物贸易的国内政策

1. 对进出口产品征收的税费

169. 一些工作组成员对地方各级政府对进口产品征收的增值税和额外费用表示关注。增值税和其他国内税的非歧视实施被认为是必需的。

170. 中国代表确认，自加入时起，中国将保证其与对进口产品和出口产品征收的所有规费、税费有关的法律和法规将完全符合其 WTO 义务，包括 GATT 1994 第 1 条、

第3条第2款和第4款及第11条第1款，且将以完全符合这些义务的方式实施此类法律和法规。工作组注意到这一承诺。

2. 产业政策，包括补贴

171. 一些工作组成员担心，中国经济的特点在于其现行改革过程中仍然存在造成某种程度的贸易扭曲补贴的可能性。这不仅影响对中国国内市场的准入，而且影响中国出口产品在其他WTO成员市场中的表现，因而应遵守《SCM协定》的有效纪律。鉴此，一些成员认为让中国从第27条的某些规定中获益是不适当的。中国代表因此认为，中国应该能够使用这一条款中的某些规定，并告知工作组，作为正在进行的改革进程的一部分，正在努力减少某些种类补贴的可获性。中国承诺以对中国和其他WTO成员公平公正的方式实施《SCM协定》。按照这一方法，中国代表表示，希望保留自《SCM协定》第27条第10款、第11款、第12款和第15款获益的权利，同时确认，中国将不寻求援引《SCM协定》第27条第8款、第9款和第13款。工作组注意到这些承诺。

172. 一些工作组成员考虑到中国经济的特性，寻求澄清当国有企业（包括银行）提供财政资助时，它们是以属《SCM协定》第1条第1款（a）项意义上的政府行为人的身份这样做的。但是中国代表指出，此类财政资助并不一定导致《SCM协定》第1条第1款（b）项范围内的利益。他指出，中国的目标是国有企业，包括银行，应在商业基础上运作，自负盈亏。工作组注意到这一承诺。

173. 一些工作组成员虽然理解收集信息所包含的困难，但是仍对中国在议定书（草案）附件5A和5B（最近一次修改是在2000年5月31日）中提供的补贴通知的全面性表示关注。一些工作组成员说明，作为上述情况的证明，某些类型的补贴没有出现在附件5A和5B中。这些工作组成员首先确定了通过银行系统，特别是国有银行提供的国家支持，形式为政策性贷款、未偿付本金和利率的自动滚动、冲销贷款以及选择性地使用低于市场的利息等。一些成员还提到未经报告的税收补贴、投资补贴和地方各级政府提供的补贴，其中一些对出口公司给予优惠待遇。其他成员提到对电信、鞋类、煤炭和造船部门给予的补贴。中国代表说明，与其他许多成员一样，中国在获得关于所有类型补贴的准确信息方面遇到过很多困难。他还表示，中国正在试图削减某些类型补贴的可获性，特别是通过改革税收体制，使政府所有的银行在商业基础上运作。中国代表表示，中国将逐步准备一份《SCM协定》第25条所预期的完整的补贴通知。工作组注意到这一承诺。

174. 一些工作组成员还对中国所提供的与经济特区和其他特殊经济区有关的补贴表示关注。其中一些补贴似乎视出口实绩或使用国产货物的情况而给予。中国代表指出，此类补贴的主要目的是促进地区发展和外国投资。他确认，自加入时起，中国将取消与《SCM协定》不符的任何此类补贴。工作组注意到这一承诺。

175. 一些工作组成员要求中国提供关于“钢铁进口替代计划”的信息，这一计划似乎向中国4大钢铁集团提供了出口补贴。对此，中国代表澄清，中国未对用于加工贸易原材料的进口和国产钢材征收增值税。他认为，此种政策符合WTO规则和许多WTO成员的做法，因此不应被视为补贴。

176. 一些工作组成员还要求中国提供有关“中国高新技术产品出口目录”的信息，这一目录列出了对电信、计算机软件、航空航天、激光、药品、医疗设备、新材料和能源产业的中央政府出口政策。对此，中国代表澄清，该目录所列产品将享受增值税全额退税的待遇，而其他产品只给予增值税部分退税。他认为，此种政策符合GATT 1994第16条和《SCM协定》的相关附件。他进一步确认，增值税退税只适用于出口产品，而不适用于国内消费的产品。

3. 技术性贸易壁垒

177. 中国代表表示，中国已建立了一个TBT通知机构和两个咨询点，并已通知TBT委员会。自加入时起，将公布关于已采用和拟议的技术法规、标准和合格评定程序的通知。公布这一信息的出版物名称将包括在将在加入时提交的《TBT协定》第15条第2款下《中国实施和管理声明》中。工作组注意到这一承诺。

178. 中国代表表示，除中国实施WTO的规定外，自加入时起将建立内部机制，不断地将在GATT 1994和《TBT协定》项下的权利和义务向政府部门和各部委（国家和地方）以及私营部门进行通知和咨询。对于一些工作组成员提出的就拟议中的标准和技术法规进行公开咨询和提出意见的机会问题，中国代表确认，自加入时起，中国的程序将会明确地表明存在此种机会，且将对所提意见给予适当考虑，而不考虑其来源。中国代表还确认，自加入时起，中国将按照《TBT协定》和TBT委员会通过的相关决定和建议，设定允许公众对拟议中的技术法规、标准和合格评定程序提出意见的最低时限。工作组注意到这些承诺。

179. 若干工作组成员要求提供关于国际标准用作现有中国标准基础的程度、中国使用国际标准作为新标准基础的详细计划以及中国审议现有标准使之与相关国际标准相协调的详细计划。

180. 对此，中国代表表示，作为ISO、IEC和ITU等组织的正式成员，中国积极参加了有关国际标准的制定。凭借中国在政府机构改革方面的努力，中国将在加入后不迟于4个月内，通知接受《良好行为规范》。中国代表表示，为政府标准化机构规定了明确的政策，以定期审议现有标准，特别是使之酌情与相关国际标准相协调。此外，中国将加速对现有的自愿性国家、地方和行业标准的修订工作，以便使之与国际标准相协调。工作组注意到这些承诺。

181. 一些工作组成员担心中国所使用的“技术法规”和“标准”的表述并不一定与《TBT 协定》中的定义相一致，例如，中国有时使用“标准”一词指应属“技术法规”定义的强制性要求。这些成员注意到中国在中央政府以外的其他各级，特别是在地区、部门和企业一级制定了一些不同类型的措施，被称为“标准”。

182. 对此，中国代表表示，在其根据《TBT 协定》所作通知中，包括根据第 15 条第 2 款所作通知和在其中提及的出版物中，以及在对现有措施进行修订过程中，中国将按照《TBT 协定》项下的含义使用“技术法规”和“标准”的表述。工作组注意到这些承诺。

183. 一些工作组成员还担心，中国没有使用相关的和可获得的国际标准作为其一些现有技术法规的基础。若干工作组成员请求提供关于国际标准用作现有技术法规基础的程度、中国使用国际标准作为新技术法规基础的详细计划以及中国审议现有技术法规以使之与相关国际标准或其相关部分相协调的详细计划。

184. 对此，中国代表表示，自 1980 年以来中国将积极采用国际标准作为技术法规基础视为加快工业现代化和促进经济增长的基本政策。中国代表确认，这一政策还要求每 5 年对技术法规进行一次审议，特别是为了保证依照《TBT 协定》第 2 条第 4 款使用国际标准。他还确认，中国将把这一政策作为其根据《TBT 协定》第 15 条第 2 款所作通知的一部分。他指出，由于中国在过去 20 年中的努力，中国使用国际标准作为技术法规基础的比例已经从 12% 上升到 40% 。为了迎接 21 世纪的挑战和满足《TBT 协定》所规定的要求，中国已开始制定一项标准发展计划，并承诺进一步提高使用国际标准作为技术法规基础的比例，在 5 年内再增加 10% 。中国代表还确认，中国将使实施《TBT 协定》第 2 条第 7 款的程序可公开获得。工作组注意到这些承诺。

185. 在牢记《TBT 协定》相关规定的同时，一些工作组成员要求中国确定获得授权可以采用技术法规和合格评定程序的、直接在中央政府以下各级的地方政府机构以及非政府组织。中国代表答复表示，中国将在加入时，作为其按照《TBT 协定》第 15 条第 2 款所作通知的一部分，提供一份相关地方政府机构和非政府机构的清单。工作组注意到这一承诺。

186. 关于合格评定程序，若干工作组成员要求提供关于国际指南和建议用作现有中国合格评定程序基础的程度、中国使用此类指南和建议作为新的合格评定程序基础的详细计划以及中国审议现有合格评定程序以使之与相关国际指南和建议相协调的详细计划。

187. 对此，中国代表表示，中国在有关国际标准化机构制定合格评定程序的指南和建议中发挥了充分的作用，例如作为国际标准化组织合格评定委员会（ISOCASCO）的正式成员。他表示，很难用数量表示此类指南和建议用作现有合格评定程序基础的程度。他确认，中国将依照《TBT 协定》第 5 条第 4 款，使用国际标准化机构发布的相关指南或建议作为其新的合格评定程序的基础。中国代表还表示，中国以对技术法规同样的政策同时对合格评定程序进行审议，主要是为了保证依照《TBT 协定》第 5 条第 4 款使用相关国际指南或建议。他还确认，自加入时起，中国将保证对进口产品和国产品适用相同的合格评定程序。工作组注意到这些承诺。

188. 一些工作组成员对中国合格评定机构的复杂性和与《TBT 协定》的要求不一致表示关注。特别是，这些成员指出，对进口产品和国产品的合格评定活动不是由同一个政府实体实施的，且这种情况可能造成对进口产品的不利待遇。对此，中国代表表示，中国政府根据其发展市场经济和进一步改革开放的政策，已决定将国家出入境检验检疫局和国家质量技术监督局合并为中华人民共和国国家质量监督检验检疫总局（“AQSIQ”）。中国代表确认，国家质量监督检验检疫总局负责中国所有与合格评定有关的政策和程序。他进一步表示，其他政府部委和部门也制定合格评定政策和程序，但制定前须经国家质量监督检验检疫总局授权。

189. 一些工作组成员对《中华人民共和国进出口商品检验法》（“《商检法》”）及其《实施细则》（“《实施细则》”）与《TBT 协定》的一致性表示关注。特别是，技术法规和合格评定程序的规定未能充分解决透明度、非歧视、国民待遇及避免不必要的贸易壁垒等基本义务。

190. 一些工作组成员对被称为“法定检验”的合格评定程序表示关注，法定检验的表述主要在《商检法》第 4、5 和 6 条和《实施细则》第 4、5 和 9 条中。他们表示，法定检验与国民待遇原则不一致并构成了对国际贸易不必要的障碍。工作组成员同意，WT/ACC/CHN/31 和 WT/ACC/CHN/32 号文件所含法定检验产品清单，并不对所通知的技术法规和标准在《WTO 协定》项下的法律地位、性质或效果作出预先判定。中国代表表示，不迟于加入之日，将使《商检法》及其《实施细则》以及其他相关法律和法规符合《TBT 协定》。工作组注意到这一承诺。

191. 一些工作组成员对一种被称为“进口商品安全许可制度”（“该制度”）的合格评定程序及其适用表示关注，该制度的表述在《商检法》第 22 条和《实施细则》第 38 条中。他们表示，该制度与国民待遇原则不一致并构成了对国际贸易不必要的障碍（例如由于要求进行频繁工厂检验）。对此，中国代表确认，对于与目前实行进口商品安全许可制度的商品有关的技术法规和合格评定程序，不迟于加入之日，将使相关法律和法规全面符合《TBT 协定》。工作组注意到这一承诺。

192. 对于工作组成员的关注，中国代表确认，为消除不必要的贸易壁垒，中国将不保留多重或双重合格评定程序，而且也将不仅对进口产品施加要求。工作组注意到这一承诺。

193. 一些工作组成员对中国在实施合格评定程序过程中信息的保密性表示关注。对此，中国代表确认，中国在这方面将全面实施《TBT 协定》第 5 条第 2 款 4 项的义务。工作组注意到这一承诺。

194. 一些工作组成员对中国不接受其他 WTO 成员中的机构进行的合格评定结果的做法表示关注。在这方面，这些成员注意到《TBT 协定》第 6 条第 1 款所述单方面接受合格评定结果的义务。中国代表答复表示，对经中国承认的机构认证的商品，除随机抽样外，不需再进行合格评定。此外，中国代表确认，如经随机抽样，中国的测试结果不同于其他 WTO 成员主管机关的测试结果，中国将依照国际指南和建议采取行动，或本着解决此类分歧的目的提供审核程序。一些工作组成员要求中国不断公布和更新中国承认的合格评定机构的信息。中国代表确认，中国将提供这一信息。工作组注意到这些承诺。

195. 关于外国和合资合格评定机构，某些工作组成员指出，中国不应保留具有对其经营造成壁垒效果的要求，除非中国具体承诺减让表中另有规定。中国代表答复表示，中国将不保留此类要求。一些工作组成员还认为，所有满足中国要求的外国或合资合格评定机构均应有资格获得认可，并被给予国民待遇。中国代表确认，认可要求将是透明的，并将向外国合格评定机构提供国民待遇。工作组注意到这些承诺。

196. 一些工作组成员对下列事项提出了具体关注：（a）化学品首次进口登记，（b）获得和申请“CCIB”安全标志和“长城”标志的程序，（c）汽车和零部件，以及（d）锅炉和压力容器的安全质量许可制度。对此，中国代表表示，中国将在加入之前实施下列措施，除非另有说明：

（a）化学品首次进口登记

—在加入后 1 年内，制定和实施关于为保护环境而对化学品进行评定和控制的新法律和相关法规，其中保证完全的国民待遇，并保证完全符合国际惯例。

—保证以上新法律和法规所附“化学品名录”中所列化学品免于登记义务，并保证根据新法律及其法规对国产品和进口产品制定统一的评定程序。

（b）“CCIB”安全标志和“长城”标志

—统一现有认证标志，即“CCIB”标志和“长城”标志，形成一个新的认证标志。对于同类进口和国产货物，所有机构和部门将颁发相同的标志和收取相同的费用。

—接受国际电工委员会合格检测电器设备安全标准体系（“IECEE CB 方案”）产品检测报告，中国为该体系成员，并简化获得新的和统一认证标志的程序。

—将进口商对相同产品获得两个标志的时限缩短为不超过 3 个月。

（c）汽车和零部件

—统一适用于国产和进口汽车和零部件的法律、法规和标准。

—制定、公布和实施法律、法规、标准和实施条例，以建立透明的体制，所有法律和法规将据此得以实施，从而使给予进口产品的待遇不低于给予国产同类产品的待遇。

(d) 锅炉和压力容器的安全质量许可制度

—给予进口产品的待遇不得低于给予国产品的待遇，包括合格评定所收取的费用和工厂认证的有效期。

—采用国际标准作为技术法规的基础，如同类国产品不需进行某项检验，则进口产品也应免除此项检验。

工作组注意到这些承诺。

197. 中国代表确认，除议定书（草案）中另有规定外，中国将自加入之日起实施WTO《TBT 协定》项下的所有义务。工作组注意到这一承诺。

4. 卫生与植物卫生措施

198. 一些工作组成员对中国使用卫生与植物卫生（“SPS”）程序作为非关税壁垒表示关心，并提出了中国的措施与WTO《实施卫生与植物卫生措施协定》（“《SPS 协定》”）不一致的具体事例。成员们寻求中国保证仅在保护人类和动植物的生命或健康所必需的限度内使用SPS 措施，且此类措施应充分基于科学原则。

199. 中国代表表示，根据《SPS 协定》的规定，中国仅在保护人类和动植物的生命或健康所必需的限度内实施SPS 措施。他还指出，中国绝大部分SPS 措施是基于国际标准、指南和建议的。中国将不会以作为对贸易的变相限制的方式实施SPS 措施。依照《SPS 协定》，中国将保证如无充分的科学依据，则不维持SPS 措施。工作组注意到这些承诺。

200. 工作组成员表示，他们认为中国应自加入之日起遵守《SPS 协定》，并应保证其所有与SPS 措施有关的法律、法规、法令、要求和程序符合《SPS 协定》。对此，中国代表确认，中国将自加入之日起完全遵守《SPS 协定》，并保证其所有与SPS 措施有关的法律、法规、法令、要求和程序符合《SPS 协定》。工作组注意到这些承诺。

201. 工作组成员注意到，议定书（草案）提及的中国关于法律、法规和其他SPS措施的通知包含在WT/ACC/CHN/33 号文件中。工作组成员同意，该份通知不对所通知的法律、法规和其他SPS 措施的性质或效果在《WTO 协定》项下的法律地位作出预先判定。

202. 中国代表表示，中国已建立了一个SPS 通知机构和一个SPS 咨询点，并将通知SPS 委员会。SPS 措施，包括与检验有关的SPS 措施，已在外经贸部《文告》等出版物上公布。信息也可从中国SPS 通知机构或SPS 咨询点收集。

5. 与贸易有关的投资措施

203. 中国代表确认，自加入时起，按议定书（草案）所列，中国将全面遵守《TRIMs 协定》，不援用其中第 5 条，并将取消外汇平衡要求、贸易平衡要求、当地含量要求和出口实绩要求。中国的主管机关将不执行包含此类要求的合同条款。进口和投资的分配、许可或权利将不以国家或地方各级主管机关所规定的实绩要求为条件，或受到诸如进行研究、提供补偿或其他形式的产业补偿，包括规定类型或数量的商业机会、使用当地投入物或技术转让等间接条件的影响。投资许可、进口许可证、配额和关税配额的给予应不考虑是否存在与之竞争的中国国内供应商。在与其在《WTO 协定》和议定书（草案）项下义务相一致的情况下，企业的合同自由将得到中国的尊重。工作组注意到这一承诺。

204. 在讨论政府的汽车产业政策时，中国代表确认，将对这一政策进行修正，以保证与 WTO 规则和原则相符。工作组注意到这一承诺。

205. 中国政府代表补充表示，此类修正将保证对汽车生产者适用的、限制其生产汽车的类别、类型或车型的所有措施逐步取消。此类措施将在加入后 2 年完全取消，从而保证汽车生产者将有权选择他们生产汽车的类别、类型或车型。但是，各方理解，政府关于类别的授权可以继续区分卡车、客车、轻型商用车和轿车（包括多用途车辆和运动用车）。工作组注意到这一承诺。

206. 中国代表确认，中国还同意提高只需在省一级政府批准的汽车制造商投资比例的限额，从现在的 3 千万美元，提高到加入后 1 年的 6 千万美元，加入后 2 年的 9 千万美元，加入后 4 年的 1. 5 亿美元。工作组注意到这一承诺。

207. 关于汽车发动机的制造，中国代表还确认，中国同意自加入时起取消合资企业外资股比不得超过 50% 的限制。工作组注意到这一承诺。

6. 国营贸易实体

208. 一些工作组成员担心中国国营贸易企业的活动不完全透明且不符合 WTO 义务。但是，中国代表表示，中国的国营贸易企业拥有完全的自主权，自负盈亏，且中国已经作出广泛和重要的承诺，以改善国营贸易企业经营和与此种经营有关的措施的透明度。

209. 这些工作组成员还表示，中国应保证国营贸易企业的进口采购做法和程序应完全透明，并符合《WTO 协定》的要求。他们认为，中国还应避免采取影响或指导国营贸易企业所购或所销货物的数量、价值或原产国的任何措施，但依照《WTO 协定》的要求进行的除外。这些成员还表示，作为中国在 GATT 1994 和《关于解释 1994 年关税与贸易总协定第 17 条的谅解》项下通知的一部分，中国还应通知关于国营贸易的信息，包括在出口货物国营贸易方面的国内采购价格、合同交货条款及融资条款和条件。

210. 对此，中国代表指出，其国营贸易企业拥有充分的管理自主权，且自负盈亏。但是，一些工作组成员再次表示，中国应作出承诺，以保证所有国营贸易企业遵守《WTO 协定》的要求。中国代表指出，议定书（草案）附件 2A 规定了国营贸易产品清单。他还确认，将按照议定书（草案）的要求，在与本报告书第 333 段要求相一致的情况下，提供关于国营贸易企业的信息。工作组注意到这一承诺。

211. 工作组成员注意到将适用于化肥及原油和成品油的具体安排。这些安排的一个重要特点与进口数量的年度分配有关。各方注意到将适用于这些产品的制度上的不同之处，特别是关于从事化肥贸易的国营企业将任何未用完进口数量转至下一年的义务。

212. 一些工作组成员要求作出保证，对于油品，保留给非国营贸易商的数量将以能够使之充分使用的方式进行分配。在这方面，中国代表确认，按照议定书（草案）附件 2A 所列，对于分配给原油和成品油的非国营贸易商的进口，如未用完，则可转至下一年。此外，中国代表同意，中国将每季度公布非国营贸易商提出的进口要求及所发放的许可证，并应请求提供与此类贸易商有关的信息。工作组注意到这些承诺。

213. 一些工作组成员指出，在加入前，一些在中国的企业被允许进口供生产自用的货物，包括附件 2A 所包含的货物。中国代表确认，尽管有议定书（草案）第 5 条第 1 款的规定，但是非国营贸易企业，包括私营企业，仍将被允许进口供生产自用的此类货物，并将对此类进口提供国民待遇。工作组注意到这些承诺。

214. 一些工作组成员考虑到中国作为世界主要丝绸供应国的地位，对纺织品部门原材料的供应表示关注，特别是丝绸的供应，丝绸目前属出口国营贸易产品。

215. 在这方面，中国代表确认，中国将通过增加和扩大贸易权的措施，逐步取消丝绸的国营贸易制度，最终中国将完全取消议定书（草案）附件 2A2（国营贸易出口产品清单）所列第 10 项和第 11 项丝制品的国营贸易，并不迟于 2005 年 1 月 1 日给予所有个人和企业从事此类产品贸易的权利。在实施这一权利之前，中国承诺不采用使丝绸供应的现有体制更具限制性的任何变更。中国代表进一步确认，获得纺织品部门原材料供应的条件将不低于国内用户的条件，并保证现有安排下所享受的获得原材料供应的条件在中国加入后将不受到不利影响。工作组注意到这些承诺。

216. 工作组成员指出，中国大部分农产品的国内价格高于世界价格，这一差别可使中国的国营贸易企业以低价进口，并在将产品向批发商和最终用户销售时进行加价。一些成员担心这一做法在关税配额管理创造准入机会后将更加普遍。这些成员特别关注加价可用于降低进口产品的竞争力，并限制中国最终用户可获得的质量和级别的范围。中国代表表示，目前国营贸易企业并未对进口产品进行加价；而只是收取很少的交易费。因此，中国声明其做法符合 WTO 义务，并未造成任何贸易扭曲作用，且中国法律限制国营贸易企业收取的费用。

217. 中国代表表示，中国将保证对进口产品的提价，特别是国营贸易企业进行的提价，不会导致超过其货物贸易减让和承诺表中所允许的保护，或根据 WTO 规则不能被证明为合理的保护。工作组注意到这一承诺。

7. 特殊经济区

218. 工作组成员指出，有关中国关税领土内特殊经济区的可获得的信息不充分，包括边境贸易区、民族自治地方、经济特区、沿海开放城市、经济技术开发区及已建立关税、税收和法规的特殊制度的其他地区（统称“特殊经济区”），特别是其名称、地理范围以及与之有关的相关法律、法规及其他措施。

219. 对此，中国代表表示，自 1979 年以来，中国建立了许多实行更加开放政策的特殊经济区。这些地区包括 5 个经济特区、14 个沿海开放城市、6 个沿长江开放城市、21 个省会城市和 13 个内陆边境城市。这些特殊经济区在利用外资、引进国外技术和进行对外经济合作方面享有更大的灵活性。目前，外国投资者可享受某些优惠待遇。

220. 中国代表进一步表示，经济特区或沿海开放城市的经济技术开发区中的外商投资企业享受 15% 的公司所得税税率（正常所得税为 33%）。外国投资者汇往国外的利润免征所得税。15% 的优惠所得税税率适用于技术密集或知识密集型项目或外商投资额超过 3000 万美元的项目，以及在能源、交通和港口建设等领域经营的企业。

221. 中国代表指出，社会主义市场经济体制适用于中国全部关税领土。1999 年，经济特区的对外贸易额占全国总额的近五分之一。国家有关税收的法律法规统一适用于经济特区。

222. 对于进一步提供信息的要求，中国代表表示，没有建立任何新的经济特区的计划。经济特区适用的特殊优惠关税政策已经取消。随着中国经济改革和开放的发展，中国将在其关税领土内统一实施关税政策。工作组成员关注，自这些特殊经济区进入中国关税领土其他部分的进口产品，应同等适用通常对输入中国关税领土其他部分的进口产品所适用的所有税收、进口限制和海关税费。中国代表表示，中国将承诺保证此种非歧视待遇。工作组注意到这一承诺。

223. 一些工作组成员还对向民族自治地方和其他经济贫困地区提供的援助是否符合 WTO 要求表示关注。对此，中国代表确认，中国明确承诺在每一此类地区中实行贸易制度的统一管理，且自加入时起，中国将保证此种援助将以符合 WTO 义务的方式实施。工作组注意到这一承诺。

224. 一些工作组成员要求中国采取步骤以保证自特殊经济区进入中国关税领土其他部分的所有产品适用与进入中国关税领土的其他产品相同的正常关税和费用。特别是，这些成员要求中国作出承诺，对自特殊经济区进入中国关税领土的所有进口产品，包括物理结合的部件，适用通常适用于进入中国关税领土其他部分的产品的所有国内税费和影响进口的措施，包括进口限制及海关税费。

225. 中国代表确认，中国将加强在特殊经济区和中国关税领土其他部分之间贸易的国内税、关税和非关税措施的统一执行。中国进一步确认，将保存并改进对中国的特殊经济区与其关税领土其他部分之间贸易的统计，并将定期向 WTO 作出通知。工作组注意到这些承诺。

226. 一些工作组成员要求中国向 WTO 秘书处通知所有有关特殊经济区的相关法律、法规及其他措施。他们要求在通知中列出并确认所有特殊经济区。这些成员还要求中国迅速、且无论如何在 60 天内，向 WTO 秘书处通知其特殊经济区的增加或修改，包括与之有关的法律、法规及其他措施的通知。

227. 中国代表确认，中国将在其通知中提供描述所实施的特殊的贸易、关税和国内税法律如何仅限于指定特殊经济区的信息，包括关于实施的信息。工作组注意到这一承诺。

228. 对于一些工作组成员提出的关注，中国代表确认，对向位于特殊经济区中的外商投资企业提供的任何优惠安排均将在非歧视基础上提供。工作组注意到这一承诺。

8. 过境

229. 中国代表表示，目前中国管理货物过境的主要法规《中华人民共和国海关对过境货物监管办法》，该办法与 GATT 1994 第 5 条是一致的。

9. 农业政策

230. 中国代表表示，由于中国是一个农业大国，同时也是一个人口大国，农业安全，特别是粮食安全是一个极为重要的问题。中国将其政策基于国内农产品供应，特别是基于粮食供需的平衡。同时，中国积极寻求国际资源作为必要的补充。

231. 在注意到这一声明的同时，一些工作组成员对中国将农产品进口政策，包括关税配额的分配，与国内生产政策和地方各级的供应和使用情况相联系表示关注。这些成员要求中国作出一项适当承诺以取消这些做法。对此，中国代表确认，其农产品进口政策将仅以商业考虑为基础。工作组注意到这一承诺。

232. 一些工作组成员对国家和地方各级提供的行政指导表示进一步关注，这种指导可能产生影响农产品进口数量和构成的效果。这些成员认为，改革这些做法，使之完全符合 WTO 是中国加入的一项重要内容。为保证为进口产品创造有效的市场准入机会，一些成员要求中国作出保证，农业和贸易政策将不以与 WTO 不一致的方式对进口产品造成歧视。中国代表确认，在与中国统一管理的承诺相一致的情况下，不迟于加入之日，中国将不在国家或地方各级维持、采用或重新采用管理进口产品数量、质量或待遇、或者形成进口替代做法或其他非关税措施的指导计划或行政指导，包括那些通过国家或地方各级国营贸易公司维持的指导计划或行政指导。工作组注意到这一承诺。

233. 一些工作组成员对中国的大量粮食和棉花库存是由国营贸易企业或其他国家附属、国家经营或国家控制的实体以相对较高价格购买的问题表示关注，并注意到这些产品或其他政府采购产品的出口价格低于在国内市场上向同类产品购买者收取的可比价格，这一点可被质疑为一种出口补贴或与其他 WTO 义务不一致。这些成员要求中国保证所有实体，包括国家或地方各级国营贸易公司和任何其他国家附属、国家经营或国家控制的实体依照中国的 WTO 义务从事经营，包括关于出口补贴的义务。对此，中国代表确认，所有在中国的实体均依照中国的 WTO 义务经营，包括关于出口补贴的义务。此外，中国代表表示，国家和地方各级主管机关将不对在中国的任何实体提供与其 WTO 义务不一致的资金转移或其他利益，包括补偿因出口而产生的亏损。工作组注意到这些承诺。

234. 中国代表确认，不迟于加入之日，中国对农产品将不维持或采用任何出口补贴。工作组注意到这一承诺。

235. 在实施《农业协定》第 6 条第 2 款和第 6 条第 4 款方面，中国代表确认，中国可以通过第 6 条第 2 款所述类型的政府措施提供支持，此种支持的数量将计入中国关于综合支持量（“AMS”）的计算之中。他指出，中国的综合支持总量承诺水平列入中国减让表第四部分第 1 节中。中国代表进一步确认，中国将对特定产品支持援用等于相关年份一基本农产品生产总值 8.5% 的微量免除水平。中国代表确认，中国将对非特定产品支持援用等于相关年份中国农业生产总值 8.5% 的微量免除水平。因此，这些百分比将构成中国在《农业协定》第 6 条第 4 款下的微量免除水平。工作组注意到这些承诺。

236. 中国关于农产品关税的减让及关于农产品国内支持和出口补贴的承诺包含在议定书（草案）附件 8——货物贸易减让和承诺表中。

237. 一些工作组成员注意到，WT/ACC/CHN/38/Rev. 3. 号文件中的中国国内支持表显示，DS：4 表中中国的基期综合支持总量为零。他们还注意到 DS：5 表中的特定产品支持为负数。

238. 一些工作组成员表示，虽然 WT/ACC/CHN/38/Rev. 3. 号文件确实提供了证明中国减让表中承诺的依据，但是这份文件仍然包含需要对有关政策归类进行进一步的方法澄清的问题。中国代表确认，这一澄清将在中国在《农业协定》项下的通知义务范围内加以处理。工作组注意到这一承诺。

10. 民用航空器贸易

239. 对于工作组成员提出的问题，中国代表表示，中国现阶段不准备承诺加入

《民用航空器贸易协定》。

240. 中国代表确认，中国在购买民用航空器时，将不实施任何补偿规定或其他形式的产业补偿，包括具体列明类型或数量的商业机会。工作组注意到这一承诺。

11. 纺织品

241. 一些工作组成员建议、且中国代表接受，WTO 成员在中国加入之日的前一日有效的对原产于中国的纺织品和服装的进口所维持的数量限制，将向纺织品监督机构（“TMB”）作出通知，作为适用《纺织品与服装协定》（“ATC”）第 2 条和第 3 条的基础水平。对于此类 WTO 成员，《纺织品与服务协定》第 2 条第 1 款中所含“在《WTO 协定》生效之日的前一日”的措辞应被视为指中国加入之日的前一日。对于这些基础水平，《纺织品与服装协定》第 2 条第 13 款和第 14 款中规定的增长率的增长应自中国加入之日起酌情适用。工作组注意到这些承诺。

242. 中国代表同意下列规定将适用于纺织品和服装产品贸易，直至 2008 年 12 月 31 日，并成为中国加入条款和条件的一部分：

（a）如一 WTO 成员认为《纺织品与服装协定》所涵盖的原产于中国的纺织品和服装产品自《WTO 协定》生效之日起，由于市场扰乱，威胁阻碍这些产品贸易的有序发展，则该成员可请求与中国进行磋商，以期减轻或避免此市场扰乱。请求进行磋商的成员在提出磋商请求时，应向中国提供关于磋商请求的原因和理由的详细事实声明，并附提出磋商请求成员认为能够证明下列内容的现行数据：（1）市场扰乱的存在或威胁；及（2）在该市场扰乱中原产于中国产品的作用；

（b）磋商将在收到磋商请求后 30 天内进行。双方将在收到此种请求后 90 天内，尽一切努力就双方满意的解决办法达成协议，除非双方同意延长该期限；

（c）在收到磋商请求后，中国同意将对这些磋商所涉及的提出磋商请求成员的一个或多个类别的纺织品或纺织制成品的装运货物，控制在不超过高于提出磋商请求的当月前的最近 14 个月中前 12 个月进入该成员数量的 7.5%（羊毛产品类别为 6%）的水平；

（d）如在 90 天磋商期内，未能达成双方满意的解决办法，则磋商将继续进行，提出磋商请求的成员可继续根据（c）项对磋商涉及的一个或多个类别的纺织品或纺织制成品实行限制；

（e）根据（d）项设立的任何限制的条件将自提出磋商请求之日起至提出磋商请求当年的 12 月 31 日止的期限有效，或如果提出请求时该年只余 3 个月或更少的时间，则在提出磋商请求后 12 个月结束的期限有效；

（f）根据本规定采取的行动的有效期不得超过一年，且不得重新实施，除非有关成员与中国之间另有议定；以及

（g）不得根据本规定和议定书（草案）第 16 条的规定对同一产品同时适用措施。

工作组注意到这些承诺。

12. 针对中国保留的措施

243. 中国代表表示，WTO 成员应自中国加入之日起，取消对中国出口产品维持的所有歧视性非关税措施。对此，一些工作组成员表示，他们认为，在中国的外贸制度完全符合 WTO 义务之前，此类措施不需逐步取消。

244. 据此，各方同意，针对自中国进口的产品维持的、且与《WTO 协定》不一致的任何禁止、数量限制或其他措施将列入议定书（草案）附件 7。各方还同意，所有此类措施将逐步取消，或依照该附件所列双方同意的条款和时间表加以处理。

13. 过渡性保障措施

245. 对于特定产品保障措施的实施，中国代表对 WTO 成员在确定市场扰乱或贸易转移的存在时规定正当法律程序和使用客观的标准表示特别关注，因为 WTO 成员在实施议定书（草案）第 16 条的规定时缺乏丰富的经验。他表示，对于贸易转移，WTO 成员需要适用客观的标准，以确定是否中国或另一 WTO 成员根据特定产品保障措施、为防止或补救市场扰乱而采取的行动造成或威胁造成重大贸易转移。此类标准应包括自中国的进口产品的市场份额或进口额的实际的或迫近的增加，中国或该另一 WTO 成员所采取行动的性质或程度以及其他类似标准。此外，WTO 成员应向进出口商和所有利害关系方提供可提交他们关于该事项看法的机会。

246. 工作组成员注意到议定书（草案）包括关于 WTO 成员在根据该条采取行动方面需要遵循的具体要求。工作组成员确认，在实施关于市场扰乱的规定时，WTO 成员应遵守这些规定及下列规定：

（a）处理市场扰乱的行动只有在该 WTO 进口成员主管机关根据以往确定的且公众可获得的程序进行调查后方可采取；

（b）该进口成员主管机关将公布关于根据议定书（草案）特定产品保障条款开始进行任何调查的通知，并将在此后合理时间内，举行公开听证会或提供其他适当方法，以允许利害关系方提供证据和他们关于采取措施是否适当的观点，以及对其他各方的陈述作出答复；

（c）在确定是否存在市场扰乱时，包括是否存在快速增长的进口产品，无论是绝对增长还是相对增长，与对国内产业的任何实质损害或实质损害威胁之间的因果关系时，有关主管机关将考虑客观因素，包括（1）属调查对象的产品的进口量；（2）该产品进口对该 WTO 进口成员市场中同类或直接竞争产品价格的影响；（3）该产品的进口对生产同类或直接竞争产品的国内产业的影响；

（d）有关主管机关将公布任何拟议采取的措施，并如提出请求，将提供包括公开听证在内的机会或提供其他适当方法，以供进出口商和其他利害关系方提交他们关于拟议措施适当性以及该措施是否符合公众利益的看法和证据；

（e）主管机关将迅速公布关于实施措施决定的通知，包括关于该决定依据的说明及该措施的范围和期限；

（f）该措施的适用期可以延长，只要该 WTO 进口成员主管机关确定仍有必要采取行动以防止或补救市场扰乱。该 WTO 进口成员主管机关将公布关于开始审议是否延长行动期限的任何程序的通知，并将在此后合理时间内，举行公开听证会或提供其他适当方法，以允许利害关系方提供证据和看法，以及对其他各方的陈述作出答复；

（g）除有正当理由外，不得根据议定书（草案）第 16 条在前一次调查结束后少于一年的时间内对同一主题事项进行调查；以及

（h）一 WTO 成员只能在防止或补救市场扰乱所必需的时间内实施一项措施。

247. 贸易转移指由于中国或其他 WTO 成员根据议定书（草案）第 16 条第 2、3 或 7 款采取行动而使来自中国的一产品进入一 WTO 成员的数量增加。工作组成员还注意到，议定书（草案）要求确定任何贸易转移应是重大的，且为处理市场扰乱而采取的行动造成或威胁造成了此种转移。

248. 工作组成员同意在确定为防止或补救市场扰乱的行动是否造成或威胁造成重大贸易转移时应适用客观标准。需审查的因素包括：

（a）进口至 WTO 进口成员的中国产品市场份额的实际或迫近增长；

（b）中国或其他 WTO 成员拟议采取行动的性质或程度；

（c）由于采取或拟议中的行动造成的来自中国的进口产品的实际或迫近增长；

（d）有关产品在该 WTO 进口成员市场中的供求关系；以及

（e）来自中国的产品对于根据议定书（草案）第 16 条第 2、3 或 7 款实施一措施的一个或多个 WTO 成员和对于 WTO 进口成员的出口程度。

249. 为处理重大贸易转移而采取的措施将在所涉一个或多个 WTO 成员针对来自中国的进口产品采取的措施终止后不迟于 30 天终止。

250. 如采取行动以处理市场扰乱的一个或多个 WTO 成员向 WTO 保障措施委员会通知一项行动的任何修改，则处理贸易转移的 WTO 成员主管机关将确定重大贸易转移是否仍然存在，并决定是否修改、撤销或维持所采取的行动。

五、与贸易有关的知识产权制度

A. 总体情况

1. 概述

251. 中国代表表示，中国已经将知识产权（“IPRs”）保护作为其改革开放政策和

社会主义法制建设的重要组成部分。该领域法律和法规的制定可以追溯至20世纪70年代后期。自那时起，中国加入了相关的国际公约，并积极参加了相关国际组织发起的活动。中国还加强了同世界各国在知识产权保护方面的交流与合作。其结果是，中国知识产权保护体制虽然处于发展的最初阶段，但其目标是达到世界水平和世界标准。中国现行有效的、有关知识产权保护的行政规章见表A，正在进行的改革及其他相关信息见下一段中表B。与实施《TRIPS协定》有关的其他法律、法规及措施已经或将要向WTO作出通知，应请求可获得。

表A：中国有关知识产权保护的行政规章

以下三个部分是中国现行有效的、关于知识产权保护的行政规章。作为中国知识产权保护法律制度的重要组成部分，这些规章对知识产权保护、执行知识产权保护的法律等具有重要影响。

第一部分 关于专利权保护的行政规章清单

第二部分 关于商标权保护的行政规章清单

第三部分 关于著作权保护的行政规章清单

第一部分 关于专利权保护的行政规章清单

（i）中国专利局关于向申请人出具优先权证明的办法（1988年3月1日）

（ii）中国专利局关于贯彻《专利代理条例》的几点意见（1991年4月19日）

（iii）中国专利局关于涉外代理工作中几个问题的说明（1987年11月16日）

（iv）中国专利局公告（第26号）（1989年11月20日）

（v）中国专利局公告（第27号）（1989年12月21日）

（vi）中国专利局公告（第31号）（1991年3月14日）

（vii）中华人民共和国专利局行政复议规程（试行）（1991年12月29日）

（viii）专利管理机关处理专利纠纷办法（1989年12月4日）

第二部分 关于商标权保护的行政规章清单

（i）国家工商行政管理局关于公布必须使用注册商标的商品的通知（1988年1月14日）

（ii）国家工商行政管理局、经贸部关于禁止擅自持他人商标在国外注册的通知（1990年11月19日）

（iii）国家工商行政管理局关于申请商标注册要求优先权的暂行规定（1985年3月15日）

（iv）国家工商行政管理局关于申请马德里商标国际注册办法（1989年9月22日）

（v）国家工商行政管理局关于停止在酒类商品上使用“香槟”或“Champagne”字样的通知（1989年10月26日）

（vi）关于出口罐头食品使用商标问题的规定（1991年10月15日）

（vii）商标代理管理办法（1992年12月2日）

（viii）集体商标、证明商标注册和管理办法（1994年12月30日颁布，1998年12月3日修订）

（ix）商标印制管理办法（1996年9月5日颁布，1998年12月3日修订）

第三部分 关于著作权保护的行政规章清单

（i）国家版权局关于广播电视节目预告转载问题的意见（1987年12月12日）

（ii）国家版权局印发《关于当前在对台文化交流中妥善处理版权问题的报告》和《关于出版台湾同胞作品版权问题的暂行规定》的通知（1988年2月8日）

（iii）国家版权局关于向台湾出版商转让版权注意事项的通知（1987年11月13日）

（iv）国家版权局关于地方版权管理工作若干问题的意见（1988年5月1日）

（v）国家版权局关于大陆与台、港、澳版权贸易合同审核办法的通知（1988年11月2日）

续表

（vi）国家版权局关于版权纠纷处理工作的若干意见（1988 年 12 月 27 日） （vii）国家版权局关于当前报刊转载摘编已发表作品付酬标准的通知（1991 年 8 月 27 日） （viii）报刊转载、摘编法定许可付酬标准暂行规定（1993 年 8 月 1 日） （ix）演出法定许可付酬标准暂行规定（1993 年 8 月 1 日） （x）录音法定许可付酬标准暂行规定（1993 年 8 月 1 日） （xi）中国接收和传送作者稿费中心关于新闻媒体摘录已出版作品时接收和传送稿费的指示 （xii）国家版权局关于执行中美知识产权保护谅解备忘录双边著作权保护条款的通知（1992 年 2 月 29 日） （xiii）关于加强激光唱盘、激光视盘复制管理的紧急通知（1994 年 4 月 12 日） （xiv）新闻出版署关于贯彻落实"关于加强激光唱盘、激光视盘复制管理的紧急通知"若干问题的通知（1994 年 5 月 12 日） （xv）司法部、国家版权局关于在查处著作权侵权案件中发挥公证作用的联合通知（1994 年 8 月 29 日） （xvi）计算机软件著作权登记办法（1992 年 4 月 6 日） （xvii）计算机软件著作权登记中使用的软件分类编码指南 （xviii）计算机软件著作权登记收费项目和标准（1992 年 3 月 16 日）

252. 中国代表表示，为加入《WTO 协定》，并为遵守《TRIPS 协定》，已对《专利法》做了进一步修改。《著作权法》、《商标法》以及涵盖《TRIPS 协定》不同领域的有关实施细则的修改，也将在中国加入时完成。中国代表表示，全国人民代表大会制定的法律和国务院发布的行政法规，包括实施细则，均由人民法院适用和执行。工作组注意到这些承诺。

表 B：为与《TRIPS 协定》相一致而修改的中国知识产权法律

中华人民共和国已经启动了一项集中的工作计划，以审查和修改与实施《WTO 协定》和中国加入承诺相关的知识产权法律、行政法规和部门规章。将要修改和废止的知识产权法律、行政法规和部门规章的清单在此通知工作组。清单的第一部分包括 8 个法律和法规。清单的第二部分包括 4 个因同样原因将要修改或废止的部门规章。此清单包括法律、法规和部门规章的名称、修改或废止的理由以及实施时间。	
第一部分　法律和行政法规	
法律和法规	**实施时间**
1. 中华人民共和国著作权法	加入时
2. 中华人民共和国著作权法实施条例	加入时
3. 计算机软件保护条例	加入时
4. 中华人民共和国商标法	加入时
5. 中华人民共和国商标法实施细则	加入时
6. 中华人民共和国保护植物新品种条例	1997 年 10 月 1 日生效
7. 中华人民共和国反不正当竞争法	1993 年 12 月 1 日实施
8. 中华人民共和国集成电路布图设计保护条例	2001 年 10 月 10 日起实施

续表

第二部分 部门规章	
部门规章	实施日期
1. 关于农业、畜牧业和渔业专利管理的暂行规定	加入时废止
2. 关于《图书、期刊版权保护试行条例》的通知	加入时废止
3. 关于发布《图书、期刊版权保护试行条例实施细则》和《图书约稿合同》、《出版合同》的通知	加入时废止
4. 关于《图书、期刊版权保护试行条例》第 15 条第 4 款的解释	加入时废止

2. 负责政策制定和执行的机构

253. 中国代表表示，目前不同的机构负责知识产权保护政策的制定和执行。国家知识产权局（“SIPO”）负责专利的批准；国家工商行政管理局（“SAIC”）下属的商标局负责商标注册；版权局负责版权政策制定；国家工商行政管理局负责反不正当竞争，包括商业秘密的保护；国家药品监督管理局（“SDA”）负责药品的行政保护；海关总署负责边境措施；农业部和国家林业局负责植物新品种的保护；信息产业部负责集成电路布图设计的保护；国家质量监督检验检疫总局和国家工商行政管理局负责打击假冒行为。其他机构，如新闻出版机构、人民法院和公安机关也参与中国的知识产权保护工作。

3. 参加国际知识产权协定的情况

254. 中国政府代表表示，中国于 1980 年成为世界知识产权组织成员。1985 年，中国成为《保护工业产权巴黎公约》成员国。中国是最早签署《关于集成电路的知识产权条约》的国家之一，有关该条约的谈判于 1989 年结束。1989 年，中国成为《商标国际注册马德里协定》成员国。1992 年，中国成为《保护文学艺术作品伯尔尼公约》成员国。1993 年，中国成为《保护音像制作者防止非法复制公约》成员国；1994 年，中国成为《国际专利合作条约》成员国和《商标注册用货物和服务国际分类尼斯协定》成员国。1995 年，中国成为《为专利程序目的进行微生物存放的国际承认的布达佩斯条约》成员国，并申请成为《商标国际注册马德里协定议定书》成员国。1996 年，中国成为《建立工业设计国际分类洛迦诺协定》成员国。1997 年，中国成为《国际专利分类斯特拉斯堡协定》成员国。除上述努力外，中国还在乌拉圭回合中参与了《TRIPS 协定》的谈判，并草签了《最后文本》。

4. 对外国国民适用国民待遇和最惠国待遇

255. 一些工作组成员对中国的《著作权法》和《商标法》以及《关于禁止侵犯商业秘密行为的若干规定》（1995 年 11 月 23 日）中某些规定没有对外国权利持有人提供

国民待遇表示关注。例如，《关于禁止侵犯商业秘密行为的若干规定》将商业秘密的“所有人”定义为“公民、法人和其他组织”，并没有明确规定对外国个人或组织提供保护。一些工作组成员进一步表示，应全面实施国民待遇，从而使地方版权局涉及外国权利持有人的版权执法行为将不再要求由北京的国家版权局授权。

256. 中国代表答复表示，中国的知识产权保护法律规定，对任何外国人应依照中国与该外国签订的协议、或依照两国均为缔约方的任何国际公约、或根据互惠原则予以对待。中国代表进一步确认，中国将修改有关的法律、法规及其他措施，以保证外国权利持有人在所有知识产权方面的国民待遇和最惠国待遇全面符合《TRIPS 协定》。这将包括调整上一段提及的授权要求，以保证国民待遇。工作组注意到这些承诺。

B. 保护的实体标准，包括获得和维持知识产权的程序

1. 版权保护

257. 中国代表指出，1990 年颁布的《著作权法》与《著作权法实施细则》（1990 年 5 月 30 日）、《实施国际著作权条约的规定》（1992 年 9 月 25 日）及其他有关法律和法规，共同确立了中国版权保护的基本体制。原则上，这一体制符合国际知识产权保护公约和做法。为保护版权和邻接权，该体制不仅规定了民事责任和刑事责任，而且规定了行政责任。因此，侵权行为可以得到及时和有效的制止，权利持有人的合法权利能够得到保护。

258. 一些工作组成员对中国保护版权及相关权利的现行法律与《TRIPS 协定》的一致性表示关注。特别是，成员们注意到有必要澄清表演者和制作者的权利，并使之与《TRIPS 协定》第 14 条的要求相一致。此外，有必要改进版权执法，明确规定保存证据（包括书面证据）的临时措施，以及阻止进一步侵权的救济措施。

259. 中国代表答复表示，认识到中国的版权法律与《TRIPS 协定》之间仍存在一些差距，《著作权法》的修改工作已经加快。拟议的修改将澄清使用录音制品的广播机构的付酬机制，还包括以下规定：计算机程序和电影作品的出租权、机械表演权、向公众传播权及相关的保护措施、数据库汇编保护、临时措施、提高法定赔偿金额及强化制止侵权行为的措施。中国的版权制度，包括《著作权法实施细则》和《实施国际著作权条约的规定》，将被修改，以保证完全符合中国在《TRIPS 协定》项下的义务。工作组注意到这些承诺。

2. 商标，包括服务商标

260. 中国代表表示，《商标法》及其实施细则和其他相关法律、行政法规和部门规章构成了中国的现行商标法律体系。这些法律的目的是按照有关知识产权的国际公约和通行做法，为权利持有人提供保护，这种保护包含在关于商标注册的实体和程序规定之中，也包含在对商标专用权的保护方面。为保护商标所有人的专用权，中国的

《商标法》不仅包含民事和刑事责任，而且规定了对商标侵权人的行政处罚。这种保护商标专用权的“双轨制”可以及时有效地防止商标侵权，保护这些专用权的合法权益。近年来，中国的司法和行政部门在其各自的职责范围内加强了保护商标专用权的努力。他们已经处理了一大批国内外有影响的案件，给国内外商标专用权人的合法权益提供了充分保护，得到了国内外权利持有人的肯定。

261. 一些工作组成员重申，对中国《商标法》某些规定是否对外国商标所有人提供国民待遇表示关注。他们指出，中国的法律要求外国商标所有人使用指定商标代理机构，而中国人可以直接向商标局申请。成员们还指出，中国的《商标法》没有像《TRIPS 协定》所要求的那样，认为某些标记有资格获得保护。这些标记包括能够区分商品和服务的名称、字母、数字及颜色。此外，如商标能否注册取决于使用，则中国的商标法应规定，当一个没有显著特征的商标基于使用取得了显著性，即有资格进行注册。成员们还指出，中国的法律未明确在当事人申请商标注册前并不要求商标的实际使用。

262. 一些工作组成员还就中国的驰名商标的保护，特别是那些未在中国注册的驰名商标的保护表示关注。中国的法律和法规未具体规定确定一商标是否为驰名商标的标准，因此成员们无法确定其是否符合《TRIPS 协定》第 16 条的要求。此外，中国已对本国国民拥有的“驰名商标”提供保护，但还未对外国人的驰名商标提供此种保护。成员们还指出，中国商标法中的某些规定需要延伸到未注册的驰名商标。

263. 中国代表表示，随着中国市场经济的发展和《TRIPS 协定》的进一步实施，中国的立法和执法部门也已经认识到，现行《商标法》在一些方面与《TRIPS 协定》和《巴黎公约》的要求还存在一定差距，并正准备修改现行《商标法》，以完全满足《TRIPS 协定》的要求。修改将主要针对以下方面：增加三维标志、颜色组合、字母和数字作为商标注册的规定；增加集体商标和证明商标（包括地理标识）的内容；引入对官方标志的保护；保护驰名商标；加入优先权；修改现行商标确权体制，并且在商标确权问题上为利害关系方提供寻求司法审查的机会；打击一切严重侵权行为；以及完善商标侵权赔偿制度。工作组注意到这些承诺。

3. 地理标识，包括原产地名称

264. 中国代表表示，国家工商行政管理局和中华人民共和国国家质量监督检验检疫总局的有关规章对地理标识，包括原产地名称，提供了部分保护。修改后的《商标法》将对地理标识保护作出专门规定。

265. 一些工作组成员注意到中国在保护地理标识方面取得的进展，重申中国立法与《TRIPS 协定》（第 22、23 和 24 条）所规定的义务相一致的重要性。中国代表同意这种评估，并重申中国完全遵守《TRIPS 协定》关于地理标识的有关条款的意愿。工作组注意到这一承诺。

4. 工业设计

266. 一些工作组成员指出，中国《专利法》中关于工业品外观设计要求的规定似乎已经执行了《TRIPS 协定》关于工业设计的实质部分。一个值得注意的例外是纺织品设计方面。这些成员指出，WTO 成员的设计可以根据中国《实施国际著作权条约的规定》作为实用艺术作品得到保护。成员们敦促中国将这种保护引入其法律，并对国内的纺织品设计提供此种保护。

5. 专利

267. 中国代表表示，为准备加入，中国于 1992 年对《专利法》进行了首次修改。中国在主要条款和保护标准方面，已经采取措施增加与《TRIPS 协定》的一致性。为提高公众的知识产权保护意识，特别是专利保护意识，与《TRIPS 协定》相一致，并为促进发明和发明的商业化创造一个良好的社会环境，全国人民代表大会于 2000 年 8 月 25 日批准了《专利法》的第二次修改。修改后的《专利法》将于 2001 年 7 月 1 日生效，包括以下要素：（1）专利权人有权阻止他人未经其同意许诺销售专利产品（第 11 条）；（2）对于实用新型和外观设计申请或专利，复审和宣布无效的最终裁决将由人民法院作出，但《专利法》修改前已获得的发明专利除外（第 41 和 46 条）；（3）在提起诉讼程序之前，专利权人可以请求人民法院采取临时措施，如责令停止侵权行为和提供财产保全（第 61 条）；以及（4）给予强制许可的条件将得到进一步澄清，并使之与《TRIPS 协定》相一致。

268. 中国代表进一步表示，国家知识产权局自成立以来，非常重视在知识产权执法方面，特别是在处理部门间问题和解决重要案件方面，加强与相关部委的联系和协调。同时，国家知识产权局还采取措施改进地方专利主管机关的执法工作。例如，1999 年 6 月，国家知识产权局举行了一次由地方专利主管机关代表参加的全国性工作会议。与会者总结了他们在过去两年内的执法实践，并交流了旨在加强专利保护的地方立法工作经验。会议还要求建立重大专利案件报告和备案制度。

269. 中国代表指出，就专利保护范围和植物新品种保护而言，中国已经满足了《TRIPS 协定》第 27 条的要求。1992 年修改《专利法》时，中国参照了《TRIPS 协定》草案中的有关规定修改了其中的第 25 条，并将专利的保护范围扩大至食品、饮料、调味品、药品和通过化学手段获得的物质。排除专利保护的范围局限于“科学发现、智力活动的规则和方法、疾病的诊断和治疗方法、动物和植物品种以及用原子核变换方法获得的物质”。

270. 他进一步指出，中国《专利法》第 5 条规定，对违反国家法律、社会公德或损害公共利益的发明创造，不授予专利权。尽管从字面意义上讲，中国《专利法》第

5 条与《TRIPS 协定》存在差别，但是在实践中，在审查专利申请时，对“违反国家法律”的解释被限定为，“如果中国法律禁止销售某种专利产品、或禁止销售以某种已获专利的方法生产的产品，则不能依据《专利法》第 5 条对该产品的发明或该生产方法的发明拒绝授予专利权”。因此，他总结说，实质上，中国所适用的《专利法》第 5 条与《TRIPS 协定》并没有区别。尽管如此，中国将修改《专利法实施细则》，以保证这一规定的执行与《TRIPS 协定》第 27 条第 2 款完全相符，该款规定：“各成员可拒绝对某些发明授予专利权，如在其领土内阻止对这些发明的商业利用是维护公共秩序或道德，包括保护人类、动物或植物的生命或健康或避免对环境造成严重损害所必需的，只要此种拒绝授予并非仅因为此种利用为其法律所禁止。”工作组注意到这一承诺。

271. 关于《TRIPS 协定》第 28 条（授予的权利），中国代表表示，基于以下理由，中国的《专利法》已经与《TRIPS 协定》的要求完全相符。首先，在 1992 年修改的《专利法》中，第 11 条修改为：“任何单位或者个人未经专利权人许可，不得为生产经营的目的制造、使用、销售专利产品，或者使用其专利方法以及使用、销售依照该专利方法直接获得的产品”。任何单位和个人也不得为生产和经营目的进口专利产品或进口依照专利方法直接获得的产品。这一修改扩大了专利权人的权利范围，即增加了“禁止进口权”和“专利方法的效力及于依照该专利方法直接获得的产品”的新内容。其次，2000 年第二次修改《专利法》时，对第 11 条再次进行了修改。引入了一个新规定，即授权专利权人禁止他人未经其同意对专利产品或依照其专利方法直接获得的产品进行许诺销售。所以，就“专利权人的权利”来说，中国的《专利法》已经完全满足了《TRIPS 协定》的要求。

272. 根据 1992 年的修正案，中国代表表示，中国的《专利法》为公共利益和从属专利规定了基于合理条件的强制许可。关于对从属专利给予强制许可的条件，《专利法》规定后一个发明应在技术上较前一个更为先进。《TRIPS 协定》规定，“与第一专利中要求的发明相比，第二专利中要求的发明应包含重要的、具有巨大经济意义的技术进步”（第 31 条（1）项（i）目）。由于《TRIPS 协定》中的规定更加透明且易于操作，《TRIPS 协定》中的有关表述被引入了新的修正案。此外，1992 年《专利法实施细则》所包含的关于颁发强制许可的下列限制条件已被移入新的《专利法》，以使之更具权威性：国家知识产权局关于颁发强制许可实施专利的决定在范围和时间方面应有所限制；当导致此种强制许可的情况不再存在而且不可能再次出现时，国家知识产权局应专利权人的请求，在审查后可终止强制许可，以上内容已并入《专利法》（1992 年《专利法实施细则》原第 68 条现已移入修改后的《专利法》第 52 条）。

273. 中国代表表示，在 1992 年修改《专利法》后，中国《专利法》及其实施细则中关于强制许可的规定总体上满足了《TRIPS 协定》的要求。但是，中国的规定中一些用词和表述仍与《TRIPS 协定》不同，在有关强制许可的行政法律程序方面，这些规定需要改进。因此，在2000年第二次修改的《专利法》中，对有关强制许可规定的相应修正和修改主要是在以下两点：(1)《专利法》第53条由原来的“一项取得专利权的发明或实用新型比以前已经取得专利权的发明或实用新型在技术上先进”，改为“一项取得专利权的发明或者实用新型比以前已经取得专利权的发明或者实用新型具有显著经济意义的重大技术进步”；及(2)经适当调整后，1992年《专利法实施细则》第68条关于强制许可时间、范围和终止的规定并入修改后的《专利法》第52条。在作出上述修改之后，中国《专利法》中关于强制许可的规定结构更加清晰，内容更加完善。在中国代表看来，这些规定完全符合《TRIPS 协定》。他还补充表示，到目前为止，中国还没有颁发过任何实施专利的强制许可。

274. 一些工作组成员注意到中国代表所引述的专利强制许可方面有关规定的改进。但是，一些成员要求澄清受《专利法》强制许可规定制约的事项。

275. 对此，中国代表同意，《TRIPS 协定》第31条的要求仍未完全包含在中国法律之中，因此将修改《专利法实施细则》，以保证：(1)只有在拟使用者在此种使用之前已经按合理商业条款和条件努力从权利持有人处获得授权的情况下，方可允许未经权利持有人授权的使用，但在全国处于紧急状态或在其他极端紧急的情况下、或在公共非商业性使用的情况下，并符合第31条(b)项其他规定的可不受上述要求的限制；(2)在每一种情况下应向权利持有人支付适当报酬，同时考虑授权的经济价值(第31条(h)项)；(3)任何此种使用的授权应主要为供应授权此种使用的成员的国内市场(第31条(f)项)；以及(4)如果是半导体技术，则使用的范围和时间仅限于公共非商业性使用，或用于补救经司法或行政程序确定的限制竞争行为(第31条(c)项)。工作组注意到这些承诺。

276. 关于《TRIPS 协定》第32条(撤销/无效)，中国代表表示，根据修改后的《专利法》第41条和第46条，专利申请人或发明及实用新型和外观设计的专利权人，如对专利复审委员会关于复审或无效的裁决不满意，可以向人民法院提起法律诉讼。这一修改使中国的《专利法》与《TRIPS 协定》关于行政决定接受司法审查的有关规定完全一致。

277. 关于专利权的保护期，中国代表表示，早在1992年，当中国第一次修改《专利法》时，第45条(第二次修改后改为第42条)即修改为：“发明专利权的保护期为20年，实用新型专利权和外观设计专利权的保护期为10年，均自申请日起算。”因此，中国《专利法》在专利权保护期方面早已与《TRIPS 协定》第26条和第33条相一致。

278. 关于《TRIPS 协定》第34条(方法专利：举证责任)，中国代表表示，中国的《专利法》在1992年和2000年进行了修改，目前已与《TRIPS协定》完全一致。修改后的第57条第2款规定："当侵权纠纷与制造新产品的方法专利相关时，制造同样产品的任何单位或者个人应当证明其制造产品所使用的是不同的方法"。

6. 植物新品种保护

279. 中国代表确认，中国是1978年《植物新品种保护公约》（"UPOV"）的缔约国。1997年3月，国务院制定并颁布了《植物新品种保护条例》，从而以与《TRIPS协定》要求相一致的独特方式对植物新品种提供了保护。完成育种工作的单位或个人对被授予植物新品种权的新品种享有专有权。未经新品种权利所有人（简称"新品种权利人"）许可，任何单位或个人不得为商业目的生产或销售获授权新品种的繁育材料，或为商业目的在生产另一新品种的繁育材料中反复使用获授权新品种的繁育材料。该条例还规定了非自愿许可的条件。新品种权的保护期限为，从授权之日起，藤本植物、林木、果树和观赏树木为20年，其他植物为15年。

7. 集成电路布图设计

280. 中国代表表示，中国是1989年《关于集成电路的知识产权条约》最早的签字国之一。执行中国在《TRIPS协定》第二部分第6节项下义务的《集成电路布图设计保护条例》已于2001年4月颁布，并将于2001年10月1日生效。

281. 中国代表表示，中国正在加强对布图设计的保护，以支持集成电路产业的快速发展。该条例规定了对布图设计的保护，据此，以下行为如未获权利持有人授权则为非法：为商业目的进口、销售或者分销受保护的布图设计，含有受保护的布图设计的集成电路，或含此种集成电路的物品，只要该集成电路仍然包含非法复制的布图设计。例外条款和非自愿许可条款与《TRIPS协定》第37条相一致。保护期为10年，自提交注册申请之日起算，或自世界任何地方首次商业利用之时起算。此外，集成电路布图设计的保护与《集成电路布图设计知识产权条约》第2至7条（除第6条第3款外）、第12条和第16条第3款的规定是一致的。

8. 对未披露信息，包括商业秘密和试验数据的要求

282. 一些工作组成员对中国为防止提交中国主管机关以获得药品和农业化学物质销售许可的未披露试验数据和其他数据受到不正当商业利用和披露而提供的保护表示关注。他们指出，中国的法律虽然似乎禁止政府官员披露信息，但是并未按《TRIPS协定》第39条第3款的要求，包含关于防止不正当商业利用的规定。一些成员要求中国在其法律和法规中明确规定，中国将防止对为获得使用新化学成份的药品或农业化学物质的销售许可而提交的未披露试验数据或其他数据受到不正当商业利用，规定在数据提交人得到销售许可之日起至少6年内，除提交此类数据的人以外，任何人未经最初提交数据的人许可，不得以此数据为基础申请产品的销售许可。

283. 中国代表表示，中国的《反不正当竞争法》第 10 条规定，商业经营者不得侵犯商业秘密。根据该条，明知或应当知道其行为属于前款所列非法行为的第三方获取、使用或披露他人的商业秘密的，视为侵犯商业秘密。商业秘密是指，任何可以给权利人带来经济利益、有实用性，并且权利人已对其采取保密措施的、不为公众知晓的技术信息或商业经营信息。他还表示，《刑法》第 219 条对商业秘密也有类似定义。

284. 中国代表进一步确认，为遵守《TRIPS 协定》第 39 条第 3 款，中国将对为申请使用新化学成份的药品或农业化学品的销售许可而按要求提交中国主管机关的未披露试验数据或其他数据提供有效保护，以防止不正当商业利用，但披露这些数据是保护公共利益所必需的或已采取保护措施防止该数据受到不正当商业利用的情况除外。这种保护包括，采用并制定法律和法规，以保证自中国政府向数据提供者授予销售许可之日起至少 6 年内，除数据提供者外，未经数据提供者允许，任何人不得以该数据为基础申请产品销售许可。在此期间，对于任何第二个申请销售许可的人，只有当其提交自己的数据时方可被授予销售许可。所有使用新化学成份的药品或农业化学物质均可受到此种数据保护，无论其是否受专利保护。工作组注意到这些承诺。

C. 控制滥用知识产权的措施

285. 中国代表表示，《专利法》中有关于强制许可以防止专利权被滥用的规定。他还表示，《商标法》规定，商标注册人可以通过订立商标许可合同授权他人使用其注册商标。许可人应当对被许可人使用其注册商标的产品的质量进行监督，被许可人应当保证使用该注册商标的产品的质量。

286. 一些工作组成员对中国关于控制限制竞争的许可行为或条件的规则与《TRIPS 协定》第 40 条下的义务的一致性表示关注。对此，中国代表表示，中国的立法将遵守这些义务，特别是与其他成员进行磋商的要求。他表示，这些规则将普遍适用于所有知识产权。工作组注意到这一承诺。

D. 执行

1. 总体情况

287. 一些工作组成员对中国政府在执行方面仍需作出进一步努力表示关注。他们还指出，中国应加强为所有权利持有人而执行所有知识产权立法框架。中国代表表示，如在中国发生侵犯知识产权的行为，有关人员可以向法院提起诉讼。自 1992 年起，根据各自专业人员组成的情况，在北京和上海等一些主要城市设立了专门的知识产权法庭。根据中国的立法，个人和企业将对其所有侵权行为负责，并将承担民事和/或刑事责任。如任何人侵犯他人知识产权且情节严重，则根据《刑法》的有关规定，直接责任人将被追究刑事责任。如构成犯罪，直接责任人将被处以 7 年以下有期徒刑，或被处拘役或罚金。

288. 一些工作组成员进一步敦促中国保证有关部门积极执法，以明显减少目前严重的盗版和假冒商标现象。采取的行动应当包括关闭制造设施以及市场和零售商店，如果它们因为侵权行为成为行政处罚的对象。中国代表表示，中国打击知识产权盗版的措施一直很严厉。在司法方面，各级法院一直注重知识产权案件的审理工作。在行政方面，各级行政机关非常注重加强反盗版工作。此外，行政主管机关还加强了针对公众的法律出版和教育工作，以保证中国的法律环境能够满足执行《TRIPS 协定》的要求。工作组注意到这些承诺。

2. 民事诉讼程序和救济

289. 一些工作组成员对提起民事诉讼过程中一些使知识产权持有人难以通过法院保护其权利的做法表示关注。中国以请求的损害赔偿额为基数计算诉讼案件受理费的体制，使提起大规模侵权诉讼的费用变得不必要地昂贵。这些成员还对以侵权人利润为基础计算损失的做法表示关注。这一做法，再加上中国关于要求实际销售的证据而不考虑存货和过去的行为而确定利润水平的规则，往往导致赔偿的数额不足以补偿权利持有人所受到的损害。

290. 中国代表表示，《民法通则》第 118 条规定，公民或法人的作者权（版权）、专利权、商标专用权、发现权、发明权和科技研究成果权受到剽窃、篡改、假冒等侵害的，他们有权要求停止侵害、消除不良影响、赔偿损失。他还指出，《商标法》、《专利法》和《著作权法》也有类似规定。

291. 中国代表进一步确认，《TRIPS 协定》第 42 条和第 43 条将根据民事诉讼的司法规则得到有效实施。工作组注意到这一承诺。

292. 中国代表确认，有关实施细则将被修改，以保证完全符合《TRIPS 协定》第 45 条和第 46 条的规定，从而使在知道或有合理理由知道其所实施的行为是侵犯他人知识产权行为的情况下，侵权人向权利持有人支付的赔偿应当足以补偿权利持有人因侵权行为而受到的损失。工作组注意到这一承诺。

3. 临时措施

293. 工作组成员指出，《TRIPS 协定》要求司法机关应有权责令采取迅速而有效的临时措施，以（1）防止侵犯知识产权的行为发生，特别是防止分销或销售侵权产品，及（2）保存被指控侵权行为的证据。

294. 中国代表表示，中国的《民事诉讼法》中有关于财产保全的规定，但目前尚无明确的规定授权人民法院在一方正式提起法律诉讼之前采取措施制止侵权。为增强法律对侵权行为的震慑力，保证专利权人的合法权益不会遭受难以弥补的损害，也为遵守《TRIPS 协定》，中国在 2000 年第二次修改专利法时，引入了关于临时措施的第 61 条。该条规定：“专利权人或者利害关系人有证据证明他人正在实施或者即将实施侵犯其专利权的行为，如不及时制止将会使其合法权益受到难以弥补的损害的，可以在起诉前向人民法院申请采取责令停止有关行为和财产保全的措施。”

295. 一些工作组成员对《专利法》第61条并没有完全包括《TRIPS协定》第44条的所有要求表示关注，并认为专利权人以外的其他知识产权持有人是否可以援引类似程序仍不明确。

296. 中国代表表示，《专利法》第61条将以完全符合《TRIPS协定》第50条第1至4款规定的方式实施。他还表示，《专利法》第61条中的“合理证据”的含义，将通过实施细则澄清为，“任何可合理获得的证据，以使司法机关有足够程度的确定性确信该申请人为权利持有人，且该申请人的权利正在受到侵害或这种侵害即将发生，并且有权责令申请人提供足以保护被告和防止滥用的保证金或相当的担保”。工作组注意到这一承诺。

4. 行政程序和救济

297. 工作组成员注意到，中国大多数知识产权执法是通过行政行为。在这方面，一些成员对中国行政处罚偏轻，同时提起刑事诉讼的门槛较高，使中国的知识产权执行变得很困难的状况表示关注。行政处罚一般仅导致少量罚款和损失侵权存货。成员们还强调行政机关有必要将更多的案件，包括屡犯和故意的盗版和假冒商标案件，移交有关主管机关提起刑事诉讼。

298. 中国代表表示，《商标法》规定，当商标专用权受到侵犯时，被侵权的权利持有人可以请求县级以上工商行政管理部门处理。有关的工商行政管理部门有权责令侵权人立即停止侵权行为，并赔偿被侵权的权利持有人的损失。国家工商行政管理局及其县级以上地方机构还可对侵权人处以罚款。《专利法》规定，专利权人和利害关系方可以请求专利事务行政主管机关对侵权行为进行处理。行政主管机关可以责令侵权人立即停止侵权行为，并应当事方的请求就赔偿问题进行调解。《著作权法》规定，版权行政主管机关可以对实施侵权行为的任何人处以没收非法所得或罚款的行政处罚。

299. 中国代表表示，中国的大多数知识产权执法行为都导致对侵权行为的行政处理。他指出了为加强行政主管机关处罚力度而作出的不断努力及对知识产权执法的更加重视。中国代表确认，政府将继续加强执法努力，包括采取更有效的行政处罚措施。有关部门，包括国家工商行政管理局、中华人民共和国国家质量监督检验检疫总局和版权局，现在有权没收用来制造假冒和盗版产品的设备和其他侵权证据。这些有关部门将被鼓励行使查缴和保全如存货和文件等侵权证据的权力。行政主管机关将有权实施充分的处罚措施，以防止或震慑进一步的侵权行为，并被鼓励行使该权力。适当的案件，包括那些涉及屡犯和故意盗版和假冒的案件，将被移交有关主管机关按照刑法的规定起诉。工作组注意到这些承诺。

5. 特殊边境措施

300. 中国代表表示，1995 年 7 月 5 日，中华人民共和国国务院颁布了一项关于知识产权边境执法措施的法规，即《中华人民共和国知识产权海关保护条例》，该条例于同年 10 月 1 日生效。根据该条例，中国海关必须采取措施扣留那些被证明为侵犯受中国法律保护的商标权、专利权和版权的进出口货物。中国海关被授权检查任何被怀疑侵权的装运货物，并在证明属实的情况下没收货物。

301. 一些工作组成员对现行的边境措施与《TRIPS 协定》第 51 条至第 60 条下的义务的相符性表示关注，特别是关于海关中止放行进入自由流通的规定（第 51 条）、启动该程序的证据规则（第 52 条）、旨在保护被告的保证金要求（第 53 条）、中止放行的通知规则（第 54 条）及其期限（第 55 条）、货物被错误扣押时对进口商进行赔偿的规定（第 56 条）以及关于权利持有人要求检查被扣押的货物的机会（第 57 条）的规定。此外，一些成员还对有关机关依职权的行动及其条件的规定（第 58 条）的一致性、对侵权货物提供的救济（第 59 条）以及适用于微量进口规则的数量（第 60 条）表示关注。

302. 对此，中国代表表示，中国将向知识产权权利持有人提供与《TRIPS 协定》（第 51 条至第 60 条）的有关规定完全一致的、有关边境措施的程序。工作组注意到这一承诺。

6. 刑事程序

303. 中国代表表示，《刑法》第 213 条至第 220 条（侵犯知识产权罪）规定，侵犯权利持有人的注册商标权、专利权、版权或商业秘密，且情节严重的，将被判处有期徒刑，并处罚金。

304. 一些工作组成员对刑事程序不能被有效地用以打击盗版和假冒行为表示关注。特别是，提起刑事诉讼的现行适用的金额标准非常高，很少能达到。应降低这种金额标准，以便诉讼能够有效震慑以后的盗版和假冒行为。对此，中国代表表示，中国的行政主管机关将建议司法机关作出必要调整，降低金额标准，以解决这些关注。工作组注意到这一承诺。

305. 鉴于中国知识产权保护的先进性，中国代表确认，自加入时起，中国将全面适用《TRIPS 协定》的规定。工作组注意到这一承诺。

六、影响服务贸易的政策

1. 许可

306. 一些工作组成员欢迎中国正在作出的关于增加透明度和向各国政府及服务提

供者就包括中国具体承诺减让表在内的与 GATS 有关的任何事项提供信息的广泛和全面的承诺。尽管如此，这些成员仍对中国现行服务体制缺乏透明度表示关注，特别是在获得、延长、换发、拒绝和终止许可证和在中国市场提供服务所需其他批准以及对此类行为（下称“中国的许可程序和条件”）的申诉方面。为了与《WTO 协定》规定，包括议定书（草案）和中国的具体承诺减让表相一致，工作组成员指出，中国的许可程序和条件本身不应构成市场准入的壁垒，且对贸易的限制作用不得超过必要的限度。这些成员还认为，自加入时起，中国应该公布（1）负责授权、批准或管理中国已作出具体承诺的服务部门的主管机关的清单，及（2）中国的许可程序和条件。

307. 中国代表确认，将适用第 332 段关于公布负责授权、批准或管理每一服务部门服务活动的主管机关清单，包括由中央政府主管机关授权的组织。中国代表还确认，中国将自加入时起在官方刊物上公布中国所有的许可程序和条件。工作组注意到这些承诺。

308. 中国代表还确认，自加入时起中国将保证中国的许可程序和条件不构成市场准入的壁垒，且对贸易的限制作用不超过必要的限度。依照中国在《WTO 协定》、议定书（草案）及其具体承诺减让表项下的承诺，中国代表确认，对于中国具体承诺减让表所包含的服务，中国将保证：

（a）中国的许可程序和条件在生效前公布；

（b）在公布的内容中，中国将列明中国的许可程序和条件中所有相关主管机关进行审议和作出决定的合理时限；

（c）申请人不经单独邀请即可申请许可；

（d）收取的任何费用（不应被理解为包括通过拍卖或投标过程所确定的费用）将与处理申请所需行政费用相当；

（e）中国的主管机关在收到申请后，将通知申请者根据中国国内法律和法规其申请是否被视为完备，如申请不完备，则应明确使申请完备所需的额外信息，并给予改正不足的机会；

（f）对所有申请将迅速作出决定；

（g）如申请被终止或被拒绝，则将立即以书面形式通知申请人被终止或被拒绝的原因。申请人将有可能自行决定重新提交已解决被终止或被拒绝原因的新的申请；

（h）如申请获得批准，则将立即以书面形式通知申请人。许可或批准将可使申请人在为财政和其他类似行政管理目的而向国家工商行政管理局进行公司注册后即可开始其商业经营。按照国家工商行政管理局公布的法规要求，并依照中国的具体承诺减让表，注册将在递交完备文件后的 2 个月内完成；

（i）如中国要求向专业人员发放许可须进行考试，则此类考试将确定在合理的时间间隔进行。

工作组注意到这些承诺。

309. 一些工作组成员还对保持管理者独立于其所管理的对象问题表示关注。中国代表确认，对于包括在中国具体承诺减让表中的服务部门，相关管理机关将独立于其所管理的任何服务提供者，且不对其负责，但速递和铁路运输服务除外。对于这些例外的部门，中国将遵守《WTO 协定》和议定书（草案）的其他规定。工作组注意到这些承诺。

310. 中国代表表示，中国将与 WTO 成员进行磋商并制定符合中国具体承诺减让表以及中国在 GATS 项下义务的、关于无固定地点销售的法规。工作组注意到这一承诺。

311. 一些工作组成员指出，《世界行为守则》提供了规范无固定地点销售的坚实的道德基础。

312. 对于工作组成员提出的关于中国具体承诺减让表中某些术语的问题，中方代表确认如下：

（a）“统括保单”指对同一法人位于不同地点的财产和责任进行统一承保的保单。统括保单只能由保险公司总公司或其授权的省级分公司的业务部门出具。其他分支机构不允许出具统括保单。

（i）对于保险标的为国家重点建设项目的统括保单业务。如国家重点建设项目（即国家发展计划委员会每年列名和公布的项目）的投资者符合以下要求之一，则投资者可向位于投资者法人所在地相同地点的保险公司购买统括保单。1. 保险标的的投资全部来自中国（包括在中国的外商投资企业的再投资），且投资者的投资额占总投资额的 15% 以上。2. 部分投资来自国外、部分投资来自中国（包括在中国的外商投资企业的再投资），且中国投资者的投资额占国内总投资额的 15% 以上。对于全部投资取自国外的项目，每个保险公司均可以统括保单的形式提供保险。

（ii）对于涵盖同一法人的不同保险标的的统括保单。对于位于不同地点、由同一法人拥有的保险标的（不包括金融、铁路和邮电行业和企业），如符合以下条件之一，则可出具统括保单。1. 出于支付保费税的考虑，允许在投保人的法人或核算单位所在地组成的保险公司出具统括保单。2. 如保险标的 50% 以上的保险金额来自一大中型城市，则位于该城市的保险公司可被允许出具统括保单，无论该投保人的法人或核算单位是否位于该城市内。

（b）大型商业险指符合下列条件的对任何大型商业企业承担的保险风险：加入时，年保费总收入超过 80 万元人民币且投资额超过 2 亿元人民币；加入 1 年后，年保费总收入超过 60 万元人民币且投资额超过 1.8 亿元人民币；加入 2 年后，年保费总收入超过40万元人民币且投资额超过1.5亿元人民币。

（c）中国的具体承诺减让表中的法定保险仅限于下列具体类别，且不再增加其他险种或产品：汽车第三者责任险、公共汽车和其他商业运工具驾驶员和运营者责任险。

（d）中国代表确认，对“统括保单”和“大型商业险”定义的任何变更将与中国的具体承诺减让表及中国在GATS项下的义务相一致，以便逐步开放对这些服务部门的准入。

工作组注意到这些承诺。

313. 工作组成员欢迎中国承诺允许保险公司在符合逐步取消地域限制的情况下设立内部分支机构。一些成员指出，中国根据GATS第16条和第17条在减让表中列出了作为限制条件的外国保险公司申请在中国提供服务方面必须满足的资格条件。这些资格条件与在一WTO成员境内的最短设立时间、总资产额以及在中国维持代表处等有关。这些资格条件不应适用于已在中国设立的、寻求设立分公司或支公司授权的外国保险公司。中国代表确认，对于申请获得进入中国市场许可的外国保险公司的资格条件不适用于已在中国设立的、寻求设立分公司或支公司的外国保险公司。他还确认，分公司和支公司是母公司的延伸，而不是单独的法律实体，且中国将在此基础上、并在符合中国具体承诺减让表，包括最惠国待遇规定的情况下，据此允许设立内部分支机构。工作组注意到这些承诺。

2. 合资伙伴的选择

314. 一些工作组成员对被允许与外国服务提供者进行合营的中国公司设置条件的现行做法表示关注。这些成员表示，这种做法可能构成事实上的配额，因为符合这些条件的潜在合资伙伴的数量可能是有限的。中国代表确认，外国服务提供者将能够与自己选择的任何中国实体进行合营，包括合资企业经营行业以外的中国实体，只要该中国合资伙伴是在中国合法设立的。此种合资企业应在与国内企业相同的基础上，满足审慎要求和具体部门要求，这些要求必须是可以公开获得的。工作组注意到这些承诺。

3. 股权的调整

315. 中国代表确认，已设立的合资企业的中外合资伙伴将可以讨论修改他们各自在合资企业中的参股水平，并在双方达成协议且经主管机关批准的情况下，实施该项修改。中国代表确认，如此种协议符合中国的具体承诺减让表中的相关股权承诺，则将获得批准。工作组注意到这一承诺。

4. 保险部门中设立商业机构的以往经验要求

316. 中国代表确认，如新实体继续提供保险服务，则一保险公司的合并、分拆、改组或法律形式的其他变更不会影响中国具体承诺减让表所包含的以往经验要求。工作组注意到这一承诺。

5. 检验服务

317. 对于工作组成员提出的问题，中国代表确认，中国将不再保留具有对外国和合资商品检验机构的经营构成壁垒作用的要求，除非中国的具体承诺减让表中另有规定。工作组注意到这一承诺。

6. 市场调查

318. 一些工作组成员对市场调查活动表示关注。对于工作组成员在这方面提出的问题，中国代表确认，自加入时起，中国将取消对市场调查服务的预先批准要求，这种市场调查服务被定义为旨在获得关于一组织的产品在市场中的前景和表现的信息的调查服务，包括市场分析（市场的规模和其他特点）及对消费者态度和喜好的分析。在中国注册的从事此类服务的市场调查公司，只需将调查方案和问卷表格向省级以上政府统计部门备案。工作组注意到这些承诺。

7. 法律服务

319. 对于工作组成员提出的问题，中国代表澄清，中国的具体承诺减让表所列“中国执业律师”指获得律师资格证书、持有中国执业许可并在一中国律师事务所注册执业的中国公民。

8. 少数股持有者的权利

320. 对于中国的具体承诺减让表，中国代表确认，尽管中国在一些部门限制了其市场准入承诺，只允许外国人持有少数股权，但是少数股持有者可根据中国的法律、法规及措施行使其在投资中的权利。此外，WTO 成员可诉诸 WTO 争端解决以保证中国服务贸易减让表中的所有承诺得到实施。工作组注意到这些承诺。

9. 具体承诺减让表

321. 载入议定书（草案）附件 9 的中国具体承诺减让表包含中国在服务贸易方面的市场准入承诺。

七、其 他 问 题

1. 通知

322. 工作组成员要求中国向所获授权涵盖通知主题的 WTO 机构提交议定书（草案）和工作组报告书所要求的通知。中国代表确认，中国将在与议定书（草案）第 18 条第 1 款和附件 1A 相一致的情况下，向这些机构提交其通知。工作组注意到这一承诺。

2. 特殊贸易安排

323. 一些工作组成员对中国与第三国和单独关税区的一些特殊贸易安排，包括易货贸易安排，表示特别关注，这些成员认为这些安排不符合 WTO 要求。对此，中国代表忆及中国在议定书（草案）第 4 条中所作承诺。

3. 透明度

324. 一些成员对适用于《WTO 协定》和议定书（草案）所涵盖事项的法律、法规及其他措施缺乏透明度表示关注。特别是，一些成员指出，在找到和获得各部委以及各省和其他地方主管机关的法规或采取的其他措施的副本方面存在困难。法规和其他措施的透明度，特别是地方各级主管机关的法律和其他措施的透明度至关重要，因为这些主管机关经常对中央政府更原则性的法律、法规及其他措施如何实施作出具体规定，并经常在不同管辖范围内出现差异。这些成员强调需要及时收到此种信息，以便政府和贸易商能够为符合此类规定作好准备，并可在实施和执行此类措施方面行使自己的权利。这些成员强调此种提前公布对于增加安全和可预测的贸易关系的重要性。这些成员注意到，国际互联网和其他手段的发展保证了所有各级政府机关的信息可以汇集一处，并可以容易获得。创立和维持单一和权威性的刊物和咨询点将大大便利信息传播，并有助于促进遵守。

325. 对此，中国代表指出，中国政府定期出版提供中国外贸体制信息的刊物，如外经贸部出版的《对外经济贸易年鉴》和《外经贸部文告》；国家统计局出版的《中国统计年鉴》；海关总署编辑和出版的《中国海关统计》（季刊）。有关对外贸易的中国法律和国务院法规以及各部委的规章均对外公布。此类法律、法规和规章可在《国务院公报》、《中华人民共和国法律法规汇编》以及《外经贸部文告》中获得。有关对外贸易的行政法规和指令还在外经贸部的政府网站（http：//www. moftec. gov. cn）和出版物上公布。

326. 他进一步指出，不存在影响进出口的外汇限制。有关外汇措施的信息由国家外汇管理局公布，并可在该局网站（http：//www. safe. gov. cn）和通过新闻媒体获得。

327. 中国代表指出，关于进出口管理的信息将在《国际商报》和《外经贸部文告》上公布。

328. 他还指出，中国的海关法规、进出口关税税率和海关程序均在《国务院公报》和新闻媒体上公布，应请求可获得。关于关税税率实施、完税价格和关税的确定、退还和关税的收回的程序以及减免税的有关程序也予以公布。海关还每月公布以协调税制 8 位税目为基础的按照原产地和最终目的地计算的海关统计。

329. 中国代表指出，中国与其贸易伙伴之间缔结的任何双边贸易协定以及这些协定项下的换货议定书（草案）均在《中华人民共和国条约汇编》中公布。他还指出，

《中国对外经济贸易企业名录》和《中国外贸公司和组织》是两份介绍中国外贸公司和其他从事外贸的企业的出版物。

330. 中国代表表示，完整的官方刊物名单包括：《中华人民共和国全国人民代表大会常务委员会公报》、《中华人民共和国国务院公报》、《中华人民共和国法律汇编》、《中华人民共和国法律法规汇编》、《中华人民共和国对外贸易经济合作部文告》、《中华人民共和国中国人民银行公告》以及《中华人民共和国财政部公告》。

331. 中国代表确认，所有有关或影响货物贸易、服务贸易、TRIPS 或外汇管制的法律、法规及其他措施的公布将包括生效日期。还将包括受到一特定措施影响的产品和服务，按适当的税号和 CPC 分类确定。工作组注意到这些承诺。

332. 中国代表确认，中国将按照适当的分类和服务（如相关），在官方刊物上公布负责授权、批准或管理服务活动的所有机构的名单，包括由国家主管机关授权的组织，无论通过发放许可还是其他批准形式。获得此类许可证或批准的程序和条件也应公布。工作组注意到这些承诺。

333. 中国代表确认，《WTO 协定》或议定书（草案）所要求披露的信息均不得作为保密信息而拒绝提供，但议定书（草案）第 2 条（C）节所确定的原因除外，或除非该信息的披露将明显损害一公私企业合法商业利益。工作组注意到这一承诺。

334. 中国代表确认，中国将使 WTO 成员获得译成一种或多种 WTO 正式语文的所有有关或影响货物贸易、服务贸易、TRIPS 或外汇管制的法律、法规及其他措施，并将尽最大可能在实施或执行前，但无论如何不迟于实施或执行后 90 天使 WTO 成员可获得这些法律、法规及其他措施。工作组注意到这些承诺。

335. 工作组成员还要求中国设立一咨询点，在其中可获得所有有关或影响货物贸易、服务贸易、TRIPS 或外汇管制的法律、法规、普遍适用的司法决定和行政决定及其他措施的信息。

336. 中国代表确认，将设立或指定一个或多个咨询点，在咨询点中可获得有关或影响货物贸易、服务贸易、TRIPS 或外汇管制的法律、法规及其他措施的信息，以及公布的文本，并将向 WTO 通知任何咨询点及其职责。该信息应包括负责实施一特定措施的国家或地方各级主管机关（包括联络点）的名称。工作组注意到这些承诺。

4. 政府采购

337. 中国代表表示，为了促进中国的政府采购制度，财政部于 1998 年 4 月颁布了《政府采购管理暂行办法》。暂行办法是根据 WTO《政府采购协定》（“GPA”）的基本精神，依据联合国《货物、工程和服务采购示范法》的有关规定，并参考部分 WTO 成员的政府采购法律和法规制定的。其中规定的有关政府采购的政策和程序是与国际惯例相一致的。中国在进行政府采购时将遵循公开、公平、公正、有效及符合公共利益等基本原则。目前，中国正在制定《政府采购法》。

338. 一些工作组成员表示，中国应成为GPA的参加方，在加入GPA之前，中国应以透明和非歧视的方式进行所有政府采购。这些成员指出，中国专门从事商业活动的公共实体将不从事政府采购，因此管理这些实体采购做法的法律、法规及其他措施将完全遵守WTO的要求。

339. 中国代表表示，中国有意成为GPA的参加方，在此之前，中央和地方各级所有政府实体，以及专门从事商业活动以外的公共实体，将以透明的方式从事其采购，并按照最惠国待遇的原则，向所有外国供应商提供参与采购的平等机会，即：如一项采购向外国供应商开放，则将向所有外国供应商提供参加该项采购的平等机会（例如，通过招标程序）。此类实体的采购将只受遵守已公布、且公众可获得的法律、法规、普遍适用的司法决定、行政决定以及程序（包括标准合同条款）的约束。工作组注意到这些承诺。

340. 注意到中国有意成为GPA参加方，一些工作组成员表示，中国应自加入时起成为GPA观察员，并应在加入后2年内通过提交附录1出价，开始加入该协定的谈判。

341. 中国代表答复表示，中国将自加入时起成为GPA观察员，并将尽快通过提交附录1出价，开始加入该协定的谈判。工作组注意到这些承诺。

八、结　论

342. 工作组注意到本报告书所反映的中国关于其外贸制度的说明和声明。工作组注意到中国就某些具体事项所作承诺，这些承诺载入本报告书第18至19、22至23、35至36、40、42、46至47、49、60、62、64、68、70、73、75、78至79、83至84、86、91至93、96、100至103、107、111、115至117、119至120、122至123、126至132、136、138、140、143、145、146、148、152、154、157、162、165、167至168、170至174、177至178、180、182、184至185、187、190至197、199至200、203至207、210、212至213、215、217、222至223、225、227至228、231至235、238、240至242、252、256、259、263、265、270、275、284、286、288、291、292、296、299、302、303、304至305、307至310、312至318、320、322、331至334、336、339以及341段中，并注意到这些承诺已并入议定书（草案）第1条第2款。

343. 在对中国外贸制度进行审查之后，并根据中国所作说明、承诺和减让，工作组得出结论，应邀请中国根据《马拉喀什建立世界贸易组织协定》第12条加入该协定。为此，工作组制定了本报告书附录所载决定（草案）和议定书（草案），并注意到议定书（草案）所附中国货物贸易减让和承诺表（WT/ACC/CHN/49/Add. 1号文件）

及服务贸易减让和承诺表（WT/ACC/CHN/49/Add. 2 号文件）。建议总理事会在通过本报告书时通过这些文件。待决定（草案）获得通过后，议定书（草案）将开放供中国接受，中国接受该议定书（草案）后第 30 天即成为 WTO 成员。工作组因此同意已完成关于中国加入《WTO 协定》谈判的工作。

附件 1A

中国在过渡性审议机制中提供的信息[2]（摘要）

（[2]此“信息”指 WTO 成员一般通知义务所要求的信息以外的信息。为避免重复，各方理解，成员们将接受中国每年向其他 WTO 机构提供信息即满足附件 1 中的信息要求。）

中国需要依照加入议定书第 18 条第 1 款，提供关于以下内容的信息。所要求的信息应每年提供，中国和各成员同意审议不再需要此类信息的情况除外。

一、经济数据

（a）最近可获得的进口和出口数据，按金额、数量及供应国、并按 8 位税号排列

（b）服务的经常项目数据，根据 IMF 的统计要求，按来源和去向排列

（c）对内和对外实际外国直接投资的资本项目数据，根据 IMF 的统计要求，按来源和去向排列

（d）关税收入、非关税税收及专门对进口产品征收的其他边境费用的金额，按产品排列或按尽可能详细的分类排列，但在审议机制的开始阶段至少按税号（4 位）排列

（e）出口关税/税的金额，按产品排列

（f）享受关税免除的贸易数量，按产品排列或按尽可能详细的分类排列，但在审议机制的开始阶段至少按税号（4 位）排列

（g）对实行通过政府法规或指导实施的国营贸易或指定经营限制的进口产品所征收的佣金、加价和其他费用的金额（如存在）

（h）国有企业的贸易活动所占的进出口份额

（i）由中央或中央以下各级政府实体制定的年度经济发展计划、中国的五年计划及任何产业或部门的计划或政策（包括与投资、出口、进口、生产、定价或其他目标有关的计划，如存在）

（j）增值税的年收入，进口产品、国产品以及增值税退税的信息分别列出

二、经济政策

1. 非歧视（向货物贸易理事会作出通知）

（a）废止和停止关于国民待遇的所有与 WTO 不一致的法律、法规及其他措施

（b）废止或修改适用于下列产品的国内销售、许诺销售、购买、运输、分销或使

用的法律、法规及其他措施，以提供完全的GATT国民待遇：售后服务、药品、香烟、酒类、化学品和锅炉压力容器（对于药品、化学品及酒类，有权保留自加入时起为期1年的过渡期，以便修正或废止有关法律）

2. 外汇和支付（向国际收支限制委员会作出通知）

(a)《国际货币基金组织协定》第八条第5节项下要求的外汇措施以及在过渡性审议机制中被认为必要的其他信息

3. 投资体制（向与贸易有关的投资措施委员会作出通知）

(a) 全面修改投资指导目录，使之符合《WTO协定》

4. 定价政策（向补贴与反补贴措施委员会作出通知）

(a) 现有或任何其他价格管理的实施及其使用原因

(b) 中国国营贸易企业对出口产品的定价机制

三、政策制定和执行的体制

1. 中央以下各级政府/主管机关的结构和权力/统一管理（向总理事会作出通知）

(a) 自加入以来或过渡性审议机制项下有关机构的上一次会议以来，与中国在《WTO协定》和议定书项下承诺有关的国内法律、法规及其他措施的修改或制定情况，包括地方各级政府的国内法律、法规及其他措施

(b)（自加入时起）议定书第2条A节第4款所指机制的建立和运行情况，在该机制下，个人和企业可提请国家主管机关注意贸易制度的未统一适用情况

……

五、影响服务贸易的政策（向服务贸易理事会作出通知）

(a) 定期更新影响每一服务部门或分部门的所有法律、法规、行政指导及其他措施，逐项标明所适用的服务部门（一个或多个）或分部门（一个或多个）、公布日期和生效日期

(b) 中国在国内和外国服务提供者之间的许可程序和条件（如存在），实施自由选择合资伙伴的措施以及最惠国例外所涵盖的运输协定清单

(c) 定期更新负责采纳、实施和接收就影响服务贸易的法律、法规、行政指导及其他措施进行的上诉的所有各级政府主管机关（包括获得授权的组织）的名单

(d) 关于管理机关独立于服务提供者的情况

(e) 关于在已作出具体承诺的部门中的外国和国内供应者的情况，标明在部门和分部门中许可申请的情况（已获接受、待批准、被拒绝）

附件 4

实行价格控制的产品和服务（摘要）

实行政府定价的服务

NO	CPC	服务	注释
1	7511 7512 7521 7522	邮电服务收费	包括邮政服务收费、国内和跨省电信服务收费
2	964	旅游景点门票费	指受保护的重要历史遗迹和自然景观
3	921　922　923	教育服务收费	

附件 9

中华人民共和国服务贸易具体承诺减让表（摘要）

服务提供方式：（1）跨境交付（2）境外消费（3）商业存在（4）自然人流动

部门或分部门	市场准入限制	国民待遇限制	其他承诺
一、水平承诺			
本减让表中包括的所有部门	（3）在中国，外商投资企业包括外资企业（也称为外商独资企业）和合资企业，合资企业有两种类型：股权式合资企业和契约式合资企业。 股权式合资企业中的外资比例不得少于该合资企业注册资本的25%。 由于关于外国企业分支机构的法律和法规正在制定中，因此对于外国企业在中国设立分支机构不作承诺，除非在具体分部门中另有标明。 允许在中国设立外国企业的代表处，但代表处不得从事任何营利性活动，在CPC 861、862、863、865下部门具体承诺中的代表处除外。 对于各合同协议或股权协议，或设立或批准现有外国服务提供者从事经营或提供服务的许可中所列所有权、经营和活动范围的条件，将不会使之比中国加入WTO之日时更具限制性。 中华人民共和国的土地归国家所有。企业和个人使用土地需遵守下列最长期限限制：	（3）对于给予视听服务、空运服务和医疗服务部门中的国内服务提供者的所有现有补贴不作承诺。 （4）除与市场准入栏中所指类别的自然人入境坏人临时居留有关的措施外，不作承诺。	

续表

部门或分部门	市场准入限制	国民待遇限制	其他承诺
	a）居住目的为70年； b）工业目的为50年； e）数育、科学、文化公共卫生和体育目的为50年； d）商业、旅游、娱乐目的为40年； e）综合利用或其他目的为50年。 （4）除与属下列类别的自然人的入境和临时居留有关的措施外，不作承诺： a）对于在中华人民共和国领土内已设立代表处、分公司或子公司的一WTO成员的公司的经理、高级管理人员和专家等高级雇员，作为公司内部的调任人员临时调动，应允许其入境首期停留3年； b）对于被在中华人民共和国领土内的外商投资企业雇用从事商业活动的WTO成员的公司的经理、高级管理人员和专家等高级雇员，应按有关合同条款规定给予其长期居留许可，或首期居留3年，以时间短者为准； c）服务销售人员—即不在中华人民共和国领土内常驻、不从在中国境内的来源获得报酬、从事与代表—服务提供者有关的活动、以就销售该提供者的服务进行谈判的人员，如： （a）此类销售不向公众直接进行，且 （b）该销售人员不从事该项服务的供应，则该销售人员的入境期限为90天。		
二、具体承诺（5. 教育服务）			
（不包括特殊教育服务，如军事、警察、政治和党校教育） A. 初等教育服务（CPC921，不包括CPC92190中的国家义务教育） B. 中等教育服务（CPC922，不包括CPC92210中的国家义务教育） C. 高等教育服务（CPC923） D. 成人教育服务（CPC924） E. 其他教育服务（CPC929，包括英语语言培训）	（1）不作承诺 （2）没有限制 （3）将允许中外合作办学，外方可获得多数拥有权。 （4）除水平承诺中内容和下列内容外，不作承诺： 外国个人教育服务提供者受中国学校和其他教育机构邀请或雇佣，可入境提供教育服务。	（1）不作承诺 （2）没有限制 （3）不作承诺 （4）资格如下： 具有学士或以上学位；且具有相应的专业职称或证书，具有2年专业工作经验。	

第五部分

中外学历学位互认协议

中华人民共和国政府和吉尔吉斯共和国政府关于相互承认学历、学位证书的协定

（2002年6月24日　北京）

中华人民共和国政府和吉尔吉斯共和国政府（以下简称“双方”），本着促进发展两国教育领域合作与交流的愿望，就相互承认学历、学位证书事宜，达成协议如下：

第一条

吉方承认中华人民共和国全日制普通高级中学颁发的毕业证书，持该证书者有资格报考吉尔吉斯共和国的高等学校。

第二条

中方承认吉尔吉斯共和国完全普通中等学校颁发的高中毕业证书，持该证书者有资格报考中华人民共和国的高等学校。

第三条

吉方承认中华人民共和国中等职业学校颁发的毕业证书，持该证书者，有资格按证书上注明的专业及所具专业水平在吉尔吉斯共和国从业和报考高等学校。

第四条

中方承认吉尔吉斯共和国中等职业学校颁发的毕业证书，持该证书者，有资格按证书上注明的专业及所具专业水平在中华人民共和国从业和报考高等学校。

第五条

吉方承认中华人民共和国高等学校或科研机构颁发的学历、学位证书。持此类证书者，可按证书上注明的专业及所具有的专业水平在吉尔吉斯共和国从业、进修、继续学习和攻读学位。

第六条

中方承认吉尔吉斯共和国高等学校或科研机构颁发的学历、学位证书。持此类证书者，可按证书上注明的专业及所具有的专业水平在中华人民共和国从业、进修、继续学习和攻读学位。

第七条

本协定适用于中华人民共和国国家教育管理机关确定的教学机构颁发的并为国家承认的学历、学位证书，以及吉尔吉斯共和国颁发的国家标准的学历、学位证书。

第八条

为实施本协定，双方将互换上述学历、学位证书的样本和有关教育机构的名册及其它必要的资料。

第九条

本协定所规定的对各类学历、学位证书的承认将保证任何一方的上述证书持有者在对方国家从业以及进一步深造时享有同等权利，但不能免除该证书持有者在对方国家报考教育机构或从业应具备的其它一般性要求。

第十条

双方将互相通报各自国家教育体制改革以及颁发学历、学位证书的名称和标准方面的变化。

第十一条

本协定不影响双方根据早先签订并已生效的其他国际条约所享有的权利和承担的义务。

第十二条

本协定自双方完成各自生效的法律程序后书面通知对方之日起生效，有效期五年。

如果在协定期满前六个月任何一方未书面通知另一方终止本协定，则协定的有效期将自动延长五年，并以此法顺延。

当本协定终止时，其规定将继续适用于本协定有效期内颁发的上述各款所提及的证书，以及在本协定有效期内来到两国的学习者，其获得的学历、学位证书将根据本协定的规定予以承认。

本协定于2002 年6 月24 日在北京签订，一式两份，每份均用中文、吉尔吉斯文和俄文写成，三种文本同等作准。如对文本的解释发生歧义，以俄文文本为准。

中华人民共和国政府和哈萨克斯坦共和国政府关于相互承认学历和学位证书的协定

（2006 年 12 月 20 日　北京）

中华人民共和国政府和哈萨克斯坦共和国政府（下称“双方”），为进一步发展和深化双边教育合作，就相互承认学历和学位证书事宜达成协定如下：

第一条

本协定确定相互承认双方国家教育机构和授权机构根据本国有关法律规定颁发的学历和学位证书的程序。

第二条

在继续接受高一级教育时，中方承认哈萨克斯坦共和国颁发的普通中等教育毕业证书，哈方承认中华人民共和国颁发的普通中等教育毕业证书。

第三条

在继续接受高一级教育时，中方承认哈萨克斯坦共和国颁发的初等和中等职业教育毕业证书，哈方承认中华人民共和国颁发的职业技术教育毕业证书。

第四条

在根据证书中所注明的专业和技能继续接受教育和进修时，若证书中所注明的学习时间相近、专业相似，则中方承认哈萨克斯坦共和国颁发的高等专业教育和大学后教育学历证书，哈方承认中华人民共和国颁发的高等教育和大学后教育学历证书。

第五条

双方相互承认对方国家教育机构或授权机构颁发的学位证书。

第六条

双方国家教育机构或授权机构颁发的学历、学位证书经过认证后，将在双方国家境内得到承认。

第七条

本协定所规定的学历、学位证书的承认将保证上述证书持有者在双方国家境内继续接受高一级教育时享有同等权利，但不能免除对证书持有者在双方国家境内报考教育机构、申请学位时由两国法律所规定的其他一般性要求。

第八条

为实施本协定，双方将相互提供各自国家学历、学位证书的范本，以及本国有关办理和颁发上述证书的规则和程序的法规。

第九条

双方将就实施本协定的有关问题进行协商，彼此通知本国教育体系的变化情况以及学历、学位证书名称和颁发标准的变化情况，必要时，双方将相互通报相应的官方说明。

第十条

经协商同意，双方可以签署单独议定书的形式对本协定进行修改和补充，该议定书是本协定不可分割的部分。

第十一条

本协定不影响双方在其他国际条约中所享有的权利和应履行的义务。

第十二条

本协定有效期 5 年。有效期满前 6 个月，如双方均未以书面形式通知对方提出终止本协定，则本协定自动延长 5 年，并依此法顺延。

第十三条

本协定自收到最后一方关于已完成其国内生效法律手续的书面通知之日起生效。

本协定于 2006 年 12 月 20 日在北京签订，一式两份，每份均用中文、哈萨克文和俄文写成，三种文本同等作准。

如对本协定解释发生分歧，以俄文文本为准。

中国国家教育委员会与乌兹别克斯坦共和国高等和中等专业教育部关于相互承认中华人民共和国和乌兹别克斯坦共和国高等院校及其科研机构颁发的高等教育学历证书（文凭）及学位的协议

（1993 年 3 月 6 日　北京）

中国国家教育委员会与乌兹别克斯坦共和国高等和中等专业教育部本着促进两国在高等教育方面合作的愿望，根据 1983 年 12 月 16 日在曼谷由中苏两国代表参加签署的“亚洲和太平洋地区国家关于承认高等教育课程、毕业文凭及学位的地区性协议”第二条第三款，为确定相互承认由两国高等院校及其所属科研机构颁发的高等教育学历证书（文凭）及学位的标准，达成如下协议：

一

双方相互承认对方高等院校及其科研机构颁发的高等教育学历证书（文凭）及学位。

二

相互承认中华人民共和国和乌兹别克斯坦共和国高等院校及其科研机构所颁发的高等教育学历证书（文凭）及学位，旨在给予上述证书的获得者在两国谋求职业和进一步深造时以平等的权力。

三

中华人民共和国和乌兹别克斯坦共和国相互承认高等院校及其科研机构所颁发的高等教育学历证书（文凭）及学位，即意味着这些证书的持有者已获得了某一专业所要求的教育，但在从事具有特殊要求的职业活动和进入高等院校及其科研机构接受大学后教育时，必须遵守两国各自的国家法律规定。

四

双方自本协议签字之日起即承担保证两国的所有高校及其科研机构绝对执行本协

议条款的义务。

五

本协议不触及另一方与第三国、地区性国家集团和国际组织签订的仍有效力的条约、议定书、协定和公约。

六

双方将相互通报各自国家高等教育体系以及学位授予条件方面的变化情况。

本协议自签字之日起生效。

本协议于1993年3月6日在北京签署，一式两份，每份均用中文和乌兹别克文写成，两种文本具有同等效力。

中华人民共和国和斯里兰卡民主社会主义共和国相互承认学位及其他教育证书相当的议定书

（1988年8月9日　科伦坡）

为了加强和发展中华人民共和国（简称中国）和斯里兰卡民主社会主义共和国（简称斯里兰卡）之间在教育领域里的交流和合作，特别是留学生的交流，双方通过友好协商就相互承认学位及其他教育证书相当一事达成以下协议：

第一条　双方承认斯里兰卡通过考试颁发的普通教育（高级水平）证书与在中国接受三年高中教育后颁发的毕业证书相当，可作为报考彼此国家大学或其他具有大学水平的高等院校的凭证。

第二条　双方承认在斯里兰卡大学或被确认具有大学水平的高等院校攻读四年专业毕业后颁发的文学士或理学士证书与在中国大学或被确认具有大学水平的高等院校教育接受四年教育毕业后颁发的文学士或理学士证书相当。

第三条　在斯里兰卡大学至少五年教育后颁发的内外科医学士学位（MBBS）证书与在中国大学至少五年教育后颁发的医学士学位证书，双方承认在彼此的国家里相当。

第四条　在斯里兰卡大学至少四年教育后颁发的工学士学位（B. SC. ENG）证书与在中国大学至少四年教育后颁发的工学士学位证书，双方承认在彼此的国家里相当。

第五条　在斯里兰卡经国家批准有授学位权的高等学校至少经过两年学习和研究并提供论文后颁发的硕士学位与在中国经国家批准有授学位权的高等院校至少经过两年学习和研究并提供论文后颁发的硕士学位证书，双方承认在彼此的国家里相当。

第六条　在斯里兰卡经国家批准有授学位权的高等学校至少经过三年研究并提供论文后颁发的哲学博士学位（PHD）证书与在中国经国家批准有授学位权的高等院校至少经过三年研究后颁发的博士证书，在彼此国家里承认其相当。

第七条　缔约双方在实施本议定书时，将考虑本国法律的要求，本议定书的有关规定将不影响缔约双方在签订其它国际条约和协议时的权利和义务。

第八条 本议定书将从签订之日起生效。缔约双方将在各自的国家实施本议定书。

第九条 本议定书的变更和补充将由斯里兰卡民主社会主义共和国和中华人民共和国的有关部门以书面形式协商解决。

本议定书于一九八八年八月九日在科伦坡签字，一式两份，每份分别用僧伽罗文、中文和英文写成，三种文字具有同等效力。

中华人民共和国教育部与泰王国教育部关于相互承认高等教育学历和学位的协定

（2007 年 5 月 28 日　北京）

为建立促进中泰两国学生和专家交流的机制，中华人民共和国教育部与泰王国教育部（以下简称“双方”）签署以下合作协议：

第一条　协定目的

本协定旨在促进中泰两国高等教育学历学位互认，推动两国高等学校的学分互认，以便于中泰两国学生或研究生在彼此国家进一步学习深造。中华人民共和国教育部与泰国教育部将指定相关机构提供有关学历学位互认的信息并根据各自现行的规范和实践提出建议，以促进双方的学术交流与合作。

第二条　适用范围

2.1　已列入泰国政府认可的高等教育机构名录的所有有权授予学位或者具有研究生教育资质的高等教育机构和研究机构和中国政府承认的有高等学历教育资质和学位授予权的高等学校和科学研究机构（以下简称高等教育机构），所颁发的文凭、学位和证书（的互认），适用本协定。

2.2　双方尊重各自高等教育机构的自主权并且尊重中泰两国政府指定机构对国外文凭确认的权利。

第三条　中国和泰国教育文凭体制介绍

3.1　中国

中国的学校系统为 6－3－3 结构。六年的小学教育和三年的初中教育是义务教育。根据《中华人民共和国义务教育法》，完成三年高中教育者可获得高中教育毕业证书。高等教育文凭包括专科学历证书、本科学历证书、学士学位、研究生学历证书、硕士学位和博士学位。如下所示：

专科学历证书

高级中等学校毕业，通过高等学校入学考试并被学校录取者，可进入高等职业学校（高等专科学校）学习，完成二到三年的学习后，可获得专科学历证书。

未能进入高等学校学习的人员，可通过自学考试达到相应要求后获得专科学历证书。

本科毕业证书和学士学位

高级中等学校毕业，通过高等学校入学考试，被学校录取者，可进入高等学校（本科）进行学习。完成四年（医科等为五年）的学习后，可获得大学本科毕业证书，符合条件的，可以获得学士学位证书。

未能进入高等学校学习的人员，可通过自学考试达到相应要求后获得本科证书，符合条件的通过向有权授予学士学位的学位授予单位申请可以获得学士学位证书。

硕士学位

本科毕业或者具有同等学力者，经考试合格，可以进入到硕士学位授予单位（有权授予硕士学位的高等学校或科研机构）学习，经过二到三年的学习和研究，符合条件的可得到硕士学位证书。

学士学位获得者，也可通过在职人员申请学位的办法，向有权授予硕士学位的单位提出申请，符合条件的可以获得硕士学位。

博士学位

硕士学位获得者，通过相应的考试，可进入博士学位授予单位（有权授予博士学位的高等学校或科研机构）学习，经过三年或三年以上的学习研究，符合条件的可获得博士学位证书。

硕士学位获得者，也可通过在职人员申请学位的办法，向有权授予博士学位的单位提出申请，符合条件的可以获得博士学位。

有些博士授予单位在部分专业采取硕士博士连续培养的办法，学士学位获得者可通过五年的学习研究，直接获得博士学位。

3.2　泰国

泰国的学校系统为6－3－3结构。其中，六年的小学教育和三年的初中教育是义务教育。高中教育完成后可获得高中毕业证书。高等教育文凭包括专科学位、学士学位、学历证书、硕士学位、高等学历证书和博士学位。如下所示：

专科学位和文凭

专科学位项目旨在培养在行政或专业人员助理领域工作所需要的知识和技能，同时为进一步学习并获得学士学位打下理论和研究基础。这一层次的申请者必须是高中毕业或具有同等学力。拉杰布哈特大学要求的两年制专科学位要求最低毕业学分为60分，三年的专科学位项目要求最低90学分。此外，社区学院颁发的专科学位项目要求最低84个学分。

学士学位

泰国的学士学位设置因学科专业和院系不同而有差异。学士学位通常要求四年的全日制学习并完成最低 120 个学分，但是一些学科例外，例如建筑学和药剂学专业需要五年时间和最低 150 个学分；医学、牙医学和兽医学需要六年时间和最低 180 个学分。除此之外，继续本科教育项目要求最低 72 个学分。继续本科教育项目的申请者必须获得高等职业教育证书或同等学力或专科学位，同时必须高中毕业或完成同等学历的四年、五年、六年项目。

学历证书

学历证书要求最低 24 个学分。此项目适用于学士学位获得者或具有同等学历者进一步进行理论和专业学习。这些学生具有进一步提高专业知识和技能的愿望，但又达不到研究生录取标准或者不愿从事硕士学位所要求的研究或项目工作。

硕士学位

硕士学位的学习要求至少 36 个学分。这一层次的申请者必须已经获得学士学位或具有同等学力。硕士研究生可以选择进入以研究为主的研究组撰写论文也可以选择课程为主的独立学习。

高等学历证书

高等学历证书是在几个有限的特定领域提供介于硕士和博士之间的高级专业资格。主要适用于医学的相关领域如药剂学和其它医药科学。学生必须在申请之前已经完成了硕士学位或同等学力并要求在最多三个学年期间修满最少 24 个学分。

博士学位

博士学位代表研究生学习的最高级别。申请者必须以优异的学习记录完成学士学位或硕士学位或同等学力的学习。博士学位的学习通常要求硕士起点者完成最低 48 个学分或者学士起点者修满最少 72 个学分。

第四条　泰国高等学校及科研机构毕业生在中国攻读学位的许可

4.1　中国高等教育机构可以根据各自的规定保留其决定录取资格、成绩和考试结果的权利。

4.2　中国政府指定相应机构根据规定认定泰国申请者的资格和学历。如需要获得由专业协会颁发并认定的专业证书，申请者必须达到该协会规定的要求。

4.3　获得由泰国官方机构承认的教育院校颁发的学士学位者，如达到申请院校的要求，则可获准在中国攻读硕士学位。

4.4　在泰国获得硕士学位或优秀的学士学位获得者，如达到申请院校相关前期学习研究计划和特别要求，则可获准在中国攻读博士学位。

第五条 中国高等学校及其他高等教育和科研机构毕业生在泰国攻读学位的许可

5.1 泰国高等院校可以根据各自的规定保留其决定录取资格、成绩和考试结果的权利。

5.2 泰国政府指定相应机构根据规定认定中国申请者的资格和学历。需要获得由专业协会颁发并认定的专业证书，申请者必须达到该协会规定的要求。

5.3 获得由中国官方机构承认的高等教育机构颁发的学士学位者，如达到申请院校的要求，则可获准在泰国进入研究生阶段学习或攻读硕士学历学位。

5.4 在中国获得硕士学位或优秀的学士学位获得者，如达到申请院校相关前期学习研究计划和特别要求，则可获准在泰国攻读博士学位。

第六条 协定的修正与分歧解决

6.1 经双方书面同意之后可以对协定加以修正。

6.2 协定执行过程中出现的分歧通过双方协商友好解决。

第七条 有效期及生效

7.1 该协定自双方签署之日起生效，有效期三年。

7.2 该协议经过双方磋商后可以延期。缔约方可随时终止本协议，但须提前六个月书面通知对方。

本协议于二零零七年五月二十八日在北京签订，一式两份，分别用中文和英文写成，两种文本同等作准。如对协议的解释发生分歧，以英文文本为准。

中华人民共和国政府和蒙古国政府关于相互承认学历、学位证书的协定

（1998 年 12 月 11 日　北京）

中华人民共和国政府和蒙古国政府（以下简称双方）为促进两国在教育领域的交流与合作，就相互承认学历、学位证书事宜达成协议如下：

第一条

蒙方承认中华人民共和国普通中等学校颁发的高中毕业证书，持有该证书者有资格报考蒙古国的高等学校。

第二条

蒙方承认中华人民共和国中等专业技术学校颁发的毕业证书，持该证书者有资格按证书上注明的专业水平在蒙古国从事职业活动或报考蒙古国的高等院校。

第三条

蒙方承认中华人民共和国高等院校或科研机构颁发的高等教育学历、学位证书。持此类证书者，可按证书上注明的专业水平在蒙古国从事职业活动、进修、继续学习和攻读学位。

第四条

中方承认蒙古国中等学校颁发的毕业证书，持该证书者有资格报考中华人民共和国的高等院校。

第五条

中方承认蒙古国中等技术和专业学校颁发的毕业证书，持该证书者有资格按证书上注明的专业水平在中华人民共和国从事职业活动或报考高等院校。

第六条

中方承认蒙古国高等院校颁发的高等教育学历、学位证书。持此类证书者，有资格按证书上注明的专业水平在中华人民共和国从事职业活动、进修、继续学习和攻读学位。

第七条

本协定适用于经中华人民共和国国家教育主管部门批准建立的教育机构颁发的国家承认的学历、学位证书以及蒙古国主管教育的国家行政部门和地方行政机构批准建立的教育部门颁发的学历、学位证书。

第八条

本协定不能解除在双方国家境内从事职业活动、进修、继续学习、申请学位时提出的其它要求。

第九条

双方将相互通报各自教育体制以及颁发学历、学位证书的名称和条件方面的变化，并在必要时对本协定进行进一步补充和修改。

第十条

本协定不影响缔约双方与第三国、地区性国家集团和国际组织签订的仍有效力的条约、协定书、协议和公约的规定。

第十一条

1. 本协定自签字之日起生效，有效期五年，如缔约双方要求终止本协定，需提前六个月以书面形式通知另一方。

2. 当本协定终止时，双方继续承认本协定规定的，协定终止前颁发的学历、学位证书。本协定所规定的条款适用于在本协定终止前到中华人民共和国或蒙古国学习和申请学位者。其获得的学历、学位证书将根据本协定的规定予以承认。

本协定于一九九八年十二月十一日在北京签署，一式两份，每份均用中文和蒙文写成，两种文本同等作准。

中华人民共和国政府和菲律宾共和国政府关于相互承认高等教育学历和学位的协议

（2009 年 11 月 20 日　马尼拉）

中华人民共和国政府和菲律宾共和国政府（以下简称“双方”），为促进和加强双方在教育领域的合作以及学生和专家的交流，在平等互利且遵守两国现行法律、法规的基础上，就相互承认高等教育学历和学位达成协议（以下简称“协议”）如下：

第一条　协议目的

本协议旨在促进中国和菲律宾两国高等教育学历学位互认，便于两国学生在对方国家进一步学习深造。中华人民共和国教育部与菲律宾共和国高等教育委员会将指定相关机构提供有关学历学位互认的信息并根据各自现行的规范和做法提出建议，以促进双方的学术交流与合作。

第二条　适用范围

一、已列入中华人民共和国政府承认的有高等学历教育资质和学位授予权的高等学校和科学研究机构（以下简称“高等教育机构”）和菲律宾共和国政府认可的高等教育机构名录的所有有权授予学位或者具有研究生教育资质的高等教育机构，所颁发的文凭的互认，适用本协议。双方认可的高等教育机构名录的具体信息将通过外交渠道予以确认。

二、双方尊重各自高等教育机构的自主权并且尊重中国和菲律宾两国政府指定机构对国外文凭确认的权利。

第三条　中国和菲律宾教育文凭体制

一、中国的高等教育文凭包括专科学历证书、本科学历证书、学士学位、研究生学历证书、硕士学位和博士学位。具体如下：

（一）专科学历证书

高级中等学校毕业，通过全国高等学校入学考试并被学校录取者，可进入高等职业技术学校学习，完成 2 到 3 年的学习后，可获得专科学历证书。

未能进入高等职业技术学校学习的人员，可通过高等教育自学考试达到相应要求后获得专科学历证书。

（二）本科毕业证书和学士学位

高级中等学校毕业，通过全国高等学校入学考试，被学校录取者，可进入高等学校（本科）进行学习。完成4年（医科为5年）的学习后，可获得大学本科毕业证书，符合条件的，可以申请学士学位证书。

未能进入普通高等学校学习的人员，可通过自学考试达到相应要求后获得本科证书，符合条件的通过向有权授予学士学位的授予单位申请可以获得学士学位证书。

（三）硕士学位

本科毕业或者具有同等学力者，经考试合格，可以进入到硕士学位授予单位（有权授予硕士学位的高等学校或科研机构）学习，经过2到3年的学习和研究，符合条件的可获得硕士学位证书。

学士学位获得者，也可通过在职学习申请学位的办法，向有权授予硕士学位的单位提出申请，符合条件的可以获得硕士学位。

（四）博士学位

硕士学位获得者，通过相应的考试，可进入博士学位授予单位（有权授予博士学位的高等学校或科研机构）学习，经过3年或3年以上的学习研究，符合条件的可获得博士学位证书。

硕士学位获得者，也可通过在职学习申请学位的办法，向有权授予博士学位的单位提出申请，符合条件的可以获得博士学位。

二、菲律宾的高等教育文凭包括大学修满2年课程之肄业证书、学士学位、硕士学位和博士学位。具体所示：

（一）大学修满二年课程之肄业证书

专科或学士学位前课程，类似于4年制大学课程的前2年课程。这类学位通常被看成是通向学士学位的学期学位或过渡学位。

（二）学士学位

学士学位通常要求4年的全日制学习并完成最低180个学分，但是一些学科例外，例如工程、建筑学、音乐和物理治疗法、职业疗法专业需要5年时间；牙医学和兽医学需要6年时间。法律和医学专业的学生必须已经获得了一个4年制的相关学科的学士学位。

（三）学士后

该证书（文凭）颁发给在获得学士学位的基础上又继续完成1至2年学习的学生。这种证书（文凭）并不等同于硕士学位，通常只包括文化领域或以学时为单位的学习、教育专业、科技应用和商业应用等。

（四）硕士学位

硕士学位是一种更高级的学位，通常要求 4 个学期的课程学习，一次全面考核和（或）一篇硕士论文及论文答辩。硕士学位的学习要求至少完成 42 至 48 个学分。申请者必须已获得学士学位。

（五）博士学位

博士学位代表研究生学习的最高级别，以研究为导向且以研究为基础。博士学位要求 2 至 3 年的学习，至少 4 个学期的专业单元学习和相当于 12 个专业单元学习的博士论文研究。学习结束时，学生必须通过一次全面的考核并呈交论文。申请者必须已获得硕士学位且硕士学习期间平均成绩达到 1. 75 分制以上。

第四条　中国高等学校及科研机构毕业生在菲律宾攻读学位的许可

一、菲律宾高等学校可以根据各自的规定保留其决定录取资格、成绩和考试结果的权利。

二、菲律宾高等教育委员会根据规定认定中国申请者的资格和学历达到其规定的资格和学位要求。

三、获得由中国官方机构承认的高等教育机构颁发的学士学位者，如达到申请学校的要求，则可获准在菲律宾进入学士后阶段学习或攻读硕士学位。

四、在中国获得硕士学位，学业成绩优异，如达到申请学校相关前期学习研究计划和特别要求，则可获准在菲律宾攻读博士学位。

第五条　菲律宾高等学校毕业生在中国攻读学位的许可

一、中国高等教育机构可以根据各自的规定保留其决定录取资格、成绩和考试结果的权利。

二、中国政府指定相应机构或组织认定菲律宾申请者的资格和学历达到中国高等学校各自规定的学历、学位要求。

三、获得由菲律宾官方机构承认的高等教育机构颁发的学士学位者，如达到申请学校的要求，则可获准在中国攻读硕士学位。

四、在菲律宾获得硕士学位，学业成绩优异，如达到申请学校相关前期学习研究计划和特别要求，则可获准在中国攻读博士学位。

第六条　协议的协商与分歧解决

本协议执行过程中出现的任何问题由双方协商解决。

第七条　生效及终止

一、双方应当相互通知已完成协议生效所必需的国内法律程序。协议自后一份通知收到之日起生效。

二、缔约任何一方可终止本协议，但须通过外交渠道书面通知对方，协议自通知收到之日起6个月后终止。协议的终止不影响已经入学的学生的权利。

本协议于二〇〇九年十一月二十日在马尼拉签订，一式两份，每份都用中文和英文写成，两种文本同等作准。

中华人民共和国教育部与大韩民国教育与科学技术部关于高等教育领域学历学位互认谅解备忘录

（2008 年 5 月 27 日　北京）

中华人民共和国教育部与大韩民国教育与科学技术部（以下简称双方）为促进中华人民共和国（以下简称“中国”）与大韩民国（以下简称“韩国”）两国高等教育领域的交流，方便两国学生到对方国家学校留学深造，达成协议如下：

第一条　目的

本备忘录的主要目的：中、韩两国通过互相承认高等教育学历学位使两国学生进入对方国家高等教育机构继续学习深造。

第二条　适用范围

1. 本谅解备忘录适用于中华人民共和国政府承认的所有高等教育机构（包括大学、大专、科研院所等）与根据大韩民国有关法律设立的所有高等学历教育机构（包括学分银行制与自学考试机构）。

2. 本谅解备忘录与两国资格认证无关，生效范围限于各自国家的现行法律范围。

3. 两国的高等学历教育机构根据各自相关法令与校规等经审核后决定对方国家学生是否升入有关教育机构学习相关课程（大专、本科、硕士、博士课程的新入学或插班入学）。

第三条　两国的学位结构和学业年限

1. 中国的学位结构和学业年限如下：

学士学位课程：4 年或 5 年

硕士学位课程：2 年或 3 年

博士学位课程：3 年或 4 年

相关学位由国家授权的高等教育机构或科研院所颁发。

2. 韩国的学位结构和学业年限如下：

专门学士学位课程：2 年以上

学士学位课程：4 年以上

硕士学位课程：2 年以上

博士学位课程：2 年以上

个别高等教育机构对于按照相关法令及校规修满学业者授予专门学士、学士、硕士、博士学位，学业年限根据不同的教育机构和专业有所差异。

第四条 韩国高等院校入学条件

1. 在中国修满小学、初中和高中阶段教育课程者，可以进入韩国专门学士或学士学位课程的高等教育机构学习。

2. 就读中国大专的在校生可插班进入韩国专门学士课程的高等教育机构学习。在中国大专院校的毕业生及就读于中国大学本科的在校生或取得学位的学生，可插班进入韩国学士学位课程的高等教育机构学习。

3. 中国的学士学位获得者可攻读韩国的硕士研究生课程，硕士学位获得者可攻读博士研究生课程。

4. 在中国的硕士在读生或博士在读生可分别插班进入韩国硕士或博士研究生课程学习。

第五条 中国高等院校入学条件

1. 在韩国修满小学、初中和高中阶段教育课程者（包括具有同等及以上学历者），可以进入中国的大专与大学本科学习。

2. 韩国的大专在校生可插班进入中国的大专学习，韩国的大专院校毕业生（包括具有同等以上学历者）或大学本科在校生，或已经取得学位的学生，可以插班进入中国大学学位课程的学习。

3. 韩国的学士学位获得者可攻读中国的硕士研究生课程，硕士学位获得者可攻读博士研究生课程。

4. 韩国的硕士在读生或博士在读生可分别插班进入中国的硕士或博士研究生课程学习。

第六条 两国教育部的作用

1. 两国政府教育主管部门相互提供本国高等教育制度运行及变化的相关信息。

2. 在对方国家学生申请到本国高等学历教育机构入学过程中，两国政府教育主管部门就相关学历学位认证事宜积极合作。根据韩方大学的要求，中国教育部学位与研究生教育发展中心以及中国政府认可的法定公证机关积极协助，对赴韩留学人员持有的中国学位证书与成绩单进行认证工作。同时，中国教育部应通过下属有关机构积极协助对高中毕业生的学历（结业课程及各类成绩信息）进行认证工作。

第七条　其他事宜

本备忘录中未尽事宜，由两国教育部另行磋商解决。

第八条　谅解备忘录的生效与有效期

1. 本备忘录自签字之日起生效。有效期为 2 年。在本谅解备忘录有效期终了前三个月，双方就备忘录的延期或修订进行书面磋商。

2. 期满时如双方无异议，本协议可自动延期使用，时效两年。

3. 本备忘录于二〇〇八年五月二十七日在北京签署，并于签字之日起生效。本谅解备忘录文本用中文、韩文和英文三种文字写成，各一式两份（共 6 份），具有同等效力。如对文本的解释发生分歧，以英文文本为准。

中华人民共和国政府和马来西亚政府关于相互承认高等教育学历和学位的协定

（2011 年 4 月 28 日　吉隆坡）

为推动两国在高等教育领域的合作并促进两国学生的交流，代表中华人民共和国政府的中华人民共和国教育部和代表马来西亚政府的马来西亚高等教育部（以下简称“一方”或“双方”）意识到建立高等教育学位互认机制的重要性，根据双方曾于 2009 年 11 月 11 日在马来西亚普特拉贾亚签署的《中华人民共和国政府和马来西亚政府高等教育合作谅解备忘录》中探讨在相互承认学历和学位的可能性的内容，就相互承认高等教育学历和学位达成协定（以下简称“协定”）如下：

第一款　协定目的

根据本协定的各条款和两国的有效法律、法规及国家政策，双方同意本协定的根本目的在于推动两国互相承认的高等教育颁证机构所颁发给两国学生的高等教育文凭。

第二款　定义

除非有另外约定，在本协定中：

1. “高等教育文凭”指中国政府和马来西亚政府承认并授权的高等教育机构颁发的学士学位、硕士学位或博士学位。

2. “经认证的教学项目”指由中国和马来西亚负责高等教育质量保障的指定机构审核通过的教学项目。

3. “文凭互认”指凡经两国指定机构认证或视同认证后的文凭即可互认。

4. “指定机构”是指中国政府和马来西亚政府承认和授权的指定机构。

5. “高等教育颁证机构”是指中国政府和马来西亚政府承认和授权的公立或私立的高等教育机构（本国承认高等教育机构内的第三方文凭除外）。

6. “教学项目”指为获得某个文凭而需要学习并完成的课程安排。

7. “公立高等教育机构”指：

中国：经中华人民共和国政府批准设立并授权颁发文凭的大学、学院、高等专科学校、科研院所和其他高等教育机构。

马来西亚：马来西亚政府法律规定下批准设立并授权颁发高等教育学位的高等教育机构。

8. “私立高等教育院校”指：根据马来西亚私立大学法案 1996［法案 555］所设立的院校。

第三款　双方的义务

为达成第一款所述目标，双方各自的指定机构应：

1. 提供各自国家所承认的高等教育文凭相关信息。

2. 根据各自国家的现行法规和实际情况，为对方国家所承认的高等教育文凭信息提供建议。

3. 为增进学术交流与合作，在高等教育法规和两国文凭体制的对等研究方面向各自高校提供建议。

4. 双方公布目前在各自国家被承认的高校相关信息。

5. 提供各自国家具有学位授予权的高校所开设的经认证的教学项目名单。该名单须由各自国家指定机构定期更新。

6. 若一方高等院校和颁证机构名单发生变化，须告知对方。双方提供各自国家有关不同授予称号的信息。

第四款　应用范围

本协定适用于中华人民共和国政府和马来西亚政府承认的高等教育文凭。

第五款　学校的自主权

双方尊重两国高校根据适用法律、法规和国家政策所拥有的在录取学生方面的自主权。

第六款　高等教育院校的入学要求

1. 由于高校的入学要求和教学项目安排不尽相同，获得下列资格方可进入对方高校学习：

中国：

1）持有马来西亚高中文凭（大学入学考试、基础、A－level 高中课程考试、马来西亚高中毕业证或同等学历文凭）和马来西亚合法颁证机构授予的文凭（备注：此文凭指高于高中毕业证而低于学士学位的证书）的学生可以在中国获准攻读学士学位；

2）持有马来西亚承认的高等教育机构颁发的学士学位的学生，可考虑在中国获准进行旨在攻读硕士研究生学位的学习；

3）持有马来西亚承认的高等教育机构颁发的学士学位的学生，由于成绩优秀以及科研工作或论文出色，可考虑在中国获准进行旨在攻读博士学位的学习；

4）持有马来西亚承认的高等教育机构颁发的硕士学位的学生，根据其先前的学习成绩和将来的研究计划，可以在中国学习相应专业的博士研究生课程。

马来西亚：

1）持有中国承认的颁证机构颁发的高中毕业证或中等职业教育毕业证的学生可以在马来西亚获准攻读学士学位；

2）持有中国承认的高等教育机构颁发的大专毕业证的学生可以在马来西亚获准攻读学士学位；

3）持有中国承认的高等教育机构颁发的学士学位的学生可以在马来西亚获准攻读硕士学位；

4）中国承认的高等教育机构颁发的学士学位的学生，由于成绩优秀以及科研工作或论文出色，可考虑在马来西亚获准进行旨在攻读博士学位的学习；

5）持有中国承认的高等教育机构颁发的硕士学位的学生，根据其先前的学习成绩和将来的研究计划，可以在马来西亚学习博士研究生课程。

2. 两国的高等教育院校可根据各自的规定来决定学生入学所要达到的等级和考试分数。

第七款　专家委员会

1. 双方应成立一个专家委员会，由来自双方提名的颁证机构的成员组成。一方应将各自参加专家委员会的成员名单及发生的任何变化告知另一方。

2. 委员会主席由代表中国政府的教育部高级官员和代表马来西亚政府的高等教育部高级官员共同担任。

3. 专家委员会的职能包括：

1）对由本协定产生的所有问题进行跟进并对细节进行深入的讨论；

2）监督、促进双方的指定机构及其它相关机构之间的合作以确保中国和马来西亚高等教育学历学位互认机制的持续发展；

3）通过定期回顾对有关互认机制持续发展的信息进行交流；

4）对本协定的执行进程及在本协定框架下达成的所有谅解进行回顾、总结，并向各自负责高等教育的中国教育部和马来西亚高等教育部提出建议。

4. 专家委员会根据双方都同意开展的工作项目视情安排会议或讨论。

第八款　费用

1. 对于在执行本协定过程中所产生的费用，由双方根据实际情况协商后进行专项安排。

2. 组织会议或工作组的费用由主办方承担，委派代表参加会议或工作组的另一方自行承担交通、生活和其它费用。

第九款　中止

一方有权因国家安全、国家利益、公共秩序、公共健康的原因暂时中止执行本协定的全部或部分条款，中止行为自一方通过外交途径书面告知另一方时即刻生效。

第十款　保密

1. 在本协定或基于本协定所签订的其他协定的执行过程中，一方需承担对另一方所提供的文件、信息及其它数据保密的责任。

2. 双方同意在本协定终止后，本条款继续有效。

第十一款　修改

1. 任何一方可提出对本协定的全部或部分条款进行修订。

2. 经双方同意的书面修改意见将成为本协定的一部分。

3. 经双方同意的书面修改意见自双方约定之日起生效。

4. 任何修订都不得影响本协定中在修订之日前或直到修订之日已涉及的双方原应享有的权利和应承担的义务的法律地位。

第十二款　争端的解决

如双方对本协定条款的解释、实施、执行出现分歧或争议，应由双方通过采取友好协商或谈判方式解决，而无需任何第三方或国际法庭介入。

第十三款　生效与终止

1. 本协定自签署之日起六个月后生效。

2. 任何一方均有权终止本协定，但需以书面形式通过外交途径通知另一方。协定的终止不影响已经入学学生的权利。

以下签署人由各自政府授权签署本协定。

本协定于二〇一一年四月二十八日在吉隆坡签订，用中文和英文、马来文三种文字写成，三种文字具有同等效力。在对文本的解释发生分歧时，应以英文文本为准。

与欧洲国家和地区签署的学历学位互认协议

中华人民共和国政府和俄罗斯联邦政府关于相互承认学历、学位证书的协议

（1995 年 6 月 26 日　莫斯科）

中华人民共和国政府和俄罗斯联邦政府（以下简称双方）本着促进两国在教育领域交流与合作的愿望，就相互承认学历、学位证书事宜达成如下协议：

第一条

俄方承认中华人民共和国普通中等学校颁发的高中毕业证书，持该证书者有资格报考俄罗斯的高等院校。

第二条

俄方承认中华人民共和国中等专业学校颁发的毕业证书，持该证书者有资格按证书上注明的专业及所具专业水平在俄罗斯联邦从事职业活动或报考俄联邦的高等院校。

第三条

俄方承认中华人民共和国高等院校或科研机构颁发的高等教育学历、学位证书。持此类证书者，可按证书上注明的专业及所具专业水平在俄联邦从事职业活动、进修、继续学习和攻读学位。

第四条

中方承认在俄罗斯联邦颁发的（完全）普通中等教育毕业证书，该证书持有者有资格报考中华人民共和国的高等院校。

第五条

中方承认在俄罗斯联邦颁发的中等职业教育毕业证书，该证书持有者有资格按证书上注明的专业及所具专业水平在中华人民共和国从事职业活动或报考高等院校。

第六条

中方承认在俄罗斯联邦颁发的高等教育学历、学位证书。持此类证书者，有资格按证书上注明的专业方向或专业、学位或所具专业水平在中华人民共和国从事职业活动、进修、继续学习和攻读学位。

第七条

本协议适用于经中华人民共和国国家教育主管部门批准建立的教育机构颁发的国家承认的学历、学位证书以及在俄罗斯联邦境内颁发的国家样式的学历、学位证书。

第八条

为实施本协议，双方将互换上述学历、学位证书的样本及有关教育机构的名册。

第九条

本协议所规定的对学历证书的承认将保证所述证书的持有者在两国境内进行职业活动、进一步深造时享有同等权利，但不能解除其在双方国家境内报考教育机构、申请学位或从事职业活动时对证书持有者的其它一般性要求（关于持有相应学历证书的条件除外）。

第十条

双方将互相通报各自教育体制改革、以及颁发学历、学位证书的名称和条件方面的变化，并将努力对本协议进行进一步补充和详细规定。

第十一条

本协议不触及每一缔约方与第三国、地区性国家集团和国际组织签订的仍有效力的条约、议定书、协议和公约。

第十二条

1. 本协议自签字之日起生效。如缔约一方要终止本协议，需提前六个月以正式照会形式通知对方。

2. 当本协议终止时，其条款继续适用于在协议终止前颁发的上述各款所提及的证书以及在协议终止前来到中华人民共和国或俄罗斯联邦学习和申请学位者。其获得的学历证书将根据本协议的规定予以承认。

本协议于 1995 年 6 月 26 日在莫斯科签署，一式两份，每份均用中文和俄文写成，两种文本具有同等效力。

中华人民共和国政府和乌克兰政府关于相互承认学历、学位证书的协议

（1998 年 12 月 11 日　北京）

中华人民共和国政府和乌克兰政府（以下简称“双方”）为促进在教育领域的进一步合作，为确定相互承认学历、学位证书的原则，遵循双方各自内部规定标准，达成如下协议：

第一条

本协议适用于在中华人民共和国和乌克兰颁发的国家样式的学历、学位证书。

第二条

乌方承认中华人民共和国颁发的全日制普通高级中学毕业证书。持该证书者有资格升入乌克兰的高等院校就读。

第三条

中方承认在乌克兰颁发的完全普通中等教育毕业证书。持该证书者有资格升入中华人民共和国的高等院校。

第四条

乌方承认在中华人民共和国颁发的中等职业技术教育证书。持该证书者有资格在乌克兰按证书上注明的专业及专业水平就业和升入乌克兰的高等院校就读。

第五条

中方承认在乌克兰颁发的职业技术工人证书。持该证书者有资格按证书上注明的专业及所具专业水平在中华人民共和国从事职业活动或升入中华人民共和国的高等院校。

第六条

乌方承认中华人民共和国高等学校和科研机构颁发的高等教育学历证书。持此类证书者有资格按证书上注明的专业和水平在乌克兰继续学习（包括在研究生院学习）和就业。

第七条

中方承认乌克兰高等院校颁发的高等教育学历证书，持上述证书者有资格按证书上注明的专业和水平在中国继续学习（包括在研究生院学习）和就业。

第八条

乌方承认中华人民共和国国务院学位委员会批准的学位授予单位颁发的学位证书。

第九条

中方承认乌克兰最高学位委员会颁发的授予学位证书。

第十条

双方将相互提供办理和颁发学历、学位证书的法规性文件以及上述证书的范本和描述，必要时提供有关的正式说明。

第十一条

对本协议的执行和解释出现争议时，双方将通过谈判和磋商予以解决。

第十二条

本协议不能取代和制约双方现有的其它协议，亦不影响双方签订扩大本协议效力的新协议。

第十三条

本协议自签字之日起生效。如缔约一方希望终止本协议，须以照会形式通知另一方，本协议将自缔约另一方收到通知照会之日起六个月后终止。

当本协议终止时，其条款继续适用于在本协议终止前颁发的上述各条款所提及的证书以及在本协议终止前抵达中华人民共和国和乌克兰的学生和申请学位者，其获得的学历、学位证书将根据本协议的条款予以承认。

本协议于 1998 年 12 月 11 日在北京签署，一式两份，分别用中文、乌文和俄文写成，三种文本具有同等效力。

中文和乌文文本发生歧义时，以俄文文本为准。

中华人民共和国政府和白俄罗斯共和国政府关于相互承认学历证书的协议

（1998年10月28日　北京）

白俄罗斯共和国政府和中华人民共和国政府（以下简称“双方”）以促进教育领域的双边合作，实现学历证书的相互承认为目的，达成如下协议：

第一条

中方承认白俄罗斯共和国颁发的普通完全中学的毕业证书。该毕业证书持有者有资格进入中华人民共和国中等专业学校或高等学校学习。

第二条

中方承认白俄罗斯共和国颁发的职业技术教育证书。该证书持有者有资格进入中华人民共和国的同类及相关专业学习以及以该专业水平就业，如学制与专业相符，还有资格进入中华人民共和国的中等专业学校或高等学校学习。

第三条

中方承认白俄罗斯共和国颁发的中等专业学校证书。该证书持有者有资格在中华人民共和国同类及相关专业学习以及以同等专业水平就业，或进入中华人民共和国的高等学校学习。

第四条

中方承认白俄罗斯共和国颁发的高等学校毕业证书，该证书持有者有资格按证书上注明的专业和水平在中华人民共和国就业、进修、继续学业。

第五条

白方承认中华人民共和国颁发的普通高中毕业证书。该证书持有者有资格进入白俄罗斯共和国的中等专业学校或高等学校学习。

第六条

白方承认中华人民共和国颁发的职业技术教育证书。该证书持有者有资格按证书上注明的专业及专业水平在白俄罗斯共和国就业；如学制和专业相符，还有资格进入白俄罗斯共和国的中等专业学校或高等学校学习。

第七条

白方承认中华人民共和国颁发的中等专业学校证书。该证书持有者有资格在白俄罗斯共和国按证书上注明的专业及专业水平就业或进入白俄罗斯共和国的高等学校学习。

第八条

白方承认中华人民共和国颁发的高等学校毕业证书，该证书持有者有资格按证书上注明的专业和水平在白俄罗斯共和国就业、进修、继续学业。

第九条

本协议适用于中华人民共和国国家教育管理机关确定的教学机构所颁发的、国家承认的学历证书，以及在白俄罗斯共和国境内颁发的国家标准的学历证书。

第十条

为执行本协议，双方将相互提供上述学历证书的范本及有关教学机构的名单。

第十一条

本协议所规定的对学历证书的承认将保证上述证书的持有者在两国境内就业以及进一步深造时享有同等权利，但不能免除其在两国境内进入普通教育机构以及就业所应遵循的其它一般规定（提供相应学历证书的要求除外）。

第十二条

双方将相互通报教育制度、学历证书名称以及颁发标准等方面的变化。

第十三条

本协议不影响双方所签定并已生效的国际条约中所规定的权利和义务。

第十四条

1. 本协议自签字之日起开始生效。如缔约一方希望终止本协议，须以照会的形式通知缔约的另一方，则本协议将自缔约另一方收到该通知之日起六个月后终止。

2. 本协议终止时，其条款继续适用于在本协议终止前颁发的上述各条款所提及的证书以及在本协议终止前抵达白俄罗斯共和国或中华人民共和国的学生，其获得的学历证书将根据本协议的条款予以承认。

本协议 1998 年 10 月 28 日签署于北京，一式两份，每份均用白俄罗斯文、中文和俄文写成，每份具有同等效力。当对本协议的解释发生分歧时，以俄文文本为准。

中华人民共和国政府和白俄罗斯共和国政府关于相互承认学位证书的协议

（2000 年 7 月 26 日　明斯克）

中华人民共和国政府和白俄罗斯共和国政府（以下简称“双方”），致力于保持和进一步发展学术交流，本着在培养和评定高级科研人员方面继续开展合作的愿望，达成如下协议：

第一条

本协议适用于中华人民共和国和白俄罗斯共和国授权机构颁发的国家标准样式的学位证书。

第二条

白方承认中华人民共和国授权机构颁发的国家标准样式的学士、硕士和博士学位证书。

第三条

中方承认白俄罗斯共和国授权机构颁发的国家标准样式的学士、硕士、科学副博士（哲学博士）和科学博士学位证书。

第四条

双方将相互通报第一、二、三条所述的中华人民共和国和白俄罗斯共和国授权机构的名单及其以后的变化。

第五条

为执行本协议，双方将交换上述学位证书的样本。

第六条

本协议所规定的对各类学位证书的承认将保证上述证书持有者在双方国家境内进一步深造时享有同等权利，但不能解除对证书持有者在双方国家境内进一步深造的其它一般性要求。

第七条

双方将相互通报各自在学位证书的名称及其颁发标准方面所发生的变化。

第八条

本协议不影响双方根据其早先签订并业已生效的其它国际条约所享有的权利和应履行的义务。

第九条

双方经协商，可对本协议文本加以修改和补充。

第十条

中华人民共和国国务院学位委员会和白俄罗斯共和国最高评定委员会，可就与执行本协议有关的问题签订相应的议定书。

第十一条

对双方在本协议的执行或解释过程中发生的争议，双方可通过磋商和谈判解决。

第十二条

本协议自签字之日起生效。如缔约任何一方欲终止其效力，应以外交照会形式通知另一方。协议自另一方收到照会之日起六个月后失效。

第十三条

本协议终止后，其各项规定将继续适用于协议终止前颁发的上述条款所提及的证书，以及在此之前抵达中华人民共和国或白俄罗斯共和国的深造者。其所获学位证书将按照本协议有关条款予以承认。

本协议于二〇〇〇年七月二十六日在明斯克签订，一式两份，每份都用中文、白俄罗斯文和俄文写成，三种文本同等作准。如双方对本协议条款的解释发生歧义，以俄文文本为准。

中华人民共和国政府和奥地利共和国政府关于互相承认高等教育等值的协定

（2004 年 10 月　北京）

本着进一步促进双方在科学合作和教育领域内的交流、便于两国高等学校学生到对方国家学习和深造愿望以及怀着浓厚兴趣对欧洲波罗尼亚进程（欧洲高校一体化进程）关注，中华人民共和国政府和奥地利共和国政府（以下简称双方）就旨在帮助两国学生在高校范围内继续学习和深造的考试和学习成绩的互认问题及学位名称的使用达成协议如下：

第一条

协定目的

一、本协定旨在简化两国高等学校学生在高等院校获得的受教育证明和文凭的认可工作。协定包括对负责认可部门的建议，这些部门根据各自国家的法律做出具体的认可决定。

二、本协定不触及各自国家有关就业的法律规定。

第二条

适用范围

一、本协定适用于奥地利所有国立及国家承认的大学和高等专业学院以及中国所有经国家批准具有相应权力的高等院校和具有学位授予权的研究机构。根据第三条第三款，本协定同时适用于中国的高等专科教育机构。

二、双方将所涉及到的符合第一款的机构列表通知对方。该表不属于本协定的组成部分。

第三条

学习和考试成绩的认可

一、对学习和考试成绩认可的依据为相关的教学大纲要求和申请者提供的学习和考试成绩证明。

二、如根据本条第一款进行的成绩比较有差距，申请者应有机会在接受的高校完成尚缺的成绩。

三、中国高等专科教育课程的毕业生可以进入奥地利高校的学士学位课程或高等学校毕业文凭（Diplom）课程继续学习。其学习和考试成绩可根据相关教学大纲的要求及申请者提供的学习和考试成绩证明予以承认。

第四条

文凭、考试和继续学习

一、中国学士学位持有者在奥地利可以进入奥地利高等教育毕业文凭毕业阶段（Magisterstudium）或与其等同的学习阶段学习。

二、奥地利各大学及高等专业学院依据各自教学大纲决定对申请者学习和考试成绩的分级和认可。

三、奥地利大学和高等专业学院学士学位持有者及至少经过六个学期正规学习的奥高等教育毕业文凭课程（Diplomstudien）学生可以参加中国硕士研究生入学考试。

四、中国各高校根据法律规定就上述问题做出决定。

第五条

中国高校毕业生在奥地利高校攻读博士学位的许可

一、硕士学位持有者可以在奥地利获准进入博士阶段的学习。

二、有学位和毕业论文的中国学士学位获得者可以在奥地利获准进入博士阶段学习。

三、许可的依据是大学的教学大纲，并可增加补充要求［如补充考试或（和）书面科学论文］。

第六条

奥地利高校毕业生在中国高校攻读博士学位的许可

一、奥地利大学和高等专业学院的高等学校毕业文凭（Diplom，Magister）获得者可以在中国进入博士阶段的学习。

二、中国高校个案审核，奥地利大学和高等专业学院的高等学校毕业文凭（Diplom，Magister）获得者是否可免于博士生入学考试以及全部博士生课程学习，像在奥地利一样直接撰写博士论文。

三、奥地利成绩优秀的学士文凭（Bakkalaureatsgrad）持有者在中国可以根据高校攻读博士学位的条例获准参加博士课程学习的资格考试。

第七条

学位名称的使用

一、中国下列学位的获得者

学士 xueshi（Bachelor）

硕士 shuoshi（Master）

博士 boshi（Doktor）

在奥地利可以以英语形式并在其姓名后使用其学位名称。

二、奥地利下列学位的获得者

Diplomgrade（高校毕业学位）

Bakkalaureatsgrade（学士学位）

Magistergrade（高校毕业学位）

Mastergrade（大学专业硕士学位）

Doktorgrade（博士学位）

在中国可以以在奥地利授予的形式使用其学位名称。

三、双方将所涉及到的学位列表通知对方。该表不属于本协定的组成部分。

第八条

常设专家委员会

一、为协商实施本协定所产生的一切问题包括可能延伸的问题，双方将成立一个常设专家委员会。该委员会由双方指定的每方最多六名成员组成。成员名单通过外交途径提供。

二、该常设专家委员会将根据双方中的一方的愿望召开会议。会议地点通过外交途径商定。

第九条

有效期及生效

一、双方以照会形式互相通知已具备本协定生效所需的国内条件。本协定自最后一份照会收到之日起生效，无限期有效。

二、任何一方均可通过外交途径以书面方式解除协定。本协定自终止通知收到之日起六个月后失效。

作为协定的原始文本，双方指定的全权代表签署了该协定并加做了漆封。

本协定于2004 年10 月　日在北京签署，一式两份，每份均用中文和德文写成，两种文本同等作准。

中华人民共和国教育部与法国高等教育、科研与创新部关于高等教育学位和文凭互认的行政协议

（2020 年 1 月 13 日　北京）

根据 2002 年 3 月 18 日、2007 年 10 月 1 日及 2014 年 9 月 18 日的中法教育合作行政协议；

根据 2014 年 8 月 26 日中华人民共和国国务院学位委员会办公室的审议；

根据 2019 年 6 月 13 日法国大学校长委员会的审议；

根据 2019 年 6 月 14 日法国工程师学校校长委员会的审议；

为推动和加强两国在高等教育领域的交流、方便学生进入高等教育学习并能在良好的条件下到对方国家学校继续学业；在不违反国家法律和法规的情况下，在双方日常工作可支配的范围内，并且不影响双方的其他资源、责任和义务，中国教育部与法国高等教育、科研与创新部（以下简称“双方”）达成协议如下：

总　　则

第一条

本协议的目的是确定高等教育学历对应和文凭互认的方式，以便于学生在下列情况到对方国家的学校继续学业：

——学生在本国已经获得文凭；

——学生在本国未完成大学某一阶段的全部课程，没有获得文凭，但已通过了职能部门组织的考试或获得相应证书，证明该学习阶段成绩合格，可得到对方接收学校的承认并予以免修相同性质和期限的课程。

对于上述两种情况，应由教育职能部门确定学生可注册的专业。下列关于学历对应和文凭互认条款适应于相同学科或相同职业教育领域。

本协议不涉及学生接收国文凭颁发事宜，也不涉及由此所产生的民事效力；本协

议应尊重接收学校的某些附加条件，如学校的接待能力或学生的语言水平。

因两国医学教育管理体制差异，本协议内容不涉及医学教育领域。

学位、文凭结构和学业组织

第二条：法国方面

2.1 文凭、学位、学衔

本协议所涉及的文凭包括：

——国家文凭：高中会考证书（Baccalauréat）、大学普通学习证书（DEUG）、大学技术证书（DUT）、大学科学技术学习证书（DEUST）、学士（Licence）、职业学士（Licence professionnelle）、高级技术员文凭（BTS）、硕士第一年文凭（Maîtrise）、硕士（Master）、深入学习文凭（DEA）、高等专业学习文凭（DESS）、博士（Doctorat）。国家文凭由经国家高等教育和研究委员会评估合格的，且由高等教育、科研与创新部承认的学校颁发。

——可授予学士或硕士学位的校颁文凭或国家承认文凭，以下会做相应说明。

——工程师文凭。经工程师头衔委员会（CTI）评估合格的，由国家授权的学校颁发的文凭。

——私立高等技术院校和工商会院校颁发的由高等教育、科研与创新部承认的文凭。

——法国高等精英学院联盟认可并在法国移民法 D. 313 - 46 - 1 条款中提到的文凭。

根据 2013 年 8 月 19 日颁布的关于教育法第六章和第七章条例的 2013 - 756 号政令，本协议所涉及的学位和学衔指高等教育领域各专业和各学科的不同学习水平。

根据欧洲高等教育体系，学位用于确定不同的学习层次，除了高中会考证书，包括以下三种：

学士（相当于 180 个欧洲学分）；

硕士（相当于 120 个欧洲学分，5 年学制总共相当于 300 个欧洲学分）；

博士。

学衔用于确定各学位之间的层次（参照 2013 年 8 月 19 日颁布的 2013 - 756 号政令）。

大学学位授予以下国家文凭持有人：

学士学位相当于 180 个欧洲学分，颁发给教育法第 D612 - 32 - 2 条款中所提及文凭的持有者。

硕士学位相当于300个欧洲学分，颁发给教育法第D612－34条款中所提及文凭的持有者。

高等应用艺术文凭（DSAA）的特定情况说明：获得高级技术员文凭（BTS）后，在高中完成两年的学习，可获得高等应用艺术文凭（DSAA）。

博士学位颁发给博士文凭持有人。

2.2 高等教育教学组织

＊高中会考证书、大学入学文凭、等同于高中会考证书的法国或外国文凭、国家职业资格4级证书持有人可申请大学一年级课程。

＊进入可授予学士学位的学历文凭教育：结束6个学期的大学课程后可获得多种学士文凭（相当于180个欧洲学分）。学士学习期间可以颁发修满120个欧洲学分的多种国家文凭。大学普通学习证书DEUG（相当于120个欧洲学分）可根据学生需要颁发给中断学士课程学习，尚未获得国家学士文凭的学生。

＊短期高等职业教育

——高级技术员班（STS），设在高中内，完成两年高等学习后可获高级技术员文凭（BTS），相当于120个欧洲学分。

持有高中会考证书者通过学校档案审核后可进入高级技术员班学习。在国外学习的申请人，经学区长征询教学团队意见并同意后也可以进入高级技术员班学习。

——大学技术学院（IUT），设在大学内，完成两年高等学习后，可获大学技术证书（DUT），相当于120个欧洲学分。

持有高中会考证书、同等学历或同等学力的学生均可申请，学校通过档案审核录取。

高级技术员文凭（BTS）和大学技术证书（DUT）是对普通高等教育和高等职业教育进行的学历认定，同时也是对学生在某一行业专业技能培养的认定。这两种教育的课程设置和教学内容与其相关的行业紧密结合。

＊高等精英学院预科班（CPGE）

高等精英学院预科班为期二年，分为经济与贸易预科班、文学预科班和科学预科班三种类型，主要为学生报考工程师学校、商业学校和高等师范学校等“高等精英学院”作预科准备。

持有高中会考证书或相应学历者可申请入学，学校通过档案审核录取。

在高等精英学院预科班经过两年学习，获得由高等精英学院承认的120个欧洲学分的学生，可继续其在该高等精英学院的学业（根据教育法第D612－25条）。

＊进入可授予硕士学位的学历文凭教育

——获得学士学位后再修完120个欧洲学分，或获得高中毕业证书后再完成五年高等教育学习，总共获 300 个欧洲学分，可获得国家硕士文凭。申请国家硕士文凭，学生需提供已获取授予学士学位的国家文凭。

在硕士学习过程中，可在相关学习领域授予国家硕士第一年文凭（Maîtrise），即相当于获得学士文凭后修完 60 个欧洲学分。该文凭可根据学生需要予以颁发。

在博洛尼进程（学士、硕士和博士三级学位体系）之前的教育体系中，获得高中毕业证书后完成五年高等教育学习可获得深入学习文凭（DEA）和高等专业学习文凭（DESS）。持有自 1998—1999 学年度起颁发的 DEA 和 DESS 文凭者可被授予硕士学位。（根据 1999 年 8 月 30 日第 99－747 号修改后政令）

* 工程师教育

工程师教育为期 5 年，可获得工程师文凭，该文凭可授予硕士学位，相当于 300 个欧洲学分。

只有被国家认可并经工程师头衔委员会定期评估合格的学校才有权颁发工程师文凭（该委员会既是学术性的，也是职业性的）。

工程师培养途径是多样性的，可通过选拔性考试或档案审核加面试的方式申请进入。

* 博士教育

博士教育通常需要三年，并通过博士论文答辩。

博士阶段的学习在博士生院内完成。

国家博士文凭获得者可被授予博士学位。

根据 2016 年 5 月 25 日关于博士教育的政令，学生申请攻读博士，需持有国家硕士文凭或授予硕士学位的其他文凭。

在国外学习并获得硕士同等学历文凭的学生也可以申请博士学习。

第三条：中国方面

根据中华人民共和国法律，中国高等教育学历证书包括专科毕业证书、本科毕业证书、硕士研究生毕业证书、博士研究生毕业证书，学位包括学士学位、硕士学位和博士学位。如下所示：

3.1 专科毕业证书

a）持有高级中等教育学校毕业证书或具有同等学力者，通过高等学校入学考试并被录取，进入高等学校学习 2—3 年，并按规定完成学业后，可获得专科毕业证书。

b）公民通过高等教育自学考试，达到相应要求后，可获得专科毕业证书。

3.2 本科毕业证书和学士学位

a）持有高中毕业证书或同等学力者，通过高等学校入学考试并被录取，进入高等学校学习，经 4 年（医科等为 5 年）的学习，并按规定完成学业后，可获得大学本科毕业证书。符合条件的学生，可以获得学士学位。

b）公民通过高等教育自学考试，达到相应要求后，可获得本科毕业证书，符合条件的学生可向有权授予学士学位的单位申请以获得学士学位。

3.3 硕士研究生毕业证书和硕士学位

a）本科毕业或具有同等学力者，经考试合格，可以进入硕士学位授予单位（有权授予硕士学位的高等学校或科研机构）学习。经过2—3年的学习和研究，其学业水平达到国家规定的标准时，可获得硕士研究生毕业证书，符合条件的可获得硕士学位。

b）符合条件的学士学位获得者，也可通过研究生毕业同等学力申请学位的方式，向硕士学位授予单位申请以获得硕士学位。

3.4 博士研究生毕业证书和博士学位

a）硕士研究生毕业或具有同等学力者，经考试合格，可进入博士学位授予单位（有权授予博士学位的高等教育机构或科研机构）学习。经过3—4年的学习和研究，其学业水平达到国家规定的标准时，可获得博士研究生毕业证书，符合条件的可获得博士学位。

b）符合条件的硕士学位获得者或具有同等学力者，也可以研究生毕业同等学力申请学位的方式，向博士学位授予单位申请以获得博士学位。

c）有些博士学位授予单位在部分学科和专业采取本科毕业生直接攻读博士或硕士博士连续培养的办法，学士学位获得者通过五年及以上的学习研究，其学业水平达到国家规定的标准时，可获得博士研究生毕业证书，符合条件的可获得博士学位。

进入对方国家高等教育的方式

第四条：法国方面

4.1 注册大学一年级

首次申请注册大学第一年学习并想获得法国国家文凭的中国学生，须证明其已获得中国普通高中毕业证书或中等职业学校毕业证书。

4.2 注册高级技术员文凭（BTS）或大学技术文凭（DUT）学业

中国学生获得中国普通高中毕业证书或中等职业学校毕业证书后，经学区长领导下的校方录取委员会进行档案审议，可以注册高级技术员班一年级的学习。

中国学生获得中国普通高中毕业证书或中等职业学校毕业证书后，经过档案审议可注册法国大学技术学院（IUT）一年级的学习。

4.3 注册高中内的高等精英学院预科班（CPGE）

中国学生获得中国普通高中毕业证书或中等职业学校毕业证书后，可递交申请材料，申请注册高等精英学院预科班第一年的学习。

4.4 首次注册学士二年级和三年级课程

中国学生如能出具中国高等学校的证明，证明他已经在中国完成大学一年级的学习，可通过档案审议注册法国大学二年级的学习。

中国学生如能出具中国高等学校的证明，证明他在中国已经完成大学前两年的学习，可通过档案审议注册法国大学三年级的学习。

4.5 注册工程师学校

获得普通高中毕业证书或中等职业学校毕业证书的中国学生，可申请注册工程师教育预科阶段第一年的学习，校方通过档案审查方式录取。

持有学士学位的中国学生，可以进入工程师院校的工程师培养阶段二年级学习，校方通过档案审查方式录取。

在院校合作项框架下，在中国完成本科前三年课程学习的学生，出具中国高等学校的证明，可申请注册工程师培养阶段第二年的学习，校方通过档案审查方式录取。

只有被国家认可、并经工程师头衔委员会定期评估合格的学校才有权颁发“工程师文凭”。根据工程师培养规定，学生须在就读学校完成至少四个学期的学业，其中一个学期可以在中国境内的企业或特殊情况下在大学进行实习。

4.6 注册可授予硕士学位的高等管理文凭的教育

获得普通高中毕业证书或中等职业学校毕业证书的中国学生可以进入高等管理教育的一年级学习，毕业后颁发国家认可的高等管理文凭，该文凭可授予硕士学位，在法国，高中会考证书持有人即可申请注册。

获得学士学位的中国学生，经过材料审核后，可以进入“高等精英学院”阶段二年级学习，以获得可授予硕士学位的文凭。

在院校合作项目框架下，在中国完成本科前三年课程学习的学生，出具中国高等学校的证明，通过档案审核后，可进入管理专业“高等精英学院”阶段二年级学习，以获得可授予硕士学位的文凭。

获得学士学位的优秀学生，经过材料审核后，可以进入“高等精英学院”阶段三年级学习，以获得可授予硕士学位的文凭。

4.7 注册硕士阶段的学习

获得本科文凭的中国学生可以在其专业领域内注册硕士一年级课程，校方通过档案审查方式录取。必要时，优秀的学生在经过档案审查后可注册硕士二年级课程。在教学合作交流的框架下，在中国完成本科前三年课程学习的优秀学生，出具中国高等学校的证明，通过材料审核后，可进入硕士一年级学习。

关于持有专科毕业证书或同等学力的情况。在某些情况下，中国专科毕业证书相当于获得180个欧洲学分。持有中国专科毕业证书或同等学力的学生，经过档案审查后，优秀的学生可以在其专业领域内申请注册硕士第一年课程。这种情况需要遵守学校对于职业经验或学历认证及豁免条件的规定。

4.8 注册博士阶段的学习

中国的硕士学位和法国的硕士学位具有同等水平，即获得300个欧洲学分。因此，持有中国硕士研究生毕业证书或硕士学位者可以在其材料审核后注册相同领域的博士生教育。博士生的录取根据2016年5月25日颁布的国家培养框架和颁发国家博士文凭办法的法令第11条执行。

根据学生已完成的学业、博士课程特点或其选择的论文题目，导师或研究生院院长可决定让学生在准备论文的同时补修一些附加课程。

第五条：中国方面

5.1 注册大学一年级

持有法国高中会考证书或同等学历的学生，可以申请注册中国大学一年级的课程。

5.2 注册本科阶段的学习

持有法国大学普通学习文凭（DEUG）、大学科技学习文凭（DEUST）、高级技术员文凭（BTS）或大学技术文凭（DUT）的学生，可以在其专业领域内申请注册中国大学本科三年级课程。

5.3 注册硕士阶段的学习

持有法国学士文凭的学生，经所申请的中国大学有关部门资格审查后，在满足中国学校的具体录取要求的前提下，可以在其专业领域内申请注册中国硕士阶段一年级课程。

5.4 注册博士阶段的学习

持有法国国家硕士文凭或具有硕士学位同等学历的学生，具有相应的研究能力，可在其专业领域内申请注册中国博士学位课程。

第六条：联合培养博士生

关于联合培养博士生事宜，将以附录形式处理。

执 行 方 式

第七条

双方承诺互相提供本国高等教育体制运行和变化的信息。

第八条

双方鼓励本国高等教育机构与对方国家负责外国文凭审核认证的机构合作，以保证文凭审核与验真工作：中国（教育部）留学服务中心和法国国际教学研究中心。

第九条

双方承诺保证信息透明，将对方国家承认的文凭名单公开并及时更新。

第十条

本协议自签字之日起生效，有效期五年。到期双方无异议，可再延长五年。

与本协议的解释或实施有关的任何争议应通过双方友好协商解决。

双方可随时通过书面形式对本协议进行修订。任何修订自签字之日起生效，并构成本协议的组成部分。

任何一方均可通过外交途径书面通知随时退出本协议。在这种情况下，协议将在收到通知之日起六个月内停止生效。

该退出不影响在本协议下开展项目的有关各方的权利和义务。

双方代表经正式授权签署本协议。

本协议于2020年1月13日在北京签署，共四份文本，中法文各两份，四份文本具有同等效力。

附件

关于联合培养博士生

联合培养博士生主要有以下几条规定（根据2016年5月25日法令第20至23条，制定国家培养框架和颁发国家博士学位的办法）：

——博士生应在一名法方导师和一名中方导师的共同负责下进行学习和研究工作，两名导师共同履行在法国和在中国作为博士论文导师或科研指导的职责。

——论文完成后，在法国或在中国进行一次答辩，双方学校均应认可。

——答辩委员会由双方学校人数对等的专家组成，由双方学校共同指定。此外，答辩委员会还应包括两校以外的专家。答辩委员会总人数不超过8人。

——论文答结束后，双方合作院校将联合颁发培养博士的文凭。

针对每篇论文，中法双方院校都将签署一份框架协议，该协议将附有一份执行协议或针对本论文达成的特别协议；除上述几点外，为保证联合培养的顺利进行，特别规定以下几点：

——博士生注册方式；

——获得学分的方式；在读博士生不可以同时在几个学校同时获得学分；

——社会保险方式；

——论文准备在联合培养的院校内定期轮流进行。

此外，还涉及论文使用的语言问题。中国院校的学生当论文不使用法语时，须用法语撰写内容提要。法国院校的学生当论文不使用中文时，须用中文撰写内容提要。

为保证双方合作院校和学生的利益，双方同意在协议中写入以下条款：

——博士论文题目的保护、博士生在双方学校的科研成果的出版、开发和保护将根据各自国家的现行规定和特定程序进行。有关知识产权的保护措施，应在单独协议中专设附件。

如发生争议，双方将按照有关学校的规章和惯例处理所引发的问题。

中华人民共和国政府与爱尔兰政府关于相互承认高等教育学位学历证书的协议

（2006年2月23日　北京）

基于二〇〇一年二月十九日签署的《中华人民共和国政府与爱尔兰政府教育合作协议》，中华人民共和国政府和爱尔兰政府（以下简称双方）认识到，建立一种机制以保证双方高等教育学位学历证书的相互承认，将会进一步促进中爱两国在教育领域的合作，推动两国间的人员交流，并达成如下协议：

第一条　协议目的

一、本协议旨在简化两国高等教育机构对颁发给学生的学位学历证书的相互承认。中华人民共和国教育部和爱尔兰教育与科学部将负责指定适当的机构，提供相关互认信息，并根据各自国家现行的法律和实践提出具体建议。

二、双方指定机构将对各自高等学校就高教办学和双方体系下的证书可比性提供建议和咨询，以促进学术交流和合作。

三、鉴于近年来中国高等教育机构发生的重大且持续的变化，爱尔兰指定机构将会同中华人民共和国指定机构，向爱方提供有关中方目前认可的高等学校的信息。

四、鉴于爱尔兰高等教育机构及学位授予机构独特机制，中华人民共和国指定机构将会同爱尔兰指定机构，向中方提供有关爱尔兰政府目前认可的高等学校及学位授予机构的信息。

第二条　适用范围

一、本协议适用于中方目前承认的所有可以颁发学位学历的中国高等教育机构，爱尔兰政府目前承认的拥有学位授予权的所有高等学校以及学位授予机构。

在中国，“高等教育机构”指的是国家承认的、有学位授予权或可以颁发学历的高等学校和科研机构。

二、双方的指定机构将通过外交途径向对方提供各自最新的高等学校、有关机构及学位授予机构名单，并就双方认可的各种学位学历证书交换信息。

三、双方将尊重对方高等教育机构根据其相关规定进行招生的自主权。

第三条　高等教育证书的范围和层次

一、在对中国和爱尔兰学位学历材料作对比性研究的基础上，双方指定机构对学位学历可比性提出建议。

二、中国学位学历框架概要作为本协议的附件1。

三、爱尔兰全国学位学历框架体系中的高等教育学位学历概要作为本协议的附件2。

四、双方鼓励并支持两国高等学校和学位授予机构在课程学分认可领域开展合作，以促进双边的学生交流。

第四条　高等教育机构的入学

一、获得经认可的中国教育机构颁发的大专文凭的人员，在达到爱尔兰高等学校制定的具体招生条件的前提下（包括课程组织形式），按中国专升本方式，可以申请攻读爱尔兰荣誉学士学位。

二、获得经认可的中国高等学校颁发的学士学位人员，在达到爱尔兰高等学校制定的具体招生条件的前提下，可申请攻读研究生学位和（或）参加职业学习。

三、获得中国学士学位且成绩优异并顺利完成高质量论文或研究工作的人员，在满足爱方学校的具体录取要求前提下，可直接攻读爱尔兰博士学位。

四、获得经认可的中国高等学校和科研机构颁发的硕士学位人员，在具有相关的学习经历、完成相关的研究计划书以及满足爱方学校的具体录取要求前提下，可申请在爱尔兰攻读博士学位。

五、获得经认可的爱尔兰授予机构颁发的高等证书及普通学士学位（或同等证书）的人员在达到中国高校制定的具体招生条件，包括项目组织形式前提下，按爱尔兰攻读荣誉学士学位的形式，申请攻读中国学士学位。

六、获得经认可的爱尔兰授予机构颁发的荣誉学士学位且成绩优异者，根据中国高等教育机构博士学位的相关规定，应可以参加中华人民共和国博士研究生入学考试。

七、获得经认可的爱尔兰授予机构颁发的硕士学位人员可在中国攻读相关领域的博士学位。

八、正在中国高等教育机构就读、并已顺利完成部分课程的中国学生，可以申请爱尔兰高等教育机构适当承认其学分，在达到爱尔兰高等学校制定的具体招生条件的前提下（包括课程组织形式），在相关专业继续学习。

九、正在爱尔兰高等教育机构就读、并已顺利完成部分课程的爱尔兰学生，可以申请中国高等教育机构适当承认其学分，在达到中国高等教育机构制定的具体招生条件的前提下（包括课程组织形式），在相关专业继续学习。

十、中国高等教育机构和科研机构保留决定根据自身规定，决定其所有课程所要求的考试成绩和等级的权利。

十一、爱尔兰高等学校将保留根据其自身规定决定其所有学习课程所要求的考试成绩和等级的权利。

第五条 专家委员会

一、双方将成立一个专家委员会。该委员会成员由双方提名。成员名单将通过外交渠道向对方提交。

二、负责因执行本协议而出现的所有后续活动和讨论，包括必要时对细节问题进行讨论。

三、监控和简化双方指定机构和其他相关组织之间的合作，确保中爱两国互认机制的持续发展和信息交流。

四、专家委员会将根据经双方指定机构同意的工作计划，组织必要的会议和（或）讨论。会议的地点通过外交渠道商定。

第六条 协议的有效期和效力

本协议将自双方签字之日起三个月后生效。双方均可在任何时间以书面形式提前六个月通知对方，终止协议。

本协议于二〇〇六年二月二十三日在北京签署，一式两份。每份均用中文和英文写成，两种文本同等作准。

附件1：中国学位学历框架体系概要

附件2：爱尔兰国家学位学历框架体系特点概要

中方高校机构名单（中英文对照）（略）

爱方机构名单（中英文对照）（略）

附件1

中国学位学历框架体系概要

根据《中华人民共和国学位条例》，中国授予的学位包括学士、硕士和博士学位。

学士学位

注册普通高等教育课程（即大学本科课程）的学生，在顺利完成四年的大学本科教育后，可获得大学本科毕业证书。如所在高等学校有学士学位授予权，达到要求的学生可申请学士学位。

未能注册普通高等教育课程的学生，在通过全国自学考试或达到成人高等教育机构的相关要求前提下，可获大学本科毕业证书。如所在高等学校有学士学位授予权，达到要求的学生可申请学士学位。

硕士学位

已获学士学位的人员，在通过全国统一入学考试和（或）完成二至三年的研究工作后，可攻读有硕士学位授予权的教育机构（有硕士授予权的高校或研究机构）的硕士课程，达到要求后可获硕士学位。

已获学士学位人员也可向有硕士学位授予权的机构申请攻读在职硕士学位课程，达到要求后可获硕士学位。

博士学位

已获硕士学位人员在通过规定的考试后，可攻读有博士授予权的教育机构（有博士授予权高校或的研究机构）的博士学位课程和（或）进行三至四年的相关研究工作，达到要求后可获博士学位。

已获得硕士学位人员也可向有博士学位授予权的机构申请攻读在职博士学位课程，成绩合格可获博士学位。

某些机构有权在本－硕－博连读课程中颁发博士学位。已获学士学位人员在通过该课程五年的学习和（或）研究后，可获博士学位。

专科文凭

凡是高级中等教育毕业或者具有同等学力的，经考试合格，由实施相应学历教育的高等学校录取，取得高职（专科）生入学资格。高职（专科）教育的基本修业年限为 2 至 3 年，非全日制高等学历教育的修业年限可以适当延长。

接受高等学历教育的高职（专科）生，由所在高等学校根据其修业年限、学业成绩等，按照国家有关规定，发给相应的学历证书或者其他学业证书。非学历高等教育的高职（专科）生，由所在高等学校或者其他高等教育机构发给相应的结业证书。

附件 2

爱尔兰国家学位学历框架体系特点概要

爱尔兰国家学位学历框架体系由多个级别构成，各级都有详细说明。不同级别里会包括一个或多个证书类型（award－type），证书类型也配有详细说明。爱尔兰国家学历证书管理局（the National Qualifications Authority of Ireland）负责对不同级别和证书类型的含义做出解释。

同一证书类型中包括不同的证书。学位学历授予机构负责对各种证书命名。框架体系旨在促进对学习成果进行认可，不同证书类型则可以简化认可过程。同一个级别里，学生的学习结果会不尽相同。适用范围（Volume）较广的证书类型被称为主要证书类型（Major award－type）。而次要（Minor）、补充（Supplemental）和特殊（Special－Purpose）证书类型则可以满足特殊情况下认可工作的需要。下面介绍一些经证书管理局（the Authority）确认的各种证书类型。

主要证书类型是各级别中主要的证书种类。该证书类型概括了大多数级别中学习成果的特点。

次要证书类型认可了学生的部分学习结果，但该结果并未达到获得主要证书类型所要求的特定结果。

特殊证书类型的用途特殊、较为局限。

补充证书类型是对已获证书以外学习情况的认可。

国际学位学历框架体系基本上也是由类似的级别，常见的证书类型和不同的证书名称构成。

在国家框架体系范围内，各级别中的证书类型都能大体与之相吻合，但不是同特定学习结果完全一致。因此，同一级别中的两种证书类型大致能够说明学习取得了类似的，但并非完全相同的结果。

因此，在同一级别里，不同主要证书类型中的两种证书可以表明两种近似的学习成果。

当前和曾经使用过的证书是在框架体系建立前后授予的，但都是在执行新的学位学历框架标准之前。这些证书仍能够在就业和继续学习过程中保持特有的身份、价值及地位。这类证书（有时被誉为遗产证书）将在框架体系中享有一席之地，并在框架各级别中继续出现。即使它们无法同新的证书类型相统一（因为制定时它们就有所不同）。在执行框架过程中，许多这类证书的授予工作将被停止。框架体系中针对这些证书的设置工作已经展开。证书管理局正汇同学位学历授予机构，确定如何在框架体系里，使各种现行的证书能够恰当地与不同级别相结合。

证书类型说明

说明内容共分H，I，J，K，L，M，N，O等部分

总述：

- 证书管理局负责确定本说明中的各类证书。
- 所有证书类型中目的说明内容一致，说明适用于各类主要证书。
- 各证书类型中的级别指证书管理局所确定的框架体系中的10个级别。
- 适用范围说明中“少、中和广”等概念的使用取决于对这些概念的最初理解。
- 说明中提到的知识、技巧和能力分别对应框架体系中10个级别的相关内容。
- 说明所指的升学和转读（Progression and transfer）与特定的证书类型有关，即本目录旨在说明可能出现的情况，而不是对具体情况进行描述。证书管理局的“入学、

升学和转读”* 政策表明，框架体系本身就是希望尽量能够简化“入学、升学和转读”这一过程。说明内容中同时注明：同一证书类型中的不同证书可以相互进行转换。但该原则并不意味着对某个项目进行相关授权，因为具体项目可能受到供需因素的制约。

证书类型说明 I

名称	高等证书（Higher Certificate）
目的	该证书为多用途证书类型。学生取得的知识、技巧和能力同个人发展、社会和社区参与程度、就业以及接受进一步教育和培训的机会有关
级别	6
适用范围	广
知识—广度	多领域的专业知识
知识—类型	掌握某些理论概念；结合重要理论进行抽象思维
应用知识及技能—范围	综合运用专业技术和设备
应用知识及技能—选择	对特定抽象问题提出解决办法
能力—适用领域	适于一般和特殊情况；对结果承担责任；能够在多个领域选择和运用知识和技能
能力—作用	具有很强的独立处理事务能力；通常管理他人工作和（或者）分配资源；组织和管理多个、复杂及不同的群体
能力—了解如何学习	主动识别和满足学习需求；在学习群体中进行有效地交流
能力—见解	能够表达个人世界观，在同他人交往中表达自己的观点
升学和转读	可转为高级证书（Advanced Certificate）（证书类型 h） 继续攻读普通学士学位（Ordinary Bachelor Degree）（证书类型 j）或荣誉学士学位（Honors Bachelor Degree）（证书类型 k）
备注	

证书类型说明 J

名称	普通学士学位（Ordinary Bachelor Degree）
目的	该证书为多用途证书类型。学生取得的知识、技巧和能力同个人发展、社会和社区参与程度、就业以及接受进一步教育和培训的机会有关
级别	7
适用范围	广

* 详见 2003 年 3 月发表的“促进、简化入学、升学和转读的政策，行动和方法”。

续表

名称	普通学士学位（Ordinary Bachelor Degree）
知识—广度	不同领域的专业知识
知识—种类	意识到自身知识的局限；积极了解新知识；能够对不同领域的概念进行整合
应用知识及技能—范围	跨领域运用专业技术，能够创造性地使用技术和设备
应用知识及技能—选择	能够对与产品、服务、操作和加工相关的规划、设计、技术和（或）管理做出恰当的判断
能力—适用领域	在广阔的领域中运用分析和创造技能
能力—作用	负责制定和实现个人和（或）群体目标；在特定领域负责或管理他人工作
能力—了解如何学习	主动识别和满足学习需求；在学习群体里进行有效地交流
能力—见解	能够表达个人的世界观；体现对他人的团结
升学和转读	继续攻读荣誉学士学位（Honors Bachelor Degree）（证书类型 k）或高等文凭（Higher Diploma）（证书类型 I） 继续攻读他国的第二阶段学位［如波罗尼亚进程中的硕士（Bologna masters）］
备注	

证书类型说明 K

名称	荣誉学士学位（Honors Bachelor Degree）
目的	该证书为多用途证书类型。学生取得的知识、技巧和能力同个人发展、社会和社区参与程度、就业以及接受进一步教育和培训的机会相关
级别	8
适用范围	广
知识—广度	理解所学专业范围内相关的理论、概念和方法
知识—种类	理解和掌握一个或多个领域内具体的知识，其中某些涉及当前的边缘学科
应用知识及技能—范围	在复杂和特殊领域发挥和使用高超的专业技术和设备；使用和改进先进技术和设备；从事科研、职业或高技术活动
应用知识及技能—选择	能够对与产品、服务、操作和加工，包括资源供给等一系列复杂的规划、设计、技术和（或）管理做出恰当的判断
能力—适用领域	运用先进技术从事科研、高技术或专业工作；负责制定相关政策；在广阔的领域运用分析和创造技能
能力—作用	根据要求有效地同其他专业人员合作；能够领导多个、复杂及不同的群体
能力—了解如何学习	学会在多变和不熟悉的环境中学习；学会独立、专业和规范地组织学习任务

续表

名称	荣誉学士学位（Honors Bachelor Degree）
能力—见解	表达复杂的、个人的世界观；体现对他人的团结
升学和转读	转读高等文凭（Higher Diploma）（证书类型 I） 继续攻读硕士学位或研究生文凭（Master Degree or Post - graduate Diploma（证书类型 M 或 N）），某些情况下可继续攻读博士学位（Doctoral Degree（证书类型 O））继续攻读他国的第二阶段学位（如：波罗尼亚进程中的硕士（Bologna masters））
备注	

证书类型说明 I

名称	高等文凭（Higher Diploma）
目的	该证书为多用途证书类型。学生取得的知识、技巧和能力同个人发展、社会和社区参与程度、就业以及接受进一步教育和培训的机会有关
级别	8
适用范围	中
知识—广度	理解所学专业范围内相关的理论、概念和方法
知识—种类	理解和掌握一个或多个领域内详细的知识，其中某些涉及当前的边缘学科
应用知识及技能—范围	在复杂和特殊领域发挥运用高超的专业技术和设备；能够使用先进技术和设备从事科研、职业或高技术活动
应用知识及技能—选择	能够对与产品、服务、操作和加工，其中包括资源供给等一系列复杂的规划、设计、技术和（或）管理做出恰当的判断
能力—适用领域	运用先进技术从事科研，或高技术或职业活动，负责制定相关政策；在广阔的领域运用分析和创造技能
能力—作用	根据要求有效地同其他专业人员合作；领导多个、复杂及不同群体
能力—了解如何学习	学会在多变和不熟悉的环境学习；学会独立、专业和规范地组织学习任务
能力— 见解	能够表达复杂的，个人的世界观；体现对他人的团结
升学和转读	继续攻读硕士学位或研究生文凭（Master Degree or Post - graduate Diploma（证书类型 M 或 N））
备注	从普通学士学位（Ordinary Bachelor Degree（证书类型 J）），或荣誉学士学位（Honors Bachelor Degree（证书类型 K）），进入新专业学习

证书类型说明 M

名称	硕士学位（Master Degree）
目的	该证书为多用途证书类型。学生取得的知识、技巧和能力同个人发展、社会和社区参与程度、就业以及接受进一步教育和培训的机会有关
级别	9
适用范围	广
知识—广度	系统理解、掌握所学专业范围内的最新知识
知识—种类	使用辩证观点分析当前问题和（或）新的见解；理解所学专业范围内的最新知识
应用知识及技能—范围	从事一般和专门的研究工作；使用一般和专门的设备和技术进行调查
应用知识及技能—选择	能够在跨专业领域选择运用复杂和先进的技术；开发高新技术，包括新型技术
能力—适用领域	在不同的专业层次以及不明确的领域开展工作
能力—作用	全权负责个人和小组的工作；领导和组织相关活动
能力—了解如何学习	学会自我评估，学会安排未来学业或职业发展
能力—见解	辩证地观察和思考社会规范和关系，并切实着手进行改变
升学和转读	继续攻读博士学位（Doctoral Degree（证书类型 O））或其他硕士学位以及研究生文凭（Master Degree or Post – graduate Diploma（证书类型 M 或 N））
备注	

证书类型说明 N

名称	研究生文凭（Post – graduate Diploma）
目的	该证书为多用途证书类型。学生取得的知识、技巧和能力同个人发展、社会和社区参与程度、就业以及接受进一步教育和培训的机会有关
级别	9
适用范围	中
知识—广度	系统理解、掌握所学专业范围内的最新知识
知识—种类	使用辩证观点分析当前问题和（或）新的见解；理解所学专业范围内的最新知识
应用知识及技能—范围	从事一般和专门的研究工作；使用一般和专门的设备和技术进行调查
应用知识及技能—选择	在跨专业领域选择复杂和先进的技术；能够开发高新技术，其中包括新型技术

续表

名称	研究生文凭（Post - graduate Diploma）
能力—适用领域	在不同的专业层次以及不明确的领域开展工作
能力—作用	全权负责个人和小组的工作；领导和组织相关活动
能力—了解如何学习	学会自我评估，学会安排未来学业或职业发展
能力—见解	辩证地观察和思考社会规范和关系，并切实着手进行改变
升学和转读	可省略部分学习内容，继续攻读硕士学位（Master Degree（证书类型 M））
备注	

证书类型说明 O

名称	博士学位（Doctoral Degree）
目的	该证书为多用途证书类型。学生取得的知识、技巧和能力同个人发展、社会和社区参与程度、就业以及接受进一步教育和培训的机会有关
级别	10
涵盖范围	广
知识—广度	系统地习得和理解所学专业范围内大量的最新知识
知识—种类	通过开拓型的试验，或其他高级研究手段拓展和诠释新知识以供其他人员进行研究
应用知识及技能—范围	掌握及使用与专业领域相关的、重要的技巧、技术、设备、方法和（或）材料；开发新技巧、技术、设备、方法和（或）材料
应用知识及技能—选择	能够拓展现有系统知识，对相关概念重新定义，并解答由此产生的抽象问题
能力—适用领域	能够在复杂、无法预料的情况下，在专业或类似领域里，发挥个人作用；极大程度地开展独立、有创造性工作
能力—作用	就研究结果和革新内容与同事进行交流；参与辩证研讨；组织和发起复杂的社交活动
能力—了解如何学习	学习以批判将一般知识应用于特殊领域的现象
能力—见解	辩证地观察和思考社会规范和关系，并切实着手进行改变
升学和转读	
备注	

爱尔兰国家学位学历框架体系

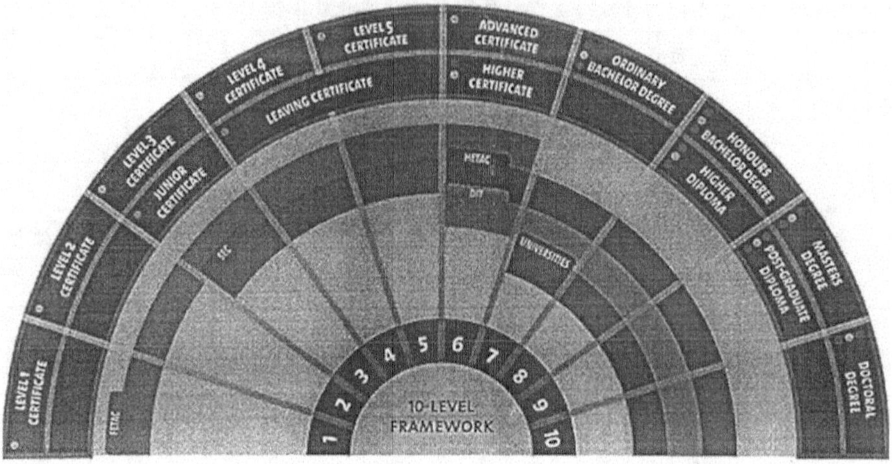

注释：

1. 10 - Level Framework：由 10 个级别构成的框架体系
2. Level 1 - 5 Certificate：1 - 5 级证书
3. FETAC：继续教育与培训授予委员会
4. Junior Certificate：初级证书
5. SEC：国家考试委员会（教育与科学部）
6. Leaving Certificate：毕业证书
7. Advanced Certificate：高级证书
8. Higher Certificate：高等证书
9. HETAC：高等教育与学位授予委员会
10. DIT：都柏林理工学院
11. Ordinary Bachelor Degree：普通学士学位
12. Universities：大学
13. Honors Bachelor Degree：荣誉学士学位
14. Higher Diploma：高等文凭
15. Masters Degree：硕士学位
16. Post - Graduate Diploma：研究生文凭
17. Doctoral Degree：博士学位

中华人民共和国政府与丹麦王国政府关于相互承认高等教育学位的协议

（2007 年 9 月 25 日　北京）

中华人民共和国政府和丹麦王国政府（以下简称双方）认识到建立相互承认对方高等教育证书的机制，可促进双方在教育领域的合作和两国之间的人员交流，

达成协议如下：

第一条　协议目的

一、本协议旨在促进相互承认两国高等教育机构向学生颁发的学位。双方将指定相应机构负责提供学位互认信息，并根据现有规定和做法提出具体建议。

二、双方指定机构须就各自国家的高等教育机构在提供高等教育及双方学位和学历证书的可比性方面提出建议，以促进两国之间学术交流和合作。

三、由于近年来中国高等教育机构的重大变化，丹方指定的机构将与中方指定机构一起，就中国最新承认的高等院校向丹麦高校提供相关信息。

四、相应地，中国指定的机构将与丹方指定机构一起，为中国高等院校提供丹麦最新承认的高等学校信息。

五、针对第三款和第四款，双方将分别提供最新承认的具有学士、硕士和博士学位授予权的中国高等院校和科研机构名录以及具有专业学士、学士、硕士和博士学位授予权的丹麦高等学校名录。相关信息将由双方指定机构保存并定期更新。

第二条　适用范围

一、在中国，本协议涉及以下学位：

（一）学士学位（4 年全日制学习）

（二）硕士学位（获得学士学位外加 2 至 3 年硕士学习）

（三）博士学位（获得学士学位外加 2 至 3 年硕士学习并加上 3 至 4 年博士学习，或获得学士学位外加 5 至 6 年博士学习）

二、在丹麦，本协议涉及以下学位：

（一）职业教育学士学位（180－240ECTS 学分）[1]

（二）学士学位（180ECTS 学分）

（三）硕士学位（KANDIDAT）（120ECTS 学分）

（四）博士学位

三、双方尊重各自高等院校根据相关规定的招生自主权。

第三条　高等教育证书的范围和层次

一、双方指定的机构应在比较研究双方课程内容和学位具体规定的基础上，就两国专业学士、学士、硕士和博士学位之间的可比性提出建议。双方将在公平基础上交换相关信息。

二、本协议不包括中国高等院校颁发的短期课程学历证书以及成人教育文凭。该类证书和文凭的认可将按个案处理。

三、本协议不包括丹麦高等职业教育学位[2]（120ECTS 学分）。该学位的认可将按个案处理。

四、双方鼓励并支持中国和丹麦的高等学校在相互承认学分方面的合作。

第四条　学位和考试

一、获得中国学士学位的学生在满足丹方接收学校具体要求的前提下可攻读丹麦硕士学位。

二、获得中国硕士学位的学生满足以下前提可攻读丹麦的博士学位：提交研究报告、有相关的学习经历、符合接收学校的具体要求。

三、获得丹麦专业学士学位和学士学位的学生在满足中国接收学校具体要求的前提下可攻读中国硕士学位。

四、获得丹麦硕士学位的学生在满足中国接收学校具体要求的前提下可攻读中国相关学科的博士学位。

五、两国高等教育机构将保留根据各自的相关规定决定其所有课程要求的考试成绩和级别的权利。

第五条　常设专家委员会

双方指定机构将分别提名建立常设专家委员会。委员会成员名单将通过外交途径相互交换。该常设专家委员会的主要职责如下：

（一）后续跟踪本协议提及的所有事宜及讨论的问题，包括进一步讨论细节问题。

（二）监测并帮助双方指定机构和其他相关机构之间的合作，确保互认机制的持续

---

① 丹麦的一种学士学位，涉及护理、社会工作、工程、师资培训等专业领域。

② 丹麦短期高等教育学位，由专业高等教育学术委员会颁发，涵盖学科包括：建筑技术、市场管理、计算机科学、生化科学等。

发展和信息交流。

第六条　费用负担

除非有特殊决定，双方将各自承担履行本协议所产生的费用。

第七条　生效和终止

本协议自双方签署之日起生效。任何一方可提前3个月书面通知对方中止本协议。

本协议于2007年9月25日在北京签订，一式两份，每份均用中文、丹麦文和英文写成，三种文本同等作准。如对文本的解释发生分歧，以英文文本为准。

中华人民共和国政府与西班牙王国政府关于相互承认学历学位的协议

（2007 年　北京）

根据 1981 年 4 月 7 日于马德里签署的中西文化、教育、科学合作协议（以下简称 1981 年 4 月 7 日协议）第六条中的有关内容，为巩固两国在教育文化领域的友好合作关系，推动两国教育交流与合作的进一步发展，中华人民共和国政府和西班牙王国政府（以下简称双方）就互相承认两国教育行政部门和教育机构颁发的学历学位证书达成如下协议：

第一条

目的和适用范围

本协议旨在方便学生进入高等教育机构学习，以及为两国教育体制中正规的学历和学位证书的互认提供方便。

此协议同时适用于在对方教育体制中所取得的正规的学历学位证书，并认定获得这些学历和学位证书的学习过程符合两国的法律法规的规定。

第二条

入读大学课程

根据各自国内法律法规规定，两国将相互承认两国学生的中学毕业证书，证明其已经完成了中学教育。如果学生满足其中一方的教育体制中准许入读大学的要求，根据对等原则，将有资格升入对方大学继续学习。

在遵循两国相关法律法规要求的前提下，当学生符合相关入学要求，并且具有对方教学所需要的基本语言能力时，此条款才将成立。

第三条

学位及学术水平互认

由一方依法授权的高等教育机构所颁发的正规高等教育学历学位证书，将由另外一方的相关机构根据本国的法律法规进行认定。上述学历学位证书只有在具有两国相同的学术级别和相同的现行教学计划中规定的教学内容及教学要求时，该项认定才会成立。

对上述学历学位的认定只是承认学生具备了相关的学术资格和职业资格。如接收国家的相关法律法规中对从业有非学术性的条件，学生必须遵守。在任何情况下，不得以学生的国籍或学位颁发国为由对上述的非学术性条件产生歧视性要求。

如一方颁发的学位无法在另一方的教育体系中找到对等证书，则另一方将根据其法律法规对该学位的学术水平做对等认证。为此，在本协议的附表二中，对两国的大学学习结构作了解释说明。

西班牙加入欧洲教育共同体后，不影响本协议中对现行的专科学历（第一级）、学士学位（第二级）和博士学位（第三级）的认证。

西班牙王国在 12 月 21 日 2001/6 大学组织法第三款中的大学是被正式认可的。中华人民共和国所有经国家批准具有相应权力的高等院校和具有学位授予权的研究机构是被正式认可的。双方将适时交换各自被正式认可的机构名单。

第四条

对部分学习的认证

对于尚未完成的学历学位证书的学习过程的认可，将根据其已完成的课程和学科及接收国的教育体制和相关条例进行。

第五条

硕士和博士学习

双方大学可以录取持有对方教育体制中相应学位证书的学生，在本国大学继续攻读硕士或博士课程。一旦接受方大学核准，申请人已获取的学位水平等同于其他任何可攻读该硕士或博士课程的学生的学位水平，则该申请人无须对其已获得的学位进行预先认证。

上述未经预先认证的学位证书，仅作为攻读下一阶段学术课程的入学资格凭证，不具有其他效用。

学生顺利完成相应的硕士或博士课程后，所取得的学历学位证书将具有完全效用。

第六条

大学间协议

双方大学均可根据协议和各自的法律法规制定适合学士学位或双方学士学位教育的联合学习项目。

同时，两国还将推动大学间的各项合作协议，以发展经政府认可的联合研究生教育项目。上述项目的运作、要求和审批将根据双方各自有关法律法规实行。

第七条
学位对应表的更新

本协议的签署双方一致同意采取措施，更新和审核两国小学、初中和高中学习的对应表格，详请参阅本协议附件。为此，将通过本协议第九条提到的两国学历学位互认工作组，建立关于教育体制和教学计划相关信息的交换机制。

本协议可能将因为现行教育体制更新，而对学位对比表做出必要的修改。此修改将通过两国交换照会的形式进行。

第八条
必需文件

在认证上述各类学历学位证书时，必须提交颁发国官方认可的文件，即学历证书或学位证书。

所呈交的文件必须为颁发国所认可的合法文件，且必须经过接受国相关机构的认证。

第九条
实施本协议的工作组

为便于本协议的实施或在实施过程中进行必要的更新，在联合委员会（参见 1981 年 4 月 7 日协议的第十五章）中将建立一个中华人民共和国和西班牙王国学位和学历互认工作小组。协议双方可各指定 6 人组成该工作组。只要一方认为需要，即可进行会晤。该会晤应至少每两年一次，在两国轮流举行。

第十条
生效

双方应当相互书面通知已完成协议生效所必需的国内法律程序。协议自后一份通知发出之日起生效，自签字之日到生效之日期间可以临时实施。

本协议于 2007 年　月　日在北京签订，一式两份，每份均用中文、西班牙文和英文写成，三种文本同等作准。如对文本的解释发生分歧，以英文文本为准。

附件 A

中西小学、初中、高中学习和学历对应表

西班牙	中国
1° de Educatión Primaria	小学一年级
2° de Educatión Primaria	小学二年级

续表

西班牙	中国
3° de Educatión Primaria	小学三年级
4° de Educatión Primaria	小学四年级
5° de Educatión Primaria	小学五年级
6° de Educatión Primaria	小学六年级
1°de Educatión Secundaria Obligatoria（E. S. O.）中学一年级	初中一年级
2° de E. S. O. 中学二年级	初中二年级
3° de E. S. O. 中学三年级	初中三年级（3）
4° de E. S. O.（1）中学四年级	高中一年级
1° de Bachillerato 高中一年级	高中二年级
2° de Bachillerato（2）高中二年级	高中三年级（4）

备注：
（1）通过此阶段学习，将颁发中学义务教育毕业证书。
（2）通过此阶段学习，将颁发相关学科的高中学位证书（艺术、科技，或人文和社会科学）。
（3）通过此阶段学习将颁发初中毕业证书。
（4）通过此阶段学习并达到毕业要求，将颁发普通高中毕业证书。
在中国，普通高中教育三年级前的教育无需经过教育部确认或认证。
在西班牙，中学义务教育四年级之前的教育无需经过教育科学部确认或认证。
如一方学生希望到另一方继续学业，则接受方相关教育机构将根据该对应表格做出相应安排。

附件 B

中国和西班牙高等教育学历学位对比一览表

中华人民共和国
第一级
大专（Diplomatura） 学制：2－3 年 学士（Bachelor） 学制：4－5 年
第二级
硕士（Master） 学制：2－3 年
第三级
博士（Doctorado） 学制：3 年

西班牙王国 12 月 21 日，2001/6 大学组织法体制
第一级
专科学位 工程技师学位 建筑学技师学位 学制：3 年（180 学分）
第二级
学士、工程学士、建筑学士 学制：总体来说 5 年（300 学分）（包括第一级）
第三级
博士 博士学位学习项目（至少 32 学分）+博士论文

西班牙王国 4 月 12 日，2007/4 大学组织法体制
第一级
学士 学制：4 年（240 ECTS 学分）
第二级
硕士 学制：1 或 2 年（60－120 ECTS 学分）
第三级
博士 研究考察培训（专业课、研修班）+博士论文

中华人民共和国政府和德意志联邦共和国政府关于互相承认高等教育等值的协定

（2002 年 4 月 9 日　柏林）

中华人民共和国政府和德意志联邦共和国政府（以下简称双方）本着进一步促进双方在科学和教育领域内的合作、便于两国高等学校学生到对方国家继续学习的愿望，达成协议如下：

第一条

协定目的

一、本协定旨在简化两国高等学校学生在高等院校获得的受教育证明和文凭的认可工作。协定包括对负责认可部门的建议，这些部门根据各自国家的法律做出具体的认可决定。

二、本协定不触及各自国家有关职业的法律规定。

第二条

适用范围

一、本协定适用于中国所有国立和国家承认的高等院校以及具有学位授予权的研究机构和德国所有国立和国家承认的高等院校。

二、双方将所涉及到的高等院校和研究机构列表通知对方。该表不属于本协定的组成部分。

第三条

学习时间和学习成绩的认可

一、双方有关部门对学习时间和阶段考试认可的依据是各自的教学大纲要求和申请者提供的学习成绩证明。

二、高等专科学校的文凭可依据个案审核情况获得认可。

三、如根据本条第一款进行的成绩比较有差距，申请者应有机会在接受的高校完成尚缺的成绩。

第四条

文凭、考试和继续学习

一、中国学士文凭持有者可以在德国免于阶段考试而获准进入专业阶段学习。

二、双方高校依据各自考试条例决定对考试成绩的分级和换算。

三、双方有关部门根据各自国家法律办理是否准许参加德国的国家考试及对学习成绩作相应的换算。

四、在德国高校获得高等专业学院毕业文凭、学士学位的学生，或者至少经过六个学期正规学习并通过阶段考试的德国大学或同等高校的在校生可以参加中国硕士研究生入学考试。

五、各高校根据法律规定就上述问题做出决定。

第五条

中国高校毕业生在德国高校攻读博士学位的许可

一、中国硕士学位获得者可以在德国获准攻读博士学位。

二、成绩优秀的、有出色论文的中国学士课程毕业生可以在德国获准进行旨在攻读博士学位的学习。

三、许可的依据是大学的攻读博士学位条例，可要求硕士毕业生通过“学术面试”、学士毕业生还需撰写合格的论文。

第六条

德国高校毕业生在中国高校攻读博士学位的许可

一、德国大学及同等高校毕业文凭获得者（Diplom，Lizenziat，Magister Artium）、相应的德国国家考试毕业生以及硕士学位获得者可以在中国进入博士阶段的学习。

二、中国高校个案审核，德国大学及同等高校毕业文凭获得者（Diplom，Lizenziat，Magister Artium）、相应的德国国家考试毕业生以及硕士学位获得者是否可免于博士生入学考试以及全部博士生课程学习，像在德国一样直接撰写博士论文。

三、德国高等专业学院毕业文凭或成绩优秀的学士文凭持有者可以根据高校攻读博士学位的条例获准在中国参加博士课程学习的录取考试。

第七条

学位名称的使用

一、中国下列学位的获得者

学士 xueshi（Bachelor）

硕士 shuoshi（Master）

博士 boshi（Doktor）

可以在德国以拼音形式使用其学位名称，同时可以附加上述括号中名称的缩写。

在任何情况下必须注明高校名称。

二、德国下列学位的获得者

Diplom（FH）（高等专业学院学位，注明专业）

Bachelor/Bakkalaureus（学士学位，注明专业）

Diplom（大学及同等高校学位，注明专业）

Magister Artium（大学及同等高校学位）

Lizenziat（大学神学毕业学位，注明专业）

Master -/Magister（硕士学位，注明专业）

Doktor（博士学位，注明专业）

Doctor habilitatus（有教授资格的博士学位，注明专业）

可以在中国以在德国授予的形式使用其学位名称，同时必须附注高校名称。

第八条

常设专家委员会

一、为协商实施本协定所产生的一切问题包括可能延伸的问题，双方将成立一个常设专家委员会。该委员会由双方指定的每方最多六名成员组成。成员名单通过外交途径提供。

二、该常设专家委员会将根据双方中的一方的愿望召开会议。会议地点通过外交途径商定。

第九条

有效期及生效

一、双方应以照会形式相互通知已履行使本协定生效所需的国内法律程序。本协定自最后一份照会收到之日起生效，无限期有效。

二、任何一方均可通过外交途径以书面方式解除协定。本协定自终止通知收到之日起六个月后失效。

本协定于2002年4月9日在柏林签订，一式两份，每份均用中文和德文写成，两种文本同等作准。

中华人民共和国政府与大不列颠及北爱尔兰联合王国政府及托管政府关于相互承认高等教育学位证书的协议

（2003 年 2 月 23 日　北京）

基于二〇〇〇年六月十三日在北京签署的《中华人民共和国政府与大不列颠及北爱尔兰联合王国政府教育合作的框架协议》，中华人民共和国政府与大不列颠及北爱尔兰联合王国政府及托管政府（以下简称“双方”）已认识到，建立一种体系以保证双方高等教育证书的相互承认将会进一步促进中英两国在教育领域的合作以及推动两国间的人员交流。为此，双方达成协议如下：

第一条　本协议的目的

一、本协议旨在简化两国高等教育机构颁发给学生的学位证书的相互承认。中华人民共和国教育部和大不列颠及北爱尔兰联合王国教育与就业部将负责指定适当的机构，提供有关互认信息，并根据各自国家的法律和实践提出具体建议。

二、双方指定机构将对各自高等院校就高教办学和双方体系下的证书可比性提供建议和咨询，以促进学术交流和合作。

三、由于近年来中国高等教育机构的重大变化，大不列颠及北爱尔兰联合王国指定机构将会同中华人民共和国指定机构，向英方提供有关中方目前认可的高等院校的信息。

四、由于英国高等教育机构的独特机制以及由拥有学位授予权的高等院校颁发的各种学位证书，中华人民共和国指定机构将会同大不列颠及北爱尔兰联合王国指定机构，向中方提供有关英国政府目前认可的高等院校的信息。

五、针对本条第三款和第四款的有关内容，中方目前认可的拥有学士、硕士和博士学位授予权的中国高等院校名单，将作为附件附于本协议。英方目前认可的拥有学士、硕士和博士学位授予权的高等院校名单以及作为这些高等院校组成部分的“大学学院”名单将作为附件附于本协议。有关上述两名单的信息将由双方指定机构保存，定期更新，并通过外交途径通知对方。

第二条 适用范围

一、本协议适用于中方目前承认的拥有学位授予权的所有中国高等院校，英方承认的拥有学位授予权的所有英国高等院校（包括上述名单中的大学学院在内），以及拥有学位授予权的双方研究机构。

二、双方的指定机构将通过外交途径向对方提供各自最新的高等教育机构名单，并就双方认可的学位证书提供信息。

三、双方将尊重对方的高等教育机构按照其有关规定进行招生的自主权。

第三条 高等教育证书的范围和层次

一、在对中国和英国各地证书框架下的课程内容和证书说明做对比性研究的基础上，双方指定机构提出的建议将成为对双方学士、硕士和博士学位可比性的意见。相关信息将对等提供。

二、本协议不包括由中国高等教育机构颁发的大专学历证书以及由中国成人教育机构颁发的证书。对于上述证书的相互承认，将由双方在个案基础上进行。

三、在尚未拥有学位授予权但可以提供学位课程的中国高等院校和英国高等院校（上述大学学院除外）完成学位课程，而获得的学位，将在个案的基础上由双方认证。对于双方各自国家承认但尚未拥有学位授予权的上述高等院校的认证工作，双方将在今后讨论。

四、双方鼓励并支持两国高等教育机构在课程学分认可领域开展合作。

第四条 学位与考试

一、获得经认可的中国高等教育机构颁发的学士学位者在达到英国高校制定的招生条件的前提下，可以攻读研究生学位和/或进行职业学习。

二、中国硕士学位获得者应可以在具有以前相关的学习经历、完成相关的研究计划书以及满足英方学校的具体录取要求的前提下，申请在英国攻读博士学位。

三、已获得中国学士学位且成绩优异并顺利完成高质量论文或研究工作的学生，可以在满足英方学校的具体录取要求的前提下，直接攻读英国博士学位。

四、英国硕士学位获得者可在中国攻读相关领域的博士学位。

五、已获得英国（荣誉）学士学位且成绩优异者，根据中国高等教育机构的博士学位的相关规定，应可以参加中国博士生入学考试。

六、英国高等教育机构将保留根据其自身规定决定其所有学习课程所要求的考试成绩和等级的权利。

第五条 常设专家委员会

一、双方将成立一个常设专家委员会。该委员会成员来自双方指定机构，或由该机构提名。成员名单将通过外交渠道向对方提交。常设专家委员会的基本职能为：

（一）负责本协议带来的所有后续活动和讨论，包括必要时对细节问题的讨论。

（二）监控和简化双方指定机构和其他相关组织之间的合作，保证两国互认机制的持续发展和信息交流。

二、常设委员会将根据经双方指定机构同意的工作计划，每年召开一次年度会议，讨论有关问题。年度会议的地点通过外交渠道商定。

第六条　协议的有效期和效力

本协议将自双方签字之日起生效。双方均可在任何时间以书面形式提前三个月通知对方，终止协议。

本协议于二〇〇三年二月二十三日在北京签订，一式两份。每份均用中文和英文写成，两种文本同等作准。

附件：1. 中方院校名单（中文）（略）

2. 中方院校名单（英文）（略）

3. 英国最新机构名单（略）

中华人民共和国国家教育委员会和保加利亚人民共和国科学和高等教育部关于相互承认文凭、学位和证书的协议

（1990 年 6 月 23 日　北京）

中华人民共和国国家教育委员会和保加利亚人民共和国科学和高等教育部本着促进两国在高等教育方面合作的愿望，决定签订相互承认由两国教育机构颁发的文凭、学位和证书的协议。

第一条　签约一方将承认签约另一方教育机构颁发的文凭、学位和证书。

第二条　双方国家教育机构颁发的文凭、学位和证书获得者可以根据对方国的教育制度和具体规定，从事与文凭和证书相关的职业。

第三条　对方国家教育机构颁发的文凭、学位和证书获得者可以根据对方国教育制度和具体规定，在对方国注册入学学习。

第四条　对方国家教育机构颁发的文凭、学位和证书应与各自国家颁布的教育法规相符。

第五条　本协议自签订之日起生效。

本协议于一九九零年六月二十三日用中文和保加利亚文在北京签订，两种文本具有同等效力。

中华人民共和国国家教育委员会和罗马尼亚教育部关于相互承认高等教育学历、文凭和学位证书的协议

（1995 年 7 月 4 日　北京）

中华人民共和国国家教育委员会和罗马尼亚教育部（以下简称“双方”）本着促进两国在教育领域合作的愿望，根据 1994 年 7 月 12 日在布加勒斯特签署的《中华人民共和国国家教育委员会和罗马尼亚教育部一九九四年至一九九七年教育交流与合作协议》第十条规定，就相互承认高等教育学历、文凭和学位证书事宜，达成如下协议：

第一条

双方相互承认对方授权的高等院校及其他科研机构颁发的高等教育学历、文凭和学位。相互承认学历、文凭和学位的文件的制定应符合双方的法律规定。

第二条

相互承认中华人民共和国和罗马尼亚授权的高等院校及其他科研机构所颁发的高等教育学历、文凭和学位，旨在给与上述证书的获得者：

1. 开始或继续大学后的学习以便获得更高的学位，包括博士学位；
2. 其中一方给予的学位可在另一方得到承认。

第三条

双方授权的高等院校及其他科研机构所颁发的高等教育学历、文凭和学位，即意味着证书的持有者已获得了某一专业所要求的知识。这种承认并不意味着由一方颁发了学历、文凭和学位的人同时满足其它政府机构或是授权的职业机构所规定的执行上述职业活动的条件。

第四条

获得本协议的相互承认学历、文凭和学位的持有者在另一方享有在当地获得同等学历的同等待遇。

第五条

本协议不影响任何一方与第三国、地区性国家集团和国际组织签订的仍然有效的

条约、议定书、协定和公约。

第六条

双方将相互通报各自国家高等教育体系以及学位授予条件方面的变化情况。

第七条

本协议自双方完成各自国内的法律程序并相互通报对方之日起生效。

本协议于一九九五年七月四日在北京签署，一式两份，每份均用中文和罗马尼亚文写成，两种文本具有同等效力。

中华人民共和国政府和匈牙利共和国政府关于相互承认学历、学位证书的协议

（1997 年 12 月 2 日　北京）

中华人民共和国政府和匈牙利共和国政府（以下简称双方），依据 1987 年签署的《中华人民共和国和匈牙利共和国文化、科学及教育合作协定》第五款，就相互承认学历、学位证书事宜达成如下协议：

第一条

匈方承认中华人民共和国普通中等学校颁发的高中毕业证书，持该证书者有资格报考匈牙利共和国的高等院校。

第二条

匈方承认中华人民共和国中等专业学校颁发的毕业证书，持该证书者有资格按证书上注名的专业报考匈牙利共和国的高等院校。

第三条

匈方承认中华人民共和国高等院校或科研机构颁发的高等教育学历、学位证书。持此类证书者，可按证书上注明的专业在匈牙利进修、继续学习和申请学位。

第四条

中方承认匈牙利共和国颁发的普通中学毕业证书，持该证书者有资格报考中华人民共和国的高等院校。

第五条

中方承认匈牙利共和国高等院校颁发的高等教育学历、学位证书。持此类证书者，有资格按证书上注明的专业在中华人民共和国进修、继续学习和申请学位。

第六条

本协议适用于在中华人民共和国境内依法建立的教育机构颁发的国家承认的学历、学位证书以及在匈牙利共和国境内依法建立的教育机构颁发的国家承认的学历、学位证书。

第七条

本协议所规定的对学历、学位证书的承认将保证所述证书的持有者进一步深造时享有同等权利，但不能解除其在双方国家境内报考教育机构、申请学位时对证书持有者的其它一般性要求。

第八条

双方将互相通报各自教育体制改革以及颁发学历、学位证书的名称、式样和条件方面的变化。双方将互相通报本协议的执行情况。

第九条

本协议不触及每一缔约方与第三国、地区性国家集团和国际组织签订的仍有效力的条约、议定书、协议和公约。

第十条

本协议签字后，经双方政府批准，并通过外交途径通知对方后生效。

本协议有效期五年。协议终止前至少六个月，签约双方任何一方未提出书面的终止协议的要求，本协议自动延期一年。

当本协议终止时，其条款继续适用于在协议终止前颁发的上述各条款所提及的证书以及在本协议终止前来到中国人民共和国或匈牙利共和国学习和申请学位者，其获得的学历、学位证书将根据本协议的规定予以承认。

本协议于 1997 年 12 月 2 日在北京签署，一式两份，分别用中文和匈牙利文写成，两种文本具有同等效力。

中华人民共和国政府与荷兰王国政府关于相互承认高等教育学位证书及入学的协议

（2005 年 5 月 30 日　北京）

为促进中荷科学和教育领域的合作，方便学生交流，并提高中荷教育合作的质量，中华人民共和国政府与荷兰王国政府达成如下协议：

第一条　范围和目的

1. 本协议旨在方便两国学生赴对方国家高校学习，相互承认高等教育机构颁发的学位证书。

2. 本协议范围仅限于两国的学位课程。

3. 本协议充分尊重两国教育机构的自主权以及接收高校依据有关规定制订的录取条件，例如接收能力或语言要求。

4. 本协议旨在鼓励两国相关机构努力承认两国为高等教育入学所颁发的证书，除非颁发证书的国家与对方国家对入学的一般要求有本质的不同。

5. 本协议不影响现行的国内法律法规。

第二条　关于高等教育学位

1. 在中国本协议所涉及的高等教育学位包括：

- 学士学位（全日制 4 学制）
- 硕士学位（4 年学士学习 +2 –3 年硕士学习）
- 博士学位（4 年学士学习 +2 –3 年硕士学习 +3 –4 年博士学习或学士 +5 –6 年博士学习）

中国的博士学位主要指在原创性研究基础上完成论文并公开答辩后获得的研究学位。博士学位可由国家批准的大学或研究机构授予。

2. 在荷兰，本协议所涉及的高等教育学位包括：

- 学士学位
- 硕士学位

- 博士学位

荷兰提供学位课程的高等院校有三类：

- 专业教育大学（hogeschool）
- 研究大学（Universiteit）
- 国际教育机构（Instelling Voor International Onderwijs）

上述高等院校及其开设的获认证的学士及/或硕士课程在高等教育课程注册中心注册。

学士课程由专业教育大学和研究大学提供；硕士课程由研究大学、专业教育大学和国际教育机构提供。

获认证的课程要求：

- 学士学位须修完180个学分（研究大学）或240个学分（专业教育大学）；
- 硕士学位须在获得学士学位后再修完60－180个学分。

博士学位主要指在四年制的博士学位课程框架内或独立进行的原创性研究基础上完成论文并公开答辩后获得的研究学位。博士学位可以由研究性大学或经荷兰教育、文化和科学部大臣批准的其他教育机构授予。攻读博士学位应当具有硕士学位，但博士管理委员会可批准特例。

第三条　高等院校入学要求

1. 在中国

1）申请中国大学学士学位课程的荷兰学生须获得普通高中毕业证书并具备荷兰高校入学资格。

2）申请中国大学硕士学位课程的荷兰学生须获得相应的学士学位。

3）申请中国大学博士学位课程的荷兰学生须获得相应的硕士学位。

4）荷兰高校的学士、硕士课程在读生可以申请到中国的相关高校继续学习并取得相应学位。

各高校可自主决定学生是否录取，并对个案设立附加要求。

2. 在荷兰

1）申请荷兰专业教育大学第一年学士课程的中国学生须证明已通过会考和高考，或荷兰专业教育大学认可的类似入学考试，并已备录取进入所选专业第一年学习。

2）申请荷兰研究大学第一年学士课程的中国学生须证明已通过会考和高考并已被录取进入所选专业第一年学习。个案可设立附加要求。

3）修完2－3年专科课程的中国学生可被荷兰高校录取，（主要在职业教育领域）进入相关专业学习第3－4年的课程。

4）申请荷兰大学硕士学位课程的中国学生须获得相应专业的学士学位。根据其学士课程的方向，硕士课程可能附带过渡课程。

5）申请荷兰大学博士学位课程的中国学生须获得相应专业的硕士学位。

6）中国高校的学士、硕士课程在读生可以申请到荷兰的相关高校继续学习并取得相应学位。

各高校可自主决定学生是否录取，并对个案设立附加要求。

第四条 学位申请

1. 中国下列学位获得者：

学士（bachelor）

硕士（master）

上述学位在标注英文解释后可以在荷兰适用；

博士（doctor）

表示在中国该学位与博士学位级别等同。

2. 荷兰下列学位获得者

学士（xueshi）

硕士（shuoshi）

博士（boshi）

上述学位在标注中文解释后可以在中国使用。

第五条 适用区域

对于荷兰王国，本协议仅适用于其欧洲部分的领土。

第六条 本协议生效、有效期及终止

1. 本协议自双方通知对方完成各自相关法律程序后第二个月第一天起生效。

2. 双方均可在任何时间以书面形式通过外交途径提前六个月通知对方终止该协议。

本协议于二〇〇五年五月三十日在北京签署，一式两份。每份均用中文、英文和荷文写成，三种文本同等有效。

中华人民共和国政府和葡萄牙共和国政府关于相互承认高等教育学历、学位证书的协定

（2005 年 1 月 12 日　北京）

中华人民共和国政府和葡萄牙共和国政府（以下简称双方）

基于 1982 年 4 月 8 日在北京签署的《中华人民共和国政府和葡萄牙共和国政府文化和科技合作协定》；

基于 2001 年 6 月 27 日签署的关于鼓励双方教育机构，特别是高等教育机构开展直接交流和长期合作，并在教育领域进行资料和信息交流及互相参加对方举办的研讨会及其他学术活动的《文化交流计划》；

以及 2002 年 7 月 12 日中华人民共和国教育部长与葡萄牙共和国科学和高等教育部长签署的《合作备忘录》；

为推动两国间学生和教师交流，并加强两国间在高等教育和科技领域业已存在的合作；

双方达成如下协定：

第一条　目的

本协定旨在为以下情况创造条件：

（一）加深对双方高等教育制度的相互了解；

（二）为双方承认对方高等教育机构颁发的学位提供便利；

（三）为双方学生到对方国家继续接受高等教育提供便利；

（四）为双方学生到对方高等教育机构留学提供方便；

（五）发展双方高等教育机构间的合作。

第二条　范围

本协议适用于：

（一）在中华人民共和国方面包括：学士、硕士和博士学位（以下简称学位），以及经国家审批且具有相应权利可以颁发上述一种或几种学位的高等教育机构和研究机

构（以下简称机构）；

（二）在葡萄牙共和国方面包括：学士、硕士和博士学位（以下简称学位），以及国立或国家承认的、依法可以颁发上述一种或几种学位的高等教育机构（以下简称机构）。

第三条 信息

一、双方将通过根据第六条第二款指定的机构，通过外交途径向对方提供以下详细信息：

（一）本国教育体制，特别是高等教育体制情况；

（二）国家承认的、有颁发学位资格的教育机构及学位设置情况；

（三）学位承认的相关法规和程序以及负责学位认可的机构。

二、有关信息将根据第六条第二款指定的机构保存。

三、如果已通报的信息有改变，将根据第三条第一款的规定定期更新。

第四条 学位认可

一、学位认可工作由双方有关机构按照各自国家现行的法规办理。

二、双方承诺将鼓励和支持本国有关机构认可在对方国家取得的学位，以方便学生继续深造。

三、双方根据各自国家相关法律就从事职业活动的许可做出决定。

第五条 学习经历认可

一、学习经历认可工作由双方有关机构按照各自国家现行的法规办理。

二、双方承诺鼓励和支持本国有关机构认可留学人员在对方国家取得的学习经历。

第六条 实施机构

一、本协定实施机构为：

（一）中华人民共和国方面：教育部

（二）葡萄牙共和国方面：科学、创新和高等教育部

二、上述两个机构将另行商定学历学位互认工作的相关原则和操作程序，在此基础上，第四条第一款和第五条第一款所指机构根据本国现行的法律和法规负责学历学位互认的具体实施。

三、上述两个机构通过外交途径指定一个负责提供第三条所规定之信息的公共单位。

第七条 常设专家委员会

一、为跟踪本协定的执行情况，双方将成立一个常设专家委员会。

二、委员会成员由双方各自任命，每方最多6人。

三、委员会成员名单将通过外交途径通知对方。

四、应签约一方要求可举行委员会会议。

五、会议的时间和地点由双方通过外交途径商定。

第八条 生效

本协定将在签约双方完成各自国际必要的法律程序后通过外交途径书面通知对方。在对方收到对方最后一份照会30天后，协定正式生效。

第九条 有效期和废止

本协定自生效之日起有效期为五年。如任何一方未在本协定到期前至少六个月通过外交途径通知对方终止协定，期满后自动延长五年。

本协定于二零零五年一月十二日在北京签署，一式两份，用中文和葡文写成，两种文本同等作准。

中华人民共和国政府和意大利共和国政府关于互相承认高等教育学位的协议

（2005 年 7 月 4 日　北京）

中华人民共和国政府和意大利共和国政府（以下称为“双方”）同意就中华人民共和国和意大利共和国互相承认高等教育机构颁发的学历和学位证书达成如下协议：

第一条　目的及适用范围

一、本协议旨在规范两国学历和学位的互认，以方便学生进入和继续在对方国家的高等教育机构学习，并对在一国取得的学位证书在对方国家的使用进行规范。

二、本协议适用于在中华人民共和国和意大利共和国的高等教育机构根据各自相应规定取得的学历、学位证书。

三、根据本协议，“高等教育机构”包括：

（一）中国方面：由中国相应学位或教育管理机构批准的有权授予相应学位或颁发高等专科证书的高等学校和科学研究机构。

（二）意大利方面：国家法律承认的、有资格按照意大利共和国的法律颁发有法律效力的学位证书的公立和非公立的大学、大学级别的学院、理工大学以及高等音乐和艺术学院。

四、适用本协议的中国和意大利的高等教育机构的名单分别参见附件一和二，这两个附件是本协议的组成部分。

五、在高等教育机构废止或新建后，双方应该通过外交途径将高等教育机构名单的更新情况通知对方。

第二条　相应级别学位证书的确定

入读更高级别的课程，如果两国的教学计划（培训过程）不存在明显区别，认可下表中相应级别的学位证书。

中华人民共和国级别	意大利共和国级别
第一级	
Xueshi 学士 学制 4 -5 年	Laurea 学制至少 3 年，或 180ECTS 学分 Diploma Accademico Di Ⅰ Livello 高等音乐和艺术学院一级学位证书学制 3 年
第二级	
Shuoshi 硕士 学制 2 -3 年	Laurea Magistrale Laurea 后再度 2 年 Diploma Di Laurea 一二级连读，学制 4 -6 年 Diploma Accademico Di Ⅱ Livello 高等音乐和艺术学院二级学位证书
第三级	
Boshi 博士 学制 3 年	Dottorato Di Ricera 学制至少 3 年

第三条　为入读高等教育机构，而进行高级中等学校毕业证书的承认

为进入双方中一方的高等教育机构学习，必须持有另一方出具的高级中等学校毕业证书。如果该学生所在国家的教育体制要求进入大学必须通过资格考试，则该学生还需持有通过该资格考试的证明。

除此以外，如果接收国家有本国语言水平测试，有专门留给外国学生的名额，或是有名额限制的研究生课程需经选拔的，学生必须遵守这些规定。

如学生所学的高中课程中至少包括了三年制的对方国家语言课程，则可免于语言能力考试，并且不受针对外国学生的名额限制。

第四条　关于专科证书、学历以及考试的承认

持有中国高等教育机构（见附件一）有效专科证书，可申请入读意大利的第一级高等教育课程。申请者须提交其学历证书及经学校认定的课程考试证明，由意大利高等教育机构根本其获得的学分和所学课程内容进行评估，使其继续学业。

如果学生计划在另一国家的高等教育机构中继续其已经在本国开始的课程，在学生的要求下，两国互相承认由学生所在国高等教育机构出具的、能够证明其有效学期和通过相关课程考试的证明。

为方便接收国家的高等教育机构进行评估和公平的认定，学生所在国高等教育机构应提供相关证明。

有关考试和有效学期的等值认定权利，归属接收国家的大学。

对于接收国家的大学教学体系中规定的必修课程，如果学生在本国的大学中没有通过该课程的考试，则必须补考。

第五条　学位证书的承认，以入读更高级别的课程

双方同意，持有本国高等教育机构颁发的有效学位证书，并可凭此证书继续学习某一专业的更高级学位课程的学生，可以在另一国的大学中申请注册学习类似课程的更高级学位课程，其学位证书的认定，由接收国家的高等教育机构根据其获得的学分和所学的课程内容来进行相应的评估，使其继续学业。在必要的情况下，接收国家的大学可以要求学生补修相关课程。

实际注册将根据接收国家的法律规定，以及接收学校的教学体制对进入各课程的条件和要求来进行。

为评估和承认学生的学位证书，接收方还将考虑学生在其原来学校里取得的学历及大学进修课程的证明。

第六条　入读博士课程

学生在中国可以凭借硕士学位证书入读博士课程。在符合意大利入学规定的情况下，持有硕士学位证书者，可入读意大利的 Dottorato Di Ricera 课程。

学生在意大利可以凭借 Diploma Di Laurea 学位证书和 Laurea Magistrale 学位证书入读 Dottorato Di Ricera 课程。在符合中国入学规定的情况下，持有上述学位证书者，可入读中国的博士课程。

第七条　学位证书的使用

在两国中的一国的高等教育机构中取得学位证书的学生，有权根据本国的规定在另一国以全称或简称的形式适用该证书。

第八条　常设专家混委会

一、双方同意建立一个常设专家混委会，其任务如下：

（一）讨论和解释在本协议实施过程中出现的问题；

（二）如一方或双方的大学体制因为国家法律和国际义务的规定发生本质的改变，对本协议进行定期更新。

二、为组成常设专家混委会，各方均可制定最多六人，并通过外交渠道将名单通知对方。

三、常设专家混委会应双方中一方的申请进行会晤，会晤地点通过外交渠道商定。

四、关于本协议的解释和由常设专家混委会对协议进行的定期更新，将在双方通过外交渠道交换照会后生效。

第九条　有效期与生效

双方以照会形式相互通知和已履行使本协议生效所需的国内法律程序。本协议自最后一份照会发出之日起六十天后生效，无限期有效。

协议各方可随时终止本协议。协议的终止将在通知送达另一方六个月后生效。

如学位证书的所有者在协议终止之前提出申请，其权利将得到保障。

本协议于二〇〇五年七月四日在北京签署，一式两份，每份均用中文与意大利文写成，两种文本同等作准。

附件：（略）

中华人民共和国政府与瑞典王国政府关于高等教育领域合作的框架协议

（2006年9月14日　斯德哥尔摩）

中华人民共和国政府与瑞典王国政府（以下简称“双方”）希望共同促进两国之间业已存在的合作与学术交流。

双方就高等教育合作达成协议如下：

第一条　协议的性质

一、本协议旨在明确上述合作与学术交流的条件，并对协议的具体执行提供指导。

二、本协议主要明确以下两个方面：

（一）明确双方高等教育学位学历评估与认可的程序，以便双方持高等教育学位学历证书的学生到对方国家继续学习；

（二）明确双方关于合同教育的条例和规定，以便双方在该领域取得完全共识。

第二条　合作领域

一、本协议第一条中提到的合作与学术交流应包括以下内容：

（一）高等教育学生交流，包括博士研究生的交流；

（二）学术和行政人员的交流；

（三）双方高等院校和其他研究机构之间的合作项目；

（四）合同教育。

二、双方将鼓励两国的相关机构，如高等院校或其他研究机构，签署合作协议。在合同教育方面，高等院校也可以同公共实体（即法人）签署合作协议。

第三条　双方认可的教育机构

本协议涉及所有瑞典政府承认的具有学位授予权的高等院校和科研机构，以及所有中国政府批准的具有相应学历学位授予权的高等院校和科研机构。双方将就新承认的机构交换信息。

第四条　中国与瑞典学位学历互认事宜

一、在符合双方有关规定和满足接收学校录取条件的前提下，具备本国高等院校入学条件的双方学生均可申请到对方国家高等院校就读。

二、在具备相关学习经历、完成相关研究，并在符合双方有关规定和满足接收学校录取条件的前提下，具备本国申请博士研究资格的双方学生均可申请到对方国家高等院校攻读博士学位。

三、双方高等院校和研究机构将保留根据相关条例来决定其所有课程规定的考试成绩和等级的权利。

第五条　前提条件和法律框架

一、双方的合作将遵守两国相关法律、法规和两国均参加的国际条约的相关规定。

二、双方尊重和认可对方高等院校和研究机构根据相关规定在评定申请人资格和录取工作方面的自主权。

三、双方各自国家的学位结构、相关规定和程序的概要将作为本协议的两个附件。

第六条　协议的修订

一、双方可在任何时候通过书面形式达成一致后，对本协议内容进行修订。

二、双方可根据需要对附件内容进行修改，并应书面通知对方修改内容。

第七条　协议推广和信息交流

一、双方负责在各自国家将合作框架协议推广到各自国家承认的高等院校和研究机构。

二、为了促进双方教育合作与交流活动的不断发展，双方对进行持续对话与信息交流的必要性达成一致。除需要时可进行非正式对话外，双方将委托各自在对方的使馆作为主要的对话机构。

第八条　财政支出

双方各自承担因履行本协议所产生的费用。

第九条　协议实施和有效期

一、本协议自双方签字之日起生效。双方均可在任何时间提出终止本协议，本协议自书面通知发出之日起六个月后终止。

二、本协议的终止将不影响在本协议终止时尚未完成的项目。

本协议经各自政府正式授权代表签署，以资证明。

本协议于2006年9月14日在斯德哥尔摩签订，一式两份，每份均用中文、英文和瑞典文写成，三种文本同等作准，如遇对文本的解释产生分歧，以英文版本为准。

与非洲国家和地区签署的学历学位互认协议

中华人民共和国政府和毛里求斯共和国政府关于相互承认证书、学位和职称的协议

（1992年11月17日　路易港）

为加强中华人民共和国和毛里求斯共和国之间业已建立起来的友好合作关系，促进两国高等教育事业的发展与交流，中华人民共和国政府（以下简称中方）和毛里求斯共和国政府（以下简称毛方），就相互承认证书、学位和职称事宜达成如下协议：

第一条　中方承认毛里求斯普通和技术教育中等学校颁发的高中毕业证书。持此类证书者，可按中方高等院校的有关规定，报考中国的高等专科、本科院校。

第二条　毛方承认中国普通中学颁发的高中毕业证书。持此类证书者，可按毛方高等院校的有关规定，报考毛里求斯的高等专科、本科院校。

第三条　中方承认毛里求斯高等院校授予的高等教育证书学士、硕士和国家博士学位。持此类学位、证书者，可按中国高等院校和科研机构的规定，报考中国高等院校和科研机构的硕士研究生、博士研究生，或从事教学和研究工作。

第四条　毛方承认中国高等院校授予的高等教育证书、学士、硕士和博士学位。持此类证书者，可按毛里求斯高等院校的规定，报考毛里求斯高等院校的硕士研究生、国家博士研究生，或从事教学和研究工作。

第五条　中方承认毛方认可颁发的国家工程师、医师、口腔医师、药剂师、兽医师以及其他专业证书。持此类证书者，可按中国的有关规定，按同等资格申请到中国高等院校或其他单位从事大学后学习和科研工作。

第六条　毛方承认中方认可颁发的工程师、医师、口腔医师、药剂师、兽医师以及其他专业证书。持此类证书者，可按毛里求斯的有关规定，按同等资格申请到毛里求斯高等院校或其他单位从事大学后学习和科研工作。

第七条　双方相互承认对方国家高等院校授予其教师的职称。据有此类职称者，到对方国家高等院校任教和从事科研工作，享有与所在国相同之称教师的同等待遇。

第八条　双方同意及时向对方通报各自国家教育体制改革以及变更颁发证书、学位和职称方面的信息和资料。

本协议自签字之日起生效。如有一方提出异议，双方可以重新进行审议。

本协议于一九九二年十一月十七日在路易港签署，一式两份，每份均用中文和英文写成，两种文本具有同等效力。

中华人民共和国政府和喀麦隆共和国政府关于相互承认文凭、职称和学位证书的协议

（1994 年 5 月 4 日　北京）

为加强中华人民共和国和喀麦隆共和国之间业已建立起来的友好合作关系，促进两国高等教育事业的交流与发展，由中国国家教育委员会主任代表的中华人民共和国政府（以下简称中方）和由喀麦隆高等教育部长代表的喀麦隆共和国政府（以下简称喀方），就相互承认文凭、职称和学位证书的事宜达成如下协议：

第一条　中方承认喀方颁发的高中毕业会考证书（Baccalaureat）和普通高级中学证书（General Certificate of Education Advanced Level）。持此类证书之一者，可按中方高等院校现行规定，申报中国的高等专科、本科院校。

第二条　喀方承认中方颁发的高中毕业证书。持此类证书并通过中国全国大学统考者，可按喀方高等院校的现行规定，申报喀麦隆的高等院校。

第三条　中方承认喀麦隆高等院校授予的大学学士（Licencet Bachelor）、硕士（Maitrise et Master）和博士学位。持此类学位证书者，可按中国高等院校和科研机构现行规定，分别申报中国高等院校和科研机构，攻读硕士和博士学位或从事教学和研究工作。

第四条　喀方承认中国高等院校授予的学士、硕士和博士学位，或科研机构授予的硕士和博士学位。持此类学位证书者，可按喀麦隆高等院校的规定，分别申报喀麦隆高等院校，攻读硕士或博士学位或从事教学和研究工作。

第五条　中方承认喀方认可颁发的工程师、医师以及其他职业技术文凭和证书。持此类文凭和证书者，可按中国的现行规定，按同等资格申请到中国高等院校或其它单位从事大学或大学后学习和科研工作。

第六条　喀方承认中方认可颁发的工程师、医师、口腔医师、药剂师、兽医师以及其他职业技术文凭和证书。持此类文凭和证书者，可按喀方现行规定，按同等资格申请到喀麦隆高等院校或其他单位从事大学后学习和科研工作。

第七条　双方相互承认对方国家高等院校授予其教师的职称。具有此类职称者，

可到对方国家高等院校任教和从事研究工作。

第八条　双方同意按照本协议第一至第七条的规定，审议本国有关人员申请到对方国家高等院校学习、进修或从事教学和科研工作的资格。

第九条　双方同意应对方要求，尽量将课程设置、学习期限、考试制度、文凭、职称、学位证书的真实性等情况通报对方。

第十条　双方同意及时向对方通报各自国家改革高等教育体制以及变更高等院校颁发证书、学位和职称方面的信息和资料。

本协议自双方代表签字之日起生效。如一方要修改或废除，需提前六个月以照会形式通知另一方。

本协议于 1994 年 5 月 4 日在北京签署，一式两份，每份均用中文和法文写成，两种文本具有同等效力。

中华人民共和国政府和阿尔及利亚民主人民共和国政府关于相互承认证书、学位和职称的协议

（1991 年 11 月 14 日　北京）

为加强中华人民共和国和阿尔及利亚民主人民共和国之间业已建立起来的友好合作关系，促进两国高等教育事业的发展与交流，中华人民共和国政府（以下简称中方）和阿尔及利亚民主人民共和国政府（以下简称阿方），就相互承认证书、学位和职称事宜达成如下协议：

第一条　中方承认阿尔及利亚普通和技术教育中等学校颁发的高中毕业证书。持此类证书者，可按中方高等院校的有关规定，报考中国的高等专科、本科院校。

第二条　阿方承认中国普通中学颁发的高中毕业证书。持此类证书者，可按阿方高等院校的有关规定，报考阿尔及利亚的高等专科、本科院校。

第三条　中方承认阿尔及利亚高等院校授予的高等教育证书、学士、硕士和国家博士学位。持此类学位、证书者，可按中国高等院校和科研机构的规定，报考中国高等院校和科研机构的硕士研究生、博士研究生，或从事教学和研究工作。

第四条　阿方承认中国高等院校授予的学士、硕士和博士学位。持此类学位证书者，可按阿尔及利亚高等院校的规定，报考阿尔及利亚高等院校的硕士研究生、国家博士研究生，或从事教学和研究工作。

第五条　中方承认阿方认可颁发的国家工程师、医师、口腔医师、药剂师、兽医师以及其他专业证书。持此类证书者，可按中国的有关规定，按同等资格申请到中国高等院校或其他单位从事大学后学习和科研工作。

第六条　阿方承认中方认可颁发的工程师、医师、口腔医师、药剂师、兽医师以及其他专业证书。持此类证书者，可按阿尔及利亚的有关规定，按同等资格申请到阿尔及利亚高等院校或其他单位从事大学后学习和科研工作。

第七条　双方相互承认对方国家高等院校授予其教师的职称。具有此类职称者，到对方国家高等院校任教和从事研究工作，享有与所在国相同职称教师的同等待遇。

第八条 双方同意按照本协议第一至第七条的规定，审议本国有关人员申请到对方国家高等院校学习、进修或从事教学和研究工作的资格。

第九条 双方同意及时向对方通报各自国家改革高等教育体制以及变更高等院校颁发证书、学位和职称方面的信息和资料。

本协议一式两份，每份均用中文和法文写成。

本协议的阿文文本将由阿方通过外交途径向中方提出。

三种文本经两国政府正式签署后生效，三种文本具有同等效力。

本协议于一九九一年十一月十四日由中华人民共和国国家教育委员会和阿尔及利亚民主人民共和国大学部代表在北京草签。

中华人民共和国国家委员会和阿拉伯埃及共和国和高教部关于相互承认学历、学位证书的协议

（1997 年 11 月 17 日　开罗）

中华人民共和国国家教育委员会和阿拉伯埃及共和国高教部（以下简称双方）本着促进两国在教育领域交流与合作的愿望，就相互承认学历、学位证书事宜达成如下协议：

第一条

埃方承认中华人民共和国普通中等学校颁发的高中毕业证书，持有该证书者有资格报考埃及的高等学校。

第二条

埃方承认中华人民共和国中等专业技术学校颁发的毕业证书，持该证书者有资格按证书上注明的专业及所具专业水平报考埃及的高等院校。

第三条

埃方承认中华人民共和国高等院校或科研机构颁发的高等教育学历、学位证书。持此类证书者，可按证书上注明的专业及所具专业水平在埃及进修、继续学习和攻读学位。

第四条

中方承认在埃及颁发的普通中等教育毕业证书，持该证书者有资格报考中华人民共和国的高等院校。

第五条

中方承认埃及颁发的高等教育学历、学位证书。持此类证书者，有资格按证书上注明的专业方向或专业、学位或所具专业水平在中华人民共和国进修、继续学习和攻读学位。

第六条

本协议适用于经中华人民共和国国家教育主管部门批准建立的教育机构颁发的国

家承认的学历、学位证书以及在埃及境内颁发的中国样式的学历、学位证书。

第七条

本协议所规定的对学历证书的承认将保证所述证书的持有者进一步深造时享有同等权利，但不能解除其在双方境内报考教育机构、申请学位时对证书持有者的其它一般性要求。

第八条

双方将互相通报各自教育体制改革以及颁发学历、学位证书的名称和条件方面的变化，并将努力对本协议进行进一步补充和详细规定。

第九条

本协议不触及每一缔约方与第三国、地区性国家集团和国际组织签订的仍有效力的条约、议定书、协议和公约。

第十条

本协定自签字之日起生效。

当本协议终止时，其条款继续适用于在协议终止前颁发的上述各条款所提及的证书以及在协议终止前来到中华人民共和国或埃及学习和申请学位者。其获得的学历证书将根据本协议的规定予以承认。

本协定于 1997 年 11 月 17 日在开罗签署，一式两份，每份均用中文和阿拉伯文写成，两种文本具有同等效力。

中华人民共和国政府和古巴共和国政府关于高等教育学历、文凭、证书的互认协议

（2008年11月18日　哈瓦那）

中华人民共和国政府和古巴共和国政府（以下简称“双方”）：

为了增进和发展两国人民之间的友谊并在高等教育领域内进行合作，

为了确立双方满意的相互承认高等教育文凭和学历的准则，

双方一致同意：

第一条

双方承认以下国家机构为主管单位：

（一）古巴共和国政府方面：高等教育部

（二）中华人民共和国政府方面：教育部

第二条

本协议涉及的是在古巴共和国高等院校完成高等教育程度学习，并获得相应学历、证书和文凭的中华人民共和国永久居民以及在中华人民共和国高等院校完成高等教育程度学习，并获得相应学历、证书和文凭的古巴共和国永久居民。

第三条

双方承认，由对方教育当局及其认可的学校正式颁发的普通中等教育证书、中等职业教育证书等其他相当于完成高中阶段教育的毕业证书，可作为等同于本国完成高中阶段相应学业的证明。

（一）在古巴共和国，完成12或13年级的学习：即6年小学、3年初中、3年或4年大学预科学校、技术学校或高级中学；以及完成12年级的学习后通过两年和两年以上中等技术军事学校及同类学校的学习，予以同等承认。

（二）在中华人民共和国，完成12年级的学习：即6年小学、3年初中、3年高中或中等职业学校的学习，予以同等承认。

（三）允许本条款第一段提及的文凭和证书持有人，进入对方国家承认的高等院校接受高等教育。

第四条

双方对等承认：

（一）由古巴共和国大学、高等学院、高等技术学院和高等国际学院向中国公民颁发的高等教育专业文凭和学士学位。

（二）由中华人民共和国大学和高等教育机构向古巴公民颁发的高等教育专业文凭和学士学位。

（三）本条款涉及的文凭，可允许持有人在两国进行研究生或者进修学习，并在符合各自国家法律法规的情况下，在各自国家从事其专业工作，但不存在双方为其提供劳动合同的义务。

第五条

双方有关机构向在古巴共和国的中国公民或在中华人民共和国的古巴公民颁发的作为科学等级的硕士、博士或理学博士学位，如符合两国所制订的法规，将予以承认。

第六条

中国公民在古巴获得的或古巴公民在中国获得的不同于本协议的其他相关项目的有关学业文凭，遵循各国现行法规的相关要求做出研究后，经主管教育当局确认、批准后，可以被承认为高等教育文凭。

第七条

双方同意相互交换教育信息、关于教育体制内发生的变化、以及一经批准后对本协议有影响的新法规。

第八条

双方采取必要的相应措施，以保障国家的有关部门履行本协议。

第九条

通过书面或外交渠道协商达成一致后，双方可对本协议进行修改。修改根据本协议第十三条规定的程序生效。

第十条

任何一方均可终止本协议，但须经外交渠道以书面方式通知对方。协议自对方确认接到通知之日起6个月后终止。

第十一条

双方应通过友好协商的方式，解决对本协议条款的解释或执行中出现的分歧。

第十二条

本协议不影响协议一方与其他第三国或国际组织签订的其他任何协定或协约。

第十三条

本协定自双方履行完国内相关法律程序并经由外交渠道相互书面通知之日起开始生效。

本协议有效期五年。如双方未表示异议，协议将被视为自动延长。

本协议于二〇〇八年十一月十八日在哈瓦那签订，一式两份，每份均用西班牙文和中文写成，两种文本同等作准。

中华人民共和国政府与秘鲁共和国政府关于相互承认高等学校的学位和学历证书的协定

（1991 年 12 月 13 日　北京）

根据一九八六年十一月四日在利马签订的《中华人民共和国政府与秘鲁共和国政府文化协定》第八条第六款的规定，中华人民共和国政府与秘鲁共和国政府就相互承认两国高等学校颁发的学位和学历证书事宜达成协定如下：

第一条

双方互相承认对方主管高等教育机构批准或注册的高等学校颁发的学位和学历证书。

双方将根据各自国家的有关法律和规定颁发学位和学历证书。

第二条

持有中方承认的秘鲁高等学校办法的大学毕业证书、学士或硕士学位及博士学位证书的秘鲁公民有资格按照中方有关规定申请到中华人民共和国高等学校进修学习或攻读学位。

持有秘方承认的中国高等学校办法的大学毕业证书、学士或硕士学位及博士学位证书的中国公民有资格按照秘方有关规定申请到秘鲁共和国高等学校进修学习或攻读学位。

第三条

申请到对方国家高等学校攻读硕士或博士学位应按协定双方各自在这方面的有关法律及规定执行。

第四条

双方应交换两国高等学校教育制度的信息和随时发生变动的情况，交换主管高等教育机构批准或注册的高等学校名单。

第五条

该协定为一九八六年十一月四日签订的《中华人民共和国政府与秘鲁共和国政府

文化协定》的补充协定，双方的有关机构保证其各大学行此协定并根据此协定录取进修生或研究生。

本协定自签字之日起生效，有效期五年，如缔约一方在本协定期满前五个月未以书面通知对方终止协定，则本协定将自动延长。

本协定于一九九一年十二月十三日在北京签订，一式两份，每份都用中文和西班牙文写成，两种文本同等作准。

中华人民共和国教育部与加拿大不列颠哥伦比亚省关于相互承认高等/高中后教育的谅解备忘录

（2006 年 11 月 21 日　北京）

鉴于中华人民共和国教育部和加拿大不列颠哥伦比亚省（以下简称双方）自一九七三年中加学者交换项目设立以来一直积极开展教育和学术合作与交流；

鉴于双方希望促进各自管辖的政府认可的高等和高中后教育机构在国际交流领域的发展；

鉴于双方愿意加强政府认可的高等/高中后教育机构之间的联系；

鉴于双方愿意推进在合作研究、高层次人才培养、学术交流、学生和教师交换等方面的合作；

鉴于加拿大教育事务由各省或各地区负责和管辖；

鉴于加拿大外交政策和相关国际义务由加拿大联邦政府负责和管辖；

双方达成如下共识：

第一条　定义

在此谅解备忘录中：

一、“政府认可的高等/高中后教育机构”是指由协议各方确定、依照第二条第三款不断更新并公布的高等/高中后教育机构。

二、“谅解备忘录”是指中华人民共和国教育部和加拿大不列颠哥伦比亚省关于相互承认高等/高中后教育的谅解备忘录。

三、“双方”是指由中华人民共和国教育部部长代表的中华人民共和国教育部和由不列颠哥伦比亚省省长代表的不列颠哥伦比亚省。

四、“高等/高中后教育机构”是指大学、大学的学院、高中后学院和研究所以及颁发学士和硕士学位、证书/文凭的职业/技术院校。

第二条　宗旨

一、推动各自管辖的政府认可的高等/高中后教育所颁发的文凭、证书和学位的相互承认。

二、向各自管辖的政府认可的高等/高中后教育机构提供有关教育合作机会的信息以促进双方的学术交流和合作。

三、交换双方政府认可高等/高中后教育机构的名单。双方决定将该信息定期维护和更新并向包括双方政府确定并不断更新的适用于本备忘录的高等/高中后教育机构以及其他致力于促进教育合作与交流的机构在内的公众公布。

第三条　机构职责

一、双方承认并尊重各自管辖的高等/高中后教育机构在学术、专业和技术课程招生方面所享有的自主权。

二、双方承认并尊重各自管辖的政府认可的高等/高中后教育机构，按照各自规定，对进入其各门课程学习所需的资格、入学年级和考试成绩保留决定权。

三、双方承认并尊重本备忘录中涉及的有关承诺视本章节所描述的机构职责而定。

第四条　备忘录适用范围

一、本备忘录适用于中华人民共和国政府认可的所有高等/高中后教育机构以及不列颠哥伦比亚省政府认可的所有高等/高中后教育机构。

二、双方促进学术交流以及学生和教师交换。

三、双方鼓励政府认可的高等/高中后教育机构之间学生已修学分的相互转换。

第五条　学位和招生

双方鼓励各自管辖的政府认可的高等/高中后教育机构间文凭、证书和学位的相互承认：

一、一方政府认可的高等/高中后教育机构的学士学位获得者，依据对方招生机构确定的具体要求，可被考虑攻读对方政府认可的高等/高中后教育机构硕士学位的研究生课程和（或）专业课程。

二、一方政府认可的高等/高中后教育机构的硕士学位获得者，依据对方招生机构确定的具体要求，可被考虑攻读对方政府认可的高等/高中后教育机构的博士学位。

三、一方政府认可的高等/高中后教育机构的学士学位获得者，如成绩优异并已顺利完成高质量的论文或研究工作，依据对方招生机构确定的具体要求，可被考虑攻读对方政府认可的高等/高中后教育机构的博士学位。

四、一方政府认可的颁发文凭和证书的高等/高中后教育机构的证书或文凭获得者，依据对方招生机构确定的具体要求，被考虑攻读对方政府认可的高等/高中后教育机构的本科院校学习。

第六条 信息服务

依照本备忘录，双方将考虑创建信息服务系统以促进双方的合作、信息交流以及本备忘录第二条所描述的宗旨的实现。

第七条 有效期和效力

本备忘录自双方签字之日起生效。经双方书面同意，可对本备忘录进行修订。任何一方可以书面方式提前六个月通知对方终止本备忘录。

本备忘录于二〇〇六年十一月二十一日在北京签署，一式两份。每份均用中、英文写成，两种文本均具有同等效力。

中华人民共和国教育部与加拿大安大略省关于相互承认高等/高中后教育的谅解备忘录

（2005 年 11 月 9 日　北京）

鉴于中华人民共和国教育部和加拿大安大略省（以下简称双方）自一九七三年中加学者交换项目设立以来一直积极开展教育和学术合作与交流；

鉴于双方希望促进具有学位授予权的高等/高中后教育和研究机构以及颁发文凭、证书和应用学位的高中后学院和高等技术/职业院校进一步向国际化方向发展；

鉴于加拿大教育事务由各省或各地区负责和管辖；

鉴于加拿大外交政策和涉及法律义务的国际协定由加拿大联邦政府管辖；

鉴于双方愿意加强政府认可的高等/高中后教育和研究机构之间的联系；

鉴于双方愿意发展颁发文凭、证书和应用学位的高中后学院和高等技术/职业院校之间的联系；

鉴于双方愿意推进在合作研究和高层次人才培养、学生和教师的学术交流与交换方面的合作；

双方一致同意：

第一条　宗旨

一、推动政府认可的具有学历和学位授予权的高等/高中后教育和研究机构以及颁发文凭、证书和应用学位的高中后学院和高等技术/职业院校所颁发的文凭和学位的相互承认。

二、向政府认可的具有学历和学位授予权的高等/高中后教育和研究机构以及颁发文凭、证书和应用学位的高中后学院和高等技术/职业院校提供信息以促进学术交流和合作。

三、交换政府认可的具有学历和学位的授予权的高等/高中后教育和研究机构，以及政府认可的颁发文凭、证书和应用学位的高中后学院和高等技术/职业院校的名单。该信息应定期维护和更新并公布于众，包括但不局限于政府认可的具有文凭和学位授予权的高等/高中后教育和研究机构以及颁发文凭、证书和应用学位的高中后学院和高等技术/职业院校以及其他致力于促进教育合作与交流的机构。

四、就本备忘录而言，“政府认可的机构”在安大略省是指获得安大略省日常经费资助的机构。

第二条　机构职责

一、双方承认并尊重高等/高中后教育机构和研究机构、高中后学院和高等技术/职业院校在其职权范围内开展学术、专业和技术课程招生方面的自主性。

二、双方承认并尊重由安大略省和中国政府认可的高等/高中后教育和研究机构，以及高中后学院和高等技术/职业院校决定参与各课程学习所要求的资格、入学年级和考试成绩等条件。

三、双方承认并尊重本备忘录中涉及的有关承诺视本章节所描述的机构职责而定。

第三条　备忘录适用范围

一、本备忘录适用于中国政府认可的所有具有学历和学位授予权的高等教育机构、经批准授予学位的科学研究机构及颁发文凭和证书的高等技术/职业院校；本备忘录适用于安大略省政府认可的所有具有学历和学位授予权的高中后教育机构以及颁发文凭、证书和应用学位的高中后学院和高等技术/职业院校。

二、双方将促进学生和教师的学术交流和交换。

三、双方鼓励政府认可的具有学历和学位授予权的高等/高中后教育和研究机构以及颁发文凭、证书和应用学位的高中后学院和高等技术/职业院校之间相互转换学生所修学分。

第四条　学位和招生

双方鼓励政府认可的具有学历和学位授予权的高等/高中后教育和研究机构，以及授予文凭、证书和应用学位的高中后学院和高等技术/职业院校，依据招生机构确定的具体要求，对以下情况予以考虑：

一、政府认可的高等/高中后教育机构的学士学位获得者攻读授予硕士学位的研究生课程和（或）专业课程。

二、政府认可的高等/高中后教育和研究机构的硕士学位获得者攻读博士学位。

三、已获得中国学士学位且成绩优异并顺利完成高质量论文或研究工作的学生，可以在满足安大略省学校具体录取要求的前提下，直接攻读安大略省博士学位。已获得安大略省学士学位且成绩优异者，根据中国高等教育机构博士学位的相关规定，可以参加中国博士生入学考试。

四、安大略省政府认可的颁发文凭、证书和应用学位的高中后学院和高等技术/职业院校文凭的获得者，进入中国本科学习

五、中国政府认可的颁发证书和文凭的高等专科学校及其他高等教育机构的证书获得者，进入安大略省本科学习。

第五条　有效期和效力

本备忘录自签字之日起生效。经双方同意，可对本备忘录进行修订。任何一方可以书面方式提前六个月通知对方终止本备忘录。

本备忘录于二〇〇五年十一月九日在北京签署，一式两份。每份均用中、英文写成，两种文本均具有同等效力。

中华人民共和国教育部与加拿大艾伯塔省关于相互承认高等/高中后教育的谅解备忘录

（2007 年 5 月 15 日　北京）

鉴于中华人民共和国教育部和加拿大艾伯塔省（以下简称双方）自一九七三年中加学者交换项目设立以来一直积极开展教育和学术合作与交流；

鉴于双方希望促进具有学位授予权的高等/高中后教育和研究机构以及颁发文凭、证书、应用学位和学位的高中后学院和高等技术院校在国际交流领域的发展；

鉴于加拿大教育事务由各省或各地区负责和管辖；

鉴于双方愿意加强政府认可的高等/高中后教育和研究机构之间的联系；

鉴于双方愿意发展颁发文凭、证书、应用学位和学位的高中后学院和高等技术院校之间的联系；

鉴于双方信任中华人民共和国和艾伯塔省已建立起的质量保障机制；

鉴于双方愿意推进在合作研究、高层次人才培养、学术交流、学生和教师交换等方面的合作；

双方一致同意：

第一条　宗旨

一、鼓励符合条件的具有学历和学位授予权的高等/高中后教育和研究机构以及颁发文凭、证书、应用学位和学位的高中后学院和高等技术院校相互承认其颁发的文凭和学位。

二、向符合条件的具有学历和学位的授予权的高等/高中后教育和研究机构以及颁发文凭、证书、应用学位和学位的高中后学院和高等技术院校提供信息，以促进学术交流和合作。

三、交换符合条件的具有学历和学位的授予权的高等/高中后教育和研究机构以及颁发文凭、证书、应用学位和学位的高中后学院和高等技术院校的名单。双方旨在合作维护和更新名单信息，并向上述机构以及其他致力于教育合作与交流的机构在内的公众公布。

四、就本备忘录而言，“符合条件的具有学历和学位的授予权的高等/高中后教育和研究机构以及颁发文凭、证书、应用学位和学位的高中后学院和高等技术院校”在中国是指中国政府认可的教育机构。

五、就本备忘录而言，“符合条件的具有学历和学位的授予权的高等/高中后教育和研究机构以及颁发文凭、证书、应用学位和学位的高中后学院和高等技术院校”在艾伯塔省是指所有获得该省经费资助的公立教育机构。

六、本备忘录的修正案或另一份单独的谅解备忘录（内容包括获得艾伯塔省部分经费资助并由该省指定的批准授予学位的私利非营利教育机构）可由双方日后协商确定。

第二条　机构职责

一、双方承认并尊重高中后教育和科研机构、高中后学院和高等技术院校依据其职权在学术、专业和技术课程招生方面所享有的自主权。

二、双方承认并尊重由在艾伯塔省和中国符合条件的高等/高中后教育和研究机构，以及高中后学院和高等技术院校对参加其各课程学习所需的资格、入学年级和考试成绩等条件所做的规定。

三、双方承认并尊重本备忘录中涉及的有关承诺视本章节所描述的机构职责而定。

第三条　备忘录适用范围

一、本备忘录适用于中国政府认可的所有符合条件的具有学历和学位授予权的高等和高中后教育机构、具有学位授予权的科研机构以及颁发文凭和证书的高中后教育机构和高等技术院校；本备忘录适用于艾伯塔省认可的所有符合条件的具有学历和学位授予权的高中后教育机构以及颁发文凭、证书、学位和应用学位的高中后学院和高等技术院校。

二、双方希望促进学生和教师的学术交流和交换。

三、双方鼓励符合条件的具有学历和学位授予权的高等/高中后教育和研究机构以及颁发文凭、证书、应用学位和学位的高中后学院和高等技术院校之间相互转换学生所修学分。

第四条　学位和招生

双方鼓励符合条件的具有学历和学位授予权的高等/高中后教育和研究机构，以及授予文凭、证书、应用学位和学位的高中后学院和高等技术院校，依据招生机构确定的具体要求，对以下情况予以考虑：

一、符合条件的高等/高中后教育机构的学士学位获得者攻读授予硕士学位的研究生课程或专业课程。

二、符合条件的高等/高中后教育和研究机构的硕士学位获得者攻读博士学位。

三、已获得中国学士学位且成绩优异并顺利完成高质量论文或研究工作的学生，可以在满足招生机构确定的具体要求的前提下，攻读艾伯塔省符合条件的教育机构的博士学位。

四、已获得艾伯塔省符合条件的教育机构的学士学位且成绩优异者，符合中国高等教育机构有关博士学位的相关规定，可以参加中国博士生入学考试。

五、中国政府符合条件的颁发文凭和证书的高等技术院校和高中后教育机构的证书获得者，依据招生机构确定的具体要求，进入艾伯塔省本科学习。

六、艾伯塔省符合条件的颁发文凭、证书和应用学位的高中后学院和高等技术院校文凭的获得者，依据招生机构确定的具体要求，进入中国本科学习。

第五条　有效期和效力

本备忘录仅代表双方对于普遍意图的申明，不构成任何形式的合同或其他法律协议。

本备忘录自签字之日起生效，有效期五年。经双方同意，可对本备忘录进行修订。任何一方可以书面方式提前六个月通知对方终止本备忘录。

本备忘录于二〇〇七年五月十五日在北京签署，一式两份。每份均用中、英文写成，两种文本均具有同等效力。

中华人民共和国教育部与加拿大新不伦瑞克省关于相互承认高等/高中后教育的谅解备忘录

（2006年5月30日　北京）

中华人民共和国教育部与加拿大新不伦瑞克省（以下简称双方）自一九七三年中加学者交换项目设立以来一直积极开展教育和学术合作与交流；

鉴于双方希望促进具有文凭和学位授予权的高等/高中后教育机构以及颁发文凭、证书和应用学位的高中后学院和高等技术/职业院校（以下简称高等教育机构）在国际交流领域的发展；

鉴于加拿大教育事务由各省或各地区负责和管辖；

鉴于双方在此合作框架下开展的各项合作项目所取得的令人满意的切实成果；

鉴于双方学生和毕业生到对方高等教育机构从事学习或研究活动的兴趣日益增长；

鉴于高等教育对于增进相互理解和信任的重要性；

鉴于教育体制的多样性反映了社会、文化、政治、宗教和经济的多样性；

鉴于双方愿意加强各自合作科研以及学生和研究人员的交流，并愿意提供到对方高等教育机构学习的机会；

鉴于双方愿意建立和加强政府认可的高等教育机构之间的联系，并增强其合作与国际交流；

鉴于双方尊重各自高等教育机构在招生时是否承认海外学历资格的自主权；

双方表明相互承认中国和加拿大新不伦瑞克省之间政府认可的高等教育机构的学历、学位和高等教育文凭的意愿；

为此，双方鼓励中国和加拿大新不伦瑞克省政府认可的高等教育机构相互承认对方政府认可的高等教育机构颁发的学分、学历、学位和文凭。

就本备忘录而言，双方欢迎中国和加拿大新不伦瑞克省政府认可的高等教育机构所授文凭或学位的获得者申请就读对方高等教育机构。

双方同意中国和加拿大新不伦瑞克省政府认可的高等教育机构所授高等职业教育文凭的获得者可以申请攻读对方学士学位；

双方同意新不伦瑞克省政府认可的高等教育机构所授学士学位的获得者可以申请攻读中国高等教育机构的硕士学位；

双方同意中国政府认可的高等教育机构所授学士学位的获得者可以申请攻读新不伦瑞克省高等教育机构的硕士学位；

双方同意新不伦瑞克省政府认可的高等教育机构所授硕士学位的获得者可以申请攻读中国高等教育机构的博士学位；

双方同意中国政府认可的高等教育机构所授硕士学位的获得者可以申请攻读中国高等教育机构的博士学位；

最后，双方表明中国和加拿大新不伦瑞克省高等教育机构保留依据自身法规决定各学习课程所需学历、等级和考试成绩的权利。

双方将交换各自政府认可的高等教育机构名单并及时更新。

就本备忘录而言，“政府认可的高等教育机构”在新不伦瑞克省是指获得加拿大新不伦瑞克省政府日常经费资助的机构。

双方愿意向对方提供各自教育体制及其政府认可的高等教育机构所授文凭和学位的相关性息。

本备忘录自签字之日起生效。经双方同意，可对本备忘录进行修订。任何一方可以书面方式提前六个月通知对方终止本备忘录。

本协议于二○○六年五月三十日在新不伦瑞克省签署，一式三份，分别用中、英、法文写成，三份文本均具有同等效力。

中华人民共和国教育部与加拿大曼尼托巴省关于相互承认高等/高中后教育的谅解备忘录

（2007 年 3 月 22 日　温尼伯）

前　言

鉴于中华人民共和国教育部和加拿大曼尼托巴省（以下简称双方）自一九七三年中加学者交换项目设立以来一直积极开展教育和学术合作与交流；

双方希望促进具有学位授予权的高等/高中后教育和研究机构以及颁发文凭、证书和应用学位的高中后学院和高等技术/职业院校在国际交流领域的发展；

双方认识到加拿大教育事务由各省或地区负责和管辖；

双方愿意加强政府认可的高等/高中后教育和研究机构之间的联系；

双方愿意发展颁发文凭和证书的高中后学院和高等技术/职业院校之间的联系；

双方愿意推进在合作研究和高层次人才培养、学生和教师的学术与人员交流方面的合作；

双方正式达成如下意向：

第一条　宗旨

一、推动政府认可的具有学历和学位授予权的高等/高中后教育和研究机构以及颁发文凭和证书的高中后学院和高等技术/职业院校所颁发的文凭和学位的相互承认。

二、向政府认可的具有学历和学位授予权的高等/高中后教育和研究机构以及颁发文凭和证书的高中后学院和高等技术/职业院校提供信息以促进学术交流与合作。

三、交换政府认可的具有学历和学位授予权的高等/高中后教育和研究机构，以及政府认可的颁发文凭和证书的高中后学院和高等技术/职业院校的名单。

四、对第三款中所提及的信息予以定期维护和更新并公布于众，包括但不局限于本备忘录所涉及的教育机构，以及其它致力于推动教育合作与交流的组织。

第二条　备忘录适用范围

一、本备忘录适用于中华人民共和国政府认可的所有具有学历和学位授予权的高等教育机构、所有授予硕士及以上学位的研究机构、以及颁发文凭和证书的高中后学院和高等技术/职业院校；本备忘录适用于加拿大曼尼托巴省政府高等教育与培训部认可的所有具有学历和学位授予权的高中后教育机构以及所有颁发文凭和证书的高中后学院和高等技术/职业院校。

二、双方尊重高等/高中后教育和研究机构和科研机构、高中后学院和高等技术/职业院校依据其职权在学术、专业和技术课程招生方面所享有的自主权。

三、双方鼓励学生和教师的学术和人员交流。

四、双方鼓励政府认可的具有学历和学位授予权的高等/高中后教育和研究机构以及颁发文凭和证书的高中后学院和高等技术/职业院校之间进行学生已修学分的相互转换。

第三条　学位和招生

一、政府认可的高等/高中后教育机构的学士学位获得者，依据招生机构确定的具体要求，可获攻读授予硕士学位的研究生课程和/或专业课程的资格。

二、政府认可的高等/高中后教育和研究机构的硕士学位获得者，据招生机构确定的具体要求，可获取攻读博士学位的资格。

三、政府认可的授予学位机构的学士学位获得者，如成绩优异并已顺利完成高质量的论文或研究工作，据招生机构确定的具体要求，可获攻读博士学位的资格。

四、中国政府认可的颁发文凭和证书的高中学院和高等技术/职业院校的文凭获得者，依据曼尼托巴省招生机构确定的具体要求，可进入本科学习。

五、曼尼托巴省政府认可的颁发文凭和证书的高中学院和高等技术/职业院校的文凭获得者，依据中国招生机构确定的具体要求，可进入本科学习。

六、中国政府和曼尼托巴省政府认可的高等/高中后教育和研究机构以及高中学院和高等技术/职业院校，依照各自规定，对参加其各门课程学习所需的资格、入学年级和考试成绩等条件保留决定权。

第四条　有效期和效力

本备忘录自签字之日起生效。经双方同意，可对本备忘录进行修订。任何一方可以书面方式提前六个月通知对方终止本备忘录。

本备忘录于二〇〇七年三月二十二日在温尼伯市签署，一式两份。每份均用中及英文写成，两种文本均具有同等效力。

中华人民共和国教育部与加拿大爱德华王子岛省关于相互承认高等/高中后教育的谅解备忘录

（2006 年 7 月）

鉴于中华人民共和国教育部和加拿大爱德华王子岛省（以下简称双方）自一九七三年中加学者交换项目设立以来一直积极开展教育和学术合作与交流；

鉴于双方希望促进具有学位授予权的高等/高中后教育和研究机构以及颁发文凭、证书和应用学位的高中后学院和高等技术/职业院校在国际交流领域的发展；

鉴于加拿大教育事务由各省或各地区负责和管辖；

鉴于加拿大外交政策和涉及法律义务的国际协定由加拿大联邦政府管辖；

鉴于双方愿意加强政府认可的高等/高中后教育和研究机构之间的联系；

鉴于双方愿意发展颁发文凭、证书和应用学位的高中后学院和高等技术/职业院校之间的联系；

鉴于双方愿意推进在合作研究、高层次人才培养、学术交流、学生和教师交换等方面的合作；

双方一致同意：

第一条　宗旨

一、推动政府认可的具有学历和学位授予权的高等/高中后教育和研究机构以及颁发文凭、证书和应用学位的高中后学院和高等技术/职业院校所颁发的文凭和学位的相互承认。

二、向政府认可的具有学历和学位授予权的高等/高中后教育和研究机构以及颁发文凭、证书和应用学位的高中后学院和高等技术/职业院校提供信息以促进学术交流和合作。

三、交换政府认可的具有学历和学位授予权的高等/高中后教育和研究机构，以及政府认可的颁发文凭、证书和应用学位的高中后学院和高等技术/职业院校的名单。该信息应定期维护和更新并向包括上述教育机构以及其他致力于促进教育合作与交流的机构在内的公众公布。

四、就本备忘录而言，“政府认可的机构”在爱德华王子岛省系指获得爱德华王子岛省日常经费资助的机构。

第二条　机构职责

一、双方承认并尊重高等/高中后教育和研究机构和科研机构、高中后学院和高等技术/职业院校依据其职权在学术、专业和技术课程招生方面所享有的自主权。

二、双方承认并尊重由中华人民共和国政府、爱德华王子岛省政府认可的高等/高中后教育和研究机构，以及高中后学院和高等技术/职业院校对参加其课程学习所需的资格、入学年级和考试成绩所做的规定。

三、双方承认并尊重本备忘录中涉及的有关承诺视本章节所描述的机构职责而定。

第三条　备忘录适用范围

一、本备忘录适用于中华人民共和国政府认可的所有具有学历和学位授予权的高等学校及经批准授予学位的科学研究机构、颁发文凭和证书的高等技术/职业院校和高中后教育机构；本备忘录适用于爱德华王子岛省政府认可的所有具有学历和学位授予权的高中后教育机构以及颁发文凭、证书、学位和应用学位的高中后学院和高等技术/职业院校。

二、双方将促进学术交流和学生、教师的交换。

三、双方鼓励政府认可的具有学历和学位授予权的高等/高中后教育和研究机构以及颁发文凭、证书和应用学位的高中后学院和高等技术/职业院校之间学生所修学已修学分的相互转换。

第四条　学位和招生

双方鼓励政府认可的具有学历和学位授予权的高等/高中后教育和研究机构，以及颁发文凭、证书和应用学位的高中后学院和高等技术/职业院校，依据招生机构确定的具体要求，对以下情况予以考虑：

一、政府认可的高等/高中后教育机构的学士学位获得者攻读授予硕士学位的研究生课程和（或）专业课程。

二、政府认可的高等/高中后教育和研究机构的硕士学位获得者攻读博士学位。

三、已获得中华人民共和国学士学位且成绩优异并顺利完成高质量论文或研究工作的学生，在满足爱德华王子岛省学校具体录取要求的前提下，有资格攻读爱德华王子岛省政府认可的教育机构的博士学位；已获得爱德华王子岛省政府认可的教育机构学士学位且成绩优异者，按照中华人民共和国高等教育机构有关博士学位授予的规定，有资格参加中华人民共和国博士生入学考试。

四、中华人民共和国政府认可的颁发文凭和证书的高等技术/职业学校和高中后教育机构的文凭获得者，进入爱德华王子岛省本科学习。

五、爱德华王子岛省政府认可的颁发文凭、证书和应用学位的高中后学院和高等技术/职业院校的文凭获得者，进入中华人民共和国本科学习。

第五条　有效期和效力

本备忘录自签字之日起生效。经双方同意，可对本备忘录进行修订。任何一方可以书面方式提前六个月通知对方终止本备忘录。

本备忘录一式两份。每份均用中、英文写成，两种文本均具有同等效力。

中华人民共和国教育部与加拿大诺瓦斯科舍省关于相互承认高等/高中后教育的谅解备忘录

（2007 年 4 月）

鉴于中华人民共和国教育部和加拿大诺瓦斯科舍省（以下简称双方）自一九七三年中加学者交换项目设立以来一直积极开展教育和学术合作与交流；

鉴于双方希望促进授予学位的高等/高中后教育和研究机构以及颁发文凭和证书的高中后学院和高等技术/职业院校进一步向国际化方向发展；

鉴于加拿大教育事务由各省或各地区负责和管辖；

鉴于加拿大外交政策和涉及法律义务的国际协定由加拿大联邦政府管辖；

鉴于双方愿意加强政府认可的高等/高中后教育和研究机构之间的联系；

鉴于双方愿意发展颁发文凭和证书的高中后学院和高等技术/职业院校之间的联系；

鉴于双方愿意推进在合作研究和高层次人才培养、学生和教师的学术交流与交换方面的合作；

双方一致同意：

第一条　宗旨

一、推动政府认可的具有学历和学位授予权的高等/高中后教育和研究机构以及颁发文凭和证书的高中后学院和高等技术院校/职业院校所颁发的文凭和学位的相互承认；

二、向政府认可的具有学历和学位授予权的高等/高中后教育和研究机构以及颁发文凭和证书的高中后学院和高等技术/职业院校提供信息以促进学术交流和合作；

三、交换政府认可的具有学历和学位授予权的高等/高中后教育和研究机构，以及政府认可的颁发文凭和证书的高中后学院和高等技术/职业院校的名单。该信息应定期维护和更新并公布于众；

四、就本备忘录而言，“政府认可的机构”在诺瓦斯科舍省是指获得诺瓦斯科舍省日常经费资助的机构。

第二条 机构职责

一、双方承认并尊重高等/高中后教育机构和研究机构、高中后学院和高等技术/职业院校依据其职权在决定学术、专业和技术课程招生方面所享有的自主权。

二、双方承认并尊重由中华人民共和国政府、诺瓦斯科舍省政府认可的高等/高中后教育和研究机构，以及高中后学院和高等技术/职业院校对参加其各课程学习所需的资格、入学年级和考试成绩等条件所做的规定。

三、双方承认并尊重本备忘录中涉及的有关承诺视本章节所描述的机构职责而定。

第三条 备忘录适用范围

一、本备忘录适用于中国政府认可的所有具有学历和学位授予权的高等教育机构及经批准授予学位的科学研究机构、颁发文凭和证书的高等技术/职业院校和高中后教育机构；本备忘录适用于诺瓦斯科舍省政府认可的所有具有学历和学位授予权的高中后教育机构以及颁发文凭和证书的高中后学院和高等技术/职业院校。

二、双方将促进学生和教师的学术交流和交换。

三、双方鼓励政府认可的具有学历和学位授予权的高等/高中后教育和研究机构以及颁发文凭和证书的高中后学院和高等技术/职业院校之间相互转换学生所修学分。

第四条 学位和招生

双方鼓励政府认可的具有学历和学位授予权的高等/高中后教育和研究机构，以及授予文凭和证书的高中后学院和高等技术/职业院校，依据招生机构确定的具体要求，对以下情况予以考虑：

一、政府认可的颁发文凭和证书的高中后学院和高等技术/职业院校文凭的获得者进入本科学习。

二、政府认可的高等/高中后教育机构的学士学位获得者攻读高级证书课程。

三、政府认可的高等/高中后教育机构的学士学位获得者攻读授予硕士学位的研究生课程和（或）专业课程。

四、政府认可的高等/高中后教育和研究机构的硕士学位获得者攻读博士学位。

第五条 有效期和效力

本备忘录自签字之日起生效。经双方同意，可对本备忘录进行修订。任何一方可以书面方式提前六个月通知对方终止本备忘录。

每份均用中、英文写成，两种文本均具有同等效力。

中华人民共和国教育部与加拿大魁北克省政府关于相互承认学历、学位和文凭的合作协议

（2005 年 9 月 23 日　北京）

中华人民共和国教育部与加拿大魁北克省政府根据中华人民共和国教育部外事司与加拿大魁北克省政府国际事务部于一九八〇年签署《关于教育交流的备忘录》以来双方发展的互利关系；

鉴于在此合作背景下双方开展的各个项目所取得的令人满意的实际成果；

鉴于双方学生和毕业生对在对方高等教育机构进行学习和研究兴趣的日益增长；

鉴于高等教育在增进双方相互信任和理解中所发挥的重要作用；

鉴于双方教育体制的多样性反映双方社会、文化、政治、宗教以及经济的多样性；

愿意促进双方开展合作研究及双方学生和研究人员的交流，并积极推动他们到对方高等教育机构进行学习和研究；

愿意建立并加强双方高等教育机构之间的联系，同时支持双方开展国际交流与合作；

承认魁北克省高等教育和专业机构对学历、学位和文凭承认的自主权；

承认双方于二〇〇五年九月二十三日签署的《关于教育和培训的合作谅解备忘录》；

双方愿意推动互认高等教育学历、学位和文凭的进程。

为此，双方鼓励各自高等教育机构在可能的情况下承认学生在对方政府认可的高等教育机构获得的学分、学历、学位和文凭。

通过此协议，双方邀请一方政府认可的高等教育机构授予的学位和（或）文凭的持有者申请到对方的高等教育机构就读。

双方建议：

魁北克省高等教育机构应对申请攻读硕士学位的中国学士学位的持有者予以考虑。

中国高等教育机构应对申请攻读硕士学位的魁北克省学士学位的持有者予以考虑。

魁北克省高等教育机构应对申请攻读博士学位的中国硕士学位的持有者予以考虑。

中国高等教育机构应对申请攻读博士学位的魁北克省硕士学位的持有者予以考虑。

双方确认在任何情况下，双方的主管机构将决定申请人的具体录取条件以及学生的注册专业。

双方将告知各自的高等教育机构此合作协议的签署情况。

双方将互呈主管机构认可的可授予学位和文凭的高等教育名单并及时更新。

双方同意向对方提供各自教育体制的信息及各自政府认可的高等教育机构颁发的学位和文凭信息。

本协议于二〇〇五年九月二十三日在北京签署。本协议一式两份。每份均用中文和法文写成，两种文本具有同等效力。

中华人民共和国教育部与加拿大萨斯卡彻温省关于相互承认高中后学历、促进学术、研究交流及学生交换的谅解备忘录

（2006年10月7日　北京）

鉴于中华人民共和国与加拿大于二〇〇五年九月共同建立了战略伙伴关系，旨在将双方业已稳定并富有成效的双边关系推向新高度；

鉴于中华人民共和国教育部与萨斯卡彻温省（以下简称双方）自一九七三年中加学者交换项目设立以来一直积极开展教育和学术合作与交流；

鉴于双方决定通过签署本谅解备忘录扩大合作，以推动相关教育机构在国际交流领域的发展；

双方一致同意：

第一条　适用范围

一、就本备忘录而言，“教育机构”是指在双方各自境内有政府认可的具有学位授予权的高等/高中后教育和研究机构以及颁发文凭和证书的高中后学院和高等技术/职业院校。

二、就本备忘录而言，“政府认可的机构”在萨斯卡彻温省是指获得萨斯卡彻温省政府日常经费资助的机构。

第二条　宗旨

一、推动适用于本备忘录的中华人民共和国和加拿大萨斯卡彻温省的教育机构所颁发的文凭、学位和证书的相互承认。

二、向上述教育机构提供信息以促进学术交流与合作。

三、交换中华人民共和国和加拿大萨斯卡彻温省教育机构的名单，定期维护和更新并向包括上述教育机构及其他致力于促进教育合作与交流的机构在内的公众公布。

第三条　机构职责

一、双方承认并尊重适用于本备忘录的教育机构所享有的自主权，以及他们在学术、专业和技术课程招生条件和要求方面享有的决定权。

二、双方将促进适用于本备忘录得教育机构之间的学术交流以及学生和教师的交换，但参与交流的相关教育机构仍将自行决定开展此类交流所需的条件和要求。

三、双方将鼓励适用于本备忘录得教育机构之间学生已修学分的相互转换，但参与学生学分转换的教育机构仍将自行决定学分转换所需的条件和要求。

第四条　学位和招生

依据招生机构确定的具体要求，上方将鼓励适用于本备忘录的教育机构对以下情况予以同意：

一、政府认可的高等/高中后教育机构的学士学位获得者有资格攻读授予硕士学位的研究生课程和（或）专业课程。

二、政府认可的高等/高中后教育和研究机构的硕士学位获得者有资格攻读博士学位。

三、已获得中华人民共和国学士学位且成绩优异并顺利完成高质量论文或研究工作的学生，有资格攻读萨斯卡彻温省政府认可的具有学位授予权的机构的博士学位。

四、已获得萨斯卡彻温省政府认可的具有学位授予权的机构的学士学位且成绩优异者，按照中华人民共和国有关博士学位的规定，有资格参加中华人民共和国博士生入学考试。

五、中华人民共和国政府认可的颁发文凭和证书的高中后学院和高等技术/职业院校的证书获得者，有资格到萨斯卡彻温省就读本科。

六、萨斯卡彻温省政府认可的颁发文凭和证书的高中后学院和高等技术/职业院校的证书获得者，有资格到中华人民共和国就读本科。

第五条　有效期和效力

一、本备忘录自双方签字之日起生效，有效期为五年。本备忘录到期前，经双方共同研究，决定是否续签、修订或终止。

二、本备忘录执行期间，经双方书面同意，可对本备忘录进行修订。任何一方均可以书面方式通知对方终止本备忘录。

第六条　备忘录性质

双方承认本备忘录的签署旨在记录当前双方的宗旨，不对任何一方产生或施加法律或财务权利或义务。

本备忘录于二〇〇六年十月七日在中华人民共和国北京签署，一式两份。每份均用中、英文写成。

与大洋洲国家和地区签署的学历学位互认协议

中华人民共和国政府与新西兰政府
关于相互承认高等教育学历和学位的协议

（2014 年 11 月 20 日　惠灵顿）

中华人民共和国政府和新西兰政府（以下简称“双方”）高度重视教育和科学研究在国家发展中的重要作用，深刻认识到双方高等教育学历学位互认为两国双边教育合作的突出贡献，以及对于加强两国人文交流的积极作用，希望通过签署双方《关于相互承认高等教育学历和学位的协议》（以下简称“本协议”）替代双方于二〇〇八年四月八日签署的《关于在高等教育领域内相互承认学历和学位的协议》（以下简称“2008 年协议”）。

经协商，双方达成如下共识：

第一条　协议宗旨

一、本协议旨在促进中国和新西兰两国对高等教育学历和学位的互认，以便学生进入对方国家的高等教育机构继续学习。

二、中国和新西兰学历学位结构介绍详见附件 1 和附件 2。

第二条　认可的教育机构

一、本协议适用于中国政府承认的具有学历学位授予资格的所有中国高等教育机构及研究机构，以及新西兰政府承认的具有高等教育学历学位授予权的所有新西兰高等教育机构。

二、双方尊重和承认两国高等教育机构根据相关规定，决定接受留学申请和评估留学资格的自主权。

三、双方鼓励并支持中国高等教育机构及研究机构与新西兰高等教育机构在课程学分转换方面开展合作。

第三条　中国教育机构毕业生进入新西兰高等教育机构学习

一、持有官方认可的中国高等教育机构颁发的学士学位证书者或者本科毕业证书者在满足新西兰学校具体录取要求的前提下，可申请攻读新西兰学士后文凭、研究生文凭或硕士学位。

二、持有官方认可的中国高等教育机构或研究机构颁发的硕士学位证书者，根据其学习经历和研究计划，在满足新西兰学校的具体录取要求的前提下，可申请攻读新西兰博士学位。

三、持有官方认可的中国高等教育机构或研究机构颁发的研究生学历证书者，根据其学习经历和研究计划，在满足新西兰学校的具体录取要求的前提下，可申请攻读新西兰博士学位。持有官方认可的中国高等教育机构或研究机构颁发的研究生水平毕业证书者，根据其学习经历和研究计划，在满足新西兰学校的具体录取要求的前提下，可申请攻读新西兰硕士或博士学位。

四、新西兰高等教育机构保留依据自身规定决定各学习课程、入学年级和考试成绩的权利。

第四条　新西兰高等教育机构毕业生进入中国高等教育机构或研究机构学习

一、持有官方认可的新西兰高等教育机构颁发的学士学位证书者，在满足中国高等教育机构或研究机构的具体录取要求的前提下，可申请攻读中国硕士学位。

二、持有官方认可的新西兰高等教育机构颁发的硕士学位证书者，根据其学习经历和研究计划，在满足中国高等教育机构或研究机构的具体录取要求的前提下，可申请攻读中国博士学位。

三、持有官方认可的新西兰高等教育机构颁发的学士荣誉学位或研究生文凭证书者，根据其学习经历和研究计划，在满足中国高等教育机构或研究机构的具体录取要求的前提下，可申请攻读中国博士学位。

四、中国高等教育机构或研究机构保留依据自身法规决定各学习课程入学年级和考试成绩的权利。

第五条　联合工作小组的磋商机制

根据二〇〇二年十二月九日在惠灵顿签订的《中华人民共和国教育部和新西兰教育部关于教育与培训的合作谅解备忘录》，双方于2002年设立联合工作组磋商机制。通过双方于2012年最近一次续签的《关于教育与培训的合作安排》，该机制得到进一步加强。双方同意将商讨本协议实施及发展情况作为联合工作组磋商会议的常规内容。

第六条　协议生效和期限

一、在双方签署本协议之日，双方将终止2008年协议，本协议将替代2008年协议。本协议自双方签字之日起生效，有效期为3年。

二、本协议经双方书面同意可予以修订或增补。任何一方可以书面方式提前6个月通知另一方终止本协议。

本协议于二〇一四年十一月二十日在惠灵顿签订，一式两份，每份均用中文和英文写成，两种文本同等作准。

附件 1

中国学历学位结构介绍

根据《中华人民共和国高等教育法》、《中华人民共和国学位条例》和《中华人民共和国职业教育法》，中国高等教育学历分为专科、本科和研究生，学位包括学士、硕士和博士。

一、专科

进入高等学校（包括大学、独立设置的学院、高等专科学校和高等职业学校）学习（专科）的学生在完成二至三年的专科教育后，可获得高等学校及专科毕业证书（学历证书）。

二、学士

进入普通高等学校学习的学生在完成相应年限的大学本科教育后，可获得大学本科毕业证书。符合条件的可向有权授予学士学位的单位申请并获得学士学位证书。

未能进入普通高等学校学习的人员，可进入成人高等学校学习或通过国家自学考试，达到相应要求后获得本科毕业证书。符合条件的学生可向有权授予学士学位的单位申请并获得学士学位证书。

三、硕士

学士学位获得者，可参加国家统一举行的考试进入到有权授予硕士学位的高等教育机构或科研机构学习，完成相应时限的学习和研究后，符合条件的可获得硕士学位证书；也可在完成相应年限的半脱产学习后向硕士学位授予单位申请并获得硕士学位证书。

四、博士

硕士学位获得者，可通过相应的考试进入有权授予博士学位的高等教育机构或科研机构学习，完成相应时限的学习和研究后，符合条件的可申请并获得博士学位证书；也可在完成相应年限的半脱产学习后，向博士学位授予单位申请并获得博士学位证书。

部分博士学位授予单位的部分专业采取硕士博士连续培养的办法，学士学位获得者可通过五年的学习和研究，直接申请并获得博士学位。

附件 2

新西兰学历资格框架

新西兰学历资格框架（NZQF）根据《新西兰教育法（1989 年编）》第 248 节规定

制定。新西兰学历资格框架取代此前的两个学历资格体系：全国学历资格体系和新西兰学历资格质量保障注册体系。

构造新西兰学历资格框架的目的

新西兰学历资格框架是以学习成果为导向的，描述学生知识、技能和应用能力的框架。新西兰学历资格认证局（NZQA）负责管理新西兰学历资格框架；本框架是新西兰所有质量获得保障的学历资格的权威信息来源。新西兰学历资格框架提供有关学历资格持有者应具备的知识水平和经验的信息，以及获得学历资格后继续学习深造和/或就业机会的信息。

纳入新西兰学历资格框架的学历必须符合下列标准：

- 须获得质量保障。
- 学历名称和详细信息公开。
- 根据学历类别和等级定义。
- 已经被分配学分。
- 具有学科分类。
- 显示该学位是现行、即将到期或已经终止的状态。

学历资格的类别和等级

所有纳入新西兰学历资格框架的、获得质量保障的学历资格均具有相应的资格类别。每类学历资格都按商定的标准定义，包括该学历资格的等级以及每个等级所需获得的学分。

新西兰学历资格框架共有十个等级。等级的划分以复杂性为基础，一级复杂性最低，十级最高。

列入新西兰学历资格框架的学历资格均归入十个等级中的一个。学历资格所取得的学分有可能高于或低于本学历资格所在的等级。

新西兰学历资格框架中学历资格的等级和类别

等级	学历资格的类别
10	博士学位
9	硕士学位
8	研究生文凭和研究生证书，学士荣誉学位
7	学士学位，学士后毕业文凭和证书
6	文凭
5	

续表

等级	学历资格的类别
4	证书
3	
2	
1	

学习成果纲要

列入新西兰学历资格框架的所有学历资格均含对毕业生的知识、技能和品质的描述，可供未来雇主和其他高等教育机构参考，以及用来对比学历资格的内容。不同的学习者可通过不同的方式完成学业，因此学习成果描述的是获得某学历资格所要求达到的最低水平。

每个学习成果纲要必须包括以下信息：

- 毕业生介绍：明确取得某个学历资格的预期学习成果。具体体现为学习者在取得本学历资格后应有的对知识的理解和掌握，以及实际运用的能力。
- 未来教育途径：明确毕业生在获得本学历资格后可继续攻读的其它学历资格。如果某些学历资格是单独设立的，不作为毕业生继续学习的基础条件，学习成果纲要需对此加以说明。
- 就业途径或对社区的贡献：介绍取得本学历资格后的毕业生可以从事的工作领域，或可对社区做出的贡献。

学　　分

新西兰学历资格框架规定了所有学历资格的学分。学分与学历资格的学习时间有关。为确定某学历资格的学习时间，学历资格开发机构会估算一个人在通常情况下达到学习成果纲要的要求、完成学业一般所需的时间。这个时间确定了学历资格的学分。一个学分相当于十个小时的平均预期学时。

平均预期学时包括：

- 教师和培训师授课时间（“指导学习”）。
- 学习、做作业和执行实际任务的时间（“自主学习”或“执行任务”）。
- 考评的时间。

相似学历资格的学分如有显著差异，学历资格开发机构须能够说明原因。

学科分类

新西兰学历资格框架中的所有学历资格都根据新西兰教育标准分类体系（NZSCED）

分配一个六位数代码。新西兰教育标准分类体系将学历资格划分为学科，使用者可根据兴趣搜索相关学历资格。

状　　态

列入新西兰学历资格框架的学历资格会定期得到评审，以确保每个学历资格的适用性和相关性，并继续满足学习者、行业和相关利益方在最初开发本学历资格时确定的需求。

在进行学历资格评审时，会根据每个学历资格是否仍然适用并与特定的领域相关做出评判。根据评审结果，制定新的学历资格，并逐步废止旧的学历资格。尽管旧的学历资格不再向新生开设，但在新西兰学历资格框架中仍然保留，并且仍是可以认证的有效学历。

评审过程中如发现需要开设新的学历资格以满足行业需求，将制定新的学历资格并列入到新西兰学历资格框架中。

所有新西兰学历资格框架中的学历资格必须按以下定义显示状态并附清楚的说明：

- 现行：现行学历资格指列入新西兰学历资格框架，目前高等教育机构开设的学历资格。
- 即将到期：到期学历资格指被新的学历资格所取代或者决定停办的学历资格。这种情况一般是评审的结果。这种学历资格对现有的学习者继续有效，直到其完成学业，但将不再招收新生入学。在读学生需在到期前完成学历。
- 已经终止：标注为终止的学历资格将不再开设或授予，但仍是可以认证的有效学历。

新西兰学历资格框架中学历资格的定义和5－10级等级描述

5级文凭

目的

5级文凭学历资格获得者应掌握特定工作或学习领域的理论和/或技术知识和技能。

学习成果

获得5级文凭的毕业生具备以下能力：

- 掌握某个特定工作或学习领域中多种操作或技术及理论知识。
- 针对熟悉以及某些情况下不熟悉的问题选择并使用各种解决办法。
- 选择并使用与工作或学习领域相关的各种标准和非标准流程。
- 具有规定环境下学习和操作的全面自我管理能力。
- 可以承担管理他人学习和操作的部分责任。

学分要求

本文凭列为5级。须获得4级及以上级别最低120个学分，包括5级或以上级别至少72个学分。

6级文凭

目的

6级文凭学历资格获得者应掌握专业/战略环境下的理论和/或技术知识和技能。

学习成果

获得6级文凭的毕业生具备以下能力：

- 深入掌握某个工作或学习领域的专业技术或理论知识。
- 分析熟悉以及不熟悉的问题并提出解决办法。
- 选择并使用与工作或学习领域相关的各种标准和非标准流程。
- 具有动态环境下学习和操作的全面自我管理能力。
- 可以承担动态环境下的领导责任。

学分要求

本文凭列为6级。须获得5级或以上级别最低120个学分，包括6级或以上级别至少72个学分。

7级文凭

目的

7级文凭学历资格获得者应掌握专业环境下的专业和技术知识及技能。

学习成果

获得7级文凭的毕业生具备以下能力：

- 深入掌握一种或多种工作或学习领域的专业技术或理论知识。
- 分析不熟悉以及有些情况下复杂的问题并提出解决办法。
- 选择、调整和使用与工作或学习领域相关的各种流程。
- 掌握专业环境或学习领域内高级别的一般技能和/或专业知识和技能。

学分要求

本文凭列为7级。须获得5级或以上级别最低120个学分，包括7级或以上级别至少72个学分。

学 士 学 位

目的

学士学位课程系统介绍某一专业（攻读双学位或双专业情况下为几个专业）的完整知识，以及独立工作和学习时解决问题的相关基本技巧。

新西兰大学委员会要求学士学位的专业课程必须是一个学位的重要组成部分（一般至少占三分之一，而且往往是同一个学科），学生按照规定以及学位的主要学习领域选择学位课程。此外，一个专业的学业要求一般包括完成该学位最高等级的学业成果。

学士学位至少包含一个课程系列，其内容使学生逐步具备研究生学习和/或从业的基础。

学士学位课程主要由研究型人员教授，参见《新西兰教育法（1989年编）》第253B节。

入学

学习学士学位课程要求具备以前的学习、工作或经历，招收对象为符合规定入学条件的学生，一般为新西兰学历资格框架的3级。

学习成果

学士学位毕业生具备以下能力：

- 具有独立思考、辩证思维和分析研究能力。
- 具有自学能力。
- 掌握某一专业的知识、观点、原理、概念、基本研究方法和解决问题的技巧，相关的知识和技能。
- 掌握获取、理解及评价各类信息资源的技能。
- 掌握交流与合作的技巧。

学分要求

学士学位要求5级至7级至少达到360个学分。有些学士学位，特别是工程、健康科学和法律等专业领域，要求达到更高学分，并且可能延长学习时间。例如，八个学期（四年）的学位一般相当于达到480个学分。

若获得学士学位，须获得7级及以上级别最低72个学分。学士学位应详细说明各个级别的学分数，从而显示学历资格的渐进性，体现学士学位定义的要求，并以适合专业领域的方式达到相应的学习成果。

与其他学历资格的关系

学士学位获得者可能具备申请攻读研究生学历的条件。

学士后毕业证书

目的

学士后毕业证书适用于学士学位获得者继续攻读本科以上的课程。

学士后毕业证书一般为学生提供进一步获取新学科和专业领域的教育、专业和职业知识的衔接课程，也可拓宽或加深本科学习中所获得的技能和知识。

入学

招生对象为学士学位毕业生。然而，根据学位授予规定，能够证明具有同等职业、专业或教育经历者也准予入学。

学习成果

除具备本科学位学习成果外，获得学士后毕业证书的学生能够掌握一些新的学习领域的本科知识和技能。

学分要求

学士后毕业证书要求至少达到60个学分，其中7级或以上级别至少40个学分。

与其他学历资格的关系

学士后毕业证书可以作为研究生层次学习的基础。

学士后毕业文凭

目的

学士后毕业文凭适用于学士学位获得者继续攻读本科以上的、更高等级的课程。

学士后毕业文凭一般设计为与研究生学位衔接的课程，主要用于拓宽学生已经熟悉的领域的知识和技能，或者学习新领域的知识。

入学

招生对象为学士学位毕业生。然而，根据学位授予的规定，能够证明具有同等职业、专业或教育经历者也准予入学。

学习成果

除具备本科学位学习成果外，获得学士后文凭的学生能够掌握新的学习领域的本科知识和技能。

学分要求

学士后毕业文凭要求至少达到120个学分，其中7级或以上级别至少72个学分。

与其他学历资格的关系

学士后毕业文凭可以作为研究生层次学习的基础。

学士荣誉学位

目的

学士荣誉学位授予在8级层次学习，成绩优异者。学士荣誉学位本身可以是一个学位；抑或是在获得学士学位后，另外取得的研究生级别的学位。

学士荣誉学位按成绩优秀、良好或通过授予，可分别被称为一等荣誉、一级二等荣誉、二级二等荣誉和三等荣誉。

入学

学士荣誉学位的学习一般招收和荣誉学位相关领域的、学士学位课程成绩高于平均水平者。

学习成果

学士荣誉学位获得者具备以下能力：

- 能够独立获取知识并进行高级阶段的学习。
- 具备独立思考、分析能力，并且能够理解和评估新的知识和概念。
- 能够找出研究课题，制定并实施研究计划，分析研究结果并与该研究领域的专家交流研究成果。

学分要求

学士荣誉学位要求完成学士学位课程取得480个学分，或者在获得学士学位后另外取得120个学分。

学士荣誉学位要求8级学位课程至少达到120个学分，同等级别研究课程至少30个学分。

与其他学历资格的关系

达到一定水平的学士荣誉学位获得者可以申请攻读研究生课程。

注：学士荣誉学位480个学分（或以上）的课程，必须规定完成学士学位的学习所要求的最低学分。

有些2006年1月1日前批准的学士荣誉学位（如法律荣誉学士）8级课程要求至少达到60个学分。这类学历按以前规则办理。

学士荣誉学位教学环境培养设计及在指导下完成项目，并以适当形式编写报告的个人能力。同时，学士荣誉学位培养个人的分析和沟通技巧，并提高在更高级别独立研究规划、执行和报告的能力。

研究生证书

目的

研究生证书课程旨在拓展和加深学生的知识与技能。

研究生证书包括具体专业和同类学科领域的课程，在学士学位原有领域或学士后毕业证书或文凭基础上，继续提高学生个人的专业或学术能力。

入学

研究生证书申请者必须获得同类学科领域学士学位或学士后毕业证书或文凭，或通过相关工作或专业经历具备同等技能和知识水平。

学习成果

研究生证书获得者在专科领域或专业方面具有更高的知识水平。

学分要求

研究生证书要求至少达到 8 级 60 个学分。

与其他学历资格的关系

研究生证书为研究生层次的继续深造奠定基础。

研究生文凭

目的

研究生文凭的目的是在学生完成前一阶段学位课程、学士后毕业文凭或学士后毕业证书的基础上，进一步拓展和加深学生的知识和技能。研究生文凭为文凭获得者在本学科从事独立的学术研究打下基础。研究生文凭可授予优秀级文凭。

入学

研究生文凭申请者必须获得特定专业，通常是相关专业学士学位或学士后毕业证书或文凭，或通过相关工作或专业经历具备同等技能和知识水平。

学习成果

研究生文凭获得者具备以下能力：

- 专科领域或专业方面具有更高的知识水平。
- 能够严谨地思考分析、评判并解决问题。

学分要求

研究生文凭要求 7 级及以上最低 120 个学分，其中 8 级至少 72 个学分。

与其他学历资格的关系

研究生文凭获得者可以申请攻读硕士学位。

硕士学位

目的

硕士学位的目的是培养学生在各种研究领域中的知识运用，具备继续深造、从事专业研究和/或掌握学术知识的能力。

硕士学位阶段的学习一般建立在学士学位、学士后毕业文凭、学士荣誉学位或者研究生文凭的基础上，也可以建立在相关专业丰富的工作经历的基础上。

硕士学位阶段的学习高于本科阶段的学习，要求学生能够进行研究和/或掌握学术知识。

硕士学位包含一个学科或连贯性的学习课程。教育形式可以是授课形式或研究形式，或采取二者结合的方式。

学分要求

除以下情况外，硕士学位要求最低达到240个学分：

- 具有学士荣誉学位或同等学历，或具有相关专业经历，这种情况下可以低于240个学分，但不低于120个学分。
- 具有三年学士学位或同等学历，这种情况下可以低于240个学分，但不低于180个学分。

硕士学位必须完成9级至少40个学分并修满剩余8级学分。

入学

提供硕士学位课程的教育机构负责制定入学标准。硕士课程的最低入学标准为学生需获得了学士学位或具备同等学历（达到新西兰学历资格框架7级学士学位）。

硕士学位课程招收符合入学条件的学生，包括满足入学规定要求达到的学术标准。

低于240个学分但高于120个学分的硕士课程的最低入学标准是，学生需获得了学士荣誉学位或研究生文凭或获得了本科学位并拥有相关工作经历。

硕士学位的录取基于对申请人档案进行评估（包括成绩单），检查他们是否具备某一学科或专业领域进行研究生阶段的学习能力。

结构

硕士学位入学方式主要分为三种：

- 研究型硕士学位入学通常以同一学科的学士荣誉学位或研究生文凭为基础。攻读该学位需完成120个学分，其中研究项目至少90个学分（9级），形式可为毕业论文、学位论文、实质性研究论文或创造性学术论文。
- 授课兼研究型硕士学位入学通常以同一学科的本科学位为基础。攻读该学位需完成240个学分，其中研究项目至少90个学分（9级），形式可为毕业论文、学位论文、实质性研究论文或创造性学术论文，另外需通过授课获得150个学分。

- 授课型硕士学位入学通常以本科特定级别的成绩为基础。通过授课、项目和研究的不同组合完成至少120至240个学分。学生的本科课程可以是同一学术领域，也可以是其他领域具有类似相关知识或技能的本科课程，或相关专业工作经历。非同一专业和/或根据相关工作经历进入硕士学位课程学习（通常称为“转型硕士”）通常需要已有专业领域的工作经历，这种硕士课程被相关业界认可为专业从业的准备。

学习成果

硕士学位获得者具备以下能力：

- 具备某一领域或专业的高层次知识。
- 理解并掌握复杂的理论课题。
- 能够对发现做出批评性评价，并结合文献展开讨论。
- 运用证据进行研究、分析和辩论。
- 能够独立工作，在新的情况之下运用知识。
- 能够严谨地思考分析、评判并解决问题。

如果硕士学位包含一个不低于90个学分（9级）的指导性研究，毕业生还具备以下能力：

- 计划、执行和完成原创性研究或创造性学术研究项目的高级技能。
- 在新的情况下应用课程中学到的技能。

完成的研究应该达到国际认可标准，并表现出毕业生具有独立思考能力。

与其他学历的关系

硕士学位获得者如果达到包括研究在内的相应标准，可以申请攻读最终获得博士学位的更高阶段的课程和创造性研究项目。

博 士 学 位

博士学位是一种研究型学位。博士生经过学习可以成为对本领域实质性和独创性研究做出贡献的独立学者。

博士学位是从学士学位开始，经过硕士研究阶段达到最高学位层次。攻读PhD/DPhil和其他博士学位（如音乐学博士）的学生在学科领域的学者专家指导下学习，并可以获得适当的研究资源。

对本领域做出的贡献由独立专家小组按照学科的国际标准进行评定。个人实质性独立研究或创造性学术研究的能力，由其所在教育机构和/或指定机构按照提交的资料进行评定。

所有博士学位课程的主要部分是独创性研究。授予博士学位必须达到以下一项或多项要求：

- 一篇论文（PhD/DPhil）。
- 视觉或表演艺术的创造性作品（PhD/DPhil）。
- 一篇论文或与课程相结合的同等创造性研究成果（其他博士）。
- 与视觉或表演艺术创造性作品（其他博士）相结合的一篇论文（其他博士）。
- 出版专著。

学分要求

博士学位要求获得10级至少360个学分。

认可的博士学位

认可的博士学位类别如下：

- （PhD/DPhil）：论文包括用于评定授予学位的完整作品。学生可选定授课课程，但只能作为研究的基础并且让学生进入到博士项目中。适用情况下，学生可以提交创造性研究成果作为论文要求的一部分。

- 专业领域或学科博士—其他博士（如教育学博士或音乐学博士）：对于专业领域博士，可以选择授课课程作为学习评估的一部分，但研究和创造性学术活动及相关课题必须至少占两个全日制学年，并且不低于学位总学分的三分之二。建立在硕士论文标准基础上的授课课程必须是研究工作连贯性课程的一部分，一般不多于一个全日制学年。其他博士获得者在课程和论文或同等创造性成果方面必须达到及格水平。

高级博士（如科学博士或文学博士）：高级博士是根据国际权威专家的评定，授予给在申请攻读学位之前，已经表现出极其出色的独立工作水平的个人。申请人一般要求至少独立工作十年并出版大量专著。出版物一般是以学术著作的形式和/或在著名国际期刊上发表。从事视觉或表演艺术的个人应以创造性作品的形式做出同等突出贡献。

中华人民共和国政府与澳大利亚政府关于相互承认高等教育学历和学位的协议

（2011年4月7日　堪培拉）

根据中华人民共和国政府和澳大利亚政府（以下简称“双方”）于2002年12月2日签署、并于2006年4月3日续签的《关于教育与培训的合作谅解备忘录》（以下简称“谅解备忘录”），双方应建立一种机制以促进两国在教育领域的合作，推动两国间的学生和专业人员的交流。因此，双方就相互承认高等教育学历和学位达成协议如下：

第一条　宗旨

本协议旨在促进中、澳两国对高等教育学位、学历的互认，以便于学生到对方国家的高等教育机构继续学业。为此，中华人民共和国教育部和澳大利亚教育、就业和劳资关系部将负责指定适当的机构，提供有关互认信息，并根据各自国家现有的法规和惯例提出具体建议，以促进学术交流与合作。

第二条　适用范围

本协议适用于中国政府承认的拥有学位授予权的所有中国高等教育机构及研究机构、澳大利亚学历框架指定的学位或研究生学历授予权的所有澳大利亚高等教育机构。

双方尊重各自高等教育机构在招生时是否承认海外学历、学位资格的自主权。

第三条　中国和澳大利亚学历学位结构

一、中国

根据中华人民共和国学位条例，中国学位分学士，硕士和博士。

（一）学士学位

进入普通高等学校学习（本科）的学生在完成四年的大学教育后，可获得大学本科毕业证书。符合条件的学生可向有权授予学士学位的单位申请以获得学士学位证书。

未能进入普通高等学校学习的人员，可进入成人高等学校学习或通过国家自学考试达到相应要求后获得本科毕业证书。符合条件的学生可向有权授予学士学位的单位申请以获得学士学位证书。

（二）硕士学位

学士学位获得者，可参加国家统一举行的考试进入到硕士学位授予单位（有权授予硕士学位的高等教育机构或科研机构）学习，经过2到3年的学习和研究，符合条件的可获得硕士学位证书。

学士学位获得者，也可通过半脱产学习申请学位的办法，向硕士学位授予单位申请以获得硕士学位。

（三）博士学位

硕士学位获得者，通过相应的考试可进入博士学位授予单位（有权授予博士学位的高等教育机构或科研机构）学习，经过3年或3年以上的学习和研究，符合条件的可得到博士学位证书。

硕士学位获得者，也可通过半脱产学习申请学位的办法，向博士学位授予单位申请以获得博士学位。

有些博士学位授予单位的部分专业采取硕士博士连续培养的办法，学士学位获得者可通过5年的学习和研究，直接获得博士学位。

二、澳大利亚

澳大利亚学历学位框架，对澳大利亚学历学位进行了详细的描述。此框架定期审核。

（一）准学位

通过开发学术技能和一系列与就业环境有关的一般就业技能，准学位为一个或多个学科提供基础性支持。通常情况下，准学位要求两年全日制学习，并提供续读相应学士学位课程的基础（条件是在之后最多两年内所修的具体学分达到优秀标准）。

（二）学士学位

澳大利亚的学士学位结构依据学习的课程领域和相关的院系而定。普通学士学位通常指学生在攻读研究生学位前必须获得的普通或基本学位。普通学士学位也为学生的职业生涯提供初步准备。通常需要经过3年的全日制学习或相应时间的半脱产学习。许多学士学位要经过连续4年或更长的时间。除荣誉学士学位外（见后），学士学位在专业教育中是最普遍的，以便有更多的时间为学生进入专业领域做准备。

（三）荣誉学士学位和学士荣誉学位

荣誉学士学位一般要求经过4年的学习，学生必须在普通或基本（学士）学位或课程学习中取得优异成绩。增加的一年学习一般涉及在某一个课程的专业学习，包括研究和提交一篇论文。

学士荣誉学位可授予完成4年或更长时间的常规学士学位课程，如工程和法律专业，并取得优异成绩的学生。

（四）研究生证书和研究生文凭

研究生证书和研究生文凭主要适用于特定专业的学习，如对本科课程中获得的知识和技能的扩展，或者在新的专业领域发展知识和技能。

虽然课程的学习时间各异，但研究生证书一般需要一个学期的全日制学习，而研究生文凭则需要两个学期的全日制学习。

完成学士学位的学生有申请资格。

（五）硕士学位

硕士学位为学生提供熟练掌握或全面了解某一相关研究领域或专业实践领域的机会。学习时间各异，一般需要在 4 年学习或获得荣誉学士学位后再学习 1 年，或者在获得 3 年制学位后再学习两年，但不同的学科领域要求也不同。

（六）博士学位

博士学位代表最高层次的研究生学习。在澳大利亚，最常见的博士学位是哲学博士（PhD），主要涉及对相关知识领域的文献评论、实验或其他系统性方法的研究。博士学位的授予对学位获得者在某一知识领域的重要的独创性贡献予以认可，如提出新的知识，或对现有知识做出重大的独创性的改进，应用和解释。一般要求在取得硕士学位或荣誉学士学位后再经过 3 年的全日制学习。

专业博士学位与博士学位具有相同的研究重点，但更侧重于高等专业实践领域，并将课程学习与研究相结合。专业博士学位，一般要求入学时已取得研究与课程相结合型硕士学位或一等或二等以上荣誉学士学位，并经过 3 年的全日制学习。此外，还要求在攻读专业博士学位课程前或作为攻读该课程的一部分，有重大的专业实践经验。

高等博士学位通常授予博士学位获得者。该学位的授予基于国际上认可的对知识的独创性贡献而并非基于接受指导的博士候选人。

第四条 澳大利亚教育机构毕业生进入中国高等教育机构读书的批准

一、中国高等教育机构保留依据自身法规决定各学习课程所需学历、入学年级和考试成绩的权利。

二、持有官方认可的澳大利亚高等教育机构颁发的准学士学位证书者在满足中国学校的具体录取要求的前提下，可以申请攻读中国的学士学位。

三、持有官方认可的澳大利亚高等教育机构颁发的学士学位证书者在满足中国学校的具体录取要求的前提下，可以申请攻读中国的硕士学位。

四、持有官方认可的澳大利亚高等教育机构颁发的研究生证书和文凭者在满足中国学校的具体录取要求的前提下，可以申请攻读中国的硕士学位。

五、澳大利亚硕士学位获得者，可以根据其学习经历和研究计划，在满足中国学校的具体录取要求的前提下，申请攻读中国的博士学位。

第五条　中国教育机构毕业生进入澳大利亚高等教育机构读书的批准

一、澳大利亚高等教育机构保留依据自身法规决定各学习课程所需学历、入学年级和考试成绩的权利。

二、持有官方认可的中国高等教育机构颁发的学士学位证书者在满足澳大利亚学校的具体录取要求的前提下，可以申请攻读澳大利亚的研究生证书，研究生文凭或硕士学位。

三、中国硕士学位获得者，可以根据其学习经历和研究计划，在满足澳大利亚学校的具体录取要求的前提下，申请攻读澳大利亚的博士学位。

第六条　联合工作小组的职责

根据谅解备忘录成立的教育和培训联合工作小组应把本协议的实施作为磋商会议的常规议题，如交换信息和探讨两国互认机制的持续发展等。

第七条　争端解决机制

有关本协议的解释或执行的任何问题将通过本协议第六条所指的联合工作小组协商解决。

本协议自双方签字之日起生效，有效期为3年。

本协议经双方协商可予以延期。任何一方可以书面方式提前6个月通知另一方终止本协议。

本协议于2011年4月7日在堪培拉签订，一式两份，每份均用中文和英文写成，两种文本同等作准。